Como crecen los hongos

HEBE BEATRIZ MOLINA

Como crecen los hongos

La novela argentina entre 1838 y 1872

Molina, Hebe Beatriz
Como crecen los hongos : la novela argentina entre 1838 y 1872.
1a ed. - Buenos Aires : Teseo, 2011.
556 p. ; 20x13 cm. - (Ediciones críticas)
ISBN 978-987-1354-94-8
1. Estudios Literarios. I. Título.
CDD 801.95

© Editorial Teseo, 2011

Buenos Aires, Argentina

Editorial Teseo

Imagen de tapa: *Reading woman*, de Ivan Kramskoy (Licencia CC-BY-SA)

Hecho el depósito que previene la ley 11.723

Esta edición ha sido posible gracias a un subsidio (PIP N° 11220080100006) otorgado por el Consejo Nacional de Investigaciones Científicas y Técnicas de la República Argentina (Conicet).

Se autorizan las citaciones con mención de la fuente

ISBN 978-987-1354-94-8

Para sugerencias o comentarios acerca del contenido de esta obra, escríbanos a: **info@editorialteseo.com**

www.editorialteseo.com

Índice

Prólogo 13

Aclaraciones sobre el aparato crítico 21

Agradecimientos 22

Parte A. El nacimiento acomplejado de la novela argentina 23

1. La lectura de novelas foráneas 24
   1.1. Oferta y demanda de novelas a través de los periódicos ... 26
   1.2. La mala fama (y la buena también) 39

2. La escritura de novelas originales 54
   2.2. Del artículo costumbrista a la novela 60
   2.3. Los novelistas pioneros y sus circunstancias 68
      2.3.1. La osadía de ser novelistas en la proscripción 70
      2.3.2. *Amalia* y el Ciclo de la tiranía, en la bisagra de dos tiempos 77
      2.3.3. Novelistas mancomunados 96
      2.3.4. De lectores a escritores, de la historia a la novela 111
   2.4. Mecanismos de publicación y problemas de contratos .. 117
      2.4.1. Del manuscrito al libro: el largo periplo de *La novia del hereje* 119
      2.4.2. Autores en busca de traductores 128
      2.4.3. Escondidos detrás de las iniciales y los seudónimos 131
      2.4.4. Para contentar a los suscriptores 135
   2.5. La propaganda intratextual 137
   2.6. La crítica como estrategia publicitaria 142

    2.6.1. Estrategias publicitarias I.
Un caso masculino: Miguel Cané.......... 143
    2.6.2. Estrategias publicitarias II.
Un caso femenino: Juana Manuela Gorriti.......... 151
    2.6.3. Reediciones y ediciones (auto)censuradas.......... 163
2.7. El fin de una moda o La saturación del mercado............ 166

Parte B. Poética de la novela 171

1. Fuentes de la teoría literaria argentina 171
    1.1. Los manuales de retórica y poética en uso 175
    1.2. Las enseñanzas de Diego Alcorta 183
    1.3. Un torrente de lecturas 188
    1.4. El *Curso de Bellas Letras* 197

2. La teoría literaria 199
    2.1. La literatura socialista o progresista 203
    2.2. Las obras de fantasía y la prosa 209

3. Teoría de la novela 213
    3.1. La novela como idealización moral de lo cotidiano 213
    3.2. La novela en la historia literaria 218

Parte C. Carácter de la novela emergente 225

1. Perfil de los novelistas 225

2. Ámbitos y modos de publicación 228

3. Pistas que despistan: títulos y subtítulos 230

4. Los peritextos o Cómo seducir a los lectores 232

5. El discurso novelesco: espejo cóncavo de la realidad 241

6. Tipos de novelas 246
    6.1. Las novelas históricas 246
        6.1.1. Teoría y praxis del maestro López 249
        6.1.2. El conflicto de la Conquista 259
        6.1.3. Los patriotas, entre la patria y la amada 270

6.2. Las novelas políticas 285
    6.2.1. Las novelas prospectivamente históricas: el Ciclo de la tiranía 285
    6.2.2. La novela satírica 312
6.3. Las novelas socializadoras 316
    6.3.1. El problema de la educación 325
    6.3.2. Civilización y barbarie o La integración ciudadana del gaucho 334
    6.3.3. Por la inclusión social de justos y pecadores 344
    6.3.4. La dimensión social de los sentimientos individuales 353
    6.3.5. Los viajeros y los Otros 366
6.4. Las novelas sentimentales 375

Conclusiones 387

Apéndice I 395

1. Novelas argentinas entre 1838 y 1872 395

2. Textos relacionados con las novelas 401

3. Lista de novelistas incluidos en este estudio 402

Apéndice II: Ficha técnica de las novelas 405

Apéndice III: Peritextos interesantes 491

Bibliografía 503

1. Fuentes inéditas 503

2. Fuentes editadas 506

3. Bibliografía general y especializada 527

A todos mis amigos,
que la literatura me regaló.

A mi papá,
Santiago Sinibaldo Molina,
in memoriam.

Prólogo

"Raro fué en la segunda mitad del siglo XIX el escritor argentino que no tentase componer novela o crónicas noveladas [...]. Conviene [...] que nosotros rememoremos esa olvidada bibliografía, porque está llena de sorpresas y sugestiones".

Ricardo Rojas

El 2 de junio de 1860, un periodista de *La Tribuna* realiza el siguiente comentario:

> De poco tiempo á esta parte han empezado á nacer obras literarias en Buenos Aires, como nacen los hongos en sus campos, cuando despues de una tormenta, aparece el sol quemante del verano.
> Pero mucho tememos que algunas de esas novelas duren lo que los hongos, un día... ("Novelas").

Sorprende este diagnóstico, pues hasta los siglos XX y XXI ha llegado un número reducido de títulos: *Soledad*, de Bartolomé Mitre; *Amalia*, de José Mármol; *La novia del hereje*, de Vicente Fidel López; *El capitán de Patricios*, de Juan María Gutiérrez, y *Esther*, de Miguel Cané (p.); a los que se agregan las novelas de cuatro mujeres, generalmente más por su condición genérica que por la importancia literaria que se les concede: *Los misterios del Plata*, de Juana Manso; *La quena* y algunos otros relatos de Juana Manuela Gorriti; *Lucía Miranda*, de Rosa Guerra; *Lucía Miranda*, *El médico de San Luis* y *Pablo o La vida en las pampas*, de Eduarda Mansilla de García.

Los historiadores literarios han promovido las novelas del período romántico con miradas divergentes pero con el mismo poco entusiasmo. El pionero maestro Ricardo

Rojas, en su paradigmática *Historia de la literatura argentina. Ensayo filosófico sobre la evolución de la cultura en el Plata* (1917-1922, cap. XIV de "Los modernos"), opina que hasta 1880 "la novela fue el género más retrasado y pobre de nuestra literatura" (VIII, 378). Desde un criterio esteticista muy exigente, señala como causa de esta pobreza la hibridez y la baja calidad artística que caracterizan a esos textos novelescos: "Demasiada cantidad de historia, de crónica, de política, y hartos descuidos de forma" (379). No obstante esos reparos, enumera una veintena de novelistas, entre hombres y mujeres, sin cerrar la lista, porque es consciente de que su investigación ha padecido severos obstáculos, como la catalogación deficiente de las bibliotecas respecto de la literatura argentina.

La más reciente, la *Historia crítica de la literatura argentina*, dirigida por Noé Jitrik, más precisamente en el vol. II, *La lucha de los lenguajes*, coordinado por Julio Schvartzman, no aumenta el alcance de su objeto de investigación; por el contrario, lo achica. *Amalia* es la única novela a la que se le dedica un capítulo, a cargo de Sandra Gasparini, quien se "asombra" de que Mármol la haya concebido "como parte de un proyecto político y periodístico, para crear una conciencia en el público lector contemporáneo al levantamiento de Urquiza en Entre Ríos" (85). En otro capítulo, referido más directamente a la novela romántica, "Géneros, tradiciones e ideologías literarias en la Organización Nacional", Alejandra Laera continúa el tipo de análisis iniciado por Gasparini en cuanto a considerar a la novela como un género utilizado casi exclusivamente para la concreción de un proyecto nacional; y concluye que, en el período comprendido entre "la época de la Organización Nacional y la constitución del Estado modernizador en 1880", se observa "la clausura del género como narrativa nacional que se ve tanto en la suspensión de los proyectos novelísticos de los hombres del 37 una vez que cae Rosas, como en la poca cantidad y el carácter de las novelas que se publicaron en las tres décadas siguientes" (422). Laera menciona solo diez novelistas, entre ellos las cuatro mujeres nombradas más arriba.[1]

La crítica más reciente, por su parte, ha destacado preferentemente las novelas que responden al proyecto político liberal de las elites gobernantes como finalidad casi excluyente. En verdad, no resulta difícil encontrar en los textos antes mencionados argumentos para caracterizar el "romance" (sobre todo, el "romance histórico") como una variante de la novela contemporánea que –según Fernando Unzueta- se "preocupa por el destino de sociedades enteras más que por el de individuos", y que "está íntimamente ligado a la construcción discursiva de la nación y a la producción del imaginario de sus comunidades" (1996: 87-88). Este enfoque sociocrítico ha ocasionado, de un modo paradójico, una duplicación del proceso decimonónico: se consideran los textos literarios que han respondido a aquel proyecto liberal que se ha impuesto hegemónicamente, mientras que se subestiman o se ignoran los que se han mantenido en las zonas marginales del poder político.

Sin embargo, los minuciosos rastreos de Myron Lichtblau –*The Argentine Novel in the Nineteenth Century* (1959) y *The Argentine Novel: An annotated bibliography* (1997)- prueban que hay mucho material que se ha ido perdiendo en el camino de la investigación histórico-literaria. Como advierte Félix Weinberg, "nos hemos dejado fascinar por los hitos más relevantes. Es comprensible que así sea. Pero este criterio, en tanto se vuelve excluyente y desecha u olvida a las producciones precursoras, puede provocar

---

[1] El último capítulo, a cargo de Graciela Batticuore, está dedicado a Juana Manuela Gorriti y en él se destacan las características políticas de su vida y de su obra; para ello se restringe el corpus a una decena de relatos (de un total de ciento veinticuatro producidos por Gorriti).

equívocos y serias distorsiones en la apreciación de valores. [...] El enriquecimiento de nuestro acervo, resultado de una evolución que no es lineal ni mecanicista y que no siempre ha engendrado eminencias, se corresponde a la realidad social a la que está indisolublemente unida" (1984: 31). Nos preguntamos entonces si es justo menospreciar lo que no conocemos.

Siguiendo los pasos de Rojas, Weinberg, Antonio Pagés Larraya, Raúl Castagnino, Daisy Rípodas Ardanaz, María Rosa Lojo y, más particularmente, los de Beatriz Curia, entre otros, iniciamos la fascinante tarea heurística de volver sobre las listas de Lichtblau, buscar todos esos textos y leerlos desde una *crítica empática*, es decir, poniéndonos en *el lugar de* los escritores, y desde su mirada hemos observado el surgimiento del nuevo género. Tomamos como modelos, si bien desde otras perspectivas teóricas, los estudios de Juan Ignacio Ferreras respecto de la novela española y los de Carlos Foresti, Eva Löfquist y Álvaro Foresti, respecto de la narrativa chilena.

A partir de las novelas que pudimos localizar, dirigimos nuestro interés hacia la aparición de este género en tanto emergencia de un nuevo elemento en el sistema cultural decimonónico. Consideramos que el fenómeno "novela" abarca no solo los textos prototípicos y ejemplares, sino también los de menor valor estético o histórico-literario, y tanto los escritos como los leídos. Partimos de un dato incuestionable: en la Argentina, a mediados del siglo XIX, este es un género novedoso y muy discutido en cuanto a su moralidad; no obstante, entre las décadas de 1840 y 1870 se publica casi un centenar de novelas y novelitas de una cincuentena de autores diferentes; entre ellos, seis mujeres. Nos propusimos recuperar la comunicación literaria establecida por los escritores de antaño con sus lectores contemporáneos, o sea, con los primeros lectores. Para tal fin reconstruimos instancias sincrónicas de un estadio delimitado (1838-1872) y consideramos a todos los autores y todas sus obras, no como un panorama enciclopedista, sino como el conjunto dinámico de la sociedad con la que cada autor establece una tensión peculiar, que resuelve también de manera singular.

Nos basamos en la teoría de los polisistemas, que propone utilizar el pensamiento relacional en el análisis de los sistemas dinámicos, como la cultura, y –en consecuencia– hacer conjeturas no solo acerca de los objetos ya conocidos sino también de "objetos no reconocidos –e incluso desconocidos–", por lo que el pensamiento relacional se transforma en "una herramienta de descubrimiento" (Even-Zohar: 23). A partir del esquema comunicacional de Jakobson, Even-Zohar explica las interdependencias entre factores sociosemióticos o culturales: "Un *consumidor* puede consumir un *producto* producido por un *productor*, pero para que el producto pueda ser generado y después propiamente consumido debe existir un *repertorio* común, cuya utilización está delimitada, determinada o controlada por una *institución* y por un *mercado* que permita su transmisión" (30-31). En otras palabras y en torno a nuestro tema: los escritores argentinos no han podido producir novelas mientras no ha existido un "conjunto de reglas y materiales" (31) que ha regulado su producción y su consumo, o sea, mientras no se ha instalado activamente en el sistema cultural local un *repertorio* que incluyese este género emergente. De ahí la necesidad de considerar principalmente la poética explícita e implícita de la novela, entendida aquella como el sistema dinámico de normas o convenciones vigentes en cada período, que hace posible el contacto de la obra con el público (Głowiński). Todo autor trabaja con las opciones sistémicas que están a disposición; su texto es el resultado tanto de las alternativas elegidas, como de las que inventa por contraste con la tradición, para saciar sus expectativas artísticas. En cada sistema literario hay elementos predominantes y canonizadores, pero también elementos semiescondidos, potencialmente valiosos, que habitan en lo que podríamos denominar los *suburbios de la ciudad letrada*, porque sus agentes son intelectuales que todavía no han alcanzado hegemonía; tal vez nunca la alcancen, pero seguramente no han dejado de buscarla en mayor o menor medida porque todo autor escribe para ser leído, o sea, para ser considerado y tener alguna participación en el desarrollo cultural del ámbito donde publica.[2] Y, como explicaba quien podemos considerar nuestro primer teorizador literario, Vicente Fidel López, en el accionar de las sociedades se tensan y se prueban permanentemente fuerzas innovadoras, conservadoras y retrógradas (1845: 217). El resultado es la preeminencia de unos elementos sobre otros, preeminencia siempre inestable y reactiva.

El período estudiado se extiende desde 1838, fecha de la primera novela argentina –"Una historia", de Miguel Cané (p.), publicada en *El Iniciador*, de Montevideo–, hasta 1872, por la aparición de *El gaucho Martín Fierro* y de los primeros relatos de Eduardo Holmberg, textos que –conjeturamos– producen una modificación notoria en el sistema literario narrativo. Tomamos como eje a Buenos Aires, por ser esta ciudad centro de producción cultural, foco editorial y puerto de acceso para la importación de

---

[2] "La planificación de la cultura es una actividad habitual en la historia de las entidades colectivas de cualquier dimensión [...]. Lo realmente relevante en la planificación de la cultura son sus posibilidades de ser llevada a la práctica con éxito. De acuerdo con esto, los planificadores deben o bien poseer el poder político, o hacerse con él, o bien conseguir el respaldo de aquellos que lo detentan. / Mediante una puesta en práctica efectiva tanto los que detentan el poder como los planificadores pueden dominar o controlar a la entidad social correspondiente. Mientras que en algunos casos dicho dominio parece ser el único o último propósito de la planificación cultural, en otros se constituye en el recurso más eficaz de los que dispone una entidad, un conjunto de personas, para mantener su supervivencia" (Even-Zohar: 71-72).

libros, si bien también atendemos las publicaciones hechas en otras ciudades argentinas (Rosario, San Juan) e hispanoamericanas (Montevideo, Santiago de Chile, Lima y La Paz), donde producen sus novelas los escritores exiliados.

Para la determinación del corpus hemos tenido en cuenta los siguientes criterios:

Autoría: incluimos las novelas a) de autores argentinos, publicadas en la Argentina; b) de autores argentinos, publicadas en otros países, siempre y cuando se hayan reeditado o se hayan difundido de algún modo en la Argentina; c) de extranjeros residentes en la Argentina al momento de publicar la novela por primera vez.

Carácter público de los textos: no consideramos los inéditos porque no han circulado ampliamente entre los lectores.

Primicia editorial: nos interesan las primeras ediciones, no solo las completas sino también las inconclusas, y las reediciones inmediatas hechas en la Argentina.

Dentro de estos límites, hemos establecido un corpus de ochenta y seis textos. Y con el mismo fin integrador, reunimos la bibliografía especializada sobre cada obra o autor. Para sumar, aludimos frecuentemente a los investigadores que han aportado conocimientos indispensables sobre cada tema; en verdad, este libro aspira a ser una síntesis de todos esos estudios. Y para no restar, evitamos debatir con aquellos especialistas con los que no podríamos ponernos de acuerdo porque defendemos enfoques divergentes; no obstante, sus nombres figuran en la "Bibliografía" para que esta sirva de guía a quienes deseen iniciar sus propios caminos hermenéuticos.

Hemos dividido el libro en tres partes, cada una con un enfoque teórico distinto, si bien complementario:

Parte A. "El nacimiento acomplejado de la novela argentina": analizamos el circuito intelectual y comercial (importación, venta, publicidad, contrato con el editor, relación con los suscriptores, etc.), desde el enfoque de la teoría de los polisistemas. Nos apoyamos en pruebas documentales y en abundante información histórica.

Parte B. "Poética de la novela": ya que los novelistas, para justificar la empresa de escribir y publicar, definen qué es una novela y cómo *debe ser*, examinamos esta poética explícita en relación con su contexto teórico literario y filosófico, según las premisas de la poética histórica; trabajamos con numerosos metatextos, sobre todo el más original y sistemático: el *Curso de Bellas Letras*, de Vicente Fidel López.

Parte C. "Carácter de la novela emergente": desde una metodología narratológica, señalamos las recurrencias en materia de estructuras narrativas y contenidos temáticos e ideológico-axiológicos, que permiten distinguir cuatro variedades de novelas: históricas, políticas, socializadoras y sentimentales.

Completamos el estudio con tres apéndices que contienen una cronología de la novela argentina (1838-1872), las fichas técnicas de los textos examinados y algunos peritextos interesantes, además de algunas pruebas documentales, que se insertan oportunamente.

Dado que hemos trabajado con un corpus hoy casi inaccesible, pues está *escondido* en reservorios oficiales y privados, lo citamos extensamente para que los lectores tengan materiales suficientes no solo para interpretar nuestro estudio sino también para realizar otros nuevos. Muchos de los datos proporcionados tienen carácter de ejemplo pues sería imposible mencionar todos los casos producidos; pero –para no cansar al lector– omitimos aclarar a cada paso "por ejemplo".

Destinamos este libro no solo a los especialistas, los docentes y los alumnos de Letras e Historia, sino también a todos aquellos lectores que quieran conocer un poco más de aquellas "florecillas" (Giménez Pastor 1945: I, 219) que iniciaron la novelística argentina. Por ello hemos adoptado un estilo en lo posible ameno y proporcionamos toda la información, rigurosamente revisada (y más que suficiente), que creemos puedan necesitar para entender el periplo de este género.

Quedan aspectos por tratar, preguntas con respuestas todavía inseguras, tanto en los textos mismos, como en sus relaciones con otras literaturas, sobre todo la española, la uruguaya, la chilena y la boliviana. Ofrecemos la posta a quienes deseen seguir explorando la gran biblioteca del siglo XIX.

Aclaraciones sobre el aparato crítico

- En todas las citas, respetamos la grafía original. De igual modo, empleamos los nombres propios de personajes históricos tal como aparecen en los textos.
- Agrupamos como "Fuentes editadas" todos los textos del siglo XIX, aunque usemos reediciones. Cuando nos ha sido posible consultar los originales y ediciones críticas posteriores, consignamos los datos de ambas fuentes para facilitar el acceso a ellas.
- En el caso de artículos periodísticos de la época, se consignan en "Fuentes editadas" únicamente los que tienen un título y se los registra bajo el nombre del periódico; en cambio, los datos bibliográficos de los avisos u otros comentarios breves se indican solo en el cuerpo central del desarrollo.
- Integramos en este libro los artículos que hemos ido publicando durante el proceso de investigación, con las correcciones que han ido surgiendo como necesarias en el camino. Esos artículos están enumerados en "Bibliografía". No obstante, en aquellos queda material que no hemos volcado en este libro.
- Para las referencias bibliográficas, combinamos los lineamientos generales del estilo MLA con algunas variantes

ajustadas a la especificidad de este trabajo y a la práctica y el gusto argentinos. Nos apartamos de estas normas cuando citamos dos o más textos de un mismo autor pues, para evitar paréntesis extensos, usamos el año (y las letras a, b, c…) como elemento distintivo. De modo similar, en las citas de artículos periodísticos, indicamos la fecha completa y la página. Cuando mencionamos documentos inéditos, ya que todos pertenecen a la colección de los López (del Archivo General de la Nación), solo consignamos su número de inventario; los demás datos de identificación se hallan en la "Bibliografía".

Agradecimientos

A Raúl Ianes, Juan Pablo Neyret y Alberto Julián Pérez por enviarme material desde Estados Unidos.

A Víctor Gustavo Zonana por acercarme a la teoría de los polisistemas.

A Beatriz Curia de Isaacson por la lectura minuciosa de los borradores de este libro.

A todos los bibliotecarios que custodian el acervo cultural argentino, en particular los de la Biblioteca Nacional de Buenos Aires y los de la Academia Argentina de Letras; también a los de la Biblioteca Nacional de Montevideo y de Santiago de Chile, de la Biblioteca del Congreso de la República Argentina, del Archivo General de la Nación, del Colegio Nacional de Buenos Aires, de la Biblioteca Mayor de la Universidad Nacional de Córdoba; y muy especialmente a los de la Facultad de Filosofía y Letras de la Universidad Nacional de Cuyo.

Hebe Beatriz Molina
CONICET-Universidad Nacional de Cuyo
hebemol@ffyl.uncu.edu.ar

Parte A. El nacimiento acomplejado de la novela argentina

"Por ahora, no nos es lícito ciertamente, aspirar á competir con los ilustrados Europeos; la perfeccion en todas las cosas, es por lo comun la obra lenta y progresiva del tiempo".

José Barros Pazos

"Las novelas [...] envejecen más que el teatro y la poesía, acaso porque constituyen un archivo de los prejuicios y las convenciones de su tiempo".

Antonio Pagés Larraya

En la Argentina, como en los demás países hispanoamericanos, la lectura de textos ya consagrados como novelas –y algunas como *grandes novelas*– en Europa y en América del Norte impone una conceptualización del género que determinará la escritura de novelas en tierra americana, labor que se inicia recién entre las décadas de 1830 y 1840. Por eso resulta indispensable establecer primero en qué piensan los escritores cuando comienzan a componer y publicar las suyas; mejor dicho, qué ideas circulan acerca de los textos novelescos. Para este tipo de análisis contamos con estudios respecto de la importación y venta de libros, con los avisos publicitarios de librerías y con artículos periodísticos referidos a publicaciones recientes. El tiempo y el aire han perdido los comentarios interpersonales de las tertulias amistosas.

1. La lectura de novelas foráneas

La novela llega a América como género cuestionado.[3] Es sabido que se origina en Europa y se populariza a través de los libros y novelas de caballerías, o sea, a través de textos narrativos en los cuales predominan la fantasía y las peripecias increíbles. Entre los siglos XVI y XVII, en España este género persiste a través de la novela pastoril y se renueva con la picaresca –o novela del antihéroe– y, sobre todo, con el *Quijote* con el cual Cervantes parodia los libros de caballerías al tiempo que crea la *novela moderna*. España, empero, no avanza hacia la modernidad con rapidez; por el contrario, el espíritu censor de la Inquisición limita el traspaso de la literatura ficcional. Sobre América se imponen normas estrictas como la Real Cédula de 1531 o los Index de 1747 a 1807, que prohíben la entrada de diversos libros, sobre todo los "de romance, de historias vanas y profanas" (Torre Revello: 37-38), aunque estas normas son evadidas frecuentemente, pues –por contrabando o escondidas en el equipaje de los viajeros– las novelas llegan a América. Así, se difunden el *Amadís de Gaula*, la *Celestina*, el *Lazarillo de Tormes*; *Guzmán de Alfarache*, de Mateo Alemán; las novelas de Jorge de Montemayor y Gaspar Gil de Polo; la *Galatea* de Cervantes y, en particular, el *Quijote*, cuya primera edición pasa casi íntegra al Nuevo Mundo (Torre Revello: 97, 234-235).

Ni las luchas por la Independencia ni las guerras civiles posteriores interrumpen la afluencia de textos de imaginación. Los meticulosos estudios de Alejandro Parada –sobre la base de los avisos de *La Gaceta Mercantil* (1823-1828) y los

---

[3] Esta apretada síntesis debe ser considerada como una introducción somera al tema. No es nuestra intención analizar la evolución del término ni del género, estudio ya realizado por otros especialistas (Manuel Arango L., Marina Gálvez y las historias de la literatura argentina mencionadas en la "Bibliografía").

catálogos de ventas de la Librería de Duportail Hermanos (1829) y de la de Marcos Sastre (1835)– revelan que durante las décadas de 1820 y 1830 aumenta notablemente la importación de libros en general; las librerías comienzan a proliferar y la "irrupción de la novela, como un fenómeno social a nivel mundial, las sostuvo [a las librerías] y las impulsó dentro del comercio de Buenos Aires" (2005: 17). Por ejemplo, en el catálogo de los hermanos Duportail, se destaca "la significativa presencia de la literatura de ficción, principalmente de la novela francesa (25%)" (2005: 33). Parada calcula que entre 1823 y 1828 ingresan al país, por barco, unos setenta mil ejemplares (1998: 104, n. 140); son libros preferentemente en español o en francés, llegados de Europa, a veces vía Montevideo. El mayor movimiento de volúmenes no se produce, sin embargo, en las librerías, sino en otros tipos de negocios, como tiendas, pulperías, casas de remates, litografías, imprentas y hasta en casas de particulares (1998: 23). No obstante, poco a poco se acentúa la preferencia por la venta de libros de manera exclusiva en librerías (94).[4] Otro factor a tener en cuenta son los modos de circulación de los impresos, ya que no solo se venden sino que también se canjean o se *alquilan* a través de las bibliotecas circulantes, como la de Enrique Hervé y la de Marcos Sastre (45-48).

Al comparar las estadísticas proporcionadas por Parada (1998: 28-34, 87-91), se observan ciertas constantes durante la década de 1820:
- Alto porcentaje de autores y textos de origen francés.
- Más del 60% de los libros ofrecidos lleva título en castellano; no obstante, también es relevante el hecho de

---

[4] Según los datos aportados por Arrieta, hacia 1834 había en Buenos Aires seis librerías y seis imprentas; en 1855 los números se incrementan a diez imprentas y once librerías; y en 1864 ya son dieciocho los establecimientos de venta de libros (1955: 67, 108).

que casi el 40% corresponda a textos en otros idiomas, sobre todo en francés.
- Las áreas temáticas más frecuentes son, en orden decreciente: literatura y lingüística; historia, junto con geografía, viajes y biografía; ciencias sociales y religión.

1.1. Oferta y demanda de novelas a través de los periódicos

El término "novela" no es una novedad por ese entonces: se conocen las *Novelas ejemplares* de Cervantes, pero también las novelas de caballerías, que el propio don Miguel parodia en su *Quijote*. A raíz de la importación de literatura, sobre todo, francesa, aparece un neologismo: "romance", que genera desconfianza por su origen foráneo y porque se lo asocia a los textos franceses, los cuales presentan situaciones sociales "atrevidas" para el espíritu todavía conservador de los argentinos. Imagínese, por ejemplo, el efecto que habrá producido *Las amistades peligrosas*, de Pierre Choderlos de Laclos (Parada 1998: 70).

A través de los avisos periodísticos de las diversas librerías porteñas se puede conocer el mercado de novelas, entre ellas, las *Mil y una novelas; Colección escojida de escelentes obras de recreo españolas y francesas de los mejores autores*. En verdad, si no son "mil y una" poco falta. La oferta es cuantiosa; por eso, los distintos editores deben recurrir a una atractiva publicidad. La Librería Hispanoamericana – una de las más importantes de Buenos Aires[5]– promociona un "Gran baratillo de Novelas á 3 pesos" por tomo, u otras, "con magníficos grabados", por 40 pesos (*La Tribuna*, 11 ago. 1853: 3), precios insignificantes si se los compara con

---

[5] Según el dueño, Benito Hortelano –en sus *Memorias*–, durante el sitio de Buenos Aires a manos del coronel Lagos, "vendió 20.000 tomos de una colección de novelitas que había pedido a Sevilla" (citado por Arrieta 1957: 129).

los cien mil pesos del premio de la lotería o la gratificación de cien pesos que ofrece un vecino por la devolución de su perro perdido (*La Tribuna*, 21 ago. 1853: 3).[6]

Las novelas se venden en distintos formatos:

a) Volumen completo.[7]

b) Entregas, que se venden sueltas o adjuntas a algún periódico (como fascículos) o que se incorporan en revistas literarias, previo pago por suscripciones.

c) Folletín de un diario, a cinco o seis columnas, sección de la hoja que puede recortarse para armar un ejemplar.

Otra forma, menos usual, es la de colocar, en el lugar del folletín, las páginas de un libro tal como salen de la imprenta, es decir, a doble faz y con la diagramación y paginación adecuadas para encuadernar luego cada volumen. Así, por ejemplo, en *Los Debates* se publica "en forma recortable, de atrás para adelante" (De Marco: 195) "Pobres y ricos / ó La Bruja de Madrid / Novela de costumbres sociales / orijinal de / D. Wenceslao Ayguals de Yzco / Buenos Aires / Imprenta Americana, calle 'La Defensa' No. 221 / 1852". Lo curioso es que en este diario aparecen solo los dos últimos tomos de la novela, el III y el IV (*Los Debates*, 1 abr.-5 jun. 1852). Seguramente, Mitre continúa la publicación iniciada por otro periódico. Esto era frecuente pues los diarios y los semanarios solían tener corta duración.[8]

---

[6] Tomamos todos los ejemplos de *La Tribuna*, porque es el diario que más espacio concede a los temas literarios y a los avisos bibliográficos; pero hemos visto este mismo tipo de avisos en otros periódicos.

[7] Actualmente, en las bibliotecas se hallan volúmenes que contienen dos o más tomos de una misma obra; no sabemos si esta forma de encuadernación es antigua o contemporánea.

[8] Hemos hallado otro caso similar en *El Imparcial*, de Córdoba. Desde el 16 de abril hasta el 1 de julio de 1857 aparece para recortar y armar *Margarita o Dos amores*, de Mme. Emile de Girardin, traducida por "B.LL. [sic]", con este pie de imprenta: Córdoba, Imprenta Tres de Febrero, 1857. La edición está incompleta.

Desde la década de 1830, las entregas y el folletín incentivan la lectura cotidiana a tal punto que se vuelven una exigencia del público que el dueño del periódico no puede ignorar:

> El folletin
> *¡Hambre satisfecha!*
> Uno de nuestros amables lectores nos decia ayer que el dia en que no habia diario, no sabia que hacer por faltarles la lectura cotidiana de los periódicos.
> Creemos que esa especie de hambre que hay por leer, quedará plenamente satisfecha con nuestro número de hoy, pues el *folletin* y demas materiales que lleva la *Tribuna*, son mas que suficientes para entretener á cualquier aficionado á la lectura.
> El *Folletin* ha agradado bastante, según hemos oido á varios amigos, y esto nos ha determinado á publicarlo en el cuerpo de nuestro diario, porque sabemos que el *último* que repartimos suelto, no ha llegado á casa de algunos suscriptores (*La Tribuna*, 7, 8 y 9 ene. 1855: 2).

Con astuta habilidad, los hermanos Varela provocan la lectura de su mismo periódico, determinan la respuesta esperada –lectores satisfechos– y hasta conjugan la noticia oral (el chisme) con la escrita. Cabe recordar que el folletín no contiene únicamente novelas, sino además toda clase de textos literarios, como poemas, dramas, relatos de viajes y ensayos. Cuando la novela ocupa ese espacio, suele apelarse a la sensibilidad de las mujeres; entonces el folletín se convierte en la lectura predilecta de ellas. Pero esto no debe hacernos suponer que los varones no leen novelas: el folletín cierra la página de las noticias internacionales o nacionales más importantes, está al alcance de cualquier lector.

Las suscripciones a libros, colecciones o periódicos se reciben no solo en librerías e imprentas sino también en mercerías, peluquerías y almacenes, al alcance de hombres y mujeres. Este sistema prepago es el medio más eficaz para la venta de libros, porque proporciona anticipadamente al editor los fondos necesarios para la publicación, si bien resulta un contrato estricto con los lectores, a veces difícil de cumplir:

> Nueva publicacion.
> CESAR BORJA
> ROMANCE HISTÓRICO.
> Traducido del Inglés
> por
> Manuel S. Moreno.
> A fines del presente mes, se dará publicacion á la primera entrega de esta interesantísima novela que tanta sensacion ha causado en el mundo literario Europeo– A mas de presentar esta obra un espléndido y fiel cuadro de la Italia en 1500, los personajes que en ella figuran [...] son muy fielmente delineados, miéntras que la intriga, á la vez caballerezca y amorosa es de las mas interesantes que se ha publicado en la época.
> CONDICIONES DE LA SUSCRICION:
> Se harán 4 entregas por mes; cada entrega constará de 24 pájinas gran id-8°, impresas en lindo papel y con el tipo de este programa. Todos los meses, los Sres. suscritores recibirán GRATIS una lámina fina, representando uno de los principales personajes del romance.
> PRECIO: 20 *pesos mensuales, pagaderos al recibirse la segunda entrega* (*La Tribuna*, 10 ene. 1855: 3).

Los argumentos publicitarios se basan en la calidad y en el bajo costo, garantidos por supuestos lectores dignos de confianza:

> Biblioteca ilustrada de Gaspar y Roig.- Esta importante publicacion que, antes de anunciarse al público, cuenta ya con numerosos suscriptores, debidos á su excelencia y baratura sin igual, calidades reconocidas por cuantas personas han tenido ocasión de examinarlas, sigue recibiendo suscripciones en la Librería Porteña, calle de la Piedad N.º 182 (*La Tribuna*, 18 ago. 1853: 4).

También se advierte el interés por el libro como objeto de valor, que puede lucir el estatus social de los compradores:

> LOS DOS PRIMITOS.
> *Novela escrita en frances,*
> POR ENRIQUE KOCK,
> Traducida,
> *Por Manuel Carrillo Aguirre.*
> Esta preciosa novela, adornada con variedad de grabados representando los principales pasages de la escena, y escojidas viñetas de adorno, se halla de venta en la imprenta de Mayo, calle de Belgrano No. 86, y en las principales librerias. Precio 20 pesos (*La Tribuna*, 2 feb. 1855: 4).

Otros avisos resaltan el contenido moral de las novelas, al mismo tiempo que delimitan al lector modelo:

> *La Cabaña del Tio Tom* – Habiéndose concluido la impresión de esta interesante obra, se ofrece al público por entregas, ó encuadernada en un solo tomo.
> Esta novela cuyo principal objeto es hacer conocer las penalidades de la esclavitud, abunda en lecciones de moral y religion que la hacen muy recomendable con especialidad al bello sexo, siempre mas inclinado á estas virtudes que el sexo opuesto. Imprenta del Comercio. Defensa núm. 75 (*La Tribuna*, 7 ago. 1853: 4).

A veces los publicistas se animan a destacar el carácter de entretenimiento de las novelas, a fin de interesar a los más jóvenes, pero inmediatamente agregan el componente moral. Por ejemplo, con el título "Bellas Letras", se informa que el *Correo de Ultramar* –publicación francoespañola para América Latina[9] que cuenta con una agencia en Buenos Aires, la Librería de Lucien– ha publicado una "Colección de

---

[9] *El Correo de Ultramar, periódico político, literario, mercantil e industrial*, París, 1842-1886; consta de tres partes: una política, una revista literaria ilustrada y una revista de modas destinada a las damas.

Novelas escojidas", destinada "á combatir el tedio, á acortar las largas noches, y á alimentar la imajinacion novelezca de nuestra juventud, con la doble ventaja de educarla en la historia y en una rígida moral" (*La Tribuna*, 25 set. 1853: 3). Poco después, en otra publicidad sobre esa misma colección, se agregan otros argumentos para convencer a los potenciales suscriptores: la impresión lujosa, la calidad artística de los grabados y, finalmente, la novedad de los textos, pues muchos de estos serán inéditos. En este aviso obsérvense, además, las características de los volúmenes y las condiciones de venta:

> NUEVA PUBLICACION.
> NOVELAS SELECTAS E ILUSTRADAS
> DEL CORREO DE ULTRAMAR.
> Esta hermosa publicacion, titulada NOVELAS SELECTAS E ILUSTRADAS, saldrá à luz una vez por mes, y se compondrà de cuatro pliegos de impresión en 8.° mayor, impresos à dos columnas, y con una cubierta de color.
> Cada entrega mensual contendrà de 15 à 20 grabados sobre madera, obra de los mejores artistas, que representaràn las principales escenas de la novela en que estàn intercalados.
> Las entregas de cada año formaràn dos magníficos volúmenes en 8.° mayor. Estos dos volúmenes contendrán 800 pàginas, con 1,600 columnas de testo, y cerca de 200 grabados, todo lo cual contiene mas materias que 35 ó 40 volúmenes ordinarios.
> Inútil será añadir que la impresión serà lujosa; que el papel serà correspondiente à una obra ilustrada, y que los grabados estaràn confiados á los mejores artistas para esta clase de ilustraciones.
> Los autores de estas novelas seràn tambien escogidos entre los mas favorecidos por el público; ademas, se publicaràn algunas obras inéditas, con cuyo fin los editores propietarios del *Correo* se han apresurado à tratar con autores de merecida fama. [...]
> Nos abstenemos de hacer aquí el elogio de una publicacion que el público americano juzgarà en breve del modo que ha juzgado las demas obras del *Correo*, esto es, ayudàndonos con

sus simpatías, que es la prueba mas convincente para nosotros de que son aceptados y comprendidos nuestros esfuerzos.

PRECIOS DE SUSCRIPCION.

Para los que son suscriptores à la parte ilustrada ó política por un año 5$ fuertes-por seis meses 2½$ fuertes.

Para los suscriptores à las novelas solamente por un año 7$ fuertes-por seis meses 3½$ fuertes (*La Tribuna*, 16 oct. 1853: 3).

El juego comercial se descubre fácilmente: prometen que un próximo tomo contendrá "dos bonitas novelas de Elias *Berthet*,[10] tituladas EL BUHONERO y el PRIMER ARENQUE, y el principio de otra de no menos mérito, que lleva por título EL BRUJO DE LA MONTAÑA"; pero, para la continuación de esta novela de Eugène de Mirecourt, los lectores deberán esperar el nuevo tomo, o sea, tener la suscripción al día.[11]

Los porteños de aquel entonces pueden elegir en qué idioma leer algunas novelas de autores extranjeros; lo que varía son los precios. La Librería Central, de Lucien e Hijo, entre los "romans français illustrés" ofrece "Redgauntlet", "L'Antiquaire", "Ivanhoé" y "Quentin Durward-la dame du lec", de Walter Scott, por ocho pesos cada una (*La Tribuna*, 20 set. 1855: 4). En cambio, la "librería frente al colegio", entre los "libros españoles nuevos y baratos" incluye las versiones castellanas de esas novelas por solo cinco pesos (*La Tribuna*, 14 abr. 1855: 4).[12] Los textos llegan castellanizados desde España o son traducidos por autores locales, como Manuel Carrillo Aguirre y Manuel S. Belgrano (mencionados en los avisos antes transcritos).

---

[10] Este francés es uno de los escritores europeos más frecuentemente difundido en los periódicos argentinos (Auza 1978: *passim*).

[11] Esos precios sufren aumento en 1855. Véase *La Tribuna*, 17 feb. 1855: 4.

[12] Como aclara Parada (1998: 89), no podemos estar seguros de si los libreros castellanizan los títulos para promocionarlos o realmente cuentan con traducciones, las cuales abundan en la Península, según los estudios de Montesinos, Ferreras (1973 b) y Cobos Castro.

Aviso aparecido en *La Tribuna*, 14 abr. 1855: 4. Foto de la autora.

Muchas veces, en el aviso de la librería simplemente se enumeran los textos que están a la venta. Los límites acotados del anuncio obligan a reducir los títulos o a solo mencionar el nombre del autor, dejando que los lectores sobrentiendan a qué libro se hace referencia. En las publicidades más generosas, se consignan títulos, autores y cantidad de tomos. Por ejemplo, en un aviso de la Librería de la Victoria aparecido reiteradamente en julio de 1855, se promociona solo "NOVELAS"; en la primera parte, figuran textos de autores de diversa nacionalidad, incluidos dos argentinos (Mármol y Manso); luego, se agrupan los títulos de los novelistas más reconocidos. Copiamos la lista casi íntegramente, para que pueda apreciarse tanto la oferta de novelas al alcance del público porteño como la variedad de textos incluidos libremente bajo el rótulo de "novelas". Entre corchetes, aclaramos –cuando es necesario– título completo, fecha de la primera edición o de la primera traducción al castellano, autor y tipo textual –cuando no es novela– (Montesinos: 154-169; Ferreras 1973 a: 253-280 y 1987):

[Primera columna]

Amalia por D. J. Mármol [1855].

Aventuras de los viages, 1 tomo con láminas. [Posiblemente se trate de *Aventuras extraordinarias de los viajeros célebres*, Madrid: F. de P. Mellado, 1850; libro mencionado en otros avisos].

Bertoldo, 1 tomo, con láminas. [*Historia de la vida, hechos y astucias sutilísimas del rústico Bertoldo, la de Bertolino su hijo, y la de Cacaseno, su nieto: Obra de gran diversion y de suma moralidad, donde hallará el sabio mucho que admirar, y el ignorante infinito que aprender*, 1788, Giulio Cesare della Croce, literatura moral].

Caballeros del firmamento, por Pablo Feval, 1 tomo. [*Los caballeros del firmamento*, Paul Feval, 1847].

Colono de América, por Cooper, 1 tomo. [*El colono de América*, 1852].

Cristoval Colon, por Cooper, 1 tomo. [1852].

Casa-blanca, por P. de Kock, 1 tomo. [*La casa blanca o Isaura y su perro*, 1842].

Castellano ó el Príncipe Negro, 1 tomo. [*El castellano o El Príncipe Negro en España*, 1829, Joaquín Telesforo de Trueba y Cossío].

Cuitas de Werther, 1 tomo. [*Las cuitas de Werther*, 1835, Johann Wolfgang von Goethe].[13]

Conquista del Perú, 1 tomo. [*La conquista del Perú: Novela histórica*, 1852, Pedro Alonso de la Avecilla].

Cornudo, por Pablo de Kock. [*El cornudo*, 1837].

Cuentos, por Tirso de Molina, 1 tomo. [*Cuentos, fábulas, descripciones, diálogos, máximas y apotegmas, epigramas y dichos agudos escogidos en sus obras*, Tirso de Molina, 1848].

Costurera del Barrio latino, 1 tomo. [Posiblemente se trate de una traducción de *Scénes de la vie de bohéme*, 1847-1849, de Henri Murger].

Cabaña del Tio Tom, 1 tomo. [*La cabaña del Tío Tom*, 1° ed. en inglés 1852, Harriet Beecher Stowe].

Don Quijote, 1 tomo. [*El ingenioso hidalgo don Quijote de la Mancha*, 1605-1615, Miguel de Cervantes Saavedra].

Emilio, por Rousseau, 3 tomos. [1817].

Escenas matritenses, con láminas, 1 tomo. [1836-1842, Ramón Mesonero Romanos, artículos costumbristas].

Gonzalo de Córdoba, 2 tomos. [*Gonzalo de Córdoba o La conquista de Granada*, 1794, Jean Pierre Claris de Florian].

Guzman de Alfarache el pícaro, 1 tomo, con láminas. [*Vida y hechos del pícaro Guzmán de Alfarache atalaya de la vida humana*, 1599-1604, Mateo Alemán].

Garduña de Sevilla, 1 tomo, con láminas. [*La Garduña de Sevilla y anzuelo de las bolsas*, 1642, Alonso Castillo Solórzano].

Gil Blas, por Lesage, 1 tomo, con láminas. [*Historia (o Aventuras) de Gil Blas de Santillana*, 1821, Alain René Le Sage o Lesage].

---

[13] Hay traducciones anteriores con el título *Werther* (Montesinos: 202).

Hazañas de los Catalanes, 1 tomo. [*Hazañas y recuerdos de los catalanes, o Colección de leyendas relativas a los hechos más famosos*, 1846, Antoni de Bofarull, historia].

Hijo del Diablo, por Pablo Feval, 3 tomos. [*El hijo del diablo*, 1846].

Historia de Carlo Magno, 1 tomo, con láminas. [*Historia del emperador Carlo Magno y de los Doce Pares de Francia*, 1528, Nicolás Piamonte].[14]

Julia ó la nueva Heloisa, por Rousseau, 4 ts. [1814].

Graziella, por Lamartine, 1 tomo. [1853].

Familia del Comendador, 1 tomo. [*La familia del Comendador*, 1854, Juana Manso de Noronha].

Libro del tiempo, 1 tomo. [Texto no identificado].

Liga de Avila, 1 tomo. [*La liga de Ávila: Novela del tiempo de las Comunidades de Castilla*, 1846, Victor Du Hamel].

Mancha de Sangre, 1 tomo. [Puede tratarse tanto de *La mancha de sangre*, 1845, de Manuel Fernández y González (Ferreras 1987: 40), o de otra novela homónima, traducida en 1847, del Vizconde de Arlincourt (Montesinos 157)].

Memorias de ultra tumba, por Chateaubriand, 4 tomos. [1849].

Museo de familias, 4 tomos, con láminas. [*El Museo de las Familias*, revista costumbrista española].

Mil y una noches, 3 tomos, con láminas. [*Las mil y una noches*, 1838, según versión de Antoine Galland].

Mil y una noches, 4 tomos, edicion de lujo.

Marcos Visconti, 1 tomo. [*Marcos Visconti: Narración histórica sacada de las crónicas del siglo XIV*, 1847, Tomás Grossi].

---

[14] El título completo, en algunas ediciones, es: *Historia del emperador Carlo Magno, en la cual se trata de las grandes proezas y hazañas de los Doce Pares de Francia, y de cómo fueron vencidos por el traidor Ganalón, y de la cruda batalla que hubo Oliveros con Fierabrás de Alejandría.*

Malvina, por Ma. Genlis, 3 tomos. [Tal vez se trate de la novela homónima de Marie "Sophie" Risteau o Ristaud, Mme Cottin, 1832].

Moro espósito, por Saabedra, 2 tomos. [*El moro expósito o Córdoba y Burgos en el siglo décimo*, 1834, Ángel Saavedra, Duque de Rivas, poema narrativo].

Novelas Ginebrinas, 1 tomo. [1841, Rodolphe Topffer].

Novios (los), por Mauzoin, 4 tomos. [*Los novios*, 1836-1837, Alessandro Manzoni].

Orlando furioso, 3 tomos. [1550, Ludovico Ariosto, poema épico].

Pedro Simple, por Marryat, 1 tomo. [1852, Frédéric Marryat].

Pablo y Virginia, 1 tomo. [1789, Bernardin de Saint-Pierre].

Precaucion y el Bravo, por Cooper, 1 tomo. [*Precaución*, 1853; *El bravo*, 1833].

Quentin Durward, por W. Scott, 5 tomos. [*Quintin Durward o El escocés en la corte de Luis XI*, 1827].

Redgauntlet, por W. Scott, 5 tomos. [*Redgauntlet, historia del siglo décimo-octavo*, 1833-1834].

República del Diablo, 3 tomos. [*La República del Diablo o Nuestra sociedad en cueros*, 1848, Antonio Velázquez y Cabrera, literatura moral].

Romances históricos, por Saavedra, 1 tomo. [1841, Ángel Saavedra, Duque de Rivas, poemas].

Robinson Crusoe, 1 tomo. [*Aventuras de Robinsón Crusoe*, 1835, Daniel Defoe].

Sataniel y Vizconde de Berziers, 1 tomo. [*Sataniel: Novela histórica*, 1843; *El vizconde de Beziers*, 1845, ambas de Frédéric Soulié].

Sol de Jesus del monte, 1 tomo con láminas. [*El Sol de Jesús Monte: Novela de costumbres cubanas*, 1852, José Antonio Saco].

[Segunda columna]

Soliman y Zaida, leyenda, 1 tomo. [*Solimán y Zaida o El precio de una venganza: Leyenda árabe*, 1849, Antonio Ribot y Fontseré].

Trilby, por Carlos Nodier, 1 tomo. [*Trilby o El duende de Argail*, 1842].

Tártaros en Silesia, 1 tomo. [*Los tártaros en Silesia: Historia del año 1241*, firmado por "Axel"].

Valdomero, por Colomer, 1 tomo. [*El Valdemaro*, 1792, Vicente Martínez Colomer].

Viage á Italia, por T. Janin, 2 tomos. [1846, Jules Janin, relato de viajes].

Voz de la Naturaleza, 1 tomo. [1787, Ignacio García Malo].

Viages de I. Arago, 1 tomo. [*Recuerdos de un ciego: Viaje alrededor del mundo*, 1851, o *Viaje alrededor del mundo: Recuerdos de un ciego*, 1855, Jacques (Santiago) Arago].[15]

Este aviso se completa con la nómina de títulos por autores prestigiosos, cuyo nombre era ya sinónimo de éxito de ventas –como diríamos en la actualidad–: "Aigualz de Izco" (tres novelas), "V. Hugo" (dos), "E. Sue" (cuatro títulos, en diversas ediciones), "Madama Sand" (siete), "Alejandro Dumas" (dieciséis) y "Dumas (el hijo)" (dos). Estos más los que se repiten en anuncios de otras librerías –los títulos de Madame de Staël, Paul de Kock, René de Chateaubriand, Paul Feval, Walter Scott, Fenimore Cooper y Honoré de Balzac, junto con el *Quijote*, *Gil Blas de Santillana*, *Las aventuras de Telémaco* y *Pablo y Virginia*– configuran el corpus de lecturas más promocionadas en la década de 1850.

El predominio de obras francesas continúa la tendencia imperante desde la época rivadaviana y refleja la situación

---

[15] Arago es un catalán que escribe su relato de viaje en francés. Las fechas dadas corresponden a las traducciones al español.

vigente en España por esos mismos años (Montesinos; Cobos Castro). Pero también es digna de destacarse la preferencia por las novelas históricas, morales, costumbristas y picarescas de la Península (Molina, H. 2009 d).

Es imposible calcular cuántos lectores aprovechan cada ejemplar, pues –como ya mencionamos anteriormente– los libros circulan de mano en mano, sea por préstamos interpersonales, sea por suscripción a los gabinetes de lectura o librerías circulantes. Además, en las tertulias caseras, cuando se reunían los dueños de casa y sus invitados para conversar, escuchar música y oír textos amenos, los sirvientes también se convertían en receptores de la lectura de novelas, si bien desde un lugar marginal, mientras atendían a sus patrones.

A pesar de todos esos modos de difusión de las novelas, estas no constituyen el género más prestigioso a mediados del siglo XIX, pues las afecta la mirada crítica de una sociedad que pretendía ser moralista y se jactaba de ello.

1.2. La mala fama (y la buena también)

Con desenfadada ironía, José Mármol, el más afamado de los novelistas argentinos de la década de 1850, se burla de los lectores de ciertas novelas a través del personaje de Doña Marcelina:

> –Y ahora qué lee usted, Señora Doña Marcelina?
> –Ahora estoy leyendo el Hijo del Carnaval, para luego leer la Lucinda, que está concluyendo mi sobrinita Tomasita.
> –Excelentes libros! ¿Y quién le presta a usted esa escogida colección de obras? [...].
> –A mí no me los prestan; es a mi sobrinita Andrea a quien se los lleva el Señor Cura Gaete (1990: 250).

Las "excelentes" lecturas de Marcelina son textos *famosos*: el primero –*El hijo del carnaval*, 1822, de Charles

A. G. Pigault-Lebrun- por su carácter burlón que cae en la trivialidad y en la ofensa a la religión; el segundo –*Lucinda: Una novela*, 1799, de Friedrich Schlegel- por exaltar el amor libre. Mármol está criticando, pues, la *inmoralidad* de estas novelas y, en consecuencia, la inmoralidad no tanto de las mujeres –víctimas de la situación tiránica del momento- como del sacerdote, corrompido por el poder de Rosas. Sin embargo, no censura todas las novelas; se las ingenia para destacar, pocos renglones más abajo, la de Cervantes como autoridad moral:

> –Pero habrá leído usted a Don Quijote?
> –Tampoco.
> –Pues ese Don Quijote, que era un buen hombre [...] declaraba que no podía haber una República bien constituida sin cierto empleo, y ese empleo es el que usted ejerce dignamente (251).

Con estas alusiones, el novelista argentino establece un diálogo irónico con sus lectores, pues estos seguramente conocen las novelas mencionadas o por lo menos su reputación. Este juego textual se pierde muchas veces en la actualidad por la enciclopedia insuficiente del lector contemporáneo. Esto explica la notable alteración que se produce en las ediciones modernas de *Amalia* con respecto al título del cap. 11 de la Cuarta parte (Curia 1986: 104). En la edición de 1855, se lee "De cómo empezó para Daniel una aventura de Foublas", mientras que en las posteriores aparece "una aventura de fábulas", ya que se ha perdido de vista el referente: la trilogía de Jean-Baptiste Louvet de Couvray, *Les amours du chevalier de Faublas* (1787-1790) o *Aventuras del Baroncito de Faublas*, "famosa novela de aventuras galantes y eróticas" conocida por la traducción española de Eugenio Santos Gutiérrez (Parada 1998: 74; Montesinos: 54, 218-219), si bien también circula la versión francesa (Parada 2005: 113).

Esa controversia metanovelesca tiene su razón de ser en el hecho de que este género está precedido por la mala fama que trae de Europa, como ya anticipamos.[16] Durante el reinado de Fernando VII los censores tienen amplios poderes sobre toda obra que atente contra la religión, las buenas costumbres, las leyes del Reino o las regalías del rey. Las novelas caen pronto bajo sospecha. Los preceptistas neoclásicos se desconciertan ante este género que no estaba incluido en el sistema literario clásico; se parece a la épica pero no tiene su grandeza poética. Se la asocia entonces con la historia y se la clasifica como "historia fingida" (González Alcázar 2005). La novela imita (representa) la vida de personajes más o menos convencionales en ámbitos más o menos delimitados. Por ello, se convierte en un texto *peligroso*: puede reflejar –y, en consecuencia, reproducir, multiplicar– no solo las buenas acciones, sino también los vicios. Montesinos observa que los escritores "propendían a enlazar con la literatura *noble* lo que tenían por bueno, relegando lo malo al confuso infierno de la novela. [...] La *novela* era ya esto que hacían Mlle. de Scudéry o La Calprenède. A todo ello se oponía el ejemplo de Cervantes" (11). Para evitar que la novela se volviese inmoral, es decir, revolucionaria, las preceptivas escolares –usadas por el poder político como instrumento de control y dominio– exigirán a la novela verosimilitud, moralidad y utilidad: que imite solo las buenas costumbres y que colabore en la reforma de los malos hábitos, además de frenar los desvíos inverosímiles que pueda ocasionar la fantasía (Sánchez García). En definitiva, según conjetura Juan Ignacio Ferreras:

---

[16] A continuación nos centramos en lo que sucede con la novela española por ser el sistema más cercano al argentino, debido al idioma común; pero conflictos semejantes se producen también, por ejemplo, en Francia y en Alemania (Sheffy; Yahalom).

El antinovelismo del XVIII debe de tener diferentes causas: la sequedad académica que significa institucionalización cultural, la filosofía e ilustración que se entiende como erudición y crítica, pero no como creación, la moda neoclásica que al nivel literario busca la armonía en la composición y niega toda posibilidad de ruptura; en fin [...], el criterio de la *utilidad*, tan dieciochesco, que no puede admitir el pasatiempo, la libre imaginación, la evasión quizá (1973 b: 22).

Por ello, solo se fomenta la novela que sea una "narración realista y verosímil, basada en el análisis de caracteres", porque es vista –según Felipe González Alcázar– como un canal "de instrucción para conocer la vida y las costumbres de los pueblos": el "didactismo salva a la misma novela de lo que se le acusaba" (2005: 112).

Al parecer, en España, la derrota de la Constitución gaditana de 1812 y el aplastamiento del liberalismo retrasan "la explosión novelesca hasta 1868" (Ferreras 1973 b: 22). En la Argentina, de modo similar, se mantienen las mismas aprensiones contra la novela en cuanto a su posible inmoralidad, pero el requisito de que sea *texto educador* –como iremos viendo– no es impuesto solo desde el gobierno, sino también desde los propios escritores, quienes promocionan el género como instrumento de civilización, de modernización de la cultura argentina y de formación intelectual para las mujeres.[17]

Marcos Sastre, cuando en 1835 anuncia la apertura del Gabinete de Lectura, anexo de la Librería Argentina, incluye en la lista de textos al alcance del público porteño "novelas divertidas e instructivas que pueden distraer útil y deleitosamente al que quiera vacar a sus fatigosas

---

[17] Para completar el análisis de las relaciones entre política, prensa y sociedad, y de los conceptos de pueblo, opinión pública, sociabilidad y civilización, recomendamos el estudio de Eugenia Molina 2009.

ocupaciones" (Weinberg 1977: 41). No obstante, de los 518 títulos del *Catálogo de los libros en español, frances y latin, que se hallan en la* Librería Argentina *[...] Julio de 1835*, solo doce corresponden a un concepto amplio de novela: "Aventuras de Telémaco"; "Aventuras de Gil Blas de Santillana"; "Adolfo, Anécdota" (de Benjamin Constant); "Belisario, por Marmontel"; "Clara Harlove, por Richardson"; "Caroline de Lichtfield" (de Isabelle de Montolieu); "La Heroína, por Madama de Genlis"; "El Ivanhoe, Novela de Walter Scott, traducida al castellano por D. José Joaquin de Mora"; "Los Mártires, ó el triunfo de la Religion Cristiana, por Chateaubriand"; "D. Quijote de la Mancha"; "El Talisman, novela de Walter Scott, traducida al castellano por D. José Joaquin de Mora", y "Vida y hechos del picaro de Guzman de Alfarache", además de las obras completas de Voltaire y Rousseau, o las escogidas de Cervantes, entre otras (Parada 2007: 247-271).

Dos años después, en el discurso inaugural del Salón Literario (1837), Sastre advierte que ha seleccionado los textos, que no incluye "un gran número de esos libros que tanto lisonjean a la juventud; de esa multitud de novelas inútiles y perniciosas, que a montones abortan diariamente las prensas europeas" (Weinberg 1977: 119). No hay contradicción en estas palabras si se las contextualiza: Marcos Sastre –según lo define Alejandro Parada– "no fue un librero prototípico: fue un docente y un animador cultural personalísimo, autocolocado a librero" (2007: 225). Como negociante, en sus inicios (1833), abre la oferta a todo producto impreso; luego, poco a poco, se va concentrando en los libros, se orienta hacia los jóvenes estudiantes, fomenta la circulación de los ejemplares y, como consecuencia inevitable pero deseada, el debate acerca de las ideas que esos volúmenes registran; finalmente, alienta la inauguración del Salón Literario (Weinberg 1977; Parada 2007: 228-229). En esta labor de promoción cultural, la selección de textos está regida tanto por el catolicismo de Sastre, como por la pervivencia de parámetros ilustrados: "Su criterio de inclusión bibliográfica se encuentra fuertemente ceñido por un deseo pragmático de instrucción y de utilidad textual. De modo tal que los aspectos morales y prohibitivos de Sastre deben verse como secundarios, pues la práctica de 'lo útil' es, en última instancia, lo que más importa" (Parada 2007: 233-234).

Vicente Fidel López también diferencia dos tipos de novelas. En un artículo de *La Moda*, "Importancia del trabajo intelectual", dirigido a profesionales y comerciantes, les reprocha:

> [...] que pierdan su tiempo de ocio leyendo, si lo hacen, novelas inmorales, vacías ó ridículas –como el Hijo del Carnaval, la Abadesa, el Solitario, el Renegado y tanta otra que, como estas, no sirven sino para extraviar la razon y el gusto, y por hacerlos incapaces hasta de leer dos páginas seguidas, no solo de un libro serio y útil, sino tambien de un buen romance; de un romance como los de Walter Scott, los de Victor Hugo, Vigny, Saint-Beuve y demas romancistas de genio (187).

La distinción parece basarse, no en la procedencia de los autores, sino en la calidad de las novelas. Así, los textos de Pigault-Lebrun –*El hijo del carnaval*–, de William Henry Ireland –*La abadesa o Procedimientos inquisitoriales*– y de Victor Prévot d'Arlincourt –*El solitario* y *El renegado*– quedan caratulados como de poca valía, a pesar de que en Europa son famosos, por el contraste con esos otros que son enaltecidos como geniales. Adviértase que esta recomendación de no leer novelas está dirigida a varones de buen nivel social y educativo. A ellos López expone e impone el canon en el que acuerdan los jóvenes intelectuales del 37.[18]

---

[18] Salvo el primer título, los tres restantes figuran en los avisos de *La Gaceta Mercantil* (Parada 1998: 72-74) y en el catálogo de la Librería

Durante el gobierno de Rosas, se fue reduciendo paulatinamente la importación de libros. Las puertas para lo novedoso se reabren en 1852. Pero las novelas siguen siendo cuestionadas por personalidades de mentalidad tanto conservadora como liberal.[19]

Félix Frías y Luis Domínguez, directores de *El Orden*, quienes se califican a sí mismos de "religiosos y conservadores, moderados y tolerantes en religion y en política" (12-13 nov. 1855: 2), se resisten a incluir novelas y folletines en general. Por ejemplo, en setiembre de 1855, se excusan ante sus lectores dando fundamentos basados en las características, para ellos inaceptables, de las novelas francesas:

> Tenemos el mas vivo interes en satisfacer los deseos de aquellos de nuestros lectores, y particularmente de nuestras lectoras, que desean que amenicemos nuestro diario con un *folletin*. A pesar que nuestras columnas no bastan para el abundante material que todos los dias recibimos, habriamos hecho ya un esfuerzo por complacerlas, si no fuera la falta absoluta de romances nuevos dignos de llamar la atencion de lectores de buen gusto.
> [...] Hace muchos años que no se presenta un solo romance digno de rivalizar con los inimitables de Walter Scott, ni aun de despertar la curiosidad por la novedad de la invencion ó por la excentricidad de las ideas, como sucedió con los mas afamados de algunos de los escritores franceses.
> La fecundidad que en ellos parecia inagotable, no era mas que un signo de decadencia. Se escribia mucho, pero se escribia mal. Si el escritor se dedicaba á la novela histó-

---

de Duportail Hermanos (Parada 2005: 68, 70, 77). Curiosamente, tanto *El hijo del carnaval*, *La abadesa*, las "caballerescas producciones de Arlincourt" –*El renegado*, *La extranjera* y *La verdulera*–, como *Waverley* de Scott y *Nuestra Señora de París* de Victor Hugo son parte de la Nueva Colección de Novelas Escogidas de la Imprenta de Oliva, de Barcelona, 1836 (Pigault-Lebrun; Montesinos).

[19] Hemos elegido algunos ejemplos tomados de periódicos, porque estos son publicaciones de difusión masiva, que han ejercido gran influencia sobre los lectores argentinos.

rica, no hacia mas que desfigurar los hechos, calumniar los personages, y falsificar la historia. Si hacia la pintura de las costumbres, la sociedad europea aparecia carcomida por la corrupcion mas repugnante, presentándose la seduccion y el adulterio, como el fin esclusivo de todos los esfuerzos y de todos los conatos del hombre en sociedad.

[...] [En Francia] Ha pasado la época de voga de esos escritores, y ha llegado para ellos el momento terrible de venir á juicio. La acerada pluma de la crítica está levantada sobre ellos, y en nombre de la virtud ultrajada, del pudor ofendido, de la religion vilipendiada, viene á pedir cuentas á Alejandro Dumas, Eugenio Sue, Jorge Sand, del uso que han hecho de sus grandes talentos ("El folletín").

Así, *El Orden* se compromete ante sus lectores a publicar novelas solo si suman "á la belleza de la fábula, la tendencia civilizadora y la enseñanza moral, sin las que esas lecturas no sirven sino para pervertir el gusto y las costumbres". Pero las objeciones no se refieren exclusivamente a cuestiones de moral: también se critica su verosimilitud poética. Para ello, apelan a una cita de autoridad: un estudio sobre George Sand escrito por Armande de Pontmartin.[20] Este crítico formula un juicio ambiguo:

[...] el mérito ó el defecto de sus mejores romances, es que llega siempre un momento en que los sucesos ó los personajes salen por decirlo asi del cuadro de verdad ó verosimilitud que los mantenia al principio, para lanzarse en esas esferas superiores, ideales, inverosimiles muchas veces, imposibles tambien, que no se pueden admitir, comprender y definir si no llamándolas poéticas.

---

[20] Armande Ferrard, conde Pontmartin, colaborador de la *Revue des Deux Mondes* y de la *Gazette de France*, se distinguió como crítico "por su imparcialidad y sinceridad, así como por su estilo sencillo y elegante" (Espasa-Calpe: 23, 898-899).

Estas prevenciones de *El Orden* contra la imaginación idealizadora son ampliadas y explicitadas en un artículo sin título, basado en otro de la "*Revista Contemporánea* de Paris": "La Novela en 1855". La preocupación de los periodistas nace del hecho de que "las novelas son la lectura favorita de la juventud de ambos sexos, y esta lectura se hace sin discernimiento". Otro motivo es la tendencia a la imitación que suscita tal lectura: "Obrar como los héroes de la novela, es sacrificar lo verdadero á lo falso, lo positivo á lo quimérico, la práctica leal de sus deberes reales á la ficcion de los deberes imaginarios que aconsejan lo heroico y exoneran de lo honesto". La cuestión radica en que la imaginación es considerada sinónimo de falsedad y mentira; por lo tanto, participa del "eterno combate" entre contrarios: verdad vs. mentira, razón vs. imaginación, deber vs. pasión, vida vs. sueño, virtud vs. vicio. No obstante, el periodista parisino no se propone "destrozar la novela"; antes bien, diferencia una serie de categorías, para poder clasificarla. Primero distingue "dos suertes de verdades, como dos clases de realidades": por una parte, aquella de la que "nadie puede escapar" pues es "la ley misma del mundo moral": la de la iglesia, el hogar, la familia, el país, la ley; por otra, aquella de la que se puede prescindir porque representa el "lado árido, glacial y bajo de la sociedad positiva": la calle, la fábrica, los negocios. En segundo lugar, presenta las dos fases de lo falso: "La que ataca la buena verdad y la que nos aparta de la mala", es decir, por un lado, "la mentira, la rebelion, la demencia, la blasfemia, el insulto" y, por otro, "el ideal, lo infinito, el sentimiento, la poesía, el encanto". La novela, hasta ese momento, ha venido confundiendo los dos tipos de verdad y de falsedad: por defenderse de la vida positiva y materialista, ha invadido el terreno moral; "bajo el pretesto de librarse de la mala verdad, ella ha declarado la guerra á la buena". El comentarista espera que, en el futuro, la novela deje de ser "elemento del desórden en lucha contra la universal armonía" y se convierta en "auxiliar amable" del espiritualismo, representando "el sentimiento de lo ideal".

Esta visión dicotómica entre lo que es y lo que debe ser se aplica también al quehacer del escritor: este tiene libertad de opinión pero esta libertad está limitada por la moral y por su responsabilidad social en cuanto a la "paz pública, el respeto de la ley, el prestigio de la autoridad, la ejecucion de los fallos de la majistratura, la integridad del territorio, las garantías de la propiedad y de la persona con la violencia" ("El honor...").

Casi un mes después, en "Lecturas serias", los periodistas de *El Orden* retoman el concepto de responsabilidad social, pero esta vez referido a las novelas, en un intento por matizar los juicios tan radicales expresados en anteriores ocasiones:

> Pero no queremos hoy hablar de las malas novelas, que las señoritas no leen en Francia ni en Inglaterra. [...] Diremos únicamente ahora que no somos enemigos de toda novela; pero que es menester mucho cuidado en su eleccion.

Luego de halagar al público femenino –ellas saben qué pueden leer y qué no–, agregan un argumento de peso: las lecturas ligeras, aun cuando sean inofensivas, no instruyen, no preparan para "el buen gobierno de las familias, ni para contribuir al progreso general de la sociedad"; por eso, son lecturas inútiles. Refuerzan su argumento con el poder de las autoridades culturales:

> Los hombres que mas han honrado á este pais por sus talentos y su saber, no aprendieron lo que sabian leyendo folletines. Juan María Gutiérrez, Florencio Varela, Estevan Echeverria, Miguel Piñero, Juan B. Alberdi, Juan Thompson, Manuel Belgrano, Rivera Indarte, Florencio Balcarce, y muchos otros [...]. Ni creemos que ellos han pensado jamas que

la lectura de las producciones de tales escritores [Sue y Sand] fuera conveniente para estimular en sus esposas ó en sus hermanas esos sentimientos delicados y puros, ese candor de la inocencia, que realzan á la muger y la ennoblecen.

Sarmiento –desde *El Nacional* (14 abr. 1856)– les contesta con otras razones pedagógicas:

> Pésele de ello al *Orden*, lean novelas los que gusten de lectura tan amena, como dijéramos a los golosos, coman dulces, que no alimentan el estómago, pero lisonjean al paladar, lo que no quita que alguno le estraguen. Caramelos y novelas andan juntos en el mundo, y la civilización de los pueblos se mide por el azúcar que consumen y las novelas que leen. [...]
> Las novelas han educado a la mayoría de las naciones, y en los países católicos han hecho la misma revolución que en los protestantes la Biblia, no se escandalicen las gentes timoratas (1953: XLVI, 150-151).

Después, justifica esa relación entre ambos tipos de textos: "La Biblia obligó a leer al pueblo y las novelas hacen que lean, los que sin su aguijón no habrían jamás tomado un libro en las manos. [...] Biblia y novela han popularizado la lectura que generaliza la civilización". Y un poco más adelante agrega: "El principal argumento contra las novelas, es que exaltan las pasiones. La verdad es que educan la facultad de sentir, por lo general embotada" (153).

Por el pedido insistente de los lectores y de las lectoras, *El Orden* se anima a editar relatos en 1855. Para ello se vale de autores españoles. En primer lugar, publica *Las ruinas de mi convento*, de autor anónimo (años después identificado como el mallorquí Fernán Patxot y Ferrer, nacionalista catalán). El texto es presentado como autobiográfico y con autorización eclesiástica del Obispado de Barcelona; aunque días después se lo menciona como novela escrita en 1851 (dato preciso). Junto con la primera entrega (el sábado 29 de setiembre de 1855), los periodistas de *El Orden* justifican la inclusión de este relato novelesco apelando a los siguientes argumentos: que ha sido traducido a cuatro lenguas europeas, que pertenece a la literatura española; por lo tanto, difunde la lengua materna. También recurren a la cita de autoridad: la de Moritz Brühl, quien es presentado como "uno de los críticos mas distinguidos de la Alemania católica", y de quien se dice que ha proclamado a *Las ruinas de mi convento* como "la perla de la literatura contemporánea de la España" ("Folletin").

A pesar de los argumentos a favor de la lengua materna, luego publican *Los últimos días de Pompeya*, de Edward Bulwer-Lytton, sin que se mencione el nombre del traductor. Al mismo tiempo, en los avisos de *El Orden* se publicitan la edición en ocho tomos de *Amalia*, la revista *El Plata Científico y Literario* en la cual está apareciendo *La novia del hereje*, y las entregas de *La dama de las perlas*, un texto de Alejandro Dumas hoy casi desconocido. Más tarde, en 1858, en los folletines de *El Orden* se incluirán varias novelas de Fernán Caballero: *La Estrella de Vandalia*, *¡Pobre Dolores!* y *Clemencia*, que se caracterizan por un marcado realismo.

En el otro extremo de las ideologías imperantes en la Argentina de 1850 (Auza 1978, De Marco), Bartolomé Mitre, a través de *Los Debates*, también difunde novelas españolas. La primera es la ya mencionada *Pobres y ricos o La Bruja de Madrid*, de Ayguals de Izco. Suponemos que Mitre difunde esta novela española –además de por probables necesidades económicas– por coincidencias ideológicas basadas en el liberalismo de ambos autores. Según Ferreras, Ayguals de Izco, "uno de los primeros fundadores de la novela por entregas en España, a fuer de hombre político, diputado liberal, progresista, critica constantemente en sus obras a la Iglesia, al Trono y, sobre todo, al Carlismo" (1987: 36).

Los Debates no cuestiona la moralidad de las novelas europeas, como hace *El Orden*, sino el carácter extranjero de tales producciones. Por eso, se propone *nacionalizar* o *americanizar* el folletín con producciones de autores locales. Ya desde el primer número (del 1º de abril de 1852), Bartolomé Mitre explica esta propuesta respecto del folletín:

> Hasta hoy ningun periódico americano ha dado á esta parte del diario su carta de ciudadanía: ella no se adorna sino con pensamientos estraños naturalizados por los tipos de imprenta; y sin embargo esa es la parte del Diario que busca con mas placer la mayoria de los lectores ¿por qué no nacionalizarla? Esta es la tarea que nosotros nos proponemos llevar á cabo [...]. Mas adelante procuraremos publicar en el Folletin producciones originales ó nuestras ó salidas de la pluma de nuestros compatriotas, para lo cual contamos con una gran copia de escritos inéditos ó poco conocidos de nuestro público, que guardamos en nuestra cartera ("Folletin").

En los tres meses que dura esta publicación –la cual alcanza la nada despreciable cifra de dos mil trescientos suscriptores (Cosmelli Ibáñez: 689)– se editan sobre todo poemas líricos o dramáticos del propio Mitre, de Juan María Gutiérrez y de otros poetas, hoy olvidados, pero no aparecen novelas de autores argentinos. Si bien en ese artículo que sirve de prospecto al folletín el periodista no promete novelas, llama la atención que quien ha defendido este género en Bolivia –según veremos un poco más adelante– no nacionalice el folletín con alguna novela de sus compatriotas.

La nacionalización de la literatura, en general, y de este género, en particular, es posible gracias a la restauración de la paz social, de "un réjimen constitucional bien radicado y de una envidiable libertad". Por lo menos así opina Heraclio C. Fajardo –uruguayo, periodista y traductor de novelas, sobre todo francesas- en "Literatura del Plata", en el primer número de *El Estímulo* (9 feb. 1858: 2). A pesar de este clima apropiado, las letras rioplatenses no se han desarrollado mucho debido a "que todavia no se dá entre nosotros á la literatura la importancia que dársela debiera, como á la mas fuerte palanca de la civilizacion moderna". No obstante, Fajardo reconoce que existen "quince periódicos, y las numerosas publicaciones literarias de otro género que frecuentemente ven luz pública" como prueba de un incipiente crecimiento. El problema radica en el desaliento en que caen los escritores a causa de la indiferencia de los lectores: "Si la aficion á leer estuviera en relacion con la aficion á escribir, fácilmente preveríamos una época muy próxima y brillante para la gloria de las letras en esta orilla del Plata". Como este estado es "condicion de todo pueblo naciente", Fajardo confía en la perseverancia de los escritores noveles para mejorar el panorama futuro.

Tres meses después, en ese mismo periódico que dirige Fajardo, un escritor escondido tras las iniciales "J. de S. y Q.", expone su preocupación acerca del contenido de los textos destinados al *bello sexo*. En "Lectura de mujeres" (15, 19 mayo 1858: 119-120), confiesa que cuando observa el cuadro de una "muger jóven reclinada en su cómodo sillon, gozosa en una lectura que nos es desconocida" se apodera de él "un estraño pensamiento": qué está leyendo y por qué ese libro la atrae tanto. Esta turbación –de varón, de hombre culto y de padre– proviene de las (curiosas) semejanzas entre ambos *seres*:

> Un libro y una muger tienen mas puntos de semejanza de lo que á primera vista aparece. Uno y otra, ambas cosas son ó miel ó veneno, ó el cielo ó el infierno, la suprema felicidad ó el mal mayor. Porque de las pàjinas de un libro sale á menudo el trastorno de las sociedades, el infortunio de los hombres, el semillero de las discordias [...]. Asi que, si algo delicado hay en la vida es la eleccion de mugeres y libros. [...]

Por desgracia ni las mugeres ni los libros admirables, sublimes, abundan demasiado. Lo bueno casi siempre es poco; lo muy bueno, siempre.

Pero si los libros escelentes son raros, mas y mas lo son entre nosotros los libros destinados á la lectura de mujeres, á la lectura de recreo de todos los mortales. Leer, para personas de cierta educacion, es una de las mas imperiosas necesidades de la vida; y, cuan doloroso es [...] examinar la clase de obras que por lo general ocupan la atencion de la juventud!!!

También se apena al ver a los jóvenes "empaparse insensiblemente en ideas novelescas, erróneas, venenosas, suicidarse moralmente sin saberlo, envenenarse con obras en las que la pasion es falsa, exagerada, imposible!", y se pregunta "qué castigo impone la sociedad" al escritor que siembra de este modo la semilla del vicio. Una vez más, lo novelesco queda asociado a la falsedad y a la exageración inverosímil, envueltas en un manto casi invisible de disimulación, suma de *defectos* que convierten a la novela en una especie de serpiente, símbolo de lo diabólico. Después de estas advertencias tan tenebrosas, el autor alienta a los escritores "en cuyo pecho no cabe la ponzoña de la iniquidad" a dedicar su vida a "formar esas obras sencillas y deleitosas, que deben componer la lectura de las mugeres y de los niños".

En consonancia con Heraclio, su hermano Carlos Augusto Fajardo –en su novelita *Las rivales*– asume una actitud irónica y juguetona frente al material novelesco; el narrador habla de "irrision de novela, concluida por compromiso y de mala gana" y de "mentira escrita" (150), rebajando él mismo el valor literario de su texto.

Finalmente, la novela padece marginación debido al escaso prestigio literario de la prosa en general, asociada a las actividades cotidianas y vulgares, mientras que se coloca al verso en el lugar más destacado, según se infiere de este aviso curioso de *La Tribuna*, respecto del contenido del folletín:

> Las prácticas sociales han hecho que el Domingo sea un dia diferente del resto de la semana, en que el trabajador descanse, entregándose á los placeres y al recreo.
> Nosotros no queremos alterar esta práctica, y en lugar de nuestro folletin de costumbre brindamos [...] varios trozos de amena poesia [...] haciendo asi una ecepcion entre el *Domingo* y los dias de *trabajo* (21 ago. 1853: 2).

2. La escritura de novelas originales

2.1. Aclaraciones preliminares indispensables

Hacia mediados de la década de 1850, el apelativo "original" empieza a leerse en la portada de libros editados en Buenos Aires; y con él quiere significarse que se trata de un texto escrito por autor local, que no es una traducción. Entre 1838 y 1872 se publica casi un centenar de novelas.[21] Esta suma total debe considerarse provisoria por varios motivos. El principal: seguramente quedan textos escondidos en periódicos de menor trascendencia histórica y en bibliotecas públicas o privadas, sobre todo en las distintas provincias argentinas.[22]

La lista que proporcionamos en este libro se basa en otras anteriores, muy especialmente en los repertorios bibliográficos de Myron Litchblau, quien con paciencia admirable ha revisado bibliotecas, bibliografías y estudios

---

[21] Véase la lista en el "Apéndice I.1.".
[22] Por ejemplo, cuando ya estábamos cerrando este libro, encontramos datos proporcionados por José Rafael López Rosas sobre dos novelas más: *La boca del infierno*, publicada anónimamente en *El Patriota*, de Santa Fe, entre 1858 y 1859; y *Los huracanes de la vida*, de Torcuato Tárrago, aparecida en *El Ferro-Carril*, de Rosario, hacia 1862.

sobre literatura argentina e hispanoamericana. No obstante el rigor de su trabajo, hemos tenido que agregar varios títulos y al mismo tiempo dejar de lado otros más. Las causas de estas *correcciones* son dos, las cuales también fundamentan el carácter provisorio de cualquier lista: que Litchblau registra casi exclusivamente textos de autores argentinos (decimos "casi" porque hay unas pocas excepciones)[23] y que su concepto de novela es mucho más restringido que el nuestro.[24]

La nacionalidad no es un detalle menor en cualquier estudio de historia literaria, mucho menos en uno referido a la novelística argentina, la cual comienza por textos escritos en países limítrofes debido a que sus autores han emigrado por persecuciones políticas. Como el nuestro pretende ser un análisis del funcionamiento de la novela en el sistema literario argentino decimonónico, no podemos dejar de considerar los textos de autores extranjeros, publicados por primera vez en la Argentina y que son leídos por el mismo público de las obras escritas por argentinos.

La cuestión del concepto genérico es más compleja porque aun hoy suscita polémicas interminables. Desde el marco referencial de la poética histórica, preferimos atenernos a la idea de novela generalizada por esos años,

---

[23] *"As used in this bibliography, an Argentine novel is understood to be any novel written by an Argentine or by a person residing in Argentina and culturaly identified with that country. At times the question in fraught with difficulties that are not easily resolved"* (Lichtblau 1997: xv).

[24] Lichtblau no considera todas las novelitas: *"The 'novela corta' is also included in this bibliography as a genre distinguished from the short story not necessarily by its length but by the narrative design that governs its construction. The short story, unlike the 'novela corta,' is episodic, anecdotal, an incident drawn from a life that gives special interest or meaning. Not infrequently, the works of fiction that make up a collection of 'relatos' may be designated as shor stories, long stories, short novels, or even that imprecise category of 'narración'; in these cases, only those narratives whose characteristics approximate those of the short novel are cited in the bibliography"* (1997: xvi).

tanto la que manejan escritores y lectores, como la que se formula en los pocos textos teóricos que circulan entre ellos (según analizaremos en la Parte B): narración ficcional, amena y moral de hechos ficticios verosímiles, sucedidos mayormente a personajes comunes. Algunos autores prefieren no caratular sus obras como novelas, sea por la mala fama del género, sea porque realmente están convencidos de que no es una novela sino una simple "narración": "He aqui la historia, no la novela de un bandido de diez y nueve años"; "no escribimos una historia política sino social", aclara "X.", el desconocido autor de "El bandido" (*La América*, 45, 28 mar. 1866: 2; 54, 10 abr. 1866: 3), texto que puede considerarse novela gauchesca.

A veces, el rótulo "novela" lo pone el editor. Por ejemplo, Ildefonso Bermejo –en *Estudios recreativos, históricos y morales* (1855)– explica que su propósito es presentar "una variada coleccion de interesantes lecturas" y "formar una série de cuadros históricos, científicos y morales donde el deleite vaya unido á la instruccion" (5-6). En cambio, los editores aclaran que seguirán publicando "esta clase de novelas" si tienen buena aceptación. El carácter ameno de la narración confunde a los lectores, incluso a los contemporáneos; de ahí que Lichtblau incluya en su repertorio bibliográfico solo cuatro –"El ángel de mi guardia", "El esclavo", "María Estuardo" y "Un presentimiento"– de los diez relatos incluidos en ese volumen de Bermejo, sin que quede claro cuál es la diferencia textual en la que se basa para descartar los restantes.

Por nuestra parte, para distinguir novela de otras variantes narrativas analizamos si en el texto priva la intención diegético-ficcional sobre otras (didáctica, histórica, informativa, etc.).[25] De ahí que, a diferencia de Lichtblau, no

---

[25] Véase en el "Apéndice I.2." la lista de textos que no consideramos novelas en este trabajo, a pesar de que así han sido calificadas por algunos

incluyamos en este estudio las sátiras –*Defensa del celebérrimo escritor Veterano Aforismos, hecha en última instancia por el no menos célebre abogado del foro de Mar-Chiquita, Don José Aurelio Herrera (Alias Teseo)* (1872)–, las alegorías –*Peregrinación de Luz del Día, o Viaje y aventuras de la Verdad en el Nuevo Mundo* (1871), por "A." (Juan Bautista Alberdi)– y los informes periodísticos (*La aerostática en Buenos Aires: Capricho crítico, histórico y novelesco* (1856), de Laurindo R. Lapuente, noticia novelada sobre la primera ascensión aerostática realizada en Buenos Aires). También las biografías hacen fluctuar las fronteras genéricas, sobre todo cuando desde la perspectiva de los autores la existencia de la personalidad elegida resulta "un romance, una leyenda", como afirma –por ejemplo– "Orión" (Héctor Florencio Varela) en su *Elisa Lynch* (1870 b: xiii).[26]

Un caso contrario se produce con *Cartas a Genuaria* (1840), de Marcos Sastre: al epistolario del autor en el exilio, destinado a su esposa, le faltan trama narrativa y ritmo novelesco que permitan catalogar el texto como novela. A pesar de este rasgo, se la suele mencionar en los panoramas novelescos, con aclaraciones pertinentes (Rojas: VIII, 392; Lichtblau 1959 y 1997).

El uso impreciso de términos como "episodio" y "narración" aumenta la indefinición genérica. *El isleño: Episodio de la guerra de la Independencia* (1857), de Manuel Romano, y *Esther: Simple narración* (1858), de Miguel Cané (p), pueden ser –y lo son– consideradas novelas sin lugar a dudas. También el hecho de que haya subtítulos aparentemente contradictorios como "Historia-novela original contemporánea" –de *El prisionero de Santos Lugares* (1857) de

---

estudiosos.
[26] Varela le asegura a la biografiada: "Mi mision se limitará á *esponer hechos* de una autenticidad, que nadie puede destruir ya. Esos hechos, *son los que la van á juzgar á Vd.*" (xv). Por esto no incluimos *Elisa Lynch* entre las novelas, como sí lo hace Lichtblau (1997).

Federico Barbará– o "Leyenda histórica" con el que Juana Manuela Gorriti subtitula dos relatos de temáticas diferentes –*La hija del mazorquero* (1863) y *El tesoro de los incas* (1865)–, advierte que estos términos no son empleados con el mismo alcance que en la actualidad. Incluso el propio autor puede fluctuar en la denominación genérica. Para Francisco Rave, quizá porque su profesión principal es la ingeniería geográfica y no la literatura, le resulta indistinto calificar su relato *Los guanayases* como "leyenda" (1868 a) o como "novela" (1868 b).[27]

Lo único que podemos afirmar con certeza es que "novela" y "romance" son usados como sinónimos, con especial preferencia por el primer vocablo, corriente ya en la literatura española. El segundo, en cambio, es visto como una palabra importada por la moda de leer textos de origen francés. No hemos hallado ningún ejemplo de distinción semántica entre ambas voces, como sí se observa en las literaturas europeas (Arizpe).[28]

También es indudable que la novela se concibe solo en prosa[29] y que la extensión no es un rasgo calificador del género, pues para el texto novelesco corto (aquel que podría confundirse con un cuento) se usaba el término "novelita", según podrá apreciarse en algunas citas más

---

[27] En la Parte C daremos más precisiones sobre estos paratextos.

[28] La distinción que hace Unzueta (1996) es interesante pero evidencia una perspectiva crítica propia del siglo XX.

[29] Por eso no incluyo el texto de José María Gutiérrez, que menciona Auza (1999: 108): *Memorias de un condenado: Leyenda fantástica*, que abarca un prólogo narrativo en prosa (sobre el encuentro del narrador con el diablo) mientras que el desarrollo de la historia está versificado. Aparece en *La Ilustración Argentina* (2-10, 18 set.-13 nov. 1853); queda inconclusa; curiosamente en el n° 11 empieza la publicación de *La estrella del Sud*, novela del uruguayo Alejandro Magariños Cervantes. Nos preguntamos si el tema o los personajes no fueron del agrado del público y, en consecuencia, el texto de Gutiérrez no atrajo a los suscriptores.

adelante.[30] Por esto resulta indispensable establecer la distinción conceptual entre novela y cuento. Durante la mayor parte del siglo XIX, en la Argentina, por cuento se entiende generalmente un relato de base oral, es decir, contado por alguna persona en medio de una circunstancia propicia; el texto puede ser registrado luego a través de la escritura, pero este registro no modifica su carácter de discurso *verbalizado* por alguien. Otros rasgos esenciales son la eventualidad (no es un texto preparado con anterioridad a su difusión) y que el enunciador-narrador recibe la confianza de su auditorio por cuanto la historia contada se considera verídica, por más que en ella se incluyan elementos más o menos increíbles. Incluso se denomina "cuento" a textos cómico-humorísticos breves, o sea, los actuales chistes.[31] Debe tenerse en cuenta que por aquel entonces no circulan definiciones precisas como las actuales; por eso, no corresponde calificar de contradicción, por ejemplo, el hecho de que Santiago Estrada califique indistintamente a *El hogar en la pampa* de "novela" y de "cuento" (1866: 7, 13; 1931: 8, 12).

Unida al problema conceptual, hay que considerar la cuestión cronológica: cuál es la primera novela argentina. Según Alfonso Sola González, el "primer antecedente precursor" de la novelística americana es "Fracaso de la fortuna y sucesos varios acaecidos a don Miguel de Learte Ladrón de Zegama, natural de la ciudad de Sanguesa en el Reino de Navarra", relato escrito en 1788 y recién publicado

---

[30] Las novelitas aparecen generalmente en el folletín. Algunas ocupan las seis columnas de un solo número; otras, ni siquiera cubren esa extensión. En este trabajo solo consideramos algunas pocas, sea por la temática (sobre Rosas, por ejemplo), sea porque sus autores han publicado varios títulos.

[31] Véanse ejemplos en los distintos volúmenes del *Almanaque de Orión: Cuentos, poesías, historias y novelas* (1870 y años ss.). También pueden servir de ejemplo los –para nosotros– cuentos "Una redondilla" y "Una apuesta", de Juana Manuela Gorriti (*Sueños y realidades*).

en 1927 por el Padre Grenón con el título *Las aventuras de Learte*. Se trata –como indica Sola González– de una "novela autobiográfica donde cabe la invención, o por lo menos la exageración intencional, de las aventuras o desventuras sufridas por el protagonista" (18) durante su periplo por las colonias sudamericanas.

Por su parte, en 1974 Noé Jitrik publica algunos fragmentos de lo que también podría considerarse la primera novela escrita en el país: "Historia de Alejandro Mencikow, sabio en la desgracia y ayo de sus hijos", del sacerdote cordobés Juan Justo Rodríguez. Según Jitrik, el manuscrito "data de 1822 y pertenece al fondo del Instituto Americanista de Córdoba. Rodríguez es autor de otra novela titulada *Clementina o triunfo de una mujer sobre la incredulidad y filosofía del siglo*" (*El nacimiento...* 47, n.), que –al parecer– también permanece inédita.

Dado que los textos de Learte y de Rodríguez no han tenido difusión pública hasta el siglo XX, no han incidido en la constitución del circuito productivo novelístico del XIX. Por eso, no los tenemos en cuenta en este estudio.

2.2. Del artículo costumbrista a la novela

En los periódicos, las fronteras genéricas se diluyen aún más y con frecuencia porque los periodistas, en todo tipo de artículos, utilizan los recursos propios de la narración novelesca para captar la atención de los lectores: ritmo narrativo ameno, con diálogos que actualizan la situación evocada y con expectación dosificada, como si se tratase de una historia cuyo desenlace el autor pudiera manejar y no del relato de un hecho ya concluido. Ni siquiera los requisitos de la credibilidad y de la objetividad diferencian, sin excepción, la noticia de la novela. Si bien se espera que aquella remita a *hechos acaecidos fehacientemente*, es evidente el manejo sectorial de la información y la subjetividad de los periodistas, expresada a través de la ironía, el sarcasmo o el insulto casi directo.[32] Por su parte, los novelistas se esfuerzan por resultar creíbles y veristas, y por convencer a los lectores de que su razón domina a su imaginación, según veremos más adelante.

En cualquier periódico de aquel entonces pueden hallarse ejemplos de noticias noveladas. He elegido una de los primeros números de *El Nacional Argentino*, de Paraná. En "Comunicado: Sres. Redactores del NACIONAL ARGENTINO, por El Parodista" (I.10, 11 nov. 1852: 3-4), la capacidad representativa del discurso narrativo-periodístico se desarrolla al máximo: el lector *presencia* una reunión nocturna en Buenos Aires y *escucha* un debate entre José Mármol y Bartolomé Mitre por temas políticos (el primero afirma que "el provincialismo nos salva", mientras que el segundo opina todo lo contrario). Además de las divergencias en cuanto a la relación provincias-nación, asoma otra diferencia por el carácter de los proyectos.[33] Mitre cuestiona a Mármol: "Nó sabe U. que las imágenes, y fantásticas idealizaciones deben ceder su lugar esta vez á las serias y concienzudas reflecciones de la razon?". Si bien cinco años antes Mitre ha promovido la novela como elemento civilizador (cf. punto A.2.3.1.), ahora parece decirle: no se puede ser novelista-político; se debe optar por lo uno o por lo otro (siempre y cuando El Parodista haya reproducido *fielmente* aquel diálogo).

A veces esa contaminación novelesca del artículo periodístico se origina en el hecho de que el folletín no es un espacio exclusivo para la novela. Es simplemente un

---

[32] Como analiza detalladamente Andrea Bocco: "A lo largo de todo el siglo XIX el debate se instala como práctica discursiva cotidiana". En la configuración discursiva periodística / literaria operan, entre otros, "la discusión con el otro" y "las posibilidades del humor" (35).

[33] Sobre las discrepancias políticas y su incidencia en la temática novelesca, véase el punto A.2.3.2.

espacio diferenciado, dedicado a textos que no son noticia de actualidad; libres, por tanto, de cualquier tipo de exigencias.[34] ¿Cómo clasificar *En el tren*? Firmado por M.C. [Miguel Cané], aparece en la segunda página del folletín del 25 de abril de 1858 de *La Tribuna*, en el reverso de la quinta entrega de *Carlota o La hija del pescador*, novela de Tomás Gutiérrez. Con suave ironía, un narrador personalizado pero sin nombre describe la situación de Buenos Aires durante una epidemia de fiebre amarilla, y critica la que considera actitud exagerada de todos los habitantes: huir de la ciudad y buscar refugio en los pueblos vecinos. Sin ningún comentario introductorio, el narrador inserta un diálogo entre Pablo, una joven y la madre de esta, en el vagón de un tren que se dirige a San José de Flores. El hombre ofrece alojamiento a las mujeres en una casa de su familia. Pero el diálogo se transforma en microrrelato pues sugiere toda una historia: Pablo ha sido atraído por la joven y aprovechará las circunstancias sanitarias para conquistarla.

Algo similar sucede con varios textos publicados en *Museo Literario: Periódico semanal de literatura en general, teatro y modas* (1859), editado por Carlos L. Paz y Lisandro Paganini. Uno solo –"Luis y Estevan", de Ángel Julio López– lleva un subtítulo aclaratorio: "Novela de costumbres"; por eso, tal vez, es la única registrada por Lichtblau. Sin embargo, "Episodio de la peste: Cora o la partida de caza", de Miguel Cané (p.), "Un desenlace" y

---

[34] Los periodistas tienen la libertad de traspasar la raya con que se delimitan los sectores y, en consecuencia, el texto folletinesco aparece en cualquier página y en cualquier parte de la página. Esto es lo que sucede con los comentarios de "El Folletinista", aparecidos en *La Tribuna* en enero de 1855: primero ocupan el folletín, luego fragmentos de las columnas superiores. El Folletinista se dedica a reseñar representaciones teatrales, a evaluar situaciones políticas y a presentar casos particulares, que pueden ser considerados microcuentos desde una perspectiva contemporánea.

"La mulata", de Carlos L. Paz, se parecen discursivamente a otras denominadas "novelas": configuran una historia verosímil y autorreferencial. En cambio, las diferencias entre "Fé en Dios" y "Traición de un amigo o Un criminal menos", ambos de un enigmático "R. R.", son escasas. Los dos tratan episodios puntuales, pero el primero se limita a la presentación de una situación (el narrador observa a una madre y a su hija, deudos de una víctima rosista, en estado lamentable de pobreza, que las mujeres sobrellevan esperanzadas en su fe religiosa; solo como un epílogo, el narrador informa que, tiempo después, la joven se ha casado con un buen muchacho y que, junto a su madre, viven en una casa mejor). El segundo texto, en cambio, abarca varias secuencias narrativas que constituyen una acción, aunque mínima: M… recibe a Lisandro en su casa, ambos recuerdan el asesinato que han cometido para robar a la víctima; mientras el amigo le confiesa un nuevo crimen, M… instruye a un empleado (curiosamente llamado Santos Vega) para que busque a la policía; los agentes llegan y apresan a Lisandro, quien no denuncia a su cómplice; por esta acción generosa salva espiritualmente su alma. Otra mixtura genérica se observa en "Clotilde" y "Mis pensamientos", ambas de Francisco López Torres, cuyas tramas narrativas –la segunda continúa a la primera– pronto se diluyen en una prosa lírica sin acción, pues lo que el autor resalta es su estado anímico-sentimental en cada uno de los encuentros con su amada. Por estas indefiniciones genéricas nuestra lista de novelas ("Apéndice I.1") debe considerarse provisional y discutible.

Entre el periodismo y la novela hay otro punto de encuentro y de competencia muy interesante: ambos tipos discursivos son puestos al servicio de la causa política. Recordemos que en el marco del proyecto generacional, expuesto en el *Dogma socialista* (1846), Esteban Echeverría propicia mucho más que un programa político, pues concibe la política como un medio para acceder a la educación y así, por medio de esta y de una literatura con identidad propia, "crear un proyecto de cultura nacional" (Pérez: 13). Al exponer las "Palabras simbólicas", el maestro realiza un somero pero terminante diagnóstico: "Somos independientes, pero no somos libres. Los brazos de España no nos oprimen; pero sus tradiciones nos abruman" (Echeverría: 148); también indica el remedio: "Un orden político nuevo exige nuevos elementos para constituirlo. Las costumbres de una sociedad fundada sobre la desigualdad de clases, jamás podrán fraternizar con los principios de igualdad democrática" (146). Y en la "Ojeada retrospectiva...", Echeverría juzga que el artículo de costumbres al estilo de Larra es la forma literaria "tal vez más eficaz y provechosa en estos países" (84).[35] La ecuación es clara: para una sociedad nueva, nuevas costumbres; es decir, para una sociedad argentina, costumbres argentinas; para cambiar las costumbres hacen falta escritores que con la palabra corrijan las prácticas coloniales y muestren el camino para la transformación social. La literatura "socialista" o "progresista", como ellos mismos la denominan, debe estar al servicio de ese proyecto civilizador. Téngase en cuenta el uso semántico de estos términos por aquel entonces: "La *civilización* como adquisición de pautas de comportamiento urbanas y la *emancipación* como el trabajo que en las regiones hispanoamericanas debía cumplir aquélla" (Molina, E. 2005: 160). (Volveremos sobre este concepto en B.2.1.).

---

[35] El propio Mármol, en el cap. VIII de la Parte cuarta de *Amalia*, explica esa necesidad de cambio social: "Romper con las viejas preocupaciones españolas en política, en comercio, en literatura, y hasta en costumbres, cuando el pueblo se las fuese dando a sí mismo, era imprimir a la revolución el movimiento reformador del siglo: era ponerse a la altura de las ideas de la época" (1984: 560).

La cuestión radica en qué tipo textual es el más adecuado para transmitir tales ideas y para lograr convencer al mayor número posible de ciudadanos. La finalidad es mostrar la realidad argentina representándola por medio del lenguaje literario y criticándola con tono irónico-satírico, para transformarla, mejorarla, adecuarla a la civilización modelo, la europea. La poesía no consigue destacarse porque los buenos poetas escasean. Las obras de teatro son útiles y pueden ser escritas, pero no representadas en época de tiranía, por lo que su alcance se reduce notablemente. El artículo de costumbres, en cambio, puede multiplicarse por diferentes diarios y semanarios con rapidez y llega a más hogares que el libro. En consecuencia, la primera alternativa que se presenta, la más accesible para promover un cambio en las prácticas sociales, es el artículo de costumbres (Ruiz).

Este es un tipo de texto muy conocido porque el costumbrismo en general ha proliferado desde 1801, desde el primer periódico, *El Telégrafo Mercantil*. Echeverría mismo publica uno –"Apología del matambre"– en *El Recopilador de Buenos Aires* y en *El Republicano* de Montevideo durante mayo de 1836. Como demuestra Beatriz Curia, "[e]n el matambre, manjar de neto origen argentino, condensa Echeverría varios rasgos de lo que podría llamarse *nuestra identidad*" (2006: 4).

El artículo de costumbres es un tipo textual específico para señalar las lacras sociales con el dedo acusador de un narrador crítico y ácido. El objetivo del ataque es cualquier persona o situación de la vida cotidiana; por lo tanto, establece una división social tajante entre los *acusados* –el ciudadano común– y el *acusador*, que es al mismo tiempo juez que sentencia. Aún más, estos nuevos autores-acusadores son jóvenes, sin autoridad social y "reformistas" –al decir de Rosas (Weinberg 1977: 105)– y por ello sufren el rechazo de la mayor parte de la sociedad adulta, de los conservadores que añoran todavía los beneficios que tenían durante el sistema colonial español, y del gobierno paternalista y autoritario de Rosas. Incluso otros jóvenes –como Florencio Varela– disienten de sus propuestas revolucionarias y desconfían de las cualidades de estos "reformistas" (Weinberg 1977: 72-77, 187-193). En consecuencia, la crítica y la acidez generan enemigos más que ciudadanos conversos y, por ende, el artículo de costumbres no produce el efecto deseado.

La otra alternativa es la novela, por ser un género nuevo, sin antecedentes en el Río de la Plata. Este cambio de opción no parece ser consciente al comienzo, pero se advierte claramente en los dos semanarios más representativos de la Generación del 37: *La Moda* (1837-1838), de Buenos Aires, y su continuación, *El Iniciador*, de Montevideo (1838-1839). En el *Gacetín semanal de música, de poesía, de literatura, de costumbres* abundan los artículos de costumbres –ya que de *modas* se trata–, y las notas sobre literatura se refieren sobre todo a la poesía y al teatro; en cambio, en el periódico de Miguel Cané (p.) y Andrés Lamas, empiezan a aparecer comentarios sobre el "romance" ("Golpe de vista sobre la literatura española. Por P. Leroux", I.1, 15 abr. 1838) y se incorporan narraciones ficcionales de diversos orígenes. Aún más, el número 1 del tomo II está integrado en su totalidad por narraciones novelescas, sentimentales o históricas. Y en *El Iniciador* mismo, el propio Cané publica dos novelitas de tono sentimental y trasfondo histórico-político: "Dos pensamientos: Narración" (I.11, 19 set. 1838) y "Una historia" (II.2, 15 oct. 1838).

También en Montevideo, José Mármol se ejercita en la doble tarea de la crítica y la invención. Desde *La Semana*, reprueba la política en torno al bloqueo anglo-francés a través de una serie de escritos satíricos en los que imagina un personaje llamado "el señor Anrumarrieta", un vizcaíno que ha llegado a Montevideo para "respirar un poco el aire de la libertad americana" (Mármol 1999: 18). Estos artículos aparecen entre julio y noviembre de 1851, es decir, simultáneamente con las entregas de la primera versión de *Amalia*.

Por su parte, Juan Bautista Alberdi apelará a la estructura del artículo de costumbres para criticar humorísticamente el sistema de navegación marítima en *Tobías o La cárcel a la vela; Producción americana escrita en los mares del Sur* (Valparaíso, 1851), texto con aire novelesco.

Entonces, si el artículo de costumbres pretende mejorar la sociedad a través de la crítica aguda de un narrador altanero, la novela –en cambio– puede mostrar situaciones cotidianas para que la lección correctiva se imponga naturalmente. El paso del artículo de costumbres a la materia novelesca es, pues, corto e inevitable. Los elementos costumbristas no son un *detalle* más: la literatura debe representar la realidad, según la poética que lentamente van construyendo los propios escritores. A pesar de estas *buenas intenciones*, ambas formas narrativas provocan rechazo: el artículo de costumbres, por la insolencia del narrador; la novela, porque trata historias sentimentales que enfrentan las "buenas costumbres" o porque recuerda episodios políticos todavía recientes que reabren viejas heridas.[36]

---

[36] En este sentido, *El Matadero* resulta un ejemplo acabado de esa búsqueda intencional por hallar la forma que mejor se adecue a la finalidad social de la escritura. A nuestro juicio, en este texto único Echeverría se aleja del artículo de costumbres y se acerca a la tradición porque agrega una perspectiva histórica a la crítica sociopolítica, pero se queda a mitad de camino debido a que no puede objetivar su visión del período rosista, que todavía no ha finalizado (Molina 2007 a). Lichtblau incluye *El matadero* en su lista de novelas por considerarlo "*a few celebrated works of Argentine literature that, although not novels, retain many of the characteristics of that genre and are associated with its development and artistic expression*" (1997: xv).

En la vereda de enfrente se ha ido afianzando la competencia fuerte de la historia, que gana un lugar de privilegio entre los discursos escritos, asociado a la transmisión de un conocimiento verdadero, sustentado principalmente en la honestidad intelectual del historiador y también, aunque en menor medida todavía a mediados del siglo XIX, en los documentos probatorios; como afirma Unzueta: "El historicismo y el discurso historiográfico adquirieron un nuevo e importante papel 'hegemónico' en la cultura decimonónica" (1996: 34). Hay que tener en cuenta, además, que el relato historiográfico se relaciona estrechamente con los géneros poéticos de mayor prestigio desde Aristóteles: la poesía épica y el teatro (la tragedia, el drama), a los que la historia proporciona el asunto y los héroes. Y si de los alemanes –como Schlegel– los escritores argentinos toman el argumento de que la novela solo es válida en la medida en que se la considere una variante de la épica (Sheffy), de los franceses rescatan la importancia fundante de la historia (Picard).[37]

2.3. Los novelistas pioneros y sus circunstancias

Los novelistas pioneros enfrentan un gran desafío: ser aceptados socialmente como tales. Si bien los reparos contra los textos ficcionales y, por ende, contra sus autores se padecen también en Europa, en la Argentina y en el resto de América se potencian por cierta desconfianza innata hacia los productores locales. Los buenos poetas y los historiadores son respetados; los periodistas, aplaudidos

---

[37] Resta analizar el paso del costumbrismo a la tradición, forma narrativa que observa las prácticas sociales y los episodios públicos de menor relevancia desde la perspectiva de la historia (Molina 2007 a) y que merece la atención de los estudiosos de la literatura argentina. A este género adscribo *Crimen y expiación: Crónica de la Villa Imperial de Potosí* (1865), de Vicente G. Quesada, texto incluido en la bibliografía de Lichtblau (1997).

o rechazados según el bando político al que pertenezcan escritores y lectores. Ser novelista, en cambio, no es una ocupación honrosa. Por ello, el camino que inician Cané, López, Gorriti y los otros no es fácil: se ven obligados a hallar un motivo *social* por el cual sea importante escribir novelas; con el gusto personal no basta. Ni siquiera ese motivo es vislumbrado con claridad desde los albores de la literatura argentina (Mayo y la Independencia). La novela no es el género preferido de la Generación del 37 (Ghiano, Laera), como sí lo será de la del 53.

Además, la profusa importación de novelas europeas actúa no solo como acicate para la escritura, sino también como inhibidor, pues los modelos parecen inalcanzables. Los jóvenes se "arredran, se desalientan al considerar los progresos, á la verdad gigantescos, que hacen en aquella parte del mundo las ciencias y las artes; y sin atreverse á esperimentar sus fuerzas, se juzgan incapaces de dar un solo paso en la brillante carrera que les han trazado sus maestros", explica José Barros Pazos ya en 1832.[38]

La aceptación social no es inmediata ni se consigue fácilmente, pues las circunstancias políticas complican la escritura: los primeros novelistas son muy jóvenes –subyace, pues, un problema generacional– y forman un grupo reducido, no dominante, que –al año de constituirse como tal– pasan a actuar desde la clandestinidad y el exilio, en sociedades tan diferentes como lo son Montevideo, Río de Janeiro, La Paz y Santiago de Chile. Las mujeres que se inician en la producción novelística padecen, además, las limitaciones sociales impuestas a su género. Después de los diez años más censores del gobierno de Rosas, los intelectuales regresan a Buenos Aires. La recuperación de tan ansiada libertad de expresión parece justificar el

---

[38] Su artículo titulado "Literatura" aparece en *Cometa Argentino* (1832) y es reeditado en *Museo Literario* (1859), de donde lo hemos tomado.

despertar de los novelistas, quienes publicarán la más variada gama de textos. Sin embargo, no hay que caer en la simplificación de pensar que todos los escritores tienen por única intención la de proponer un modelo de país. Esta es la finalidad expresa solo de algunos; quizá podríamos decir de los que han llegado a obtener más renombre como novelistas, pero las motivaciones que han llevado a unas cincuenta personas a probarse como novelistas son tantas y tan variadas –debido a innumerables vicisitudes privadas y públicas– que no se pueden reducir a una sola: la de hacer política a través de la novela.

Por todo ello, repasaremos a continuación los distintos casos presentados a los escritores: por qué y en qué circunstancias escriben, a través de qué medios publican, qué obstáculos se les presentan. Pretendemos que a través de esta multiplicidad de situaciones individuales se aprecie la complejidad del panorama completo.

2.3.1. La osadía de ser novelistas en la proscripción

La novelística argentina se inicia paradójicamente en el extranjero, a manos de jóvenes que han emigrado para salvar sus vidas y ser fieles a sus ideales político-patrióticos. Quienes no se exilian durante el gobierno de Rosas siguen publicando revistas satírico-humorísticas –como *Mosaico literario* (1848), de José Antonio Wilde y Miguel Navarro Viola– o traducen textos europeos (Quesada 1990: 259-260). La única publicación novelística en Buenos Aires antes de Caseros es, tal vez, la reedición de *Caramurú*, del uruguayo Alejandro Magariños Cervantes, que aparece anónima en *Agente Comercial del Plata*, del 13 de setiembre al 13 de diciembre de 1851 (Weinberg 1982: 495-496).

Los textos escritos durante la proscripción y reeditados luego en la Argentina sirven de acicate para continuar la producción de novelas una vez que los intelectuales regresan a su patria. Por ello, no podemos presentar las características de sus publicaciones si no atendemos primero a las distintas circunstancias en las que han sido producidas, circunstancias ligadas a los periplos que cada uno ha vivido durante el exilio.

Miguel Cané es el "primer novelista argentino": con *Dos pensamientos* inaugura "con ingenua frescura nuestra novela sentimental", y con *Una historia*, la novela histórica (Curia 2007), ambas –como ya dijimos– aparecidas por primera vez en *El Iniciador*, el periódico que dirige con Andrés Lamas. Estas primicias de Cané en materia de ficciones literarias contrastan, a primera vista, con el contexto político en el que se produce el periódico y con su carácter combativo. Sin embargo, especialmente a través de *Una historia* (reeditada en 1858, en *La Tribuna*, con el título de *Marcelina*), "se convierte en portavoz de las ideas de toda una generación como lo prueba un somero cotejo con el *Dogma*" (Curia 2007). Beatriz Curia indica cuáles son los puntos coincidentes: 1. "Los hombres son hermanos y forman una gran familia"; 2. "No hay felicidad posible si un centro común no rige los movimientos de los miembros de la sociedad"; 3. "La libertad y felicidad de los hombres son un bien de tal magnitud que resulta lícito, para lograrlas, derramar sangre en las luchas contra los tiranos"; 4. "La libertad no surge de modo automático de la independencia", es necesario "que el pensamiento libre y soberano rija la acción de los gobiernos. A su vez, quienes integran la sociedad han de ser conscientes de sus obligaciones y derechos" (Curia 1996: 20).[39]

Manuel Mujica Láinez, después de leer unas memorias inéditas y cartas manuscritas de la familia Cané,

---

[39] Recordemos que en el último número de *El Iniciador* (II.4, 1 ene. 1839) aparecerá el "Código, ó declaracion de los principios que constituyen la creencia social de la República Argentina", elaborado por Echeverría.

delinea la personalidad del escritor: "Nunca le atrajo mucho la ciencia del derecho a este porteño que, en las breves vacaciones del estudio, echaba a volar la imaginación y, grafómano entusiasta, llenaba cuadernos y carillas con su delicaba escritura, componiendo novelas, cuentos y artículos, muchos de los cuales no se han publicado jamás" (1942: 46). Su propia vida le sirve de inspiración: un noviazgo con Estanislada Álvarez casi impuesto por los chismes sociales, el enamoramiento súbito por Luciana Himonet y la boda con esta motivan sus primeras novelitas sentimentales; en tanto que la muerte repentina de la esposa y la consiguiente tristeza lo incitan a viajar a Europa de inmediato (entre 1847 y 1848), con sus hijos Jacinto y Mariano. De regreso en Montevideo, se casa con Eufemia Casares, madre de Justa y de Miguel, el hijo homónimo. Pero, luego de un fugaz paso por Buenos Aires, repetirá la experiencia de la travesía atlántica desde 1850 hasta 1852. Ecos de estas peripecias aparecerán en *Esther: Novela original* (1858). Su protagonista es un proscripto americano, idealista, seguidor de los hombres de la Asociación de Mayo, que confiesa: "Yo me ligué á una muger que era un ángel de belleza y de amor. Dios me la arrebató cuando tenia veinte y un años; dejóme dos hijos que una hermana de mi amada educa y cuida como si fueran propios" (1858 a: 53). Cané actualiza estas palabras de su personaje: "En mi pais hay un proverbio vulgarísimo que se puede aplicar muy bien à las bellas artes–«nadie dá sino de lo que tiene.»" (51). El novelista también "tiene" sensibilidad artística y de sus viajes privilegia los recuerdos de las obras maestras que ha admirado en los diversos museos y exposiciones que visita. París lo desilusiona, pero Italia lo conmueve profundamente; por ello, deja "múltiples testimonios de ese amor" en sus novelas (Mujica Lainez 1942: 93; Curia

1994). Eugenio Segry, el protagonista común de *Esther* y *El Traviato*, repite gestos y palabras de su autor.[40]

Después de Caseros, Cané regresa a Buenos Aires; pero por la Revolución del 11 de setiembre vuelve a emigrar hacia Montevideo. En 1857 la capital uruguaya sufre una epidemia de fiebre amarilla que mantiene encerrados a sus habitantes. El escritor aprovecha esa situación para escribir *Eugenio Segry o El Traviato* y *Episodio de la peste: Cora o La partida de caza*.[41]

Vicente Fidel López se refugia durante 1840 en Córdoba, donde funda una sucursal de la Asociación de Mayo; pero luego debe viajar a Chile para salvar su vida. En Santiago se encuentra con Sarmiento, con quien entabla una amistad "basada en la mas perfecta armonia de ideas y sentimtos." (López, V. F. 1951: 495). Pronto se asocian en diversas actividades culturales: se dedican al periodismo, fundan un Liceo, buscan incorporarse a la Universidad de Chile, para la que elaboran algunos manuales sobre ortografía, retórica e historia chilena. López se desempeña como redactor de *La Gaceta de Comercio* y de la *Revista de Valparaíso*, y colabora con Sarmiento en *La Crónica Contemporánea de Sud-América* (1841) y en *El Progreso*, primer diario de Santiago, entre 1842 y 1845 (Silva Castro).

En este periódico, López debuta con una novelita histórica: *Alí Bajá*, publicada en forma anónima del 21 al 29 de marzo de 1843. Daisy Rípodas Ardanaz, quien ha

---

[40] El interés de Cané por Italia puede observarse en sus relatos de viaje; por ejemplo, "Una mirada sobre Roma" y "Paseos en Toscana", en *El Plata Científico y Literario*, I y IV. Recomendamos el estudio de Beatriz Curia sobre la estética de Cané (1994) pues en él la especialista detalla los conocimientos y las preferencias artísticas del novelista. Cf. también Curia 2004.

[41] Cané publica *Eugenio Segry* en *La Tribuna* (1858) y *Cora*, en *Museo Literario* (1859).

descubierto el texto y ha analizado meticulosamente su contexto de producción, considera que este relato despierta la "vocación de narrador" de López (1962-1963: 163). La historia está inspirada en el cuadro *Alí Bajá, Visir de Janina*, de Raymond Quinsac Monvoisin, que por esa fecha se exhibía en Santiago (el mismo que menciona Sarmiento en el capítulo V del *Facundo*).[42] Días antes, en ese mismo espacio del folletín ha aparecido *Blanca de Beaulieu*, de Alejandro Dumas, sobre ese personaje de la Revolución Francesa que también ha inspirado a Monvoisin (Rípodas Ardanaz 1962-1963: 139-140). De este modo los redactores de *El Progreso* han preparado a sus lectores para recibir adecuadamente esa original combinación de arte, literatura e historia. Sospechamos que la elección del tema no es azarosa: el turco Alí Bajá se apodera de Janina, una región griega, y la gobierna de forma tiránica, situación parecida a la que se vive en la Argentina con Rosas, según la visión de los exiliados.

Pocos meses después, López se atreve a iniciar una empresa mayor: la escritura de una novela histórica al estilo de su admirado Walter Scott; pero sus motivaciones no son exclusivamente políticas ni históricas, como suele afirmarse. En una carta, datada el 22 de julio de 1843, confiesa a su padre con sinceridad:

> Se ha fundado tambien otro periodico [...] y el dueño me cede la mitad de las utilidades con el interes de q. yo le lleve la parte literaria; pues ha de saber Ud. q. en este terreno soy la primer reputacion de Santiago. [...] Por el <u>folletin</u> q. le adjunto verá Ud. q. me meto en todos los terrenos y q. en una misma hoja hago el papel de <u>filósofo</u> y de <u>folletinista</u>; es decir toco los dos polos del mundo literario; esto me hace reir cuando lo pienso; pº. que quiere Ud. cuando

---

[42] Una fotografía de este cuadro puede verse en el artículo de Rípodas Ardanaz (1962-1963: 158), que recomendamos.

hay necesidades es preciso centuplicarse y asi lo hago y lo seguiré haciendo á trueque de ganar. Por el <u>folletin</u> verá Ud. q. mis estudios van abarcando á la América entera y q. continuo trabajando y sin desmayar, venciendo las impresiones personales y haciendo, como todo pobre, de la cabeza una máquina q. sirva á todos sin cuidarse de la posicion especial del corazon q. la mueve (Doc. 3963).

López se refiere a la publicación, en *El Observador Político*, de los primeros cuatro capítulos de *La novia del hereje*, texto que queda inconcluso y que luego el novelista reelaborará y completará en 1854, o sea, once años después (Molina, H. 1986, 1987). Esta información suele pasar inadvertida para la crítica contemporánea y, por ello, suele tomarse al pie de la letra las afirmaciones de López en la "Carta-prólogo" –que agrega a la edición definitiva– con respecto a que esta novela es una obra de juventud que no ha retocado cuando la publica en *El Plata Científico y Literario* de Buenos Aires.

Tanto López como Sarmiento defienden el folletín y aprovechan el periodismo para debatir todo tipo de temas. Pero los chilenos no están dispuestos a discutir con argentinos (o sea, no cualquier extranjero) que se atreven a contrariar a los notables locales como Salvador Sanfuentes (López, V. F. 1951). López y Sarmiento pierden dinero cuando deben cerrar el Liceo porque se quedan sin alumnos, dado que los padres santiaguinos prefieren una enseñanza más conservadora. López pierde también el dinero y las esperanzas cuando finalmente el gobierno chileno no compra su original *Curso de Bellas Letras* y el gobierno boliviano de José Ballivián recibe los ejemplares pero no se los paga. No obstante estos inconvenientes, López diseña una serie de novelas históricas para dejar una lección de historia, a través de la cual se construya el pasado y el futuro de la nación. De este plan solo concretará luego *La novia del hereje* y un borrador incompleto de *Capitán Vargas* (escrito en Montevideo hacia 1846), historia ambientada en Chile, en el período convulso previo a la campaña sanmartiniana (Docs. 2324, 2344, 3965, 3983; López, V. F. 1854 a y 1854 b; Molina, H. 1993 b, 2007 c, 2008 a).[43]

Mientras tanto, entre 1846 y 1847, en La Paz, Bartolomé Mitre goza de los favores del presidente Ballivián, quien le confía la dirección del Colegio Militar y lo escucha en materia política. Mitre también dirige *La Época*, primer periódico cotidiano de Bolivia en el que –por esos años– se incorpora el folletín. Las novelas en él editadas son luego vendidas en separatas del mismo diario, en la llamada "Colección de folletines de *La Época*" (Vázquez-Machicado y Vázquez-Machicado: IV, 683). En este marco, Mitre publica *Soledad* (1847), que puede ser considerada la primera novela boliviana. Precede a este texto un prólogo –en la actualidad, casi más difundido que la parte literaria– en el que organiza argumentos a favor de la novela: América no ha tenido novelistas destacados todavía, porque este género nace en el segundo período del desarrollo de los pueblos; pero ese momento ha llegado. Además de caracterizar a la novela como un medio de conocimiento y de propaganda entre pueblos, Mitre propone al pueblo boliviano primero y al hispanoamericano por extensión, que se animen a iniciar ese segundo estadio, o sea, que crezcan como sociedad nueva y renovada. Él mismo, en su novela, plantea un modelo de sociedad, no perfecta pero sí perfectible, en donde los problemas los resuelven las personas virtuosas de forma ética (Unzueta 2006). Mucho más no puede hacer Mitre porque, a la caída de Ballivián, el argentino abandona

---

[43] Para que estos textos no se pierdan totalmente estamos preparando una edición crítica de *Alí Bajá*, *Capitán Vargas* y el fragmento de *La novia del hereje*, que publica *El Observador Político*.

Bolivia. En Valparaíso dará a conocer un texto novelesco breve, de índole sentimental y poética: *Memorias de un botón de rosa* (1848). No volverá a escribir novelas.

2.3.2. *Amalia* y el Ciclo de la tiranía, en la bisagra de dos tiempos

Todavía en el exilio, José Mármol parece advertir que con solo textos satíricos no se logrará vencer al Tirano;[44] por eso, se vuelca hacia la novela, que puede actuar como arma política, pero también como medio de educar en historia argentina a las futuras generaciones, o sea, como un modo de construir un discurso histórico permanente.

Entre 1851 y 1852, aparece *Amalia*. Las entregas que formaban la parte literaria del periódico *La Semana: Periódico político y literario*, de Montevideo, son reunidas en dos volúmenes editados por Imprenta Uruguayana, con fecha "1851"; el primero, de 366 páginas; el segundo, de apenas veintiocho (Giannangeli: 62; Curia 1990). Caseros interrumpe la publicación en el comienzo del capítulo XIII de la Cuarta parte, el escritor regresa a Buenos Aires y los lectores se quedan esperando el desenlace. El reclamo no se hace esperar; pero, como aclara Beatriz Curia: "El público que había seguido semana tras semana las peripecias de la novela tuvo que esperar tres años para conocer el desenlace" (Curia 1982: 62).

En Montevideo, Mármol entabla amistad con Juana Paula Manso, relación que se mantendrá a través de la correspondencia y, tal vez, del reencuentro en Río de Janeiro en 1844. En esta ciudad la escritora publica en portugués *Mysterios del Plata*, a través del periódico que funda y dirige: *Os Jornal das Senhoras* (del 4 de enero al 2 de junio

---

[44] Tomo el término "tirano" de las propias novelas; su uso no implica un juicio histórico ni político.

de 1852).⁴⁵ Ella misma informa a sus lectores que ha concebido este romance en Philadelphia hacia 1846, que lo ha concluido en la fortaleza de Garavatá en cinco meses, entre 1849 y 1850, y que no será su única producción: "*Os Mysterios del Plata não são mais do que o começo de uma serie de romances historicos que apparecerão mais tarde, se me for possivel darlhes publicidade*" (citada por Lewkowicz: 216-217). También reconoce que la novela es un homenaje de admiración y respeto a Valentín Alsina.⁴⁶

Hacia octubre de 1852, Mármol acuerda con los empresarios de *El Paraná* reproducir la novela –"nuestro primer romance histórico, y el primero tambien que se ha escrito en la América del Sur" (cit. en Giannangeli: 131)– "para darle fin", pero –apenas anunciada la publicación– surgen las críticas de quienes opinan que "la *Amalia* es un ataque demasiado violento al partido federal". En su disculpa pública, el autor se justifica:

> Bien sabe Dios que no ibamos á imprimir la *Amalia* con ningún objeto político. Porque ya no hay un Rosas á quien atacar con ella. Pero hay en nuestro pais una literatura que nace apenas, y en la cual queremos fijar nuestro nombre.
> [...] Y si la *Amalia* puede herir á una parte considerable de ellos, nosotros la sacamos del periódico en que debió publicarse, antes que alterar por concesiones políticas ninguna

---

⁴⁵ María Minellono nos ha comentado privadamente su conjetura acerca de que la idea de novelar el período rosista debe de haber surgido de esas conversaciones de Manso con Mármol.

⁴⁶ En esa misma "Nota da autora", Manso aclara que *Mysterios del Plata* quedará sin su "epilogo". Por la síntesis argumental que aporta Lewkowicz (215-248), inferimos que la novela tiene un desenlace pero no un cierre definitivo pues –como Mármol– la autora habría planificado continuar la historia argentina en otras novelas. Téngase en cuenta que la primera edición argentina se titulará *Guerras civiles del Río de la Plata; Primera parte: Una mujer heroica*.

de las verdades históricas de esa obra (*"Amalia"*, *El Paraná*, 1.1. 25 oct. 1852: 2, transcrito en Giannangeli: 131-132).

Y agrega que *Amalia* y los dos romances que continuaban la historia y que el autor tenía supuestamente escritos –*Agustina* y *Las noches de Palermo*– "serán impresos en volúmenes, fuera del pais" (Giannangeli: 132); sin embargo, no quedan rastros de estas otras novelas. Poco le habrán creído sus lectores respecto de la prescindencia política cuando en esa misma página, en una nota titulada "Dos palabras", el propio Mármol aclara que es el redactor de la parte política de *El Paraná* (Giannangeli: 85), mediante la cual expone su postura conciliadora ante el tema que más preocupaba a los porteños en aquel momento: el poder en manos de Urquiza. En su afirmación "porque ya no hay un Rosas á quien atacar" evidencia el apoyo a la gestión del entrerriano, quien cuatro meses antes se ha hecho cargo de la gobernación de Buenos Aires.

En 1855, Mármol inicia la reedición de sus obras completas, incluidos los ocho tomitos de *Amalia*:

AMALIA,
Obras completas del Sr. Mármol
Se ha publicado el primer tomo de la *Amalia* que forma el 3.º de las obras completas del Sr. Mármol.

Las personas que hayan comprado los primeros volúmenes, pueden ocurrir por la *Amalia* á las librerías en que los tomaron.

Como en el aviso anterior, se previene de nuevo, que no se venden las obras del Sr. Mármol, sino á los que compran desde el primer volúmen, pues que todas han de formar una coleccion completa.

Precios–Obras en verso 15 pesos volumen. Idem en prosa 20 pesos.

Se hallan en venta en la Librería central, calle de la Victoria No. 49.

Se previene que cada 20 dias saldrá un volúmen sin interrupcion (*La Tribuna*, 9 jun. 1855: 4).

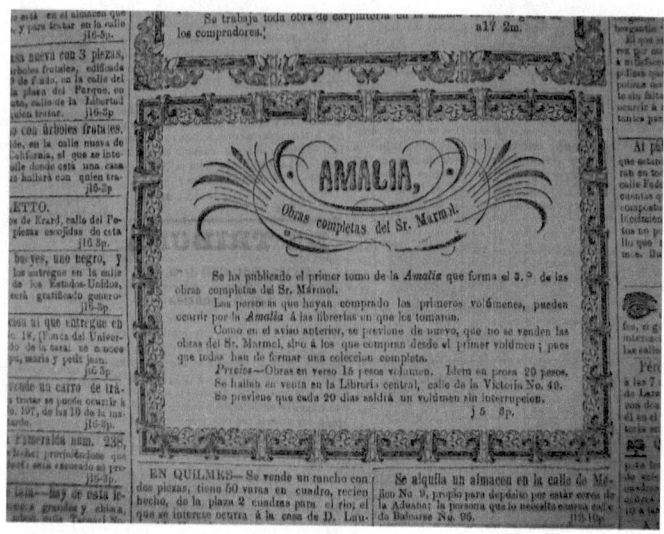

Aviso aparecido en *La Tribuna*, 9 jun. 1855: 4. Foto de la autora

Cuando la novela se reedita, "Los Editores" afirman que el autor solo completa el texto y que ha cortado "algunos pasajes que pudieran parecer demasiado agrios en una época tan diferente de aquella en que comenzóse la publicación de esta novela" (1990: 51). Los estudios crítico-textuales de Beatriz Curia demuestran, en cambio, que la *Amalia* de 1855 "es otra novela" (1990: 9) no solo por las correcciones lingüísticas y las modificaciones estilísticas incorporadas, sino también y sobre todo por los cambios vinculados al contexto político; por ejemplo, Mármol oculta "pormenores de la vida privada de los federales y los ataques *ad hominem* se transforman en gran medida en ataques al régimen rosista, sometido a una suerte de juicio histórico" (18); también agrega extensos pasajes discursivos y notas con el fin de completar el panorama político-social y así aumentar la historicidad de la trama, aunque con ello perjudique el ritmo narrativo (21-22; Giannangeli: 62-67).

A pesar de las modificaciones textuales, los lectores "federales" critican la novela. En el artículo "Excomunion á la 'Amalia'", aparecido en *La Tribuna* el jueves 4 de octubre de 1855, se comenta con burlona acidez esta reacción del público:

> Se nos pide publiquemos la siguiente censura:
> *Si quis dixerit* que esa que llaman los salvajes unitarios la mas linda novela, calcada sobre la historia de esta maldita patria tan ingrata para con el benigno y paternal Gobierno de nuestro muy amado Restaurador de las Leyes, como Roma á la del buen Neron, no es un impio libelo, *anathema sit*.
> Según este cánon, promulgado en casa de cierto personaje que sirvió con sangriento celo la causa del tigre de Palermo, cualquiera de sus hijas que leyera esa maldita obra que por *instigacion de Satanás* se ha hecho tan popular entre nuestras bellas y sentimentales porteñas, es condenada á ser reciamente vapulada por el venerable hermano D. Eusebio de la Santa Federacion (2).

Los federales ex rosistas rechazan la novela porque su contenido los afecta directamente. Los liberales separatistas –como los de *La Tribuna*– cuestionan con fina ironía la moderación de Mármol, quien aprueba la reunificación nacional. Por más que el novelista intente darle al texto una dirección histórica, su novela es interpretada como un tratado político y por ello, considerada instrumento de configuración de la opinión pública, uno más junto con la prensa, los clubes y los salones de lectura (Lettieri 2008: 16; 2006).

Amalia es la novela argentina más elogiada por los otros novelistas de aquellos tiempos. Entre las variadas alusiones que se registran en otros textos literarios, rescatamos una de José Víctor Rocha, en *Un drama de la vida*

(1857), porque en ella se representa la circulación habitual del libro por ese entonces, la función de las mujeres lectoras en este circuito y el valor documental que ya se le asignaba a esta novela apenas publicada. Elvira, mientras espera a Enrique, comenta a su hermano Lucio:

> [...] he concluido ya el 3er. tomo de la Amalia que me ha prestado y deseo verle para pedirle la continuacion pues estoy ansiosa de concluir esta obra del Sr. Mármol, sin rival en nuestro pais, y en cuyas brillantes pàjinas las generaciones que nos sucedan podran tomar conocimientos verdaderos de las atrocidades cometidas por el bàrbaro tirano Rosas y sus secuaces (5).

Los efectos que provoca en el público la convierten en modelo e inspiración de otros jóvenes con vocación literaria. *Amalia* es reconocida por sus coetáneos como "la obra gefe de las novelas contemporáneas" (Barbará: 3) ya que sirve de motor para la composición de una serie de novelas que toman el gobierno de Juan Manuel de Rosas como motivo central. La serie, compuesta por una veintena de textos novelescos, puede ser denominada *Ciclo de la tiranía*, pues todos ellos comparten la finalidad explícita de querer rememorar lo ocurrido, para que no caiga en el olvido, y lo hacen por medio de recursos narrativos comunes: trama sentimental sobre la base de un amor puro perturbado por el accionar inicuo de mazorqueros; activa participación de coadyuvantes masculinos (amigos o criados); desenlace favorable a los protagonistas antirrosistas en casi todos los casos.

Sin embargo, el examen de las posturas políticas de los diversos autores respecto a los sucesos acaecidos entre 1852 y 1861, en torno a la separación de Buenos Aires y la Confederación Argentina, permite detectar diferencias textuales, algunas sutiles, otras no tanto, como en aquellas novelas que agregan la finalidad de combatir a Urquiza, a quien muchos porteños consideraban otro Rosas. El siguiente es un breve repaso histórico, cuya única finalidad es ubicar a novelistas y textos en el entramado político de aquellos años. Tenemos en cuenta también la expresión de ideas a través de los periódicos porque en ellos se manifiestan los escritores; además, porque las medidas coercitivas de todas las administraciones contra la prensa opositora, sin duda, han afectado por extensión la escritura de novelas. (En la Parte C analizaremos más en detalle las características novelescas de estos textos.)

La época rosista ha dejado huellas imperecederas en los intelectuales que han tenido que expatriarse, pero Caseros otorga mucho poder a Urquiza y los porteños no están dispuestos a reconocérselo: "El nervio del conflicto entre los integrantes nativos de la coalición vencedora – Urquiza y los liberales retornados– era nada menos que la definición del liderazgo y el reparto del poder en la nueva organización política del país. Entre los postulantes a la conducción, el general Justo José de Urquiza [...] ostentaba la candidatura más firme" (Lettieri 2008: 26). El punto de choque lo constituyen las decisiones firmadas en el Acuerdo de San Nicolás, sobre todo las referidas a la representación igualitaria en el Congreso y la coparticipación de los derechos aduaneros, que afectan –y mucho– los intereses de Buenos Aires. "Los legisladores liberales, en tanto, insistían en la necesidad de imponer controles al ejercicio del poder político, totalmente ausentes en el texto y en espíritu del Acuerdo" (Lettieri 2006: 111). En junio de 1852, la Sala de Representantes provoca la renuncia del gobernador don Vicente Alejandro López, designado a propuesta de Urquiza. Este regresa a Buenos Aires y asume el gobierno. Dado que los porteños no quieren perder el centro del poder, se alían las distintas banderías y el 11 de setiembre se produce una revolución, por la cual la provincia de Buenos Aires se separa de la Confederación Argentina.[47]

Para conseguir la adhesión de la opinión pública, los liberales implementan una retórica distintiva que sirve para celebrar el "nacimiento de una nueva era de libertad en Buenos Aires" y para repeler, por contraste evidente, "la 'humillante' situación que soportaba el país del Interior, donde la batalla de Caseros 'parecía no haber tenido lugar': Rosas había sido reemplazado por Urquiza, su 'segundo tomo'" (Lettieri 2008: 29). Esta retórica se manifiesta muy especialmente a través de la prensa, pero también a través de la literatura. Las novelas que se publican en el lapso que va de 1852 a 1861 se convierten no solo en las primicias de una novelística naciente, sino también –la mayoría de ellas– en un afilado instrumento de persuasión política. Sin embargo, este Ciclo de la tiranía no es homogéneo porque los autores defienden diversas posturas (liberales, federales o conservadoras).

Después de Caseros, *El Progreso*, con colaboraciones de Juan María Gutiérrez y José Mármol, entre otros, se mostrará afín al gobierno (De Marco: 192);[48] mientras que *El Nacional*, de Vélez Sarsfield, y *Los Debates*, de Mitre, se opondrán a él y por eso estos dos periodistas padecerán un breve destierro cuando Urquiza se haga cargo del gobierno (junio de 1852). Con la Revolución del 11 de setiembre, ocurre algo parecido: quienes no están de acuerdo con la secesión deben emigrar: Juan María Gutiérrez a Paraná, donde será Ministro de Justicia, Culto e Instrucción Pública del presidente Urquiza; Vicente Fidel López y Miguel Cané, a Montevideo. Según informa Wasserman: "En ese marco

---

[47] Francisco Bilbao (1857 c) les cuestiona a los porteños por qué concentran su furia en vituperar a Urquiza si solo es una persona y una persona sola no *es* toda una ideología.

[48] En cambio, Floria y García Belsunce ubican a Mármol entre los aislacionistas de Valentín Alsina (II, 75).

teñido de un fuerte sentimiento porteñista, se produjo un debate entre Mitre, ahora redactor de *El Nacional*, quien proponía nacionalizar la revolución enviando tropas a las provincias, y José Mármol, que desde las páginas de *El Paraná* sostenía la necesidad de mantener el statu quo dejando que el tiempo fuera creando mejores condiciones para la organización nacional" (139). Mármol sale perdiendo no solo porque no puede reeditar *Amalia*, sino también porque varios medios lo atacan con dureza "calificándolo como infame, traidor y vendido a Urquiza. Esto lo decidió a cerrar *El Paraná* despidiéndose con un artículo en el que reseñaba la campaña en su contra que había incluido también un intento de agresión física" (Wasserman: 139).

El 1° de diciembre de 1852 los porteños federales no liberales, emigrados, sitian Buenos Aires, con tropas al mando del coronel Hilario Lagos. Pero esta situación dura pocos meses. Mientras en la Confederación se jura la Constitución tan anhelada (el 9 de julio de 1853), Lagos levanta el sitio. El gobernador Pastor Obligado encabeza a los partidarios de convertir a la provincia de Buenos Aires en Estado y de tratar sin miramientos a los adversarios políticos. Entre otras medidas, promueve el enjuiciamiento y la condena de los "*mazorqueros de 1840*, quienes habían sido dejados en paz hasta entonces por sus crímenes de antaño pero eran castigados por sus simpatías *federales* de la actualidad"; entre los ejecutados se halla Leandro Alem (p.) (De Marco: 209). El año 1840 se convierte en "el año del terror" y, por tanto, clave para el ataque memorístico contra la tiranía. *La Tribuna*, de los hermanos Héctor y Mariano Varela, se convierte en el diario oficialista. En 1854 se dicta la Constitución del Estado de Buenos Aires, en tanto que Paraná es declarada capital provisional de la Confederación Argentina.

Como una guerra no les conviene a ninguna de las dos partes, se firman los Pactos de Convivencia de 1854 y 1855, años en los que se mantiene cierta calma, propicia para los emprendimientos culturales. Miguel Navarro Viola funda *El Plata Científico y Literario*, y para esta revista, Vicente Fidel López, desde Montevideo, retoma *La novia del hereje*. Mármol, quien mantiene su oposición a Obligado ahora desde *El Uruguay* (1855), hace lo propio con su novela. Si analizamos las modificaciones textuales que sufre *Amalia* desde este contexto político, puede entenderse no solo el afán de morigerar el ataque a los federales (aspecto que poco importaría a buena parte de sus posibles lectores, porteños separatistas), sino también su planteo en cuanto a que el mayor problema que padece la Argentina es el individualismo de sus habitantes o, mejor dicho, su falta de asociación para encarar en conjunto la solución de todos los males y de todas las carencias; el mismo individualismo que impide la unidad nacional bajo una sola Constitución y la determinación de un sistema político que pueda ser aceptado unánimemente.

Si se presta atención a algunas frases de la versión definitiva de *Amalia*, es posible observar que el novelista distingue claramente el plano de las ideas partidarias del plano individual. Así, expone con energía sus argumentos en contra del partido federal y de los federalistas de las provincias (cap. V, parte IV), al tiempo que insiste en que Buenos Aires es la cabeza de la revolución (cap. VIII, parte II) y de la república (cap. II, parte III). Pero modera sus calificaciones cuando se refiere a los porteños que han permanecido en la ciudad después de Caseros, aunque dejando en claro que con su *perdón* procura curar viejas heridas, mas no olvida ni justifica la adhesión al tirano: "Porque es *mentira* que padecieron un error los federalistas; es *mentira* que no conocieron a Rosas: Rosas fue conocido desde que tuvo quince años. [...] fue siempre un bandido rebelde a las autoridades de su país" (1984: 563; cap. VIII, parte IV).[49]

El caso más llamativo se produce en torno a Lucio Norberto Mansilla. Quien en la primera versión de *Amalia* era "un hospital caminando" (Curia 1984 a: 164) en la segunda aparece como un ciudadano más, que ha ido adecuando su postura política según las circunstancias: unitario en el Congreso Constituyente de 1826, se vuelve rosista por su casamiento con Agustina Rosas, si bien no aprueba todas las decisiones de su cuñado, a quien califica de "gaucho bruto" (Mármol 1984: 632).[50] Otros casos interesantes son el de Florencio Varela y el de las mujeres federales. El novelista explicita su afecto por el padre de los redactores de *La Tribuna* cuando el protagonista aprecia sus coincidencias con el unitario exiliado en Montevideo (cap. III, Parte tercera).[51] Y en la escena del baile del 25 de mayo, Daniel rescata ante Amalia el honor de la federal señora de Rolón, a quien la unitaria señora de N... ha descalificado con acidez (caps. IX y X de Parte segunda). Además de Manuela Rosas, a quien Mármol estima evidentemente, sus tías Agustina y Mercedes son apreciadas por ser "inofensivas" (1984: 327).

---

[49] En varios pasajes de la novela, algunos mazorqueros se adelantan a las circunstancias y se preguntan qué les pasará si cae Rosas.

[50] "No dudo del general [Mansilla]; dudo de la época: época esencialmente excepcional, todas las acciones deben serlo" (Mármol 1984: 261), le dice Daniel a don Lucas González, acreedor de Mansilla (cap. IV, Parte segunda). Mármol incluye, además, un sabroso diálogo entre Daniel Bello y Mansilla, en el que a este se le escapa una confidencia comprometedora contra Rosas (cap. XVI de la Parte cuarta).

[51] "Varela lo había comprendido [a Daniel], pensaba como él, y aquellas dos almas grandes y generosas, parecían querer aunarse para siempre en ese abrazo sincero, dado en medio de la vida, de la desgracia, y de las esperanzas" (Mármol 1984: 379).

En particular nos interesa detenernos en la figura de Mercedes Rosas de Rivera, aunque para ello debamos hacer una breve digresión. Si bien el novelista se burla de su aspecto físico, de sus modales y de, sobre todo, sus pretensiones poéticas (caps. X y XI de la Parte segunda), no deja de notar sus cualidades: sus "instintos eran por la democracia" (1984: 326); "la más original [de la familia], pero la menos ofensiva, y la de mejor corazón" (583). Mercedes asoma como una escritora potencial no tanto por los versos transcritos en la novela o por las memorias que estaría escribiendo, como por su "imaginación volcánica" (584) y "un carácter el más romántico posible, sirviéndonos de una expresión de aquella época, usada para definir todo lo que salía del orden natural de las cosas" (588). Cuando la reunificación nacional sea un hecho, la esposa del doctor Rivera publicará dos novelas: *María de Montiel: Novela contemporánea* (1861) y *Emma o La hija de un proscripto* (1863), ambas con el seudónimo "M. Sasor". Sin embargo, más que por sus obras, Mercedes es recordada por la grotesca imagen que ha trazado Mármol (Curia 2010: 13).

Volvamos a *Amalia*. Lo que el novelista-historiador no puede decir de los personajes reales, lo dice a través de los ficticios, como el padre del protagonista:

> Don Antonio Bello era un hombre de campo, [...] hombre honrado y sincero. Sus opiniones eran, desde mucho antes que Rosas, opiniones de federal; y por la Federación había sido partidario de López primeramente, de Dorrego después, y últimamente de Rosas; sin que por esto él pudiese explicarse la razón de sus antiguas opiniones; mal común a las nueve décimas partes de los federalistas [...] (1984: 92).

Por ser federal de antigua data, Antonio Bello tiene la autoridad suficiente para pronunciar las palabras que frenan el puñal de la Mashorca: "¡Alto, alto, en nombre del

Restaurador!" (1984: 808). Queda implícita esta analogía: solo un federal podía frenar la barbarie del sistema rosista. Y ese federal ha sido Urquiza.

En julio de 1855 surge en el nuevo Estado la sospecha de una posible conjuración, la cual –según Sarmiento desde *El Nacional*– pretende "hacer de la libertad misma y de las discusiones parlamentarias un escalón para entronizar otra vez el reino de la mazorca" (cit. en De Marco: 218-219). Se refiere a los preparativos de una invasión a Buenos Aires por parte de los federales porteños emigrados, promovida por Federico de la Barra desde *La Confederación*, de Rosario. La realiza, entre fines de 1855 y comienzos de 1856, un grupo armado comandado por el general Jerónimo Costa; Mitre los dispersa ya en territorio de la Confederación; el cabecilla es vencido y fusilado. Costa, Lagos y otros nombres asociados a estas incursiones militares, junto con el de Urquiza, aparecerán anatematizados en las novelas de los porteños más radicales. Por su parte, años después, Barra reflotará su rencor contra el entrerriano en *La presidencia* (1868), novela satírica sobre Sarmiento.

En 1856 se realizan en Buenos Aires votaciones para renovar la mitad de la Sala de Representantes y, al año siguiente, para elegir el sucesor de Obligado. Una de las estrategias políticas del gobierno es la creación de "clubes parroquiales", en los que –según explica Lettieri– "tras su declarada finalidad de estimular el interés de los ciudadanos por la cosa pública, estos nuevos espacios permitían una ingerencia significativa del situacionismo en la formación de la opinión pública" (2006: 191; Bonaudo y Sonzogni: 52-58). El que nos interesa es el Club Parroquial de Monserrat, que es definido como un "centro de *union* y de *recreo*" para damas y caballeros, un foco de "sociabilidad y de adelantos en el órden moral". Integran su comisión directiva los escritores Ángel Julio Blanco, Pedro Echagüe, Héctor F.

Varela, Luis Paganini, Carlos Luis Paz y José María Cantilo, además de otros parroquianos (*La Tribuna*, 2 jul. 1856: 3; 3 jul. 1856: 1).

A los "pandilleros" o "progresistas" –o sea, los liberales afines al gobierno– y a los "chupandinos" o "reformistas" –federales, ex rosistas y conservadores– se suma otra lista, surgida del Gran Club de la Guardia Nacional, "liderada por Nicolás Calvo, que se identificaba como 'opositora'" y que postulaba "la superación de las facciones tradicionales, el tiempo que adherían incondicionalmente a los postulados setembrinos" (Lettieri 2006: 192). Tras el triunfo de los conservadores –con Carlos Tejedor a la cabeza– se producen renuncias en el gobierno de Obligado y un quiebre entre los de la Guardia Nacional; renace el Partido de la Libertad, de Mitre, mientras que Calvo funda *La Reforma Pacífica*, a través del cual promueve la unidad nacional inmediata y condena los localismos (Lettieri 2006: 196). En este periódico colaboran los novelistas Carlos L. Paz, Tomás Gutiérrez, Ernesto Loiseau –"El Mulato"–, Santiago Estrada y Carlos María de Viel Castel; también, el poeta Mármol publica el Canto undécimo de *El Peregrino* (Auza 1978: 166).

La tensión social vivida en Buenos Aires queda resumida en esta afirmación de Wasserman: "Quien insinuara mostrar su apoyo a Urquiza, criticara la revolución setembrista, cuestionara la Constitución de 1854 o pusiera en duda la legitimidad del grupo gobernante, quedaba inmediatamente expuesto a la repulsa pública y a ser objeto de agresiones, aparte de recibir sanciones como la aplicación de multas, el cierre del medio, la prisión o el destierro" (146). En otras palabras, quienes querían expresar sus opiniones debían enfrentar las consecuencias o simplemente buscar otro medio de expresión más indirecto. En este contexto emergen las novelas del Ciclo de la tiranía, en las que –como ya anunciamos– la reconstrucción de la época rosista se convierte en excusa para el análisis del presente político. Las primeras seguidoras de *Amalia* son: *Camila o La virtud triunfante* (1856), firmada con las iniciales "E. del C.", que pertenecen sin duda a Estanislao del Campo; *La huérfana de Pago-Largo* (1856), de Francisco López Torres; *El prisionero de Santos Lugares* (1857), de Federico Barbará, y *Santa y mártir de 20 años* (1857), de Carlos Luis Paz. Por su parte, *La Tribuna* y *El Nacional* agitan la discusión electoral de 1857 publicando una cantidad imprecisable de novelitas, como *Dos víctimas de 1840* y *Aurelia*, de José Víctor Rocha, y *Carlota o Una víctima de la mas-horca*, de López Torres. En los textos de Del Campo, Barbará y López Torres los ataques a Urquiza son explícitos; en cambio, Paz y Rocha solo insisten en la prédica antirrosista como una forma de perjudicar a los candidatos federales y conservadores, muchos de los cuales deben de haber tenido algún tipo de participación en el gobierno de Rosas.

La figura del tirano atrae también a un educador francés, llegado a la Argentina hacia 1850. Felisberto Pélissot publica dos novelas en 1856: *Misterios de Buenos Aires*, la mejor discípula de *Amalia*, y *Camila O'Gorman*, sobre el caso verídico del fusilamiento de la joven encinta, junto con el sacerdote Uladislao Gutiérrez en 1848. Al año siguiente, dos resoluciones legislativas incentivan al novelista a reeditar su segunda novela: la "abolición de la pena de muerte en favor de la mujer" (Pélissot 1933: 133) y la Ley sobre enjuiciamiento de Juan Manuel Rosas, que es promulgada por el gobierno de Buenos Aires el 29 de julio de 1857 y en la cual las muertes de Camila y de su hijo por nacer son dos de las causales tenidas en cuenta (Pélissot 1933: 17).

A fines de 1857, los argentinos miran hacia la Banda Oriental del Uruguay, donde la sublevación liberal o "colorada" del general César Díaz –con ayuda porteña– es derrotada por el presidente Pereyra, conservador o "blanco", quien recibe el auxilio del gobierno nacional argentino. La situación en la otra orilla actualiza la memoria del Sitio Grande de Montevideo (1843-1851), perpetrado por Oribe, aliado de Rosas; largo sitio que inspira a los residentes uruguayos en Buenos Aires, como Laurindo Lapuente, autor de *El Herminio de la Nueva Troya* (1857) y *Virtud y amor hasta la tumba* (1858).

Valentín Alsina, aislacionista intransigente, es nombrado Gobernador Propietario del Estado de Buenos Aires. Para mostrar las diferencias respecto del pasado, Miguel Cané incorpora en *La familia de Sconner* (1858) la resolución de un caso judicial. Los hijos de Pedro Sconner pueden ser despojados de su herencia por su primo Jorge durante 1844 porque la corrupción en esa época rosista lo permitía; en cambio, la devolución de los bienes a sus herederos legítimos es posible porque hacia 1855-1857 "la administracion de justicia no recibe la influencia de los partidos políticos, y [...] se empeña en reparar las crueles consecuencias de los crímenes perpetrados anteriormente" (1858 a: 173).

Los federales porteños restablecen sus lazos con Urquiza y muchos de ellos se ven obligados a emigrar hacia otras provincias. En abril de 1859 el Congreso Nacional comisiona a su Presidente para que logre la reincorporación de Buenos Aires por la negociación o por la fuerza. Urquiza gestiona el auxilio del Paraguay ante el presidente Carlos Antonio López, el mismo que en 1846 había operado contra Rosas, quien no reconocía la independencia paraguaya (Floria y García Belsunce: II, 60). Estas negociaciones parecen inspirar a Toribio Aráuz, pues en su novela *Aurora y Enrique o Las guerras civiles* (1858) la protagonista se refugia en Paraguay como lugar seguro para defenderse de Rosas.

El asesinato del ex gobernador federal sanjuanino Nazario Benavidez, crimen atribuido a la instigación porteña, acelera el proceso bélico, en tanto que la firme convicción de no aceptar ningún nuevo "yugo de Urquiza" motiva a los porteños (Lettieri 2006: 214). Se frustra, por tanto, la mediación del general paraguayo Francisco Solano López. El 23 de octubre de 1859, en Cepeda, la Confederación obtiene un triunfo contundente y al mes siguiente se firma el Pacto de San José de Flores para la reunificación. Cuando en mayo de 1860 Mitre asume la gobernación porteña, vuelve al reclamo del papel protagónico que –en la postura de los liberales– le correspondía a Buenos Aires; axioma que se concretará tras la batalla de Pavón (1861). En este ínterin, durante 1860, aparecen dos novelas que recuperan el pasado rosista: *Espinas de un amor*, de Amancio M. Alcorta, texto en el que se concentra la mayor parte de los tópicos de este Ciclo; y *Vengador y suicida*, de Tomás N. Giráldez, quien excusará el donjuanismo del protagonista en la experiencia traumática de haber perdido, degollado, a su padre, oficial del general unitario Mariano Acha. Paradójicamente, Giráldez dirige *El Guardián*, ese mismo año de 1860, junto con Leandro Alem, hijo homónimo del mazorquero ejecutado por orden del gobernador Pastor Obligado en 1854.[52]

La integración nacional en una república no termina con la antinomia unitarios vs. federales, y la disputa de poder entre ambos bandos continúa en muchas partes; por ejemplo, en San Juan, cuando en la batalla de La Rinconada (11 de enero de 1861) los unitarios de Aberastain son derrotados por las huestes federales del puntano Saá. Cuatro

---

[52] Puede incluirse en este Ciclo *Los mártires de Buenos Aires o El verdugo de su república (Novela original)* (Madrid, 1857), del español Manuel María Nieves, cuya segunda edición sale en Buenos Aires cuatro años después con el título *Los mártires de Buenos Aires o El tirano Juan Manuel Rosas (Novela original)*.

años después, Pedro Echagüe, militar porteño, escolta de los restos de Lavalle hasta Bolivia, amigo de Sarmiento durante su exilio en Chile y por este designado Director General de Escuelas de San Juan, homenajea a su nuevo terruño con el recuerdo de ese episodio tristemente famoso hecho novela en *Elvira o El temple de alma de una sanjuanina (Novela regional de fondo histórico)* (1865), luego conocida como *La Rinconada*.

A este Ciclo de la tiranía deben sumarse –aunque sin relación directa con la obra de Mármol– *Angélica o Una víctima de sus amores* (Paraná, 1859), de Eusebio F. Gómez, quien aporta la visión provinciana del terror rosista; y las seis novelas de Juana Manuela Gorriti: *El Lucero del Manantial: Episodio de la dictadura de don Juan Manuel Rosas* (1860); *La hija del mashorquero: Leyenda histórica* (1863); *El guante negro* (1861); *La novia del muerto, Una noche de agonía: Episodio de la guerra civil argentina en 1841* (1865), y *El pozo del Yocci* (1869-1870),[53] novela en la que bendice las luchas por la independencia de su pueblo al mismo tiempo que reprueba las guerras fratricidas. Esta salteña, hija de patriotas y de unitarios, padece el exilio familiar y, cuando se desposa con el militar boliviano Manuel Isidoro Belzú (o Belzu), conoce los vaivenes de la vida de un revolucionario nato. Esas angustias la llevan, por un lado, a separarse de su marido, radicarse en Lima y vivir de la docencia; por otro, a volcar en novelas esas experiencias dolorosas, tanto las propias como las de sus compatriotas. Desde su perspectiva femenina, Juana Manuela elige como conflictos centrales de sus narraciones

---

[53] Las dos primeras aparecen por primera vez en *La Revista de Lima*; la tercera, en la *Revista del Paraná*; la cuarta y la quinta, en la colección *Sueños y realidades*; y la última, en *La Revista de Buenos Aires* y más tarde, en *Panoramas de la vida* (1876).

las consecuencias nefastas que traen las guerras civiles para la familia argentina.

Como corolario del Ciclo de la tiranía, Juana Manso reedita su novela esta vez en castellano, con el título *Guerras civiles del Río de la Plata; Primera parte: Una mujer heroica, por Violeta; 1838*. Aparece en el folletín de *El Inválido Argentino*, desde el 29 de diciembre de 1867 hasta el 16 de marzo de 1868, cuando cesa el periódico a causa de la epidemia de cólera que afectaba a la Argentina.[54] María Velasco y Arias y Lidia Lewkowicz, en sus respectivos estudios, advierten sobre las modificaciones notables que diferencian la edición argentina de la brasileña, sobre todo en lo relativo al encubrimiento de la familia Alsina bajo nombres ficticios y en la inclusión de comentarios sobre la pervivencia aún en 1867 de ciertas costumbres y prácticas políticas. Por su parte, Manso alerta a sus lectores acerca de los cambios en las circunstancias de producción: ha trazado la historia siendo muy joven, cuando Rosas estaba en el poder y ella no tenía "esperanzas de volver a la patria" (1937: 376); su nueva pretensión es "conservar a los venideros, la tradición escrita de los dolores que han trabajado nuestra sociedad, y de las virtudes ignoradas". Y cuando define su postura, implícitamente marca la frontera entre dos tiempos: el político, ya pasado, durante el cual cada escritor debía tomar partido; y el histórico, que proporciona la distancia y la perspectiva necesarias para rescatar lo que la sociedad debe aprender pues se ha decantado como lo más importante:

---

[54] María Velasco y Arias conjetura que habrá habido otras razones pues la publicación no reaparece aun pasada la emergencia sanitaria (419). Para el comentario de esta novela nos basamos en la transcripción de los folletines que realiza esta especialista, pues este es el texto que leen los argentinos de entonces. Todavía no sale a la luz la indispensable edición crítica preparada Elvira Narvaja de Arnoux y Paul Verdevoye para la Colección Archivos (Unesco).

No es mi ánimo reanimar la llama de extintos rencores pero la historia íntima de los hechos familiares debe no solo salvarse del olvido, sino utilizarse como lección provechosa de lo que importa el despojo de las libertades públicas y de los derechos individuales (376).

Sin embargo, en las últimas décadas del siglo XIX, Rosas volverá a ser tema novelesco solo esporádicamente y sin la pasión de los que sufrieron el exilio. El interés pasará a la historiografía y a los manuales de historia argentina. Con la única excepción de Gorriti,[55] los demás autores incluidos en este Ciclo de la tiranía no volverán a novelar ese período de inestabilidad política.

Mientras Mármol se dedica a la actividad política y periodística, *Amalia* origina otro fenómeno literario, de alcance internacional: estimula el plagio. Un francés, Oliver Gloux (1818-1893), escritor folletinesco, con el seudónimo "Gustave Aimard", repite el texto de Mármol con ligeras variantes (Minellono: 478); lo divide en dos tomos: *La Mas-Horca* y *Rosas* (París, 1867). La aventura del plagio no termina allí, pues esta versión francesa es traducida al español y al ruso en la década de 1870 (Giannangeli: 36-37, 118-121), casi al mismo tiempo que aparecen ediciones de la *Amalia* original en Leipzig y en París.

2.3.3. Novelistas mancomunados

La turbulencia política antes, durante y después de la secesión (1852-1860) no impide que los intelectuales –tanto los que permanecen en Buenos Aires, como los que se instalan en Paraná o en otras ciudades de la Confederación– se dediquen a múltiples actividades culturales, muchas de las cuales prescinden de lo político o, por lo menos, lo

---

[55] Juana Manuela escribe su versión de la historia de Camila O'Gorman en una novela homónima que incluye en el tomo II de *Panoramas de la vida* (Molina 1998 y 1999).

subsumen bajo inquietudes literarias y artísticas. Tienen un objetivo común: civilizar la sociedad, recuperar la libertad de pensamiento, desarrollar todas las capacidades individuales (incluida la imaginación). Para algunos, estos fines implican educar al soberano; para otros, responder al deber moral y cristiano de la solidaridad social. Sobre estas diferencias ideológicas, se destaca el interés por trabajar mancomunados a través de publicaciones periódicas y de asociaciones de diverso tipo. Néstor Tomás Auza formula una aclaración respecto de la relación entre literatura y política que nos parece muy pertinente:

> [...] la política, sobre todo la política embanderada en los hombres-programas, no tiene ingreso en las revistas [literarias]. Hay sí una política que [...] tiene cabida, pero es la política del engrandecimiento nacional, aquella que se refiere al futuro del país, a su destino, y que no se cobija bajo ninguna sigla partidaria.
> Puede pensarse que la literatura poseía la virtud de actuar como campo neutral, como el ámbito donde se daban cita los que provenían de los distintos grupos políticos y que al congregarse perdían su propia singularidad partidaria para atender a su condición de iniciados en las letras. Diríase que la literatura con sus exigentes propuestas de elevación espiritual producía de inmediato la suavidad y la tolerancia en los modos de convivencia (1999: 50).

En este apartado queremos precisamente rescatar esas actividades culturales que, si bien orientadas en la mayor parte de los casos hacia la Política (con mayúscula), ponen el acento en lo estético y, por ende, fomentan todo tipo de producciones literarias. Estas actividades se producen en diversas asociaciones de intelectuales, que se expresan a través de revistas o que surgen de su entorno, pues estas ejercen "casi de manera natural, un poder convocante con su sola existencia" (Auza 1999: 53-55). En estos ámbitos aglutinantes los novelistas bisoños reciben el empujón necesario para lanzarse al ruedo. Por eso resulta indispensable examinar la labor de algunas de esas entidades y de sus publicaciones. Este repaso nos permitirá detectar los nombres de los promotores más influyentes y, además, apreciar el legado de un grupo de uruguayos refugiados en Buenos Aires.

Entre los pioneros se destacan Ángel Julio Blanco y Juana Paula Manso de Noronha. Blanco es el primer redactor de *La Ilustración Argentina*,[56] en el que se reedita *La estrella del Sud* (Málaga, 1849), de Alejandro Magariños Cervantes, junto con un fragmento de "Recuerdos de viage" de Manso, y los "Cuadros de la vida", artículos costumbristas del propio redactor.[57] Juana intenta cambios ideológicos y sociales a favor de las mujeres desde *Álbum de Señoritas* (1° ene.-17 feb. 1854). En este *Periódico de literatura, modas, bellas artes y teatros* aparecerán sus artículos sobre la "emancipación moral" y la educación de la mujer, y los primeros ocho capítulos de su novela *La familia del Comendador*, la cual tiene la particularidad de proponer la libertad tanto para los esclavos (la acción está ambientada en Brasil), como para las jóvenes, a fin de que estas puedan elegir con quién casarse.[58]

---

[56] Empresa de Benito Hortelano y Antonio Serra (Auza 1999: 103-112); 1ª época: 11 nov. al 4 dic. 1853, con el subtítulo *Semanario crítico y literario*; 2ª época: 13 dic. 1853 al 2 abr. 1854, con el subtítulo *Museo de familias*.

[57] El 2 de abril de 1854, Blanco se despide de sus lectores porque tiene que dedicarse a otras actividades más "premiosas" (*La Ilustración Argentina*, 2a época: 225).

[58] La versión completa es publicada ese mismo año por la Imprenta de J. A. Bernheim. Manso volverá al ruedo periodístico en 1864 con el fugaz *La Siempre-viva: Periódico literario ilustrado, dedicado al bello sexo argentino, escrito por señoras* (jun.-jul. 1864). Auza (1988) y Mizraje (1999 a: 79) le atribuyen participación decisiva en *La Flor del Aire* (mar.-abr. 1864). Incluso Mizraje le adjudica a Manso "el folletín *Juan California*, que apareció en *La Flor del Aire*" (1999: 73); adjudicación que cuestionamos pues este texto, subtitulado "Escenas americanas",

En 1856, al tiempo de ser nombrado secretario del Club Parroquial de Monserrat, Ángel Blanco (con veintiséis años) publica *Una venganza funesta*, y un año después, la continuación, *Emeterio de Leao*, que son dos voluminosas novelas. A esa edad ya se ha constituido en el referente literario de otros más jóvenes, como Carlos Luis Paz, quien dedica *¡Santa y mártir de 20 años!* como tributo de amistad "al inteligente autor" (Paz 1857: 3). Blanco se lo agradece a través de una carta a modo de prólogo. Cosa curiosa: el amigo prologuista, que se siente capacitado para apreciar el texto, descubre en este un par de defectos fundamentales, sobre todo la concisión en el desarrollo narrativo del argumento, por lo que el plan del "romance" aparece "con visos de inverosimil por no estar rodeado de ciertos preámbulos que se notan necesarios, al terminar la obra" (Paz 1857: 6). Sin embargo, las opiniones más descalificadoras no provendrán del prologuista, sino del resto de la sociedad. Blanco, quien se dedica a la novela de costumbres, advierte a Paz sobre la índole moral de los críticos argentinos:

> La petulancia de ciertos autorcillos, para quienes toda produccion ajena es un delito: la vanidad presuntuosa de ciertos jueces erijidos por si mismos en materias literarias: la indiferencia de nuestros compatriotas para toda produccion de cabeza argentina: el egoismo, que es la esencia del caracter porteño desde el año cuarenta hasta nuestros dias; y sobre todo, la criminal decidia de nuestros pocos literatos que abandonan á sus solos esfuerzos en esa senda á una juventud inteligente y activa que debieran dirijir con su esperiencia, que debieran protejer con su influencia, son los elementos contrarios (6-7).

---

está firmado por M.R.T., iniciales que corresponden a Manuel Ricardo Trelles, historiador y tradicionalista argentino.

Blanco, a su modo, critica al gobierno y al resto de la sociedad letrada por el escaso apoyo a los nuevos escritores. La queja se vuelve reclamo al ser publicada junto con el texto novelesco, que paradójicamente también debe ser mejorado.

¿Quiénes son esos jóvenes que no reciben guía ni protección? Además de Carlos Luis Paz, a los diecisiete años publican sus pinitos: Francisco López Torres, *La huérfana de Pago Largo* (1856); Margarita Rufina Ochagavía, *Un ángel y un demonio, o El valor de un juramento* (1857); y José Víctor Rocha, *Un drama en la vida* (1857) y las novelitas antirrosistas ya mencionadas. A los diecinueve, Tomás Gutiérrez se lanza al ruedo con *El destino, o La venganza de una mujer* (1858). En apoyo de estos jóvenes y de su maestro, se alza la voz de Francisco Bilbao, desde *La Revista del Nuevo Mundo*. Sobre el texto de Ochagavía finalmente dice muy poco (Molina, H. 2011 b); al chileno le interesa más dar su opinión sobre el género en América:

> La Novela en las sociedades americanas, presenta un grandísimo inconveniente, especialmente la novela contemporánea. Ese inconveniete [sic] es la pequeñez de las almas y pasiones; –las pasiones imitadas de romances europeos, como lo son los muebles, modas, y costumbres, adoptadas ciegamente, sin personalidad, porque la personalidad es muy pequeña. –Si hay drama y pasiones en América, es en el pueblo. La señorita Ochagavia ha olvidado ese elemento. He ahi porque sus personages son frios, aunque las situaciones son dramáticas.
>
> Querer reproducir á Balzac (no nos referimos á nuestro autor) es querer aplicar el bistouri que destroza el cadáver del corazon de la vieja Europa, á nuestras sociedades infantiles.
>
> El escepticismo y la indiferencia es un espectáculo horrible en Europa, pero en América es ridículo. [...]
>
> Los elementos del drama en América están en el pueblo, están en la lucha de la religion de la edad media con la filosofia, y mas que todo, en las aspiraciones de la inmortal juventud que busca el camino de la verdad (1857 b: 332).

Desde esta concepción, Bilbao reseña otras dos novelas locales. Alaba la de Blanco por responder a las exigencias de la sociedad de ese momento:

> *Emeterio de Leao*, presenta ya grandes elementos de drama, y combinaciones inteligentes que aumentando progresivamente el interés, nos llevan á resultados morales deducidos del espectáculo de la vida como de las premisas de un silogismo. –Pero lo que mas nos ha complacido en la obra del Sr. Blanco, es la rígida moralidad que se revela en las acciones. [...] Ella honra á la nueva-generacion, cuya literatura debe corresponder al nuevo órden de moralidad en la política (1857 a: 383).

En cambio, cuestiona *Destino*, de Tomás Gutiérrez, por la excesiva esquematización ideológica:

> El jóven heroé es demasiado *cittadino*. El antagonista de nuestro héroe es un hombre de la campaña y aparece personificada en él, la enemistad de la ciudad y la campaña, del amor y la violencia. Ignoro si tal ha sido la intencion del autor, pero semejantes identificaciones son peligrosas. *Destino* tiene poca naturalidad, pero en cambio mucha juventud (1857 a: 383).

Seguramente es a Bilbao a quien se refiere este aviso de *La Prensa*, el cual descubre además la incidencia de los aspectos económicos en la difusión de las producciones locales:

> EL DESTINO.
> Novela original de Tomas Gutierrez.
> Sometida al juicio de una [sic] de nuestros primeros literatos (americanos), se dará á la prensa en cuanto la suscripcion se acerque á los gastos. Puntos donde se sucribe, libreria de la Victoria Perú, 20; id. de Lucien, Victoria, 40. – Precio 10 pesos (1 dic. 1857: 4).

> **LIBRERIA.**
>
> ## VIRTUD Y AMOR ¡HASTA LA TUMBA!
>
> Con este título se publicará en breve, una novela original de D. Laurindo Lapuente; la que constará de dos entregas de 32 páginas en 4.° y cuyo precio será el de 5 pesos.
> Se reciben suscriciones en la librería de Ducien é hijo calle la Victoria núm. 49.
>
> ## EL DRAMA DE UNA MUGER
>
> *Por Alejandro Dumas, hijo.*
> Traduccion de D. O. Gondra.
>
> La 11.ª entrega de esta interesante novela se ha publicado ya, y se halla á venta en la librería Económica calle de la Victoria núm. 5. La 12.ª entrega está en prensa y saldrá á luz en la presente semana.
> Precio de cada entrega: 6$ moneda corriente.
>
> ## EL DESTINO.
>
> Novela original de Tomas Gutiérrez.
> Sometida al juicio de una de nuestros primeros literatos (americanos), se dará á la prensa en cuanto la suscripcion se acerque á los gastos. Puntos donde se suscribe, librería de la Victoria Perú, 20; id. de Lucien, Victoria, 49.—Precio 10 pesos.

Aviso aparecido en *La Prensa*, dic. 1857. Foto de la autora.

Por su parte, entre 1858 y 1859 la Imprenta Americana organiza unos cuadernillos titulados *Las violetas*, para divulgar otras novelitas de López Torres y de Tomás Gutiérrez;

serie que se vende barata, a cinco pesos cada ejemplar (Cutolo 1968-1985: IV, 266-267; III, 520-521).

Casi como una respuesta a Blanco, los redactores de *La Tribuna* se muestran promotores de los escritores locales, si bien más por congraciarse con su público que por estar convencidos de la calidad literaria de los textos:

> *Folletin*. Muchas veces hemos dicho ya que abrimos con placer y aun con preferencia, las columnas del folletin, á las producciones nacionales.
>
> Con esto, creemos estimular á esa nueva generacion que se levanta llena de vida, y rica en esperanzas, ofreciéndole un campo en que ejercitar su talento.
>
> Por eso damos hoy principio á una novelita, corta, que el jóven D. Tomás Gutiérrez acaba de escribir.
>
> Aun no la hemos leido, pero alguno que lo ha hecho, nos la recomienda, y asi lo hacemos tambien nosotros (19-20 abr. 1858: 1).

Tomás Gutiérrez también es promovido vivamente por *El Estímulo: Periódico literario* (1858). Su apasionado director, Heraclio Fajardo, joven de veinticinco años, continúa la línea de acción iniciada a través de *El Recuerdo: Semanario de literaturas y variedades; Redactado por jóvenes orientales y dedicado al pueblo bonaerense* (Auza 1999: 125-131): dar cabida "á todo lo que lleve ciertas condiciones literarias y no ofenda la moral", reservándose por ello "el derecho de censura" (*El Estímulo*, 1, 9 feb. 1858: 1). Desde el segundo número se publica *Farsa y contra-farsa*, especialmente escrita por Alejandro Magariños Cervantes, quien –después de permanecer nueve años en Europa, donde ha adquirido experiencia y fama (*El Estímulo*, 2, 17 feb. 1858: 9)– además reedita en Buenos Aires *No hay mal que por bien no venga* ese mismo año. Félix Weinberg recuerda la "situación incómoda" que se le crea entre sus lectores rioplatenses: "Ocurre que muchas de sus ediciones españolas prácticamente no tuvieron circulación en el Río de la Plata y entonces no faltaron aquí suspicaces que llegaran a dudas de la existencia de esas obras. Se llegó a decir de algunas que el título era lo único que realmente corría impreso" (1984: 34). El propio novelista se excusa informando que "habiéndose agotado la primera edicion en Europa, no ha habido sobrante, que es por regla general lo que aquí se envía" (Magariños Cervantes 1858 b: 8; Weinberg 1984: 35).[59]

Al mismo tiempo, Fajardo empieza la promoción de una de las entidades que más interesa para nuestro tema: el Ateneo del Plata, "asociacion puramente literaria" fundada el 20 de junio de 1858 (*El Estímulo*, 20, 23 jun. 1858: 158). Junto al uruguayo hallamos a algunos de los jóvenes que mencionamos anteriormente: Blanco, Paz y Héctor F. Varela. Se suman a la iniciativa Carlos María de Viel Castel, Miguel Ortega, Hilario Ascasubi, Carlos Guido y Spano, Rufino Varela, Pastor Obligado, entre otros. La lista de socios fundadores incluye a varios novelistas: Margarita Rufina Ochagavía, Rosa Guerra, Francisco López Torres, Estanislao del Campo, Tomás Gutiérrez, José V. Rocha, Raimundo J. de Arana y Ernesto O. Loiseau. Cuando se constituyen las distintas comisiones se incorporan las personalidades que serán más relevantes. Preside el Ateneo José María Gutiérrez. El Comité de Censura está integrado por Bartolomé Mitre, Francisco Bilbao, Alejandro Magariños Cervantes y los educadores Juan Carlos Gómez y José Barros Pazos. La Sección de Poesía está dirigida por José Mármol y Luis Domínguez; la de Prosa por Miguel Cané y Carlos Tejedor; la de Historia, por Sarmiento y Félix Frías. Puede apreciarse que en el Ateneo del Plata se reúnen los intelectuales más

---

[59] En 1865 se reeditan en Buenos Aires otras novelas del uruguayo: *Caramurú*, *La estrella del Sud* y *La vida por un capricho: Episodio de la conquista del Río de la Plata*.

relevantes del momento, teniendo en cuenta los que han permanecido en Buenos Aires.

Por la nómina tan abundante, podría suponerse que los literatos porteños se han puesto de acuerdo en vista al desarrollo de la literatura nacional. Sin embargo, muy pronto surgen discrepancias internas: Paz, Tomás Gutiérrez, López Torres, Loiseau y Fajardo, entre otros, protestan por las discusiones iniciadas por Dardo Rocha –avaladas por *La Tribuna* y por el escritor Federico Barbará– mediante las cuales promueven la inclusión de asuntos políticos en las actividades de la asociación, en contra de la idea original. "El fraccionamiento fue inevitable y en el Ateneo del Plata quedaron, de hecho, los que se consustanciaban con el gobierno liberal de la provincia [de Buenos Aires] y acentuaban su enfrentamiento con las ideas y las personas que simpatizaban con la Confederación o que al menos querían hacer de la literatura un campo neutral" (Auza 1999: 130). Para los que se quedan en el Ateneo, Cané dictará su *Primera lección de prosa...* dedicada a la novela y en la que propondrá a *La novia del hereje* como el modelo de novela histórica.

Los defensores de la autonomía literaria constituyen, poco después, el Liceo Literario. Todos estos entretelones pueden seguirse a través de *El Estímulo* (20-26, 23 jun.-6 ago. 1858).[60] Del Liceo Literario surge otra revista literaria: *La Guirnalda* (1858-1859), de los hermanos Santiago y José Manuel de Estrada, muy jóvenes por ese entonces (dieciocho y diecisiete años respectivamente); luego se incorpora Tomás Gutiérrez a la dirección del semanario. Según informa Auza (1999: 133-142), Carlos A. Mansilla –el

---

[60] Curiosamente, al mismo tiempo que nace el Liceo, cierra ese periódico por "carencia absoluta de papel" (26, 6 ago. 1858: 208). Los disidentes del Ateneo y los colaboradores de *El Estímulo* pasan al periódico *La Reforma Pacífica* (Auza 1999: 131).

hermano de Lucio y de Eduarda– les envía una novelita que aparece por entregas; "se titulaba *Sofía* y que el autor tenía escrita desde dos años antes"; también colaboran los novelistas Viel Castel, quien "trabajaba por ese tiempo en la traducción al francés de *Amalia*", Mercedes Rosas de Rivera y "El Mulato" (138).

En 1859, los nombres ligados a la fundación del Ateneo del Plata y del Liceo Literario se repiten en la portada del *Museo Literario: Periódico semanal de literatura en general, teatro y modas*, dirigido por Carlos Luis Paz y Lisandro Paganini (Auza 1999: 143-150). Se agregan Bernabé Demaría, pintor y novelista; y los poetas Ricardo Gutiérrez y Juan Chassaing. En este periódico se difunden novelitas de diversos autores: Cané, López Torres, Blanco, el propio Paz y el enigmático "R. R.". No aparecen, en cambio, las prometidas colaboraciones de Magariños Cervantes.[61]

Después de Pavón y de la reunificación nacional, el movimiento cultural se acentúa. Según sintetiza Paula Bruno: "Si se confrontan los años post-1860 con los decenios anteriores, salta a la vista que la novedad central de esta etapa es la apertura de una multiplicidad de zonas culturales en el ámbito porteño" (342).

El 30 de setiembre de 1864 se inaugura el Círculo Literario con un público de trescientos asistentes. Entre los socios fundadores destacamos a los novelistas: Juana Manso ("honoraria"),[62] Amancio Alcorta, Tomás Gutiérrez,

---

[61] El uruguayo se ofende por las críticas lapidarias que Carlos L. Paz formula contra la Biblioteca Americana, en cuyos seis tomos han aparecido textos de Cané, Sastre, Juan María Gutiérrez y del propio Magariños Cervantes. Paz cuestiona la pretensión de reunir a los "Escritores americanos mas notables, antiguos y modernos" pues los "dichos seis tomos probarán, que, ó es lo mejor que aquí se puede escribir, ó que nuestros 'escritores mas notables' no son lo que tantas veces se ha dicho" (1859 a: 116).

[62] Sus palabras son publicadas en "La señora doña Juana Paula Manso de Norhona", *La Revista de Buenos Aires*, V, 1864: 280-281.

Laurindo Lapuente, Ramón Machali (R. el Mugiense) y José María Cantilo; entre los corresponsales, los escritores locales que viven en el exterior: Vicente Fidel López, "Juan M. Gorrilis [sic], Eduardo [sic] M. de Garcia" ("Círculo literario": 337-339). Dictan las primeras conferencias Juan María Gutiérrez, Amadeo Jacques, Miguel Puiggari y Bartolomé Mitre. En ellas queda clara aquella finalidad de la que venimos hablando: la de reunir los diversos elementos culturales de la sociedad porteña. Gutiérrez explica que el Círculo "no es una academia de literatos, sinó una *Sala* en la cual se congregan, con el fin de agradarse reciprocamente, todos –ó gran número– de los *aficionados á las letras*, con que cuenta la culta Buenos Aires" (Círculo Literario: 33); y aclara que les da ese carácter de aficionados porque considera que las naciones nuevas no tienen literatos en sentido estricto.[63] El campo de "ocupaciones" del Círculo, según el artículo 35 de su Reglamento, es vasto: la literatura americana "desde el punto de vista de su historia, y de la crítica", la historia nacional, la economía política, el derecho internacional y las "ciencias de la observacion" (física, química y "arte industrial"). Por esta amplitud temática son convocados literatos, historiadores, políticos y científicos, como Puiggari. En particular, los organizadores invitan a la juventud a "conversar" con ellos (36, 42, 45, 35).

Los discursos de Gutiérrez y de Jacques giran en torno al concepto de lo bello en relación con lo verdadero. El francés sintetiza esta idea así: "La verdad entendida, hé aquí la ciencia; la verdad sentida, he aqui la poesia y el arte" (56).

---

[63] "*Literato* – individuo especial que vive y se mueve en una esfera propia, que establece las reglas de lo bello, juzga las producciones de la prensa, crea con la imajinacion escenas y caracteres, evoca los hechos y los personajes de la historia, pinta las costumbres pasadas y contemporáneas, y alimenta la curiosidad insaciable del espiritu, en las naciones provectas del antiguo hemisferio" (Círculo Literario: 33).

El "manantial" del que brotan los temas literarios son los "combates interiores del alma, sus derrotas y sus victorias":

> Alli es donde el Drama y la Novela, estos dos ramos maestros de la Literatura, van á buscar los objetos de sus mas interesantes cuadros. Pero, creedlo; aun en esto, no es sinó por el estudio, por el estudio atento y concienzudo del corazon humano y de todos los resortes ocultos de la vida moral [...] que el autor dramático y el novelista alcanzan á conmovernos, presentándonos la pintura exacta y fiel de los movimientos del alma (49).

Obsérvese que Jacques no duda en conferirle a la novela capacidad de transmitir un conocimiento verdadero de la realidad, desestimando su mala fama. Hacia 1864, la novela empieza a ganar la batalla de la credibilidad.

Otro momento importante para este género entre las actividades del Círculo Literario se produce cuando Lucio Victorio Mansilla expone sobre Eugène Sue y sobre *El médico de San Luis*, novela publicada con el seudónimo "Daniel" en 1860. El comentarista no aclara que el autor es su hermana Eduarda, sino que trata de atraer a los lectores hacia el texto, basado en sus valores morales indiscutibles, y lo hace cediendo la palabra a dos críticos de prestigio: el argentino Juan María Gutiérrez y el español Ventura de la Vega.[64]

Los textos leídos durante las sesiones son incluidos en una sección especial, "Círculo Literario", de *La Revista de Buenos Aires: Historia americana, literatura y derecho* (dirigida por Miguel Navarro Viola y Vicente Quesada), que se convierte en el órgano difusor de la asociación. Los socios reciben una tirada aparte, con la denominación *Revista de Ciencias y Letras del Círculo Literario de Buenos Aires*, de la que aparecen solo dos números entre 1864 y 1865 (Auza

---

[64] Sobre estos comentarios volveremos en la Parte B.

1999: 151-156). Un ejemplo claro de trabajo mancomunado para difundir lo más posible las letras argentinas y, al mismo tiempo, ahorrar costos.[65] En *La Revista de Buenos Aires* también se publican varios relatos de Juana Manuela Gorriti, promovidos por Quesada, quien ha hecho lo mismo anteriormente a través de la *Revista del Paraná: Historia, literatura, legislación, economía política* (Paraná, 1861).

Los problemas económicos y las discrepancias ideológicas de índole generacional, genérica y aun religiosa ocasionan el cierre prematuro de muchas de las publicaciones, por lo cual se restringe la difusión de las novelas. Rescatamos algunas de aquellas. En los dos números que se conservan en la Biblioteca Nacional (tal vez los únicos) de *La Primavera: Periódico mensual de literatura* (1863), de Tomás Giráldez (o Giraldez), podemos leer novelitas de Daniel Flores Belfort y Carlos Luis Paz. Giráldez, por el contenido de su publicación y de su novela *Vengador y suicida* (1859), se ubica entre los autores católicos, enfrentados con los anticlericales como Francisco López Torres, quien en *La huérfana de Pago-Largo* y en *La virgen de Lima* (1858) cuestiona el celibato sacerdotal y otras medidas eclesiales.

En esa misma línea de revista literaria y de moral cristiana, con prescindencia declarada de lo político, se halla el *Correo del Domingo: Periódico literario ilustrado*, de José María Cantilo (p.) (1ª época, 1864-1868). Como puede verse en el índice preparado por Auza (1980), en él novelas y novelitas, sobre todo de autores extranjeros, tienen un lugar destacado pero no central. Cané difunde un fragmento de su inconclusa *Laura* y Santiago Estrada adelanta un pasaje de *El hogar en la pampa*. Juan María Gutiérrez, uno de los principales colaboradores (Auza 1980: 144-147), desempolva *El capitán de Patricios*, "cuento,

---

[65] Otros casos de relación entre publicaciones periódicas y novelistas se expondrán en los puntos siguientes.

especie de idilio con lágrimas" que –según informa el propio autor en la "Advertencia"– ha sido escrito durante su exilio en el Piamonte, o sea, hacia 1843 (Gutiérrez, Juan M. 1864 a: 220). Este rescate de su novela no nos parece casual: ese año de 1864, España se apresta a reconocer la independencia argentina (lo hará con fecha 21 de julio).

Por los progresos tecnológicos, aumentan las publicaciones ilustradas. En ellas no faltan las novelas. En el borde del lapso que nos hemos impuesto para este trabajo, se destaca *El Plata Ilustrado: Semanario de literatura, artes, modas y ciencias* (1871-1873), de Gustavo Kordgien. En él su redactor en jefe, el militar y educador teutón Carlos [Carl] Jansen, comienza la publicación de *La hija de la gitana*, novela ambientada en Alemania, que aparecerá años más tarde completa y vertida al portugués en el *Jornal do Commercio* de Porto Alegre (18 jul. 1877-6 abr. 1878) (Hohlfeldt: 67-124). También el catalán Bartolomé Victory y Suárez da a conocer su *Amelina*.

De este panorama podemos extraer algunas conclusiones parciales. Las asociaciones y las publicaciones con objetivos literarios serán uno de los vehículos difusores de novelas y novelitas más importantes, pero también los más efímeros. En la promoción de la novela insisten los varones jóvenes y las mujeres; es decir, dos grupos sociales que no ocupan las posiciones dominantes (en el momento en que realizan las actividades que hemos descrito). José Mármol, Vicente Fidel López, Miguel Cané y Ángel Julio Blanco se constituyen en los maestros del género, lo mismo que el uruguayo Alejandro Magariños Cervantes. También es destacable el accionar de otro oriental, Heraclio Claudio Fajardo, porque –si bien no es novelista– traduce textos extranjeros y fomenta publicaciones y ateneos para la promoción literaria.

2.3.4. De lectores a escritores, de la historia a la novela

A mediados de 1860, se dan a conocer en Buenos Aires dos novelas inspiradas en la misma historia. Por un lado, en el folletín de *La Tribuna*, del 10 de mayo al 4 de julio: *Lucía: Novela sacada de la historia argentina*, firmada por "Daniel" (Eduarda Mansilla de García); por otro, en seis entregas distribuidas por la Imprenta Americana entre el 2 y 9 de junio: *Lucía Miranda: Novela histórica*, de Rosa Guerra. Esta simultaneidad genera una suerte de competencia entre las dos mujeres, ya que las noticias sobre sus textos circulan desde algunos meses antes. Ambas recurren a la autoridad de los literatos más dedicados a la novelística de ese momento para respaldar su obra. Eduarda, quien ya tenía escrito su manuscrito en octubre del año anterior, se lo envía a Vicente Fidel López para que lo evalúe:

> Al mismo tiempo que esta carta recibirá V. un manuscrito mio, una novela que me ha sido inspirada por la lectura de la historia argentina y que me permito dedicar al autor de la Novia del hereje y al poeta Juan M Gutierrez. ¿Que quiero de V.? en primer lugar que acepte V. esa pobre obra de mi ingenio con toda la buena voluntad y condescendencia de q^e V. es capaz y que al propio tiempo como una prueba de ello, me dé su juicio lo mas secamente que le sea posible. [...] V. que conoce los inconvenientes de la novela, apreciará mejor que nadie lo malo y quizá lo poco bueno que mi obra tenga [...]. No hay miedo de que su critica me lastime. La primer persona que leyó mi novela es quizá el unico verdadero enemigo que tengo y tuvo á bien contar que la palabra <u>buena</u> y <u>pobre</u> estaba repetida no sé cuantos cientos de veces y obgetó que mis heroynas eran fecundas en demasía y que todas se mueren y que mas es narracion que novela, tal juicio á decir verdad acompañado de graciosas bullas, casi casi me ha sido grato, V. juzgará si tengo ó no razon [...]. Allá va todo mi pensamiento, olvide V. si le es posible que

soy una dama y tenga presente, que el talento y la belleza no tienen secso (Doc. 4408).[66]

En carta del 26 de noviembre de 1859 al mismo destinatario (Lojo 2007 b: 124-126), Eduarda informa que ha empezado a escribir su segunda novela, *El médico de San Luis*, la cual aparecerá en volumen en abril de 1860, es decir, un mes antes de *Lucía*.[67] "Daniel", por tanto, ya es un escritor conocido cuando aparecen las dos versiones de Lucía Miranda.

Por su parte, Rosa Guerra, quien ya ha iniciado sus cuestionamientos feministas y educativos a través de dos periódicos: *La Camelia* y *La Educación* (ambos de 1852), en los peritextos de la novela aporta datos acerca de su producción.[68] En la "Advertencia" cuenta que la ha escrito "para un certámen en el Ateneo del Plata", que nunca se concretó, y que a esta "novelita" le ha dedicado "los ócios de quince días", o sea, "el tiempo que mediaba de un certámen á otro" (1860: iii; 1956: 8). Además, ha apelado a la crítica de Miguel Cané; pero, a diferencia de Eduarda, incluye la respuesta del especialista en la publicación para que el respaldo del varón sea conocido por todos. Luego, en la "Dedicatoria á la señorita doña Elena Torres", reconstruye el proceso circular de lectura-escritura-lectura que ha protagonizado y subraya el origen documental de su texto:

> He ahí mi regalo de boda [...] cuya publicacion anticipo por pedido del público, á causa de estarse publicando otra novela con el mismo título, y basada sobre el mismo argumento.

---

[66] El texto completo de esta carta puede leerse en Lojo 2007 b: 123-124, edición que recomendamos.

[67] En *La Tribuna*, desde el domingo 8 al martes 24 de abril de 1860, se repite el aviso de venta del libro en las librerías de Lucien, Ledoux, Morta "frente al Colejio" y de Real y Prado.

[68] Desde el primer número de *La Educación* se reproduce el *Curso de Bellas Letras*, de Vicente F. López (Auza 1988: 185).

"La primera novela que yo lea, me dijiste, ha de ser escrita por Vd."

Ahí la tienes: [...] acógela, no como una invencion de mi imajinacion sino como un hecho verdadero.

Acuérdate, Elena mia, que leyendo ambas este patético episodio de la Historia Americana, nuestros corazones se han conmovido vivamente, y lágrimas de compasion y de ternura han corrido por nuestras mejillas.

Pobre Lucía! despues de mas de tres siglos y medio, la lectura de tus desgracias [...] hacen derramar lágrimas á todos cuantos las leen, y, cosa singular! Dos mujeres tambien de estas mismas rejiones, sin tratarse, sin comunicarse sus ideas, herida[s] en lo mas vivo su imajinacion por tus desgracias, toman tan tierno y doloroso argumento para basar cada una su novela, cuya lectura conmoverá los corazones menos sensibles (Guerra 1860: vii-viii; 1956: 13-14).

Poco más adelante, la novelista se representa como lectora de sí misma y proyecta de este modo una imagen de lector ideal para su novela: "Cuantas veces al leer los episodios que acaba de escribir, me sentia bañada en lágrimas, caer estas sobre el papel y borrar los caracteres!" (1860: xi; 1956: 15).

La Tribuna provoca sutilmente la comparación entre Guerra y Mansilla:

Lucia Miranda- Empieza á despertar interes la publicacion de la novela que ofrecemos en estos momentos á nuestras bellas en el folletin.

La Lucia Miranda de Daniel es escrita con elegancia y sin afectacion.

Hay otra novela basada en el mismo argumento que lleva el mismo título de Lucia Miranda, y que según nos aseguran es tambien bastante bien escrita. Su autor es la señorita Da. Rosa Guerra, ¿No publicará esta señorita su obra, para que la juzgue el público? (12 may. 1860: 3).

El mismo diario aporta una aclaración muy interesante: "Al hablar de la Novela de Daniel, tenemos que advertir á nuestros lectores, que no es Lucia Miranda, sino Lucia (sin Miranda) el título de esta. Hacemos esta advertencia porque por una mala inteligencia la habiamos bautizado de Miranda" (17 may. 1860: 2).

En la sutil competencia entre las dos mujeres, advertimos cierta preferencia de *La Tribuna* a favor de Rosa Guerra, seguramente por cuestiones políticas, sea la adhesión de esta autora a las ideas liberales, sea la postura más conservadora de la sobrina de Juan Manuel de Rosas. El diario de los hermanos Varela juzga que la versión de Guerra "es un terroncito de azucar literario" ("Lucia Miranda", 9 jun. 1860: 2) y publica artículos laudatorios firmados por Heraclio Fajardo y Juan Francisco Seguí (tomado de *El Nacional Argentino*, de Paraná). De este último tomamos la valoración final que hace de la novelista, opinión que representa seguramente la de muchos otros, extensiva también a las otras escritoras:

> Y si se considera que ella es la produccion de una señora, que no ha tenido los medios de que por lo comun disponen los hombres dedicados á la carrera de las letras.
>
> Si se considera, que es una Argentina es decir, hija de un pais de ayer, en el que la muger gira todavia en una órbita estrecha, vinculada casi siempre á los afanes domésticos, y sin rol en el teatro de la literatura.
>
> [...] se convendrá con nosotros que hay mucho de mérito en la mujer que sin abandonar la aguja, para llenar los deberes sagrados y de preferencia, usa á la vez con brillo de la pluma del ascritor [sic], y regala á los lectores con una linda produccion [...].

Lo que *La Tribuna* no dice es que ambas novelas son editadas por Miguel Navarro Viola, quien aspira a organizar una colección como la Biblioteca Americana, de Magariños

Cervantes, y por ello está interesado también en conseguir el *Siripo*, de Lavardén (Doc. 4733, carta a Vicente Fidel López, 25 may. 1860).

El núcleo narrativo que ha llamado la atención de estas dos mujeres es conocido como la "historia de Lucía Miranda", según la cual esta española evangeliza y educa a los indios timbúes, pero muere mártir, junto a su esposo Sebastián de Hurtado. El episodio es contado –mejor dicho, inventado– por Ruy Díaz de Guzmán en el capítulo VII de la Primera Parte de sus *Anales del descubrimiento, población y conquista de las provincias del Río de la Plata* o la *Argentina manuscrita* (ca. 1612) y repetido por los historiadores Nicolás del Techo, Pedro Lozano, Pierre François-Xavier de Charlevoix y José Guevara (Lojo 2007 b). Los textos de Díaz de Guzmán y de Guevara son conocidos gracias a Pedro de Ángelis, quien los incluye en los tomos III y I, respectivamente, de su *Colección de obras y documentos relativos a la historia antigua y moderna de las Provincias del Río de la Plata*, que aparecen entre 1836 y 1837, según las portadas de los seis volúmenes. Esta publicación es recibida por la nada desdeñable cantidad de cuatrocientos ochenta y ocho suscriptores (Ibáñez Cosmelli: 275), quienes pueden reconstruir la historia fundacional de la Argentina a través de la lectura de documentos oficiales –como actas capitulares–, relatos autobiográficos, el extensísimo poema narrativo "histórico" de Martín del Barco Centenera –*Argentina o Conquista del Río de la Plata*– o las historias de Faulker y Schmidl, entre otras.[69] Eduarda Mansilla reconoce como fuentes a Centenera, a Díaz de Guzmán y a Guevara; en cambio, Rosa Guerra solo deja traslucir la influencia del *Ensayo de la historia civil del*

---

[69] Otra fuente posible de las novelistas es la *Descripción e historia del Paraguay y del Río de la Plata* (1847), de Félix de Azara.

Paraguay, Buenos Aires y Tucumán (1816-1817; 1856), del deán Gregorio Funes (Lojo 2007 b: 30-50).

También de la *Argentina manuscrita*, Bernabé Demaría extrae el "suceso histórico ó fabuloso de la Maldonado", que resume en una nota de sus *Revelaciones de un manuscrito* para informar acerca de la antigüedad de un ombú de la "quinta del señor Cambacerés" que, según las creencias locales, habría sido el "árbol donde se ató" a esa mujer "mas de tres y medio siglos" antes (1869 b: 246).

Aunque todavía no se ha efectuado un estudio exhaustivo sobre la recepción de la colección de De Ángelis, no parece arriesgado conjeturar que han constituido un acicate fundamental para que los lectores porteños se interesasen por la historia argentina y fueran tomando el gusto a la narración de temas cercanos a su realidad nacional.[70] Prueba esta afirmación la voluminosa novela: *El pirata o La familia de los condes de Osorno: Novela histórica, escrita en la cárcel pública de Buenos Aires, (en el calabozo No. 5 en octubre de 1862)*, de Coriolano Márquez, militar urquicista muy cuestionado (Cutolo lo califica de "delincuente", 1968-1985: IV, 407-408). El texto, al estilo de los de Dumas o Sue, encadena a una trama sentimental con ribetes sórdidos, una ligera remembranza de la búsqueda de la Ciudad de los Césares realizada por Ignacio Pinuer en el sur de Chile. La "Relación de las noticias adquiridas sobre una ciudad grande de españoles, que hay entre los indios, al sud de Valdivia, e incógnita hasta el presente, por el capitán D.

---

[70] Además de las versiones de Guerra y de Mansilla, se conocen durante los siglos XVIII y XIX otra novela: *Lucía*, del santafesino Malaquías Méndez (1879), un poema publicado en Rosario (1883) de Celestina Funes de Frutos; y por lo menos cuatro obras teatrales (Lojo 2007 b). Hemos hallado, además, una referencia a Mangoré en "Mis pensamientos"; Francisco López Torres lo presenta en un momento de dolor tanto por la derrota que ha padecido su pueblo querandí, como por la ausencia de su amada Oberá (1859 b: 82-83).

Ignacio Pinuer (1774)", incluida en *Derroteros y viajes a la Ciudad Encantada, ó de los Césares, que se creía existiese en la cordillera, al sud de Valdivia* (tomo II de la Colección de De Ángelis), es transcrita con modificaciones (agregado de datos y de ritmo novelesco) en el capítulo III del tomo II de la novela. Para probar que los Césares estaba más cerca de Buenos Aires que de Chile, el novelista menciona un documento de Silvestre Antonio Rojas (Márquez: II, 75). Se trata de "Derrotero de un viaje desde Buenos Aires a los Césares, por el Tandil y el Volcán, rumbo de sud-oeste, comunicado a la corte de Madrid, en 1707, por Silvestre Antonio de Roxas, que vivió muchos años entre los indios Pegüenches", también de *Derroteros y viajes a la Ciudad Encantada*... Pero, mientras el napolitano informa a sus lectores que José María Cabrer y Saturnino Segurola le han facilitado estos papeles (De Ángelis: vi), Márquez asegura tener esos originales que certifican la veracidad de la historia narrada (II, 85). En el epílogo, el novelista reconoce otras fuentes: "Este es el resultado de los personajes de esta historia, cuyos hechos son del dominio público en su mayor parte como una tradición que se conserva de padres á hijos..." (IV, 134). Parece que Márquez quisiera borrar a toda costa la influencia ejercida por la publicación de don Pedro sobre los lectores argentinos; reconoce, en cambio, otra lectura: la de la novela *Corina*, de "Sthael", de la que toma el nombre para su protagonista (I, 99).

2.4. Mecanismos de publicación y problemas de contratos

Raymundo J. Arana, redactor de *La Voz del Pueblo*, en su novela folletinesca "Ayer y hoy" recrea con cierto aire burlón el mecanismo de publicación de un manuscrito:

–Está en casa el Sr. Redactor? pregunta la coqueta.

—Si señorita, contesta uno que por la *facha* debiò ser cronista; el Sr. Redactor se ocupa en este momento en confeccionar los *originales* para el diario [...].
—Vengo à traer à ud. los *originales* de un folletin que acabo de escribir, y el que desearia viese la *luz pública* [...].
—Señorita, me haré el mas alto honor en insertarlo en el diario que regenteo.
—Es un favor que espero...
—Nada de eso, interrumpió el Redactor haciendo un cumplimiento forzado; soy yo el que tengo que agradecer el favor que se me hace, obsequiàndome con una produccion de esa naturaleza.
—Es una historieta descarnada de toda poesia, y no mas caballero [...].
—Le prometo á ud. que aparecerá pasado mañana sin falta. [...]
—Ah, se me olvidaba lo mas importante. Podeis mandarme cincuenta egemplares del diario?
—Cincuenta? preguntó el Redactor con semblante de alegria. [...]
El folletin le causa [al Redactor] sorpresa; lee, relee y nada comprende: pero es preciso que se publique, pues que su palabra se halla empeñada (11 may.).[71]

Publicar no ha sido tarea fácil, pues generaba un circuito comercial en el que se mezclaban los intereses económicos y de fama, tanto de los escritores como de los editores. Publicar implicaba –ayer como ahora– un contrato entre novelistas y publicistas, que a veces se hacía por escrito y otras, solo de palabra. En estas situaciones no faltaban los malentendidos.

---

[71] Arana también descubre algunos de los problemas de impresión que padecían novelas y novelistas: "Gacetilla: *Ayer y hoy* – De nuestro pobre trabajo han pasado ayer diez lìneas á formar parte de las variedades q' publicamos en la primera bajo el título de «Las alas de un ánjel», el lector sabrá colocarlas en su lugar" (20 jun.).

Otro tipo de confusiones se originan actualmente en torno a la fecha de publicación de los textos decimonónicos, debido sobre todo a que el año que figura en la portada del volumen indicaba, en aquel siglo, el momento del inicio de la impresión, pero no necesariamente el de su finalización. Explicaremos esta problemática mediante algunos casos que hemos podido constatar.

2.4.1. Del manuscrito al libro: el largo periplo de *La novia del hereje*

Cuando Vicente Fidel López acepta el pedido de Miguel Navarro Viola de colaborar con su nueva publicación, *El Plata Científico y Literario* (Doc. 4106, 7 set. 1854), decide retomar el bosquejo de *La novia del hereje o La Inquisición de Lima*: revisa los cuatro capítulos ya publicados en *El Observador Político*, de Santiago –según explicamos antes–, y empieza a escribir los restantes. Pero este proceso de escritura y publicación no es sencillo, pues López está radicado en Montevideo, por un nuevo exilio; en consecuencia, envía los pliegos manuscritos por medio de un buque, el Menay, que cruza el Río de la Plata dos o tres veces por semana; su padre sirve de mediador. Leyendo la correspondencia entre los tres, podemos reconstruir las vicisitudes padecidas por el novelista y su editor, y las referidas a las circunstancias sociales. Don Vicente Alejandro López resulta el primero de sus lectores y el mejor crítico:

> Esperamos la publicacion del Plata Cientifico y Lit.º Leeré con gusto tu novela – temo que sublele al Clero, qᵉ ahora tendrá à su frente al nuevo Diocesano: veremos. Lo qᵉ si temo es que no dure mucho ese periodico, pr qᵉ profesa por necesidad la no injerencia de articulos politicos, esa parte tan excitante de la vida social de todo Estado (Doc. 2437, 23 set. 1854).[72]

---

[72] Auza aprecia esta revista por su influencia en materia literaria: "Alentó la publicación y producción de escritores nacionales, tanto noveles como

La primera entrega de la novela aparece en el tomo II de *El Plata*..., datado en "Setiembre de 1854", mes en el que comienzan los comentarios del padre. En diciembre, se incorpora la madre al número de lectores que esperan las entregas bimestrales de la revista (Doc. 2449). Las tres entregas siguientes mantienen la periodicidad prometida: t. III, noviembre de 1854; t. IV, enero de 1855; t. V, marzo de este mismo año. El novelista está pendiente de las opiniones de amigos y enemigos; el padre lo incita a combatir el desaliento y confiar en el juicio de los extranjeros y de los lectores del futuro:

> Cualquiera que sea el efecto que en este circulo produzcan tus obras, eso aunque no fuese favorable, por preocupaciones de partido politico, no debe detenerte. Tu obra và à hacer sus irradiaciones en esferas mas dilatadas: las Prov^{as}. el Est. Or^{tal}. – Chile – Lima – la misma Europa, y alli respirara tu nombre en un aire libre, donde solo se apreciará la obra de literatura. Yo creo que del juicio q^e se forme de ella bajo tales auspicios, no puedes temer sino esperar (Doc. 2449, 23 dic. 1854).

> ¡Que importan los emulos y enemigos, cuando se trata de esas obras del espiritu? el mal que causan no es comparable con los grandes bienes – gloria à la Patria – gloria tuya particular. Si los del tiempo actual no celebran, los del futuro estan en camino, que puestos ya á la altura tuya, vendran comprendiendote [...] (Doc. 2452, 22 ene. 1855).

Incluso, don Vicente llega a aconsejarle que publique la novela anónimamente en Francia y luego la introduzca en América (Doc. 2462, 7 mar. 1855; cf. también Docs. 2449, 2453, 2459).

---

consagrados". Miguel Navarro Viola "se inclinaba por el Romanticismo, escuela que matizaba con una fuerte dosis filosófica y moral"; en cuanto a la novela, "'ese campeón multiforme de la literatura del día'", reconoce dos modalidades: el "romance histórico" y el "romance sentimental" (1968: 19-20).

Los mecanismos de corrección de borradores y de impresión son rudimentarios. El novelista se queja de las erratas, pero el padre lo consuela, al mismo tiempo que lo amonesta:

> Yo pensaba haber encontrado mas errores que los consistentes en una letra por otra [...] pues al ver el borrador escrito casi todo con lapiz, temi que hubiese muchos mas de los que he apercibido; y cuando he leido lo impreso, hé creido deber alabar al impresor por su casi ecsacto trabajo, y asi se lo dije á la Señora Viola, cuando la ví despues de leida la conlusion [sic] de la novela. Las faltas que consisten en tus propios descuidos p^r falta de tiempo p^a. pulir, esto no puede remediarse, aunque confieso q^e [de]ben serte, á vos autor, mas sensibles, que á cualquiera otro. [...] Esto quiere decir q^e debemos considerar la primera impresion como un ensayo, una prueba que podemos corregir y mejorar en otra edicion (Doc. 2513, 23 nov. 1855).

En enero de 1855, Navarro Viola le reclama al autor el pago de las páginas ya publicadas, "segun convenio con Ud. á razon de 3 pat^s. [patacones] el ciento de pliegos de 8 páj^s.":

> Por 200 ej^s de 6 ½ pliegos (correspond^{tes}. al t. 2° del "Plata" desde p. 147 hasta p. 197).... á 6 pat^s. 1 ....39 pat^s.
> Por 200 id. de 9 pliegos (corresp$^{tes.}$ al t. 3° de p. 89 á 181.... 54 "
> 93 pat^s.
> A no ser la urgencia de hacer ese abono [al impresor] apenas llegue á B^s A^s., y los ningunos recursos de mi pobre empresa literaria, no habria molestado ni á Ud. ni á la Sociedad Médica á quien con esta misma fha he pasado la cuenta de este t. 3° (Doc. 4519).

Navarro Viola presenta al autor algunas alternativas para la edición en volumen, con el acuerdo del impresor.[73]

---

[73] El editor le transmite al autor las opciones que le ha ofrecido el impresor Casavalle: "1° Por cien, doscientos ó mas ejemplares q' se tirasen, lo haria á razon de 1$ papel (2 vintenes exactamente al cambio de hoy de

Finalmente el editor acepta la propuesta de López: "3 pat^s. por cada cien ej^d. de un pl^o. de 8 paj. Debiendo tirarse nada mas que 200 ej^d." (Doc 4514, 23 set. 1854). Los pliegos serán "iguales á los de la Revista" (Doc. 4513). Comparando las entregas con el volumen, se observa fácilmente que se han usado los mismos moldes: la distribución del texto en cada hoja es idéntica, no se corrigen las erratas, solo se cambia el número de la página y se suprime el encabezado de las entregas; cuando se produce la unión de dos de estas, se reforma una página pero no se alteran las siguientes (Molina, H. 1987).

El editor alienta al escritor, mientras controla los envíos:

> Le diré desde luego, que ha gustado muchísimo entre las gentes capaces de juzgar. Antes de anoche me decia el D^r. Acevedo que bastaria ese trabajo solo para formar una bien adquirida reputacion. Todos la han juzgado bien y esperan con ansia la continuacion. Por eso la desearia yo tambien muy larga. [...] necesito q^e por el primer paquete me conteste hasta donde alcanzará la parte de este número (Doc. 4409, 7 nov. [1854]);

Los reclamos de Navarro Viola se repiten durante varios meses ya que el novelista demora el envío correspondiente a cada entrega:

> [...] le encarezco la prontitud en mandarme los manuscritos de su lindo romance. La misma prisa q^e eso me come me hace prevenirle ponga Ud. todo empeño en q^e por este 1^r. Menay venga todo lo que ha de publicarse en este tomo;

---

24 por 1) poniendo él el papel, y siendo los pliegos iguales á los de la Revista, de á 8 paj^s. cada uno. 2° Si Ud. permitiese al impresor hacer por su cuenta unos 400 ej^d. para vender en B^s.A^s., reduciría el precio arriba espresado, á la mitad, es decir 4 r^s. cobre (1 vinten) por pliego, dando los tomos encuadernados á la rústica" (Doc. 4513). Al parecer (no se conservan las cartas), a estas ofertas siguen otras, porque López acepta una tercera propuesta.

pues si en él no pudiese salir bastante, en el próximo se
daria doble ó triple (Doc. 4520, 17 ene. 1855).

Como el número de páj.^{s} está ya casi completo, le prevengo
tambien, que sean solo dos ó tres cap^s. como Ud. me indica,
pues cada estraordinario que se publica es para mí positiva
pérdida (Doc. 4507, 12 feb. 1854[E]).

López parece ser un escritor inseguro de sus cualidades narrativas, pues continuamente pide opinión tanto a su padre como a Navarro Viola. Esa inseguridad se manifiesta además en su desconfianza hacia el editor y hacia el impresor, el todavía poco conocido Carlos Casavalle. De ahí surgen algunos malentendidos. Don Vicente sirve de intermediario en este caso también (Doc. 2459), pero en el entredicho que se suscita entre autor y editor, el padre le da la razón a este: "Veo que si aceptaste la 3ª proposic^n. tal vez le diste en tu creencia efecto retroactivo; y el se lo dió sucesivo respecto de la epoca de ese ultimo convenio. Creo que la interpretac^n. de el es mas natural, al paso que veo lo poco ventajosa q^e es p^a tu formal trabajo" (Doc. 2465, 24 mar. 1855). Por esta confusión, el novelista pierde cinco onzas (Docs. 2467 y 2472) y se molesta tanto que demora la entrega de los últimos capítulos (Doc. 2481, 9 jun. 1855). Para justificar esa falta en el tomo VI ("mayo" de 1855) de *El Plata...*, en una "Advertencia á los SS. Suscritores" (anteportada), Navarro Viola transcribe una (supuesta) carta de López, con fecha "18 de junio", en la que este explica el problema: "Inconvenientes que me ha sido imposible vencer, combinados con una falta de material de tiempo, me han privado de remitirle los borradores de la *Novia del Hereje*".[74]

---

[74] Otro de los problemas que debe enfrentar López es la publicación pirata, por lo que acuerda con su editor una serie de señales "para descubrir cualq^r fraude en los ejemplares q^e se emitan á la circulacion" (Doc. 2460, 26 feb. 1855).

El 22 de setiembre de 1855, don Vicente comparte la buena noticia: "Celebro que hayas concluido tu meritoria Novela: muchas ganas tengo de continuar su lectura encuanto se publique el nuevo Numero del Plata [...]" (Doc. 2501). La última entrega, que abarca trece capítulos, "Conclusion" y "Apendice", aparece en el tomo VII (también el último de *El Plata*...), datado como de "Julio de 1855", mes que corresponde a la periodicidad anunciada de la revista pero no a la realidad de la publicación.

La primera edición de *La novia del hereje* ha terminado, pero los problemas no: falta el volumen. El novelista desconfía de todos y don Vicente se apena por el rompimiento de relaciones a que lo obliga su hijo. Transcribimos extensamente una carta, del 24 de octubre de 1855, para que se aprecie la amplia gama de dificultades que debían vencer los novelistas en el siglo XIX:

> Los borradores de tu Nóvela. No poco há sido mi sentimiento al saber todas las cabilaciones desagradables á que te has librado en resultas de un primer paso no bien pensado. Los borradores han caido en un impresor q^e no conocemos ["un tal Casavalle"], q^e tal vez se há enrrolado en las filas de nuestros enemigos personales, y hoy puede hacernos un grandisimo daño perdiendolos. Navarro Viola há tenido mala intencion al apurarte tanto p^r q^e concluyeses tu obra: la has concluido y su publicacion no aparece – Tal es el resumen de lo q^e me has escrito á ese respecto ¿Como habré podido saber tus alarmas, que no se fundan en temores inverosimiles, y no apesadumbrarme! No garantiré la buena intencion de Navarro Viola pero ya se trasluce una desconfianza de tu parte, que tanto vale como el rompim^{to}. de esa amistad, que hasta ahora vogaba con nosotros (Doc. 2507).

Vicente Fidel insiste en que los borradores sean retirados de la Imprenta de Mayo, pero Casavalle no los devuelve.[75] Finalmente el último "pliego qᵉ debe completar la encuadernacion del volumen de la Novia" aparece en mayo de 1856 (Doc. 2542), es decir, dos años después de la fecha que figura en la portada: "1854".

La aceptación de *La novia del hereje* se hace esperar en Buenos Aires. Los comentarios favorables empiezan a aparecer muy lentamente; el primero, otra vez, don Vicente: "La impresion de esa lectura de la parte final de tu obra, es todavia una mezcla confusa de gusto y admiracion. Dios te guarde. Imaginacion creadora y poderosa!" (Doc. 2511, 10 nov. 1855); "lo mismo qᵉ yo te hé puesto de tu novela, me há dicho el Dʳ. Quesada qᵉ sintió – ese vivo interes, creciente hasta qᵉ la curiosidad se acaba con el fin de la obra" (Doc. 2512, 15 nov. 1855). Para provocar reacciones más favorables, Cané hace público un "Juicio crítico" sobre la novela de López, en el que se lamenta por la falta de respuesta periodística ante la aparición de esta obra. Acicatea a esos lectores indiferentes acusándolos de *no patriotas* y de incompetentes:

> Es una conducta notable en efecto en un pais que corre en las alas del vapor en persecucion de todos los progresos; que sostiene y fomenta periódicos al infinito, que paga traducciones francesas á precios que tal vez no obtuvieron los orijinales, que costea reimpresiones de obras completas de producciones conocidas en las letras argentinas y sea dicho

---

[75] En 1870, Casavalle reedita la novela y en un "Prefacio" aclara que sigue la versión de *El Plata...* y que se limita a corregir las falencias inevitables de una primera tirada. Sin embargo, el editor introduce una variante fundamental: elimina el ceceo que caracteriza a los "maricones" y, en consecuencia, elimina el intento del novelista de reproducir el lenguaje de estos personajes típicos de la Lima de fines del siglo XVI. No hay indicios que justifique pensar que el novelista aprueba estas modificaciones; por eso, consideramos edición definitiva la de 1854. Las relaciones entre López y Casavalle mejorarán con el tiempo; el editor convencerá al novelista de que reedite *La Loca de la Guardia* y *La gran semana de 1810* en 1896.

en honor de esa juventud ávida de saber, que no pierde ocasion de dar al desarrollo intelectual la importancia que se merece, acaso nos hemos dicho, en presencia de ese silencio, las urjentes cuestiones políticas [...] son los motivos que esplican la conducta de esa prensa, ó tal vez la obra no ha llenado las esperanzas que produjeron sus primeros capítulos y adoptándose la idea de nuestro amigo el Dr. D. Florencio Varela que aseguraba haber hecho demasiado callándose la boca, sin críticar el trabajo literario que no era de su gusto, se ha preferido el silencio á la crítica desfavorable.

Sea de esto lo que fuere; para nosotros, es un deber de patriotismo y conciencia escribir nuestras ideas buenas ó malas, adelantadas ó atrasadas, sobre la obra del Dr. Lopez, porque la reputamos el ensayo en su género y la encontramos digna de l[l]amar la atencion de las personas competentes (1855: 1; 1863: 557-558).

En este pasaje se insinúan razones de "gusto", de "adelanto" y de "atraso", es decir, se mantienen en 1855 las ya viejas discusiones sobre lo (neo)clásico y lo romántico. Cané desvía el enfoque que ha impuesto Florencio Varela hacia el tema del patriotismo: la obra de López vale porque es –para él– la primera novela histórica argentina.[76] Finalmente, plantea con humor la encrucijada que enfrenta cada autor, sobre todo si tiene una profesión bien reputada en la sociedad:

Arrastrados á la ajitada vida del foro, á los sacudimientos de la política, á los sinsabores de las contrariedades materiales, los abogados sin mas fortuna que el trabajo positivo de todos los dias, ni aun en la ciencia que ejercen, pueden producir

---

[76] Cané desestima esta clasificación para *Amalia* pues sus hechos y personajes "no pertenecen á la historia, porque les falta la autoridad que dan los tiempos depurando la nube que cubre siempre á las personas y á los casos contemporáneos. La *Amalia* es una bellísima coleccion de escenas palpitantes de poesía y de actualidad como los *Misterios de Paris* de Eugenio Sue" (1855: 1; 1863: 558).

nada que no sea fujitivo é imperfecto. Es ya un soberano esfuerzo de voluntad y de talento, salir vivo, con mediano discernimiento y con algo que se parezca á la imajinacion, de entre las garras de la Cúria Filípica [...] y de tantos de esos verdugos de la poesía y del gusto. ¡Feliz el autor de la Novia del Herege que ha podido alzarse hasta la concepcion de su novela y desarrollar los dotes de su intelijencia bella y fecunda como si no fuese abogado! (1855: 1-2; 1863: 561).

El reclamo de Cané es escuchado. Don Vicente López descubre los entretelones del mundo socioartístico porteño cuando le comenta a su hijo: "El ejemplo de tu buen amigo el d^r. Cané há sido pegajoso aquí, y tu novia, y tu nombre se repiten con grande elogio en los periodicos Cronica y Tribuna de esta, y por las Señoritas q^e antes te fueron tan hostiles" (Doc. 2516, 17 dic. 1855); "Asi es que há servido mucho para dirijir el juicio que aqui se há formado de tu obra" (Doc. 2517, 20 dic. 1855).

El novelista ha prometido a sus lectores una serie de textos a fin de ficcionalizar los hitos esenciales de la historia argentina. De los siete títulos prometidos, solo publica el primero (*La novia del hereje*) y deja inconcluso el quinto (*Capitán Vargas*). Las causas de tal abandono son económicas y sociales. Así lo afirma el autor en la carta que dirige a su amigo Félix Frías, desde Montevideo, el 28 de enero de 1856:

> No te puedes tú figurar el ardor y la vocacion q.^{e} ha retoñado en mi p.^{r} los trabajos literarios [...]. Para quien tiene, como yo, facilidad de redaccion, e imaginacion p.^{a} crearse tipos literarios, no hay placer igual al de vivir de una renta segura y del mundo de su pluma. Creeme q.^{e} si fuera rico antes de tres años habria publicado veinte novelas historicas q.^{e} me bailan p.^{r} la cabeza, y la Historia Argentina q.^{e} brota ya en la punta de los dedos! Que pais tan jodido el nuestro! ni estas cosas puede uno hacer contanto con el público. Meterse en ellas, es perder uno dinero ademas del tiempo y del regalo q.^{e} debe uno hacer de su trabajo (Doc. 4304).

2.4.2. Autores en busca de traductores

Otro caso interesante de problemas editoriales, que alcanza estado público, se produce en torno a Felisberto Pélissot, educador francés, profesor del Colegio Nacional y socio de Juan Eugenio Labougle en una escuela fundada en Tucumán. Pélissot –como ya hemos anunciado– escribe dos novelas históricas sobre el período rosista: *Camila O'Gorman* y *Misterios de Buenos Aires*, pero lo hace en su lengua materna. Necesita, pues, un traductor; recurre a Heraclio Fajardo. Según reconoce este, acuerdan que la traducción del primer texto, dividida en entregas, aparecerá en la sección "Biblioteca" de *El Recuerdo*,[77] "dejándole [a Pélissot] el derecho de hacer una tirada aparte de los ejemplares que quisiera", y a Fajardo, el derecho de publicación en el semanario y una tirada aparte de cien ejemplares "como honorario de traduccion" (*La Tribuna* 16 jul. 1856: 2). Pero luego el novelista desiste de la publicación; contrariado, el traductor –quien ya ha prometido la novela a sus suscriptores de *El Recuerdo*– le propone seguir adelante, costear por su cuenta la impresión y entregarle cien ejemplares al autor. El pacto no se mantiene: "Convino definitivamente en ello, y yo cumplí fielmente mi promesa. Fueron esos cien ejemplares los que –agravando mis derechos é intereses– puso en venta sin consultarme en la libreria de los Sres. Lucien é hijo". Es decir, Pélissot vende para su provecho los volúmenes que paga Fajardo, compitiendo de este modo con *El Recuerdo*, periódico que debe seguir publicando, a pesar de su "déficit de cerca de ocho mil pesos", mientras no termine de aparecer *Camila O'Gorman* (*La Tribuna*, 16 jul. 1856: 2).

---

[77] En *El Recuerdo* (1856) la sección denominada "Biblioteca" consiste en fascículos que acompañan al semanario, con los que se conforman tres volúmenes: *Rosa: Historia peruana*, de T. Pavié, traducida por Heraclio Fajardo; una colección de poemas dedicados a las mujeres y *Camila O'Gorman*.

Esta novela habría sido escrita con la colaboración de Francisco López [¿Torres?], según reza el subtítulo. Suponemos que López le habría proporcionado a Pélissot datos del suceso y tal vez algunos recortes periodísticos. Es muy posible que el francés escribiese la novela en Tucumán, donde dirigía su escuela. Al año siguiente, con más información al alcance de la mano, publica una segunda edición, "aumentada con datos interesantes, notablemente modificada y precedida del folleto histórico del Comercio del Plata" (Pélissot 1857). Este agregado se compone de una serie de artículos publicados por Valentín Alsina, en *El Comercio del Plata* de Montevideo, en 1848, o sea, en el mismo año del fusilamiento de Camila y de Uladislao Gutiérrez. Pélissot también completa otras facetas de la vida y la personalidad de la joven O'Gorman en un apéndice –"Capricho retrospectivo"– que incluye nuevas páginas del cuaderno (ficticio) de Camila referidas a temas privados más polémicos: los celos de Uladislao, el celibato sacerdotal y las conspiraciones de los argentinos exiliados en Montevideo. Finalmente copia las "filiaciones escritas por la misma mano de Rosas" (1857: 155), o sea, las descripciones de los reos difundidas durante su búsqueda.

Para su segunda producción, Pélissot recurre a algún traductor de *La Tribuna*. El 2 de julio de 1856 empieza a anunciarse la novela, la cual es precedida por unos cuantos artilugios publicitarios: anticipar el título, que recuerda a *Los misterios de París*, de Eugène Sue; certificar que parte de los originales ya están en manos del editor (ya que algunas veces los anuncios no se concretaban y los suscriptores debían reclamar por el importe abonado con anticipación); transcribir "algunas líneas de esta obra, sin mas objeto que proporcionar al público la ocasion de juzgar del estilo en que está escrita esta novela, que vá, sin duda alguna, á causar buenos ratos á nuestra sociedad" (*La Tribuna*, 6 jul. 1856: 3); dar la noticia de la pronta aparición en "Hechos locales", incluyendo un comentario acerca de que el acuerdo entre el autor y el diario es "algo perjudicial á los intereses de los Editores", a pesar de lo cual se hará la publicación como un modo de expresar la gratitud a los potenciales lectores (16 jul. 1856: 2) y finalmente mantener secreta la autoría: "El autor ocultará su nombre hasta despues de concluida la publicacion de la obra" (7-8 jul. 1856: 4). La novela aparece desde el 17 de julio hasta el 29 de noviembre de 1856, en el sector denominado "Folletín". En diciembre ya salen a la venta los dos tomos: "Un tomo suelto 20$. / Los 2 tomos ó sea la obra completa, edicion octavo mayor 30$" (20 dic. 1856: 3).

A diferencia de Pélissot, Eduarda Mansilla de García cuenta con un traductor de lujo. Su *Pablo ou La vie dans les Pampas*, publicada inicialmente en francés y en París (1869)[78] y destinada a un público europeo, es traducida por su hermano Lucio. La versión castellana aparece en el folletín de *La Tribuna*, desde el 28-29 de noviembre hasta el 30 de diciembre de 1870, con el título *Pablo o La vida en las Pampas* (Mizraje 2007: 13).[79] Casi inmediatamente *Pablo* es traducida al alemán (*Pablo oder das Leben in den Pampas*) por una librería de Berlín. No es la primera novela argentina vertida a la lengua de Goethe: en 1859, en Leipzig aparece *Die Braut des Ketzers oder die Inquisition zu Lima* (*La novia del hereje o La Inquisición de Lima*), en tanto que *Amalia* será traducida al ruso (1868), al alemán (1898) y al inglés (1919) (Giannangeli: 117).

---

[78] Primero aparece por entregas en *L'Artiste*, revista de Arsène Houssaye, y luego como libro por E. Lachaud. Véase el examen filológico de la versión francesa que ha realizado María Gabriela Mizraje (2007: 54-61)

[79] Cf. comentarios acerca de esta traducción en Mizraje 1999 a: 136-145 y 2007: 13-15, 61-65; y en Batticuore 2005: 241-246, 259-268.

2.4.3. Escondidos detrás de las iniciales y los seudónimos

Algunos novelistas optan por publicar sus textos sin darse a conocer directamente. La mayor parte ha sido identificada muy pronto, otros permanecen de incógnito por mucho tiempo. Las causas son variadas y concurrentes. Hay que tener en cuenta que el uso de iniciales y de seudónimos es una práctica habitual tanto de varones como de mujeres, importada desde Europa; también, que no siempre indica intención de velar la identidad pues –al parecer, por indicios hallados en textos periodísticos– los nombres escondidos detrás de los seudónimos son muchas veces conocidos por los lectores. Sí parece común que se empleen estas máscaras en las primeras publicaciones de cada autor, cuando quizá lo asusta pensar en la reacción del público, sobre todo en el caso del que es profesional de prestigio (abogados, en primer lugar) pero mucho más en el de las mujeres, más sensibles a las críticas. Estas situaciones han generado y generan –todavía hoy– múltiples confusiones.

Un caso pintoresco le sucede a Juana Manuela Gorriti cuando envía el manuscrito de *El guante negro* para que sea publicado en una revista de El Callao, y lo hace firmando con sus iniciales "J.M.G.". El redactor asigna la autoría a Juan María Gutiérrez; entonces la escritora reclama la "*maternidad*" de la novela.[80]

Eduarda Mansilla de García elige el seudónimo "Daniel", nombre que le dará a su cuarto hijo cuando nazca seis años después de *Lucía* y de *El médico de San Luis*.[81]

---

[80] Es el propio Gutiérrez quien cuenta esta anécdota años después, en una nota al comienzo de la edición de "La leontina", en la *Revista del Río de la Plata* (1873: VI, 499-501).

[81] Insisto en este dato: Daniel, quien nace en 1866, es el cuarto hijo de Eduarda y Manuel Rafael García. Suele hallarse la información errónea de que Daniel es el primer hijo y que la escritora piensa en él cuando elige el seudónimo.

Por los comentarios aparecidos en *La Tribuna*, pensamos que los lectores podían suponer el nombre y el sexo del autor encubierto. Los consumidores son preferentemente mujeres: "Un furor inmenso ha despertado entre las damas la Novela de Daniel que estamos publicando. Ayer hablabamos con una señora y nos decia –Lucia puede no gustar á los hombres, pero para nosotras es deliciosa" (17 may. 1860: 2); y "Gabriel", el autor de la nota, recurre a la comparación con Fernán Caballero, es decir, con la española Cecilia Böhl de Faber para ensalzar a la escritora local: "Como Fernan Caballero, recoje los elementos esparcidos en la sociedad, los hechos de la tradicion olvidada ó ignorada, y agrupados con arte, Daniel hace brotar el libro al correr de su modesta pluma" (13 may. 1860: 2).[82]

Juana Manso elige un seudónimo femenino, "Violeta", cuando empieza a reeditar *Los misterios del Plata* con un título más elocuente: "Guerras civiles del Río de la Plata; Primera parte: Una mujer heroica". Ernesto Loiseau, en *Hojas de mirto* (1859), no oculta su sobrenombre "El Mulato", por el cual es conocido también en el periodismo.

Hay, en cambio, varios casos problemáticos. En el volumen de *Camila*, no hay indicios fehacientes de quién es el autor. No obstante, asignamos la autoría a Estanislao del Campo –como hace Lichtblau– porque hemos hallado que en varias publicaciones periódicas (por ejemplo, *El Estímulo*) se usan indistintamente "E. del C.", "E. del Campo" y "Estanislao del Campo" para asignar textos al escritor. Manuel Mujica Lainez opina distinto:

> [En] el ejemplar que posee la Biblioteca de la Universidad de La Plata y que perteneció a don Juan Ángel Farini, hay un agregado manuscrito del anterior propietario del volumen, quien ha completado el apellido: *E. del C(ampo)*. Hemos

---

[82] Estos textos de *La Tribuna* pueden leerse en Lojo 2007 b: 119-121.

leído dos veces la obra, en pos de indicios a favor de la hipótesis. Es una novela típica de la época. La preceden cuatro estrofas –el hecho es significativo– en las que el autor presenta su trabajo. [...] Las declamaciones distraen del argumento débil, en el cual no faltan ni la nota macabra ni los denuestos contra Hilario Lagos. Esto último es interesante, si se recuerda la biografía del posible autor, y es más interesante aún, en apoyo de la misma tesis, la circunstancia de que el *héroe* sea –como Estanislao del Campo– un guardia nacional *de los de kepi y camiseta azul* y que –como del Campo también– pertenezca al cantón Patria.

¿La habrá escrito el poeta del *Fausto*? Hasta hoy es difícil probarlo, pues no hemos hallado ni en los periódicos ni en los libros de la época ninguna referencia al respecto (1966: 189).

Por nuestra parte, agregamos otros argumentos a favor de esa hipótesis: que Del Campo era lector de novelas, comparte círculos literarios con novelistas y, sobre todo, usa las iniciales de su nombre para firmar otros textos suyos, según informa el propio Mujica Lainez (1966: 177-178, 225 y 325); así mismo, la debilidad del argumento podría deberse a la juventud del autor (unos veintidós años). Hay que tener en cuenta, además, que las iniciales "E. del C." no corresponden a ningún otro escritor de aquel entonces y que los autores no suelen falsearlas cuando simplifican sus nombres, pues su intención no parece ser la de ocultar su identidad de modo definitivo.

Según anunciamos más arriba, el seudónimo "M. Sasor" aparece en las portadas de dos novelas: *María de Montiel: Novela contemporánea* y *Emma o La hija de un proscripto*. No caben dudas de que el anagrama corresponde al apellido Rosas; se discute, en cambio, acerca del nombre encriptado en la inicial. Ricardo Rojas la adjudica a Manuela, pero la crítica más contemporánea (por ejemplo, Myron Lichtblau, Lily Sosa de Newton y Beatriz Curia) interpreta que la "M." corresponde a su tía Mercedes Rosas de Rivera, quien ha conservado fama de escritora. Pero, si Rojas puede adjudicarla a Manuelita es porque sesenta años después todavía no circulaban certezas sobre la identidad de la autora. Tal vez los porteños de 1861 lo sabrían y el dato se difundiría boca a boca, sin que la seudonimia ocasionara un escándalo digno de registrarse en los periódicos. O tal vez, en el año de Pavón, el apellido Rosas fuera todavía una carga pesada de llevar. Esto lo deja traslucir Mármol en *Amalia*, cuando habla de Mercedes: "Con ese apellido, tan histórico desgraciadamente, ninguna mujer ha obrado el mal; y ningún hombre ha dejado, más o menos, de hacer sentir los arranques de su carácter despótico" (1984: 583).

Otra confusión se ha generado en torno al autor de *Emilia o Los efectos del coquetismo* (1862): "R. El Mugiense". Lucio V. Mansilla aclara a los lectores porteños que el mote es el gentilicio de Mujia, "pueblito de la provincia de Galicia" (1863 a, 23-24 nov.: 1).[83] Pero será Ramón Machali Cazón quien relacionará el apodo gallego con su padre, Ramón Machali, cuando resuma la historia de la literatura argentina en su manual para los estudiantes secundarios (1889). No conocemos los indicios en los que se ha basado Cutolo (1962: 117) para adjudicar este seudónimo al fraile dominico Antonio Folías.

Por su parte, Federico de la Barra se oculta burlonamente detrás de iniciales y seudónimos cuando publica su novela satírica contra los políticos del momento (sobre todo Sarmiento): *La presidencia: Novela escrita en alemán por F. F. L. y traducida al castellano por Falucho* (1868). Bernardo González Arrili detalla la investigación que ha llevado a cabo para identificar al autor de esta novela:

---

[83] Se refiere a Muxia, en el extremo noroccidental de la provincia de La Coruña. En la portada de la novela se lee "Mugiense"; Mansilla escribe "Mujiense".

Nos ayudó concluyentemente el doctor Francisco Cignoli, director de la biblioteca "Juan Álvarez" de Rosario. Tienen allí [...] los originales de una obra inédita *Pseudónimos de escritores*, de 1954, obra del bibliotecario fundador de aquella casa, don Aldredo Lovell. El pseudónimo de "Falucho" lo han usado Federico de la Barra, Francisco R. Laphitz y Enrique de la Torre. El primero de ellos [...] ha escrito mucho y firmado de muy diversas maneras: "El Diablo", "F. F. L.", "Falucho". Bajo ese poncho, prontamente convertido en capa transparente, colaboró en 1872 con artículos de crítica humorística en el diario *La Capital*, de Rosario, en la misma ciudad en que apareció su novela atribuida a un alemán desconocido (51).

Menos problemas ha tenido Lichtblau para identificar a "F. A. S." con Fortunato A. Sánchez, autor de *El ciego Rafael* (1870), y a "N. L." con Nicanor Larrain, en *El alma de Jesús Pérez o La justicia del terror: Novela histórica, filosófico-jurídica* (1871). Artículos periodísticos posteriores, como los necrológicos, le han proporcionado la información ausente en las portadas de los libros.

No se ha establecido aún a quiénes corresponden las iniciales "R. R." (del *Museo Literario*) ni la incógnita "X." (de *La América*).

2.4.4. Para contentar a los suscriptores

Publicar novelas cuesta caro. Sin el sistema de suscripciones no lo podría hacer ninguno de los autores estudiados. Para reducir costos, Enrique López edita *Arcanos del destino* en sociedad con Benito Hortelano; este aporta el almanaque que encabeza el volumen titulado *El indicador positivista ó La novela enciclopédica* (1869). Después de la novela, el lector puede consultar algunas leyes en vigencia ese año: la de Aduana, la Ley Nacional de Papel Sellado y la de Patentes; también, la lista de tarifas postales, los precios para carga y descarga de buques, el reglamento y tarifa para los carruajes de plaza, y otras publicidades. El problema económico ha determinado, además, los rasgos narrativos más importantes, según confiesa el autor en "Al lector":

> [...] su índole, sus ecsigencias reclamaban por otra parte que ella [la obra] fuese escrita dentro de un breve plazo, y por último, hasta la estension misma de su plan, hasta el desarrollo de su argumento hubieron de sufrir modíficaciones, esenciales, dependientes de las propias vicisitudes y oscilaciones porque ha ido pasando la suscricion.
> Con esto creo haber dicho lo bastante (2).

Los suscriptores de este "indicador positivista" son, en realidad, los anunciantes. Por eso, entre los párrafos de la novela el editor coloca un aviso comercial:

> De esa hora en que nuestro espiritu [...] no anhela otra cosa [...] que el gozar algunos instantes de aquella calma que le es tan absolutamente indispensable.
>
> CASA de Remate y Consignaciones de Gerónimo Astengo- Calle de Rivadavia núm. 11.) (1)
>
> A esa hora, decimos, podia distinguirse aun fácilmente sobre la azotea del mejor hotel de Lima [...].
>
> CIGARRERIA del Norte, de José Olivella. Surtido general de cigarros habanos. Rivadavia núm. 18).

---

(1) Los avisos se han colocado en la forma que ya ven los interesados, es decir, por antigüedad, por el órden mismo en que se ha hecho la suscricion, y con el fin de evitar preferencias y aun ulteriores reclamaciones (3).

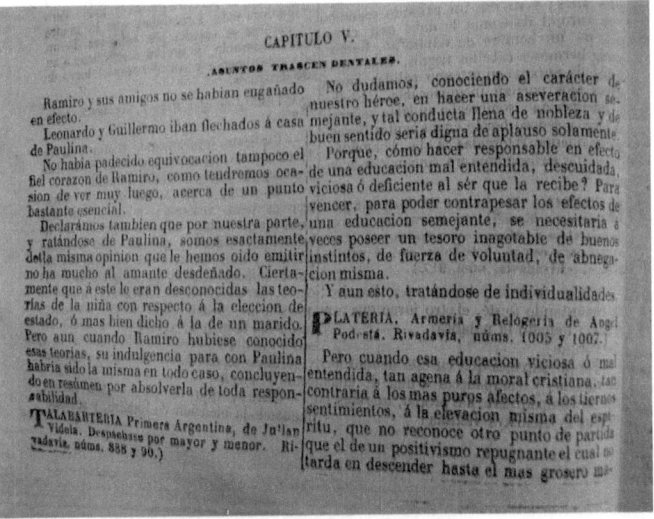

Enrique López. "Arcanos del destino" (18).

Para los suscriptores, el contrato también implica las obligaciones de suscribirse y pagar:

> El señor Blanco ha empezado á escribir la continuacion de esta obra [...]. –Como solo se tirará un número limitado de ejemplares, rogamos á los señores que deseen subscribirse, ocurran hasta el 1.° de Febrero de 1857 á esta libreria de Juan Muñoz, calle del Perú número 13½, ó á la Imprenta Americana, calle de Santa Clara número 62 ("Nota del editor", Blanco 1856: II, 168).

2.5. La propaganda intratextual

Por aquellos tiempos, inculcar la lectura desde la propia literatura es considerado un deber social. Como explica Nora Catelli: "A lo largo del siglo XIX la sensibilidad moderna se educó en novelas y cuentos que devolvían a los lectores imágenes satisfactorias –nítidas, enfáticas– de los resultados de la educación por los libros; esta devolución se encarnaba en la variadísima representación de la lectura, acto privado y a la vez socialmente valioso" (18-19). Catelli también observa una paradoja "sorprendente": "La ficción del siglo XIX presenta como un hecho –*todos y todas leían*– lo que la Historia desmiente: leían muy pocos hombres y, desde luego, poquísimas mujeres" (27). Por su parte, Susana Zanetti analiza la función político-educacional de las novelas a través de tales representaciones:

> [...] las novelas iban articulando tipologías, inducían lógicas de lectura, diseñaban lectores ideales, alentaban la lectura placentera o afinaban los resortes del didactismo en procura de dirigir las conductas públicas y privadas. [...] Valiéndose de las representaciones del acto de leer calibraban también sus mecanismos de seducción, propiciando el encuentro de las afinidades electivas, que rara vez durante esta etapa [fines del siglo XIX] llegan a la puesta en escena de la lectura como impulso a la escritura (108).

Los verbos que elige Zanetti –"inducían", "diseñaban", "dirigir"– describen el accionar de una elite intelectual y política, con poder suficiente para modelar una sociedad. Por nuestra parte, creemos que la mayoría de estos escritores novatos ha sido más ingenua y no ha alcanzado a calibrar mecanismos de seducción especiales, más allá de los propios de las publicaciones periódicas y de la literatura en general.

Son escasas las escenas de lectura en las novelas que estamos estudiando.[84] Destacamos una de *El hogar en la pampa* (1866), de Santiago Estrada, que se sitúa en la casa de un administrador de estancia. La lectura de textos his-

---

[84] Con más frecuencia aparecen, en cambio, las tertulias en las que los asistentes se recrean con juegos de salón, con el canto y con las ejecuciones de piano.

toriográficos y poéticos, tanto como la práctica religiosa, reúne a la familia:

> Por la noche rezaban el *rosario*; despues leia D. Antonio en voz alta algun trozo de la historia de España por Mariana, ó se recreaba recitando los versos de Arriaza, que hacian suspirar a la muchacha, lo cual no conseguia el libro del buen jesuita (1866: 21; 1931: 17).

En cambio, las novelas que lee María –seguramente, aislada en su habitación– acentúan la perturbación natural que padece la joven, alejada forzosamente de su amado:

> Entonces se convencia de que el dolor es la herencia de las almas nobles, y buscando la confirmacion de sus temores, recurria al libro en que Virjinia le decia [...]: *el amor es la muerte!*
> Maria veia tambien á Graziela, ajitada, anhelante, de pié sobre las costas de Nápoles, esperando en vano el regreso de su amante. [...]
> Maria escuchaba en su delirio el estampido del arma que despedazó el cráneo de Werther.... El vértigo la dominaba entonces, y el delirio de la fiebre del dolor, la empujaba al borde del abismo en que se sepultó el pobre estudiante aleman (1866: 65-66; 1931: 44-45).

Pero, inmediatamente, el narrador indica el *antídoto*: la fe religiosa, que le oculta "el horror de la novela". Objeciones similares plantea Enrique Juan Iuglaris, en *La bella Emilia* (1869). La novela, género al que este médico recurre para dar forma a su historia, puede *enseñar* malos ejemplos si está hecha con buen arte:

> El *Lírio en el valle de Balzac* es talvez la mas linda novela del famoso escritor francés, sino por los propósitos que no son demasiado morales, por la elocuencia y arte con que fué dictada. La apologia del adulterio no podia ser hecha mejor. La pobre Enriqueta, protagonista de la obra, poco á poco

va familiarizándose con aquel pecado, y es tan natural, tan razonada, tan insensible la transicion que vá operando, que acaba uno por dar razón á Enriqueta, á este lirio del valle, que aunque caida vos la teneis sin embargo por un ángel no le echais la culpa, y talvez aplaudiendo vos esclamais: ha hecho bien: era tiempo que eso sucediera (52).

La lectura de novelas es, pues, considerada un arma de doble filo. No obstante, estas referencias literarias coadyuvan a la difusión de los textos novelescos, argentinos o extranjeros. Otro personaje lector es Aurora, la protagonista inventada por Toribio Aráuz, quien se refugia en las "bellas letras" como único consuelo mientras su amado Enrique lucha por sus convicciones político-patrióticas. La mujer no confunde los planos y distingue su "amor singular" –*real* y heroico– por el militar, de los amores "de novela" o "de ficcion" que aparecen en los libros (22). A través de ella, el autor sugiere el mismo corpus novelesco y las mismas razones de autoridad que proponen los teorizadores de este género:

> «Me contraìa lo mas del tiempo á repasar las producciones literarias de los mas notables autores, tales como las de Dumas, Sué, Walter Scott, Cooper y otra infinidad de autores que no recuerdo.
> «En la lectura de estos autores, cuya superioridad es incuestionable, encontraba un no sé qué de satisfactorio: eran para mi el alimento mas saludable con que confortaba mi energia moral.
> «En cada pàjina de aquellos autores, me figuraba ver las imàgenes y los sentimientos de Enrique [...] (22).

Esta pasión por la lectura justifica la personalidad reflexiva y decidida de Aurora, quien continuamente analiza tanto la condición humana como los problemas políticos de la Argentina; incluso, examina la posibilidad de asesinar al tirano con sus propias manos, crimen que finalmente no comete por imperio de sus creencias religiosas.

Por su parte, Eduarda Mansilla de García defiende el valor educativo de las novelas. En boca del Dr. James Wilson, el inglés narrador y protagonista de *El médico de San Luis*, expone su valoración de la lectura como un beneficio para varones y mujeres de cualquier región argentina:

> Las niñas ofrecieron a Gifford mostrarle sus plantas, sus pájaros y sus libros; sí, sus libros; ¡oh! no eran estos muy numerosos, pero no faltaba entre ellos ni Cooper, ni Milton, ni el *Vicario de Wakefield*, sin olvidar las obras de mi compatriota Walter Scott muy bien empastadas y colocadas con simetría alrededor de la mesa. "Mis hijas leen, gustan mucho de esa distracción –le dije–, y no me opongo a que su imaginación se alimente con las bellas ficciones de los grandes maestros; pienso que en la juventud es tan necesario dirigir y distraer la imaginación, cuanto es útil robustecer y adiestrar los miembros en la infancia. Gracias a Dios, por aquí no nos llegan fácilmente las novedades literarias, ventaja inaudita, pues de ese modo leen y releen sus mismo[s] libros, que buen cuidado he tenido de encargar yo mismo a Mendoza y a Chile" (1962: 52-53).

Sin embargo, Eduarda pone límites al corpus de lectura apto para los jóvenes cuando el médico muestra los efectos nocivos que ciertos textos han producido en Amancio, apasionado por los libros que ha heredado de su tío sacerdote: "Las *Ruinas de Palmira* pusieron su espíritu en tortura, y para completar su educación moral hubo de leer las confesiones de Juan Jacobo Rousseau. [...] qué alimento para un espíritu puro y nuevo, sin más guía que su propia inspiración, sin más ley que los movimientos de su corazón" (42).[85]

---

[85] Los textos en los que la lectura literaria –en particular, la novelesca– es recomendada directa o indirectamente no son tantos como haría pre-

En *Lucía*, la misma Eduarda propone otro canon para la educación de los jóvenes: el *Poema del Mio Cid* –por el ejemplo de esposa fiel encarnado en Jimena– y la *Eneida*, para modelar a Sebastián de Hurtado como guerrero valiente y patriota. Asombrosamente, los protagonistas transportan desde España hasta las desconocidas regiones americanas el sillón de lectura de Fray Pablo y los libros predilectos de la familia, que "daban á la rústica habitacion, un sello de cultura, extraño hasta entónces, á aquellas remotas tierras" (2007: 305).

2.6. La crítica como estrategia publicitaria

Además del boca a boca, cada escritor solo cuenta con los periódicos como medio de publicidad. Los avisos son pagos; por lo tanto, para abaratar costos y conseguir muchos suscriptores emplean un medio indirecto: la difusión de las críticas o reseñas favorables de personalidades ya prestigiosas, en particular mujeres, que terminan siendo amigos del autor. La forma más común de estas recensiones es la carta, que pasa del ámbito privado al público.

La difusión de tantos juicios críticos que sirven de propaganda genera otro interrogante: quién tiene autoridad suficiente para constituirse en legislador y en juez de los asuntos literarios. Dado que por ese entonces no existían estudios superiores sobre esta disciplina, los críticos son intelectuales aficionados, escriban novelas o no. Esa falta de autoridad legítima provoca que cualquier letrado se atreva a opinar y, además, que cualquiera cuestione a los otros críticos. La decantación histórica ha dejado en superficie los textos de aquellos que han perdurado como

---

sumir el estudio de Zanetti. En *Esther*, Cané propone leer los clásicos ingleses, italianos y también los argentinos. Tomás Giráldez prefiere los autores franceses, si bien para los epígrafes elige autores de habla hispana.

los más notables, pero en su momento la multiplicación y la disparidad de voces habrá, sin duda, complicado la circulación de novelas y habrá desalentado a más de un escritor novato.

En una especie de epílogo de *Emeterio de Leao*, titulado "¡¡Que lo lea el que quiera!!", Ángel Blanco condensa el cúmulo de problemas que enfrentan los escritores:

> Incidentes relativos á la imprenta, y otros relativos á nosotros, nos han impedido cumplir antes de ahora con nuestros subscriptores; y despues hemos tenido que concluir *á galope* este segundo tomo.
>
> No nos disculpará eso de los defectos que tenga la obra–lo sabemos–y no és nuestra intencion disculparnos: tanto menos cuanto que sabemos tambien que no nos faltarán *críticos* de esos que saben destruir sin saber edificar.
>
> Pero en materias literarias tenemos una mania–valoramos la crítica ó el aplauso por la importancia en ese rol de la persona que lo hace: *y escribimos basados en el testimonio escrito que poseemos de los primeros literatos Argentinos* (1857: II, 185).

Y en el *Museo Literario* se queja de la falsa crítica, que consiste solo en "el agravio lanzado al rostro del hombre, sin fuerza propia para corregir el defecto", pero aplaude la "crítica ilustrada", hecha con "tacto y finura", que estimula para el futuro y despierta la conciencia para corregir los errores (1859 a).

2.6.1. Estrategias publicitarias I. Un caso masculino: Miguel Cané

Tras su regreso definitivo al Río de la Plata (1852), Miguel Cané retoma sus escritos y se prepara a publicar los que ha ideado en Europa. Beatriz Curia revela que, antes de dar a luz alguna nueva producción, consulta con Mármol, ya consagrado como gran escritor. Según se desprende de una carta a su amigo y colega, Cané ha recibido críticas que lo han desalentado:

> [...] la opinion que mis enemigos han hecho formar de mi me aterra, y me ha desengañado de q. es necesario empezar de nuevo, y ya soi viejo: ¡Cuando pude imaginarme situacion semejante! (cit. en Curia 1994: 166).

Sin embargo, este "viejo" de cuarenta años no se amilana y pone a consideración de Mármol un fragmento de *Esther*, al que concibe inicialmente "como parte de un *álbum de viaje*" (Curia 1994: 165). Los dos primeros capítulos aparecerán en *La Brisa* (4 set. 1852), semanario que Auza atribuye al propio Cané y a Juan María Gutiérrez (1999: 95-102); lleva la dedicatoria "A mi inolvidable L. [Luciana, su primera esposa]" (Curia 1994: 168). El capítulo V se adelanta en el folletín de *La Tribuna* (1 feb. 1856). Finalmente Cané reúne aquel y otros tres textos propios en el tomo IV de la Biblioteca Americana (1858).[86] El caso de *Esther* no es aislado; por el contrario, son frecuentes las reediciones (de textos completos o de algunos capítulos) en publicaciones de diversas localidades del país o del extranjero. Las de Cané sirven para ejemplificar todo el proceso editorial y publicitario que podía organizarse en torno a un autor.

---

[86] Con *Una noche de boda* –de trama sentimental con el trasfondo de las luchas independentistas– ocurre un proceso semejante: aparece primero en el tomo II de *El Plata Científico y Literario* (set. 1854); es reeditada en *El Imparcial*, de Córdoba (10-18 set. 1857); en el folletín de *La Tribuna* (14-18 abr. 1858) y este mismo año, en el tomo III de la colección Biblioteca Americana, con textos de Alejandro Magariños Cervantes. Datos curiosos. El primero: Magariños Cervantes incluye el texto de Cané en el tercer tomo de sus "Obras" porque no ha alcanzado a terminar las otras novelas de su autoría que había prometido. Segundo dato: el primer capítulo de *No hay mal que por bien no venga*, la novela del uruguayo que encabeza el volumen, también se titula "Primera noche de boda".

La Tribuna, diario de sus sobrinos Héctor y Mariano Varela, prepara la atención de sus lectores respecto del próximo folletín transcribiendo un *diálogo* entre escritor y editores, muy bien organizado para tal fin gracias a recursos periodísticos propios de la época (difusión pública de lo que pertenece al ámbito privado, conservando el registro informal):

> Por las cartas que van á continuacion se impondrán nuestras lectoras del folletin que vamos á darles desde mañana.
> El Dr. Cané nos pide que no lo elojiemos. - ¿Lo complaceremos?
> Mejor sera que cada hermosa lo elojie, cuando se sienta inspirada por uno de los muchos bellos trozos literarios que contiene el *Traviato*.
> Està satisfecho en su deseo nuestro *feo* tio [feo, según opinión de Sarmiento] [...]
>
> *Sr. D. Miguel Cané.*
> Querido Miguel:
> El follentin [sic] de la *Tribuna* tiene ganas de ofrecer á sus lectores alguno de tus muchos trabajos literarios, que tu dejas amohecer en la bolsa de tus orijinales – Metela mano en ella y mándanos alguno, el que tu quieras [...]. Deja, pues, un poco tus espedientes, y los pleitos, y mandanos algo que descubra que tu mismo no eres ya un proceso ó un alegato forense.
> Tuyos –
>
> H. y M. V.
>
> Queridos muchachos:
> Rompo el cordon que oprime la boca de la bolsa meto la mano, y el primer manuscrito que se presenta con una insolencia irritante, es Eujenio Segrey ó el *Traviato*. Aunque el más jóven de todos los hijos de mis ocios, me habia olvidado totalmente de él. No es estraño: - fué escrito durante los crueles dias de la peste que azotó á Montevideo, y si no he podido olvidar aun los duros recuerdos, habia olvidado

sin embargo las distracciones solitarias que me ayudaron à soportarlos. [...]

Me harán el servicio de no elojiarlo, porque no les suceda lo que à las Muchachas de moda antes de vistas, y de someterse á la crítica escrupulosa; porque aunque su autor no ha de aprender ya, no tiene pretensiones de ninguna clase, y esa crítica servirá á los que quieren dedicarse á la literatura de ese jénero.

M. Cané (20 mar. 1858: 2).

Esta carta retransmitida contiene varios de los tópicos de la época en materia de prólogos novelísticos: (supuesta) humildad del autor, presentación de una obra de juventud, dedicación circunstancial a la literatura, aun siendo un prestigioso profesional de las Leyes; además de la alusión a un momento doloroso vivido anteriormente que lo ha llevado a la soledad, recuerdo que habrá provocado la adhesión afectiva de las lectoras.

Al día siguiente, en el folletín de *La Tribuna*, empieza la publicación de "Eujenio Segry o el Traviato. Por el Dr. D. Miguel Cané". En la página del reverso, el literato Carlos María de Viel Castel le comenta al autor las impresiones que, como francés, ha experimentado tras la lectura del "manuscrito cuyas pruebas se menean aquí silvando con una vocesita, como la de los duendes de Charles Nodier [...]" (21 mar. 1858: 2). Con este ardid simpático, los editores introducen la reseña como si fuera una carta de lector no premeditada por ellos.

Artículos como el anterior se repiten en los diversos diarios porteños y a veces conforman debates entre unos y otros. Lo más curioso es que tanto los textos a favor como los en contra se publican juntos en la edición en volumen que sigue a los folletines. Esto sucede con *Esther*. De esos peritextos interesan sobre todo un artículo anónimo de *La Tribuna*, "La novela en papel sellado"; una carta de V. F. López datada en "Montevideo 31 de Julio de 1854", y la respuesta no inmediata de Cané desde "Buenos Aires, Noviembre de 1858" (Cané 1858 a: 264-273). El hilo conductor de esta serie es, en definitiva, la propiedad de la novela de reflejar aun las peores costumbres de la sociedad. La "novela en papel sellado" es la modalidad que impone Beaumarchais para denunciar las hipocresías del sistema judicial; ha surgido de las memorias *"extra-judiciales"*, picantes y escandalosas, de los jurisconsultos franceses; Eugenio Sue, en *El judío errante*, y Cané le han dado forma novelesca "sin sacarle nada de su interés punzante". A continuación, se lee la crítica de López a *Esther* cuando ha leído el manuscrito en 1854. Después de alabar el estilo bello, objeta la falta de moralidad en el argumento, pues no responde a la idiosincrasia argentina:

> En cuando à la filosofia que él encierra no puedo decirle que sea de mi gusto; es como la de Werter y Jacobo Dortis, hija de una alma enferma y desfallecida (que no es la de Vd.) [...] ¿Pero, cree Vd. que esta es la inspiracion que debe alimentar el alma de un argentino?.... [...]
> Otra cosa que no me agrada [...] es la carcoma con que se muestra roida la institucion del matrimonio. Vd. sabe que entre nosotros el matrimonio està espuesto à todos los embates del sentimiento primo y de la liviandad. Pero no lo creo atacado por el lado de la saciedad de las ideas, ni por el temple intelectual de la muger. Me dirá V. que su heroína es inglesa; y esta es una verdadera respuesta, concluyente. Pero yo le observaria que la lectura de su trabajo es esclusivamente porteña; y que nuestras mugeres aman de otro modo y pecan de otro modo tambien (Cané 1858 a: 268-269).

A renglón seguido, las alabanzas; pero luego, otra vez las objeciones:

> Lo que es precioso en su manuscrito es la revista de las bellas obras del arte italiano. [...]

Ahora bien: ¿porqué no hacer de su Esther una muchacha soltera de las que puedan dar toda su pasion y su inocencia por un momento, sin cerrarse el porvenir, ni tener que ir á la tumba! [...] Su libro ganaria (me parece) en frescura y belleza, todo lo que ganaria en inocencia y en moralidad: seria mas americano, mas desprendido de esas emanaciones satánicas que formaban la atmòsfera de Byron y de Fóscolo [...]: un dolor que no està todavia en nuestras tradiciones (Cané 1858 a: 270-271).

Este juicio es un ejemplo claro de las paradojas que acunan el nacimiento de la novela argentina, pues mientras, por una parte, López defiende el género por medio de textos programáticos –según veremos en la Parte B–, por otra, le pone los límites estrechos de la finalidad moralizadora, con una moral *a la argentina*.[87]

La respuesta de Cané a su amigo es contundente:

Probablemente habria Vd. conseguido que yo hiciese de mi *Esther*, otra cosa que no era ella; mas perfecta, mas moral, mas risueña sin duda; pero otra cosa que no era ella (Cané 1858 a: 271).

Esta afirmación no se basa en la esencia de lo ficcional, como podría esperarse, sino en otro motivo de más peso por aquel tiempo: el argumento está tomado de "un episodio histórico rigorosamente verídico de la vida del hombre que figura en ella [la novela]". Poco después agregará que ese hombre era su amigo (Cané 1858 a: 271-273).[88]

---

[87] En verdad, López ha sido el primero en promover el texto de Cané cuando –en *La novia del hereje*– ha elegido a Esther como prototipo de la belleza europea, en contraste con María, ideal de la mujer americana (cap. XXXIII). En una nota ha anticipado: "La *Esther* es un episodio inédito de los *Viajes por Italia*, de nuestro compatriota y amigo el Dr. Cané, trazado con lujo y á grandes rasgos sobre artistas y poetas florentinos" (1854 b: 257, n. 1).

[88] Mujica Lainez informa que en "una copia manuscrita de *Esther* anterior a su publicación y que se encuentra en el archivo del doctor Miguel

A favor de López, debe recordarse que su carta a Cané ha pasado del ámbito privado (de 1854) al público (de 1858); y lo que inicialmente era una observación y un consejo de amigo se ha convertido en comentario crítico de un especialista; mejor aún: en un *juicio* a *Esther*, en el cual se han analizado todas las posibles objeciones de los futuros lectores y el autor ha podido defenderse. Cané y López, ambos abogados, escenifican un litigio literario, pero no se enojan entre sí; por el contrario, Vicente Fidel le devuelve a su amigo la mano que este le ha dado para la difusión y el prestigio de *La novia del hereje* (como ya vimos en 2.4.1.).

Esa mano salvadora se extiende hasta Magariños Cervantes, quien aprovecha el tomo IV para defender su proyecto de coleccionar publicaciones locales en la Biblioteca Americana, incluidas las suyas, y para aclarar cuentas con los suscriptores. Lo primero a través de dos artículos de Juan María Gutiérrez, quien alienta la recolección de documentos antiguos de la historia hispanoamericana. Lo segundo mediante un texto cómico-satírico titulado "Crónica de la Biblioteca", en que el editor se queja de los problemas diarios con impresores, cajistas, repartidores y suscriptores y lo hace con mucha gracia. Entre líneas pueden reconstruirse las dificultades de la empresa editorial: escasez y costo del papel, errores y desidia humanos, entre otras.

Ese año de 1858, Cané difunde a través de *La Tribuna*, además de *Eujenio Segry...*, *Una noche de boda*, *La familia de Sconner* y *Marcelina: Fantasía*. Esta última es una

---

Cané, el personaje no se llama Eugenio Segry [...], sino Tomás Gallardo. Posiblemente Cané, vinculado al doctor Manuel Bonifacio Gallardo por su actuación conjunta en Montevideo, habrá resuelto cambiar el nombre para evitar reclamaciones" (1942: 121, n. 4). Mujica Lainez asegura que "el hombre que figura en ella" es Cané mismo (120).

reedición de *Una historia*. Beatriz Curia advierte que el cambio de "historia" por "fantasía" no es ingenuo:

> Y en esta *fantasía* que no tiene que responder a la exigencia de verdad en cuanto a su adecuación a lo acontecido, aparecen los amores más castos, puros y espirituales que López –o cualquier otro defensor de los fines morales de la novela– podría desear. [...] No me parece arriesgado aventurar que la reedición de **Marcelina** estuvo condicionada por la voluntad de incidir sobre los lectores, configurar una positiva imagen pública del autor y obtener una favorable disposición hacia **Esther** (1996: 18).

La necesidad de conjurar la mala fama de ser novelista no se acaba con la publicación; por el contrario, recién comienza. Según cuenta Mujica Lainez, cuando en 1859 este "romántico porteño" se incorpora a las guardias nacionales y reabre con Nicolás Avellaneda el *Comercio del Plata*, recibe críticas que no apuntan contra su ideología –como podría esperarse–, sino contra sus antecedentes personales: "«*que escribe novelas, que ha viajado por la Italia para hacer conquistas y venir después a reírse en América* [...]»" (1942: 150). El escritor se defiende al mismo tiempo que se confiesa:

> «*Condenado a ser abogado para tener una profesión* [...] *¿Qué quieres? Con un caudal de impresiones propias y ajenas, con reminiscencias de hechos individuales y de episodios que me eran conocidos, creí que me era permitido emplear las largas horas de mis viajes marítimos fijando en el papel algunos de esos recuerdos que vestí lo mejor que pude y que fueron destinados en su origen al entretenimiento de una persona que no podía leer los manuscritos; esa imposibilidad y la impertinencia de algunos amigos me obligaron a darlos a luz. ¿Para ganar dinero, me preguntarás tú? ¿Para ganar reputación? No, mi amigo, por otra causa que nadie tiene el derecho de saber, pero noble y desinteresada. Ahí tienes el delito de haber publicado la* Esther» (cit. en Mujica Lainez 1942: 151-152).

Cané reincide en el "delito" de publicar con *La familia de Sconner*, novela en la que el narrador explica que está "narrando los hechos de un pleito" (1858 a: 195). Después de aparecer en los folletines de *La Tribuna*, la novela –según informa el propio Cané– "«*fué reducida a libro y vendida la edición de mil ejemplares, y supieron* [sus enemigos] *que ese juguete le había dado a [su] estudio de que vivir honrada e independientemente* [...]»" (cit. en Mujica Lainez 1942: 153). Dado que no se conocen ejemplares de alguna edición *La familia de Sconner* en volumen unitario, suponemos que Cané se refiere al tomo que encabeza *Esther*.

Uno de esos enemigos es, sin duda, Carlos L. Paz (seguramente distanciado de Cané después de la división del Ateneo del Plata). Desde *Museo Literario* cuestiona la reedición de textos que han aparecido en otros medios poco tiempo antes de aparecer en la Biblioteca Americana: "La novela del Dr. Cané, 'La Familia Sconner' una de las *sensitivas* de su florida pluma, ántes de ocupar el IV tomo, habia sido leida ya por seis mil lectores con muy pocos dias de diferencia" (1859 a: 116). Paradójicamente, la prueba que aporta Paz para descalificar esa reedición –la llamativa cantidad de lectores– certifica la aceptación del texto de Cané por parte del público porteño.

2.6.2. Estrategias publicitarias II.
Un caso femenino: Juana Manuela Gorriti

La necesidad de rodear el texto literario con reseñas y comentarios laudatorios de unos lectores, a fin de estimular la lectura y el consumo de libros en otros, no es exclusiva de los varones. Las mujeres, mucho más, precisan cautivar lectores-compradores para obtener algún beneficio –espiritual y material– de su labor como escritores. Veamos el caso de la novelista más prolífica en escritos y más pobre económicamente hablando.

Las vicisitudes de Juana Manuela Gorriti comienzan en 1851, cuando en la misma colección de *La Época* en que aparece *Soledad*, publica su primera novela: *La quena: Leyenda peruana* (1851).[89] Aunque reside en Lima desde 1848, tras separarse de su marido, el político y militar boliviano Manuel Isidoro Belzú, la escritora mantiene buenas relaciones con La Paz, donde viven sus hijas Mercedes y Edelmira, a las que seguramente visita en varias ocasiones (no registradas debidamente en las biografías sobre esta autora). *La quena* es su primer homenaje a la que considerará su segunda patria: Lima; el segundo será "El tesoro de los Incas: Leyenda histórica", en la que trata de nuevo el tema de las traiciones de los españoles a los indígenas.

Gorriti inicia su carrera literaria en un ambiente propicio: un elevado número de escritoras comparte los salones con los varones; sus nombres perduran aún hoy en las historias literarias, a pesar de que en el Perú también la "cultura superior de la mujer" sea "un caso espontáneo, obra de su voluntad enérgica y de una afición invencible" (García y García: II, 13). Juana Manuela ejemplifica muy bien esa voluntad enérgica. Ricardo Palma comenta que *La quena* aparece en el folletín de *El Comercio*,[90] en los comienzos del período en que se desarrolla la *bohemia* peruana (1848-1860), y que provoca una "tormenta", pues es considerada "inmoralísima, a juicio de los mojigatos", mientras que para los *bohemios* es "la más bella novela

---

[89] Consideramos que estos son los datos más precisos sobre la primera edición de esta novela. Los hemos tomado de Medina II, 174 (Molina 1999: 310-311).

[90] Cuando lee *La bohemia de mi tiempo*, Juana Manuela no pone ningún reparo a este comentario de Palma, tal vez porque en este diario limeño ha aparecido otra edición de "La quena", dato que no hemos podido corroborar, o porque la escritora no recuerda bien dónde ha publicado cada texto.

que se ha escrito en la América Latina" (1297), después de *María*, de Jorge Isaacs.

Para los peruanos Gorriti escribe varias novelas sentimentales inspiradas, sin duda, en textos de autores europeos que ella habrá leído con placer: *El lecho nupcial, El ramillete de la velada, Si haces mal no esperes bien, El ángel caído, Una hora de coquetería*. Pero el tema que la obsesiona en sus primeros tiempos de novelista son las guerras civiles, como ya adelantamos.

Juana Manuela empieza publicando en *El Liberal* peruano hacia 1858 (Chaca: 39; Weyland: xxx) y en *La Revista de Lima* (1860-1863); poco después, algunos de estos relatos y otros nuevos aparecen en *Revista del Paraná* (1861) y en *La Revista de Buenos Aires* (1863-1869), en la que es la única mujer colaboradora.[91]

Su nexo editor con la Argentina es Vicente G. Quesada, quien –en su carácter de director de *La Revista de Buenos Aires*– prepara el terreno, mediante una serie de notas y artículos, para que la escritora sea aceptada en la Argentina. En otras palabras, modela a los lectores para que reciban con interés y generosidad las –hasta entonces– *Obras completas de Juana Manuela Gorriti*, tituladas *Sueños y realidades* (1865).

En el primero de los artículos, "Lejos del hogar: A la señora Doña Juana Manuela Gorriti" (1863), Quesada entabla un diálogo con la escritora a partir de una situación similar: como ella, él está lejos de su hogar paterno por motivos políticos.[92] A fin de conmover a las lectoras, el comentarista busca crear un clima nostálgico y les muestra con su ejemplo cómo se puede (o se debe) leer: se describe

---

[91] También habría colaborado en *El Iris* y *El Nacional*, de Lima, y en la *Revista de Sud-América*, de Valparaíso (Torres Caicedo: 102-103; Chaca: 39).

[92] Quesada reside en Paraná apoyando la Confederación Argentina.

a sí mismo en una apacible escena de lectura a orillas del Paraná, confiesa que ha llorado con los textos de Gorriti e inmediatamente exalta los valores objetivos por los cuales recomienda sus novelas: el patriotismo, las cualidades estéticas, la sensibilidad femenina. Quesada termina con esta exhortación:

> Vuestros escritos enriquecen las letras americanas y honran la patria de vuestro nacimiento; no desmayéis señora, en vuestra brillante carrera de escritora – ¡adelante! ¡adelante! el porvenir es vuestro y la celebridad recompensará vuestras tareas (1863: I, 85).

Si bien estas palabras están dirigidas expresamente a la escritora, encubren otra direccionalidad, según se devela en el segundo artículo: "*Sueños y realidades*; Edicion completa de las obras de la Sra. doña Juana Manuela Gorriti". Quesada denuncia la falta de apoyo económico tanto de lectores como del gobierno: "Apesar de que los trabajos literarios no producen en América lucro, sin embargo la literatura cuenta en estos países con notables y fecundos ingenios. [...] el literato no tiene entre nosotros ni estímulos ni provecho (1864: 406). Luego, configura una imagen del literato como un ser que no puede quedarse callado: "El escritor obedece tambien á una ley superior que lo impulsa á transmitir sus ideas, aprende para escribir, porque escribiendo vive el espíritu aun cuando perezca el físico" (408). Para Quesada debería ser política de Estado el que "la literatura sea una profesion de lucro" ya que "es indisputable que la sociedad habrá ganado en cultura y civilizacion, porque solo en los pueblos verdaderamente civilizados los escritores pueden adquirir fortuna con sus trabajos" (408). El plan de acción que propone es abarcador de todo lo que hoy denominamos "industria cultural":

[...] recompensando con premios honoríficos al escritor de talento, segun su mérito; facilitando la circulacion del libro impreso en el pais, exonerándolo de todo impuesto, lo mismo que al papel de imprenta y á los útiles tipográficos: es decir, protejiendo al escritor y al industrial, que ambos concurren á dar vida y poner en circulacion el trabajo de la intelijencia, – el libro impreso ó el periódico (409-410).

Tras esta extensa argumentación, Quesada informa a sus lectores que la publicación será hecha "en beneficio esclusivo de tan distinguida escritora, cubiertos que sean los gastos de impresion" (410). Agrega poco después: "Si esta edicion no produce á la autora lucro produciréle al menos honra y gloria". Como para resaltar aún más los problemas financieros de esta empresa literaria, Quesada aclara que el editor no cuenta "ni con la cooperacion oficial, ni con el ausilio de los amigos; se fia y cuenta con el bello sexo, con las nobles, espirituales y bellas hijas del Rio de la Plata". Promete "una entrega [semanal] de 24 pájinas en 8.º. en escelente papel, esmeradísima impresion, con un tipo nuevo y elegante", que costará "*cinco pesos moneda corriente*" (412).

Este artículo descubre, además, los entretelones del proceso de publicación cuando el autor no vive en la misma ciudad del editor. Quesada relata las vicisitudes de la empresa y, para que esto no parezca una novela, transcribe fragmentos de cartas de Gorriti. Así los lectores se enteran de que la iniciativa la ha tomado el caballero, que "un mal intencionado" ha sustraído maliciosamente "tres remesas de manuscritos" que Juana Manuela ha enviado a *La Revista del Paraná* (411), que ella no conserva sus escritos, por lo que "ha tenido que hacerlos copiar hasta en la Biblioteca de Lima"; sin embargo, guarda borradores: "«y aunque ellos, como usted sabe, solo con el plan de los romances, me es fácil rehacerlos ayudada de la memoria y de esa coincidencia infalible en la inspiracion»". La escritora también confiesa que no ha querido publicar "nada de explícitamente íntimo", salvo "cuando ya no [l]e ha sido posible escusarlo", y agrega: "«le envío á usted en borrador los capítulos que ligan el romance *Gubi Amaya* con el que se titula *Un drama en el Adriático* y que hacen una série»" (414).

Estas explicaciones son indispensables para entender el sentido global de esa "serie". En *Sueños y realidades*, "Gubi Amaya o Historia de un salteador" está dividido en tres partes, perfectamente delimitadas por el contenido, a las que podemos nombrar tomando el título de un capítulo:
- Caps. I-IV y VII: "Una ojeada a la patria", que abarca el regreso de Emma (especie de seudónimo de Juana Manuela), disfrazada de varón, a su tierra natal y el recorrido por este lugar;
- Caps. V-VI: "Historia de un salteador", en boca de Miguel;
- Caps. "I-VI": "Un drama en el Adriático", relato a cargo de otro narrador, un italiano misterioso.

Inicialmente, en 1862, Gorriti ha publicado en *La Revista de Lima* (t. VI) los capítulos I a VI. El primero finaliza con la aclaración "Escrito en 1850" y el sexto está datado en "Lima – 1862". Los capítulos restantes serán anexados para la edición de las *Obras completas*. Con un enlace circunstancial, Gorriti integra un relato en que se combinan pasajes autobiográficos –un supuesto viaje de incógnito que la novelista habría realizado en 1842 (Quesada 1864: 415)– con episodios típicos de las novelas de aventuras, aun cuando la narradora afirme que la historia del joven Gubi Amaya es verídica y que ella y su propio padre, el gobernador de Salta José Ignacio de Gorriti, han conocido al protagonista tiempo después (Gorriti 1865: I, 173). La última parte no se enlaza con las anteriores por la comunión espacial o temporal, sino por el trasfondo histórico similar: un gobierno despótico (cf. punto 6.1. de la Parte C).

La argumentación de Quesada avanza hacia la conquista del público porteño –"merece que sus compatriotas le demuestren por una numerosa suscripcion, la estimacion que ha despertado su constante laboriosidad" (1864: 412)– mediante el fundamento más apropiado en aquellos tiempos: garantiza que las "novelas de la señora Gorriti se distinguen por sus tendencias morales, de manera que pueden sin peligro ser leidas por la familia «que sea mas dada á la práctica de la virtud». Este carácter de moralidad las hace una joya digna de estimacion, y bueno es que se conozcan como contra veneno á la lectura corruptora de algunos novelistas franceses [...]" (413).

No obstante, la finalidad última de Quesada es otra, más general: la profesionalización del escritor. Gorriti se convierte en un caso modelo de los problemas que padecen los literatos, pues en Lima ha vivido "con el producto de diez horas diarias que consagraba á la enseñanza, mientras en sus ratos de ócio dejaba correr su pluma [...]" (412); es decir, no ha podido mantenerse con el producto de su escritura.[93] Quesada insiste en la solución política, pero también en la necesidad de que los propios autores tomen conciencia del mérito social y patriótico de su labor:

> Honrando á esa escritora, estimulamos á los que se consagran á las letras, y demostramos que la asociacion es el medio mas eficaz para levantar á los que trabajan y esperan. [...] se cambiaria pronto la situacion insegura del escritor americano y se haria una profesion que diese gloria y provecho. [...] porque el mas seguro medio de saber cual es el estado de cultura de un pueblo es por su literatura (413).

---

[93] Esto les sucede no solo a las mujeres, sino también a los varones.

Para coronar el efecto simpatético buscado, el comentarista incorpora una anécdota muy oportuna: en una reunión de amigos de las letras, un caballero rememora el momento en que conoció a Juana Manuela, en Salta; ella estaba leyendo bajo un árbol, vestida de blanco. Otra vez, como en "Lejos del hogar", Quesada recurre a la escena de la lectura al aire libre, pero ahora la que lee es la mujer: "Quien diria que la hermosa lectora de aquella tarde [...] llegaria á ser, andando el tiempo, la escritora distinguida!" (415). Y agrega otro elemento para la conmoción del público: Gorriti ha escrito sus novelas motivada por las desgracias y dolores que ha padecido en su propia vida. Sin embargo, el efecto final del artículo no es la emoción sensible, sino la claridad del negocio:

> Al terminar la edicion publicaremos la lista de suscripcion, el contrato con el impresor y el producto líquido que la autora reciba en obras ó en dinero (416).

Quesada cumple su palabra. Al final del segundo tomo de *Sueños y realidades*, publicita la lista de los doscientos noventa y dos suscriptores: noventa y cinco mujeres y ciento diecisiete varones de Buenos Aires, treinta y nueve mujeres y cuarenta y un varones de otras ciudades: Quilmes, Rosario, Paraná, Victoria, Gualeguay y Gualeguaychú.[94]

---

[94] Si comparamos estos datos con los que proporciona Magariños Cervantes, observaremos –por un lado– que el número de suscripciones de *Sueños y realidades* es mucho menor que el total de seiscientos setenta y cuatro que se declaran en las "Listas de suscricion" del t. IV de la Biblioteca Americana y que se extienden hasta el Paraguay, la República Oriental y la zona de frontera; mientras que –por otro lado– la publicación de Gorriti ha recibido el apoyo de un alto número de mujeres, las que están enumeradas en nómina aparte, en tanto que la de Biblioteca Americana solo abarca cuatro nombres femeninos, incluido el de la poeta Juliana Gauna (Cané 1858 a: 273-277).

Las características de la producción de Gorriti mencionadas por Quesada se repiten en una semblanza del colombiano José María Torres Caicedo, que aparece primero en *La Revista de Buenos Aires*, y luego, en *Sueños y realidades*:

> Belleza de cuerpo, nobleza de sentimientos, elevacion de ideas, bondad de corazon, prendas del alma, gracia en el decir y talento para contar; eso, mas que eso–las decepciones y las lágrimas, forman la auréola que brilla sobre la inspirada frente de esta literata americana (Gorriti 1865: I, ii; Torres Caicedo: 100).

Obsérvese que destaca más valores espirituales que literarios, y suma a todos ellos, un motivo para que el lector se compadezca: los sufrimientos que ha padecido la autora, sobre todo la emigración y los pesares ocasionados por el esposo, calificado como su "único defecto" (Gorriti 1865: I, iv). Luego, pretende subrayar los méritos de Juana Manuela comparándola con otras escritoras de renombre internacional, comparación que resulta ambigua desde un punto de vista valorativo:

> La señora doña Juana Manuela Gorriti no pertenece como Jorge Sand á una escuela filosófica, ni como este tiene los refinamientos del arte y del estilo; pero en cambio posee el sentimiento de lo bello y de lo bueno que distinguió á la autora de *Margarita ó los dos amores*, la malograda Sofía Gay, Madama de Girardin. Sin la correccion de lenguaje de Fernan Caballero, tiene como esta afamada escritora española, el amor á la verdad, á la sencillez, y sin ser realista describe fielmente la naturaleza, animándola con los tintes de lo ideal. La escritora no olvida á la mujer; la literata recuerda siempre que es cristiana [...]. La literata francesa [Jorge Sand] ha perdido su sexo, como dice M. de Lamartine, en las luchas filosóficas y políticas. La literata argentina se ha mostrado

mujer por el corazon y por el lenguaje, por la sencillez y la moralidad (Gorriti 1865: I, v-vi; Torres Caicedo: 103-104).

Torres Caicedo completa la semblanza con las reseñas de *El Lucero del Manantial* y *El guante negro*, al tiempo que recomienda la lectura de *Güemes: Recuerdos de infancia*. Finaliza con un sumario de las publicaciones recientes, empezando por las de mujeres, para ubicar entre ellas la de Gorriti. Mediante este recurso instaura un canon mínimo:

> La novela, en sus diversas formas, cuenta ya en América con ilustres representantes: la señora de Avellaneda nos ha presentado, entre otras, á *Espatolino*, – *Daniel*, y con la señora de Garcia, el *Médico de San Luis*.
> Orozco, *Guerra de treinta años*, –Lastarria, la *Mano del muerto*, Fidel Lopez, la *Novia del Hereje*, –José Mármol, la *Amalia*, –Bartolomé Mitre, *Soledad*; y luego vienen con sus multiplicadas producciones, M. A. Matta, y con sus crónicas Barros Arana, Palma, Quesada, etc. etc.
> Pero leed sobre todo los hermosos escritos de la simpática é inspirada escritora del Plata (Gorriti 1865: I, xv).

Estos tres artículos de *La Revista de Buenos Aires* enmarcan, más tarde, los textos literarios de *Sueños y realidades*. Al comienzo del primer tomo, se halla una copia modelo de las invitaciones que ha cursado el editor a los posibles interesados en suscribirse:

> Sr. D.
> *Acompaño el prospecto para la edicion de las obras completas de la distinguida escritora argentina señora doña Juana Manuela Gorriti, residente en Lima. El conocido talento de esta señora, la elegante fluidez de su lenguaje, la moralidad de los argumentos de sus novelas, americanas en las formas y en el fondo, constituyen su relevante mérito.*
> *Plenamente autorizado por la señora Gorriti para hacer esta edicion he creido que V. cooperará á su realizacion, no solo por ser un justo homenaje que se tributa al verdadero*

> *talento, sino tambien por que es una escritora argentina cuya gloria es nacional.*
>
> *Lo módico de la suscripcion prueba que mi intencion y mi propósito es popularizar las producciones de esta señora, levantándole asi un monumento á su celebridad.*
>
> *Ruego á V. que al contestarme, quiera espresar su nombre, calle y número y los ejemplares por los que se suscribe. El repartidor recojerá esta carta. Tan pronto como se organice la lista de suscripcion, se publicará.*
>
> *Tengo el honor de ser de V.*
> *atento servidor,*
> **Cárlos Casavalle. – Editor** (Gorriti 1865: I, 3).

Siguen el "Prospecto", en el que el editor destaca nuevamente la elegancia en el estilo, la moralidad de los argumentos y el americanismo de los relatos;[95] y el texto de Torres Caicedo como "Introducción". Cierra el segundo tomo Vicente Quesada con un mensaje "A los lectores", en el que con poco disimulo descubre el aspecto menos literario de la publicación: sin las suscripciones no habría habido libro. Como en el caso de *Esther*, al final se transcribe una serie de artículos periodísticos referidos a la obra y a la personalidad de Juana Manuela. En ellos se advierten algunas constantes: a) resaltan su fortaleza ante los sufrimientos que ha debido padecer, como elemento caracterizador de su personalidad; b) destacan el carácter femenino y americano de sus relatos; c) reconocen la gran acogida que a su obra le han dispensado las mujeres argentinas. Zulma Palermo sintetiza los mecanismos de esta crítica:

> La matriz de este posicionamiento queda configurada en la oposición /sueño/ vs. /realidad/ equiparada a /infancia/ vs. /adultez/, oposiciones que remiten a las tensiones políticas

---

[95] Poco después, los lectores de *El Pueblo* se enteran de que Casavalle se hace cargo de la edición a cambio de entregarle a la autora la mitad del producto, "en obras ó dinero" (Quesada 1865 a: 2).

/patria/ vs. /exilio/ y /libertad/ vs. /persecución/. La valoración se apoya, por lo tanto, en la condición biográfica de la escritora, a la pérdida de lo propio, en síntesis, a la sujeción a un país real opuesto al ideal de una patria posible leída en la textualidad desde sus formaciones autobiográficas en estrecha vinculación con lo que, en el campo temático, la crítica de su tiempo buscaba leer (130).

Todos los paratextos condicionan la lectura, pues comprometen moral y afectivamente a los receptores, tanto a las mujeres (destinatarios directos) como a los hombres (destinatarios indirectos). La estrategia de los editores consiste en presentar a Juana Manuela como escritora famosa en algunos países hispanoamericanos y estimada por escritores argentinos de renombre (Juan María Gutiérrez, por ejemplo). Gorriti necesita una presentación explícita en sociedad, pues en Buenos Aires ella es apenas conocida a través de informaciones llegadas por diversas vías. Una de estas, sin duda, habrá sido la del chisme. Su condición de mujer separada y de madre de hijos extramatrimoniales no puede haber pasado inadvertida. Por eso también la insistencia de Quesada en cuanto a los sufrimientos que ella ha padecido y a la moralidad de su obra, y las comparaciones con otras escritoras famosas que hace Torres Caicedo, basadas más en valores éticos que en artísticos. Además, de la venta exitosa de este libro depende no solo el renombre de Juana Manuela como escritora, sino también su manutención. Con *Sueños y realidades* se afirma en el camino de un modesto profesionalismo (Molina, H. 1999: 296-321).

La propaganda es eficiente. Esta primera edición –resume Chaca– tiene, "como lo esperaban sus editores, un éxito extraordinario, especialmente entre el elemento femenino" (46). Pero también la propaganda llega a ser excesiva, hasta el punto de que un periodista de *El Nacional*, de Buenos Aires, se anima a exclamar quejumbroso:

> Esta Señora Da. Juana Manuela Gorriti por más literata que sea me está partiendo.
> Los cronistas y las literatas la han tomado por delante y hace más de un año que no nos dejan descansar con el nombre y los escritos de esa noble muchacha.
> Basta, Señora, por Dios (19 jul. 1865).

2.6.3. Reediciones y ediciones (auto)censuradas

Muy pocos autores reeditan sus textos y menos aún son los que corrigen o modifican las novelas antes de reeditarlas. Solo conocemos versiones bien diferentes de *Amalia, La novia del hereje, Camila O'Gorman* y *Misterios del Plata*. Por eso llama la atención el caso de la novela de Pedro Echagüe, pues es publicada en tres ocasiones y las tres con variantes. Con el título *Elvira o El temple de alma de una sanjuanina (Novela regional de fondo histórico)* aparece en San Juan, en el año 1865, con una tirada de tan solo cuarenta ejemplares. Quince años después, es reeditada también en San Juan, con una leve modificación en el subtítulo: *Novela escrita por Pedro Echagüe*. Según una reseña del *Anuario Bibliográfico de la República Argentina* de 1880, el "autor la ha revisado antes de darla nuevamente a la estampa, dejándole, empero, ocurrencias tan ingenuas que causan hilaridad", como –por ejemplo– agregar la nota: "Esta tempestad es supuesta"; el crítico agrega con cierta ironía: "Parece, sin embargo, y se debe creer al autor que así lo asegura, que la narración es verídica" (II, 297). Su hijo Juan Pablo Echagüe informa que "en los últimos años de su vida, el autor rehizo casi todas sus obras y sustituyó el nombre de *Elvira* por *La Rinconada*, que tiene ciertamente más fuerza evocadora y sintetiza mejor, así el contenido histórico como el carácter regional del relato" (533). Esta tercera versión es la que dan a conocer la editorial Coni en 1924 y "Jean Paul" en la colección de Publicaciones del Instituto de Literatura Argentina (1931).[96]

Las reprensiones a algunas novelas pueden ser tan mordaces que los ejemplares desaparecen del ámbito público. Por lo menos eso es lo que parece que ha sucedido con *Los abrojos de una flor o El desengaño (Novela histórica escrita en Rosario de Santa Fe)* (1860), de Antonio (o Antonino) Urraco. Según Vicente Cutolo, se trata de una novela sentimental que recibe tres comentarios acerbos desde *El Progreso*, de Rosario: "Aparte de invitárselo a que la retirara de circulación, uno de las críticas la presentaba a la novela como 'el mejor específico para curar ictericias e hipocondrías', y otra, que era mala, con pasajes inconvenientes". Cutolo reconoce que de esta novela "no se conoce ejemplar" (1968: VII, 452).

En 1871, un enigmático "L. M. S.", desde Buenos Aires, objeta tanto el contenido como la estructura narrativa de la novela de Nicanor Larrain, apenas aparece en San Juan. Deberíamos decir *se toma el trabajo de* censurar el texto porque el crítico publica su extenso comentario en *Cuestión penal ó sea Ensayo crítico sobre el folleto titulado: Alma de Jesús Pérez ó la justicia del terror de N.L.* De esta crítica interesa destacar no tanto el análisis ideológico del asunto central –el pedido de abolición de la pena de muerte que realiza Larrain a través de su texto novelesco–, como el concepto de novela que maneja el crítico:

> Apliquemos, pues, á este conjunto, las reglas del arte literario. Véamos si es una novela.
> En cuanto á mi toca, debo confesar ingenuamente, que nada de novelezco encuentro, en la publicacion literal de un proceso, seguido contra una cuadrilla de bandoleros [...].

---

[96] No podemos evaluar las variantes porque no hemos podido localizar ejemplares de las dos primeras ediciones.

En efecto ¿qué hay de bello, qué hay de noble y digno de imitacion, qué hay que seduzca por su gracia, por su fluidez, por su pureza, en fin, en la cópia fiel del interrogatorio de esos reos, por mas admiraciones, puntos suspensivos, letras bastardillas, gordas y significativas que se intercalen? (32).

Cuando el novelista describe alguna escena, cuya lectura debe hacer resaltar algun sentimiento ó condenar algun vicio, todo su poder consiste en el conjunto de las imágenes y y [sic] de los pensamientos principales, que agolpados por la entonacion ardiente de la frase, producen el incendio que se busca. Todo allí debe respirar vida, colorido, actividad, que concurriendo á un tiempo sobre la fibra que se quiere tocar, como los rayos al foco de un lente, apasionen y dominen la rebelde sensibilidad del lector. Pretender hacer efecto de un modo distinto, es tan difícil como hacer fuego con agua (37).

Dado que no hemos podido localizar algún ejemplar de la novela de Larrain, no podemos saber si L. M. S. tenía razón o no en cuanto a su escasa calidad artística. En cambio, advertimos que los defectos de esta "novela filosófico-jurídica" señalan el agotamiento de la novela de estilo romántico, o sea, de aquella que apela a la sensibilidad del lector a través de escenas conmovedoras y de frases floridas. Asimismo se descubre que –hacia 1871– se está produciendo un fenómeno inverso al de la década de 1850: ahora un texto rotulado "novela" puede aspirar a una aceptación social segura y, por ello, se novela todo asunto que se quiere debatir públicamente, como la pena de muerte. Esto genera que se lleve al extremo la finalidad socializadora y transformadora del género.[97]

---

[97] La estructura novelada de un juicio se repite en *Defensa del celebérimo escritor Veterano Aforismos, hecha en última instancia por el no menos célebre abogado del foro de Mar-Chiquita, Don José Aurelio Herrera (Alias Teseo)* (1872), esta vez con un tono satírico muy marcado.

2.7. El fin de una moda o La saturación del mercado

Los comentaristas del siglo XIX han sido tan críticos de las producciones locales como los estudiosos del XX. En "Nuestra literatura: Preliminar del drama La América libre" (1860), Bernabé Demaría expone su valoración acerca de las incipientes letras argentinas: desde Caseros a esa fecha, no ha habido progresos; el corpus literario se reduce a "una que otra biografía o memoria histórica", "una que otra novelita, mal impresa, mal corregida y *llena de erratas*, no sacando el autor ni la *tercera parte* de los gastos de impresión; alguno que otro trozo, llamado literario, románticamente exagerado, cuyos personajes son Maria, Arturo, etc.; trozos de aquellos que aparecen diariamente en los *hechos locales* de todos los periódicos políticos [...] multitud de composiciones en verso, –verdaderas *flores de un dia*– faltas de ritmo, de sentido, de plan y unidad [...]" (1906: 30).[98]

En diciembre de 1860, aparece en *La Tribuna* un poema satírico, "Vapuleo", firmado por "Matepan", quien se burla de las novelas de reciente aparición, especialmente de *Vengador y suicida*, de Tomás Giráldez, deseando que una ama de llaves –como la de don Quijote– "haga pagar" caro "la audacia a todos los autores 'chaves'":

> ¡Giraldín, picarón! ¿con una escoba
> no mereces, responde, se te corra?...
> [...]
> Y aquí leyendo *Huérfana de...*, largo,
> largo de aquí a parar en esa hoguera,

---

[98] Demaría agrega a la lista las "malhadadas coplas, llamadas décimas, en estilo gaucho" y los discursos fúnebres. Esta enumeración permite conocer los géneros considerados literarios y en vigencia hacia 1860: la biografía, la memoria histórica, las noticias, la oración fúnebre, la novela, la prosa lírica y la poesía en verso, el drama (por el texto del propio Demaría).

¡anda! así purgas el momento amargo
que me diste infeliz cuando os leyera.
[...]
Camila o la virtud..., suben triunfantes
las llamas de tan hórrido panfleto...
Limpio ya de ellos quedan los estantes
–Este verso falta a este cuarteto.

Mas, ¡Giraldín! ¿cómo estarás de gozo?
Tu nombre al par de los de tantos vates...
¡Y principiar por ti, mortal dichoso!
¡Ya puedes continuar tus disparates! (Castagnino: 50).

Si bien la sátira está dirigida a Giráldez (Castagnino da más detalles de la polémica desatada en torno a este poema), refleja la inevitable actitud de los lectores de aquel entonces ante estas producciones modestas y de escasos valores estéticos, que empalidecen aún más cuando se las compara con las novelas famosas de autores extranjeros.

La misma desvaloración se repite hacia fines de la década de 1860, cuando la producción de novelitas se hace tan frecuente que parece agotar la originalidad. En *El Alba: Revista semanal de literatura, modas y teatros; dedicada a las hijas de Eva* (1868-1869), dirigida por Casimiro Prieto Valdés y Eduardo Vila, "dos nombres apenas conocidos entonces" (Auza 1988: 225). Seguramente el periodista español trae una imagen negativa de la novelística peninsular por la abundancia o por la escasa calidad estética del material impreso (según los listados de Ferreras); y por ello incorpora en la revista una sola novela: *Los guayanases*, del alemán Francisco Rave, radicado en Buenos Aires. Otros textos, en cambio, critican y satirizan las producciones novelescas. El propio Prieto da a conocer *Páginas de un desengaño (Novela corta como mi vista)* y Eduardo Vila, *Los amores de las flores*. La mejor manifestación del agotamiento del mercado de novelas, sobre todo las de folletín, pertenece al catalán J. M. Bartrina:[99]

> NOVELAS
> La manía de escribir reconoce por origen la manía de leér.
> Y en un país si hay 6,000 lectores, no será muy aventurado decir que hay 3,000 que escriben.
> Por esto cada dia nuevas novelas inundan el palenque literario, que son arrebatadas de manos de los editores por una multitud ávida del empaparse de ideas ultramaterialistas.
> Y los autores escriben sin parar, novelas terroríficas.
> Y los editores las hacen imprimir si el titulo es bueno. [...]
> Analizemos una novela cualquiera y podremos comprender lo estragado que está el gusto en el público de hoy dia. [...]
> Por lo regular empieza con un prólogo, y ese prólogo (qu ha de ser muy misterioso) empieza con un: Era una horrible noche de Diciembre.» [...]
> ¡Correjir los vicios por medio de la novela! Esto ya pasa de moda, lo que se hace es pintar el crimen con colores risueños, hacer al vicio simpático, deificar las malas costumbres, divinizar la prostitucion; esta es la moral de las novelas contemporáneas.
> Además, ¿quieren ustedes nada mas incitante que los puntos suspensivos? Ellos son el gran recurso del autor; por esto no hay novela que no los lleve.
> ¿Hay nada mas moral que poner de la manera siguiente puntos suspensivos, cuando el Eduardo y la Enriqueta, quedan solos y ....
> ....
> Y aquí pongo fin á mi artículo.
>
> J. M. BARTRINA.

Tal vez ocurre lo que diagnostica Bartolomé Mitre respecto de los nuevos poetas: "La literatura progresa, porque no puede suceder otra cosa en lo que constituye

---

[99] Este profesor del Instituto Jaime Balmes, de Barcelona, ha sido socio de Prieto en España. No tenemos noticia de que haya viajado a la Argentina. Tal vez Bartrina envía el texto manuscrito o una copia de lo ya publicado.

en si mismo, el primer elemento de civilizacion. Lo único que ha muerto, en verdad, es el gusto literario" (1868: 20). Hacia 1870, el gusto literario no ha muerto, pero sí ha ido cambiando por influjo del realismo de Balzac y el naturalismo de Zola; no obstante, el estilo romántico perdurará durante el fin de siglo, ahora desde una posición residual.

Parte B. Poética de la novela

"Solo por medio de un estudio concienzudo de la istoria puede llegarse a comprender cuantas faces diversas abraza la belleza literaria, i cuanta sinrazon ai en qerer imponer reglas i preceptos qe nacen de una civilizacion i de una época dada, a los trabajos producidos por otras civilizaciones i otras épocas distintas".

Vicente Fidel López

1. Fuentes de la teoría literaria argentina

En el siglo XIX, por falta de una ciencia literaria, la formulación de una teoría sobre un género solo es posible a través de una poética. Y esta se presenta configurada como alguno de estos tipos textuales:
a) Como *manual de retórica*, es decir, como libro didáctico para enseñar a hablar y a escribir bien.
b) Como *reflexión filosófica*, en el marco de la estética o de una preocupación metafísica más abarcadora acerca del hombre y sus facultades.

Manuales y libros de filosofía se entrecruzan en las manos de los intelectuales argentinos, conjugando tres líneas de pensamiento: a) la formación clasicista recibida en los estudios iniciales a través de los manuales de retórica; b) la pervivencia del ideario de la Ilustración que ha sustentado el proceso de la Independencia y el comienzo del proyecto *civilizador* con Rivadavia; c) las innovaciones románticas europeas.

De los estudios sistemáticos y de las lecturas desordenadas, los diversos novelistas van tomando conceptos y principios con los que organizan una doctrina más o menos homogénea, que guía y sustenta la escritura creativa, las investigaciones sobre nuestra historia literaria y una teorización literaria incipiente. Paralelamente, entre los lectores cultos empieza el debate sobre las características peculiares de este discurso literario novedoso, sobre todo porque no existen en la sociedad preconceptos que establezcan sus límites genéricos en el campo literario, de modo tal que se satisfagan las pretensiones normativas neoclásicas a las que estaban acostumbrados. Los metatextos sobre literatura que circulan en Hispanoamérica provienen de Europa y explican la finalidad estética de la novela en el sistema cultural europeo; por eso, nuestros escritores –si bien se basan en esos modelos foráneos– luchan al mismo tiempo por llevar a cabo una revolución cultural (que condiga con la independencia política alcanzada en la década de 1810) formulando una teoría de la novela que responda a la realidad argentina. La crítica contemporánea solo ha rescatado los prólogos de Bartolomé Mitre a *Soledad* y de Vicente Fidel López a *La novia del hereje*, y los artículos periodísticos de Sarmiento: "Nuestro pecado de los folletines" (1845) y "Las novelas" (1856). De aquel debate quedan numerosos registros dispersos, algunos inéditos –en los cuadernos de apuntes y en la correspondencia privada de los novelistas con sus familiares y amigos– y otros editados en publicaciones periódicas, folletos y libros como paratextos, reseñas, cartas de lectores y artículos de opinión. A través de todos ellos, aunque sean breves y no lleguen a perfilar un postulado original, empieza a configurarse una teoría literaria argentina.

Sin duda, el metatexto más interesante y sistemático es el *Curso de Bellas Letras* que Vicente Fidel López publica en 1845, en Santiago de Chile. Está concebido como un manual de retórica, pero además contiene definiciones sobre la literatura, en general, y la novela, en particular, que configuran –en mi opinión– una teoría literaria coherente y única en el sur de Hispanoamérica. En medio de un proceso de pretendida independencia cultural y de inestabilidad política, López propone modificaciones sustanciales en el paradigma literario, por lo que se constituye en un agente de cambios ideológicos.

A fin de destacar la originalidad de esa propuesta teórica, revisaremos primero los antetextos reconocidos por el propio López. De manera tangencial, consideraremos otros metatextos de menor relevancia. Conviene que empecemos por repasar las características de la educación superior en la Argentina de mediados del siglo XIX.

Hacia 1810, todavía predominan en Buenos Aires los estudios escolásticos, la censura según el "buen gusto" –sobre todo en el teatro– y la prohibición de leer libros franceses. La Ilustración inicia lentamente su lucha por imponer el laicismo y los estudios "útiles", y por la incorporación de la ciencia experimental en los estudios superiores (Chiaramonte 1989). Se pretende casi una revolución; la propuesta parece una temeridad.

Un hito significativo de este proceso cultural lo constituye la fundación de la Universidad de Buenos Aires, en 1821, la cual proporcionará solo dos alternativas: Jurisprudencia o Medicina. De ella egresan los abogados que se convertirán prontamente en los hacedores del segundo momento histórico de la Argentina naciente (Pérez Perdomo). Los estudios humanísticos quedan reducidos al ámbito de los Estudios Preparatorios (que abarcaban desde Ciencias Exactas y Naturales hasta Latín, Francés, Literatura y Dibujo, entre otras materias), pues no se contará con una Facultad de Filosofía y Letras hasta 1896 (mientras que la de Chile inaugura su Facultad de Humanidades en 1842, bajo la dirección de Andrés Bello). No obstante, gracias a profesores como Juan Crisóstomo Lafinur, Juan Manuel Fernández de Agüero y Diego Alcorta, los temas filosóficos y literarios provocan debates que sacuden la rutina universitaria. El atraso en los estudios superiores se evidencia en el hecho de que Alcorta debe enfrentar todavía a defensores de la escolástica cuando en 1827 se hace cargo del Curso de Ideología o Filosofía, curso bienal que abarcaba Metafísica, Lógica y Retórica (Cosmelli Ibáñez: 265-266). Este renombrado profesor se basa sobre todo, si bien con espíritu crítico, en el Empirismo de Locke (siglo XVII), el Sensualismo de Condillac y la Ideología de Destutt de Tracy (siglo XVIII).

Durante muchos años, la enseñanza de las Bellas Letras se basa en las *Lectures on Rhetoric and Belles Lettres* de Hugh Blair, que se conocían desde fines del siglo XVIII[100] a través del original inglés o de la traducción al español realizada por José Luis Munárriz (4 vols., entre 1798 y 1799), con colaboraciones de Sánchez Barbero, Cienfuegos y Quintana (Menéndez Pelayo: III, 404). Munárriz también prepara el *Compendio de las Lecciones sobre la Retórica y Bellas Letras de Hugo Blair* (1815). Otros manuales con buena difusión son el *Arte de hablar en prosa y verso* (1825), de José Gómez Hermosilla, muy conservador y poco hábil para la interpretación de las connotaciones literarias; y el *Manual de literatura* (1842), de Antonio Gil de Zárate, autor ecléctico. Estos tres libros –criticados por Vicente F. López– fueron distinguidos, sucesivamente, como textos de lectura obligatoria en las cátedras de Humanidades españolas.

Juan María Gutiérrez, en el "Catálogo de los libros didácticos que se han publicado o escrito en Buenos Aires desde el año 1790 hasta el año 1867 inclusive" (1915: 385-418),

---

[100] Estas conferencias fueron leídas en la Universidad de Edimburgo desde 1762 y publicadas en 1783.

lista gramáticas castellanas, latinas y una "argentina"; cursos de francés, antologías de autores clásicos traducidos, el texto básico usado por Fernández de Agüero, *Principios de ideología elemental, abstractiva y oratoria* (1824); pero solo dos textos sobre aspectos teóricos literarios: el *Curso de Bellas Letras*, de López, y el *Ensayo sobre la literatura de los principales pueblos y en especial del Río de la Plata* (1856), de Juan Eugenio Labougle.

Veamos qué aportan cada uno de estos medios formativos a la configuración de una teoría argentina de la novela.

1.1. Los manuales de retórica y poética en uso

El debate teórico-preceptivo sobre la novela –como ya vimos en la Parte A– no es exclusivo del Río de la Plata. Comienza en Europa en el siglo XVIII, pues el paulatino auge de la novela obliga a los tratadistas a dar cuenta de ella. Pero como este género no figura en Aristóteles ni en Horacio, y mucho menos en las actualizaciones renacentistas de la teoría clásica, su inclusión en el sistema literario neoclásico es perturbadora. Según los estudios de Felipe González Alcázar, las principales objeciones que se le hacen se refieren a la forma –"estar escrita en prosa, lo que le restaba dignidad poética" (2005: 111)– y, sobre todo, "su temática amorosa y su finalidad de entretener (*delectare*) [que] afectaban a la compleja moralidad censora de los neoclacisistas", entendida esta no solo como "estabilización del juicio del gusto", sino también como "inclinación hacia la moral pública de naturaleza política propia de la Ilustración" (111, n. 5). María del Carmen Sánchez García, por su parte, enumera los "siete principios fundamentales" a los que aluden todos los teorizadores de la novela española del siglo XVIII: "La imitación, la utilidad, la moralidad, la invención, la verosimilitud, el interés y el estilo acordado"; luego agrega: "Sin embargo, todos sin excepción, se pueden ver restringidos por el objetivo moralizador" (188), porque en el contexto español la "moral es archiprecepto, herramienta de control político y social" (193). No debe olvidarse que en el paso del siglo XVIII al XIX se están produciendo numerosos cambios filosóficos, político-sociales y literarios; entre ellos, la adecuación del concepto de imitación a los nuevos paradigmas (Álvarez Barrientos; Rodríguez Sánchez de León).[101]

Estos manuales –a pesar de que, por ser textos didácticos, son más bien conservadores (Sánchez García: 189)– empiezan a considerar el cambio de valoración que en la crítica europea se produce respecto de la novela, "desde el hastío por su fundamento fabuloso e imaginativo hasta la formación de un tipo de género más cercano a la pura narración realista y verosímil, basada en el análisis de caracteres" (González Alcázar 2005: 112). Por esta capacidad de reproducir la realidad, la novela se convierte en *canal de instrucción*, gracias a lo cual puede ser apreciada pedagógicamente.

Los manuales que sirven de hipotexto a Vicente F. López tienen en común que subsumen las nociones literarias a doctrinas filosóficas y éticas: asocian la verdad y la bondad con la belleza, ponderan el carácter moral de la

---

[101] Elvira Narvaja de Arnoux, desde un enfoque glotopolítico, explica la función política de los manuales de este modo: "Cuando los Estados nacionales se ponen en marcha en el siglo XIX anudando centralización administrativa y jurídica, mercado interior y lengua común, asociada a nuevas prácticas de gobierno e instancias de representación, asumen decididamente la distribución y control de los escritos. Las artes de escribir actúan, a su manera, por un lado, en la construcción del pueblo de la nación ya que para ello el despliegue territorial de lo escrito es fundamental y, por el otro, en las nuevas instituciones para cuyo funcionamiento son necesarios textos construidos desde el ideal de la racionalidad moderna: claros, sencillos, económicos. Además, sostienen el ejercicio de la ciudadanía, en su doble aspecto de emancipatorio y, a la vez, sujeto a restricciones. [...] Las artes de escribir colaboran también en la ampliación del número de letrados" (316-317).

literatura, al mismo tiempo que recelan del componente imaginario. Por lo tanto, *moralidad* y *fantasía* pueden ser consideradas como los dos parámetros básicos para apreciar la evolución conceptual del marco de referencia, que culminará con la innovadora teoría de López.

El libro de Hugh Blair aparece mencionado en numerosos escritos argentinos del siglo XIX como un tratado de retórica paradigmático. Según Menéndez Pelayo, "aparte del buen gusto constante y de la pureza del sentimiento moral, [las conferencias] no ofrecen originalidad alguna en la parte estética" (III, 79). No obstante, Felipe González Alcázar señala que este manual "supuso un cambio radical en el devenir histórico del pensamiento literario español" (2003-2004: 114). El texto abarca cuarenta y siete lecciones de retórica, que se basan en el espiritualismo de la escuela escocesa. Las disquisiciones iniciales tratan sobre el gusto, la sublimidad y la belleza, es decir, los fundamentos que justifican un estilo cuidado. Parte del concepto neoclásico de imitación poética, como la representación ficticia de los acontecimientos o escenas "que no habiéndose realizado jamas pudieran sin embargo haber existido", según el "curso de la naturaleza" (Munárriz: 32-33); es decir, propone la imitación por verosimilitud solo de lo posible.

La primera parte del *Compendio...* se completa con el análisis de la estructura y las características peculiares de las sentencias (u oraciones), las figuras retóricas y los tipos de estilos. La segunda está dedicada a la elocuencia "y demas géneros en prosa" (Munárriz: 148): la historia, los escritos filosóficos, los diálogos, las cartas y los "romances y novelas" (249-255). La tercera parte abarca la poesía: pastoral, didáctica, lírica, descriptiva, épica y dramática. Según se observa, para la clasificación textual se usa un criterio formal basado únicamente en la diferencia entre prosa y verso.

Abrams afirma que estas *Lecciones*... se destacan por su original análisis de la naturaleza de la poesía como "respuesta emotiva a objetos sensibles" (1962: 192, 144-147), tenue anticipo romántico. En cambio, romances y novelas no son definidos ni comparados; la caracterización empieza por el inventario de las utilidades que prestan estos escritos:

> Bien desempeñados son unos de los mejores canales para comunicar la instrucción; para pintar la vida y las maneras de los hombres; para mostrar los yerros á que nos arrastran nuestras pasiones; y para hacer amable la virtud, y odioso el vicio (Munárriz: 249).

Instruir y corregir conductas son, pues, las funciones extratextuales que justifican a las novelas. La finalidad estética –avalada por la autoridad de Francis Bacon– se limita a una compensación por carencias de la realidad: "Apeteciendo hechos mas heroicos y brillantes, acaecimientos mas variados, un órden de cosas más espléndido, una distribución mas regular de recompensas y castigos, y no hallando estas cosas en las historias verdaderas, recurrimos á las ficticias" (Munárriz: 249; Bacon: 200-201). El capítulo concluye con una historia de este género, en la que se destacan como hitos significativos los "romances caballerescos" (el del arzobispo Turpin, el *Amadis de Gaula*, entre otros), la novela familiar (*Gil Blas*, las obras de Marivaux), la novela inglesa (*Robinson Crusoe*, "el Tomas Jones" de Fielding y las novelas de Richardson) (Munárriz: 250-252; Blair: 450-454). En todos los casos, usa como criterio de evaluación la moralidad y la credibilidad de los hechos narrados.

José Luis Munárriz, por su parte, agrega un capítulo sobre las novelas españolas, las que se han encaminado "mas á sorprender el espíritu de variedad de sucesos, y lo inesperado de los lances, que á mover el corazon con la pintura de los afectos, ó á corregir la conducta con la de las costumbres" (253). Critica con bastante severidad las novelas "pastorales": la *Diana* de Montemayor y la de Gil Polo, también *La Galatea* de Cervantes. Rescata, entre las "novelas cómicas ó picarescas" –con un "fin moral mas determinado"–, "el lazarillo de Tormes, Guzman de Alfarache, y el Gran Tacaño" (254). Finalmente declara que "Miguel de Cervantes fué el único escritor que supo hacer un libro clásico de una invencion la mas ingeniosa que ha concebido el espíritu humano, de una lectura agradable, de una utilidad literaria, y de una consecuencia verdaderamente moral" (254). Novedad interesante pero creíble, amenidad y moralidad son, pues, las tres cualidades más sobresalientes de una novela que se convierten en criterios de evaluación estética.

El *Arte de hablar en prosa y verso* de José Gómez Hermosilla se basa en las lecciones de Blair, pero –según Menéndez y Pelayo– muestra un "empirismo grosero [...], pegado a la letra de las composiciones, sin percibir nunca su alma y sentido" (III: 182; 462-466). Siguiendo los principios neoclásicos, el libro está organizado por reglas: en el Libro Primero, las comunes a todas las composiciones; en el Segundo, las particulares de cada género de composiciones literarias, agrupadas estas según la forma: en prosa o en verso, como figuraban en Blair-Munárriz. Pero Hermosilla agrega otro criterio de clasificación para las composiciones en prosa: oral (oratoria) / escrito (obras históricas, didácticas y epistolares).

Sin proporcionar mayores precisiones, describe las "obras históricas" como aquellas "en que se cuentan algunos hechos o sucesos, pudiendo ser éstos o verdaderos o fingidos" (Hermosilla-Salvá: 347). Luego aclara que esta diferenciación, basada en el carácter veredictorio del discurso, exige reglas de composición diversificadas; por ello, trata primero la "historia verdadera" y, luego, las "ficticias". Estas abarcan novelas y cuentos, que se distinguen solo por la extensión. Hermosilla repite la historia del género que ha elaborado Blair e insiste, como este, en el "aspecto de moralidad que las hace en el día dignas de la atención de la crítica" (367). Pero, cuando se dedica a las reglas de elaboración, puntualiza que las historias fingidas también son composiciones poéticas, a pesar de que no estén escritas en verso (367-368); es decir, intenta darles mayor dignidad literaria aunque sin entrar en cuestionamientos. Entre las primeras normas, Hermosilla exige que las historias ficticias sean "verdaderas lecciones de moral", que los sucesos inventados "*interesen vivamente la atención y la mantengan despierta*" gracias a la novedad, la variedad y el dramatismo de las situaciones; que "los lances sean nuevos, pero no increíbles, varios, pero no muy complicados" (368-369); en definitiva, demanda en el escritor mucha habilidad artística y sensibilidad exquisita (370). Hermosilla manifiesta un alto nivel de exigencia que tal vez no haya limitado la producción ni la lectura de novelas, pero que sin duda ha condicionado mucho la publicidad de este género polémico.

González Alcázar observa que los manuales como los de Blair-Munárriz y Hermosilla aprovechan los cambios en la elaboración de las novelas, cada vez menos fabulosas y más realistas (2005: 112), para valorar esta capacidad de reproducir la realidad, y reivindican la novela como *canal de instrucción*, gracias a lo cual puede ser apreciada pedagógicamente. A su vez, esos requisitos de credibilidad y verosimilitud conducirán hacia el costumbrismo y el realismo (Álvarez Barrientos).

Antonio Gil de Zárate, en cambio, se anima a superar algunos de esos preceptos neoclásicos, si bien en otros sigue los modelos ya establecidos. Su *Manual de Literatura* evidencia la postura ecléctica del autor: mantiene, por ejemplo, en las consideraciones generales la definición sensualista de imaginación como "un vivo recuerdo de cuanto hemos visto y observado, y de las deducciones que hemos hecho meditando acerca de ello" (54), pero mucho después le reconoce su carácter creador (95), como harán los románticos.

La primera parte del libro está dedicada a los principios generales de retórica y poética, agrupados en "Reglas comunes a toda clase de escritos" y en reglas particulares de las obras literarias, sean estas escritas en verso, en prosa (oratoria y composiciones históricas, novelescas, didácticas y epistolares) o dramáticas. Zanja la discusión a favor de la novela con dos argumentos: "La inmoralidad no está en el género, sino en el uso que de él se hace", y la afición a las novelas "es una inclinacion natural del entendimiento humano que se recrea siempre con la narracion de ficciones agradables y entretenidas" (95). La primera razón rompe la generalidad de los juicios anteriores: hay novelas *malas* y novelas *buenas*; la *culpa* de la inmoralidad la tiene cada autor determinado, no el género novelesco en su conjunto. El segundo fundamento muestra mayor novedad, pues incorpora argumentos de base romántica: por un lado, el hombre tiene imaginación "viva y ardiente", necesita –por tanto– ejercitarla; este ejercicio le produce un inevitable placer; por otro, la realidad que lo rodea le muestra males y miserias, que lo alejan de la perfección que anhela; tiene el derecho, pues, de distraerse con el mundo ficticio que le presenta ante sus ojos ese ideal deseado. Gil de Zárate resume el valor de las novelas con una metáfora: "No son mas que castillos en el aire que otros se toman el trabajo de hacer para nuestro recreo" (95).[102] La justificación del

---

[102] González Alcázar interpreta que esta metáfora implica una degradación de la novela "por la inconsistencia de su naturaleza imaginativa" (2005:

género se apoya luego en el juicio de Bacon –en cuanto a que este gusto por las novelas es "prueba de la grandeza y dignidad del entendimiento humano" (96)– que ya han citado Blair, Munárriz y Hermosilla, y en la historia del género (96-99), que Vicente F. López copiará íntegra en *Curso de Bellas Letras*, según veremos más adelante.

Otro aspecto innovador del *Manual de Literatura* es que diferencia la composición de las novelas según los destinatarios: "Es un género fácil cuando se trata solo de contentar el gusto poco delicado del comun de los lectores; pero ofrece sumas dificultades cuando ha de cumplir con su objeto [entretener instruyendo] y de satisfacer á las gentes morigeradas y entendidas" (99). Para estos casos, Gil de Zárate repite las reglas de Hermosilla y agrega otros comentarios de su cosecha (99-100). Se advierte en ese planteo clasista el interés de la burguesía por establecer nuevos géneros, acordes con su ascenso social (González Alcázar 2005: 114-116).

En la segunda parte del manual, titulada "Resumen histórico de la literatura española", Gil de Zárate utiliza otros criterios para valorar las novelas españolas:[103] por un lado, parte de una perspectiva historicista –ha habido un tipo de novela según cada época (630)–; por otro, hace hincapié en el grado de imaginación usada y la mide atendiendo a su relación con la realidad. Las novelas de caballerías han sido muy famosas porque se inspiran en el sistema feudal histórico; las novelas pastoriles, en cambio, significan una "decadencia" (641) ya que sus personajes y el estilo empleado no se corresponden con los auténticos pastores del siglo XVI; posteriormente, la picaresca, el costumbrismo y,

---

116).

[103] "Sección Tercera: Escritores en prosa"; cap. XI, "Novelistas; Libros de caballerías"; cap. XII, "Novelas pastoriles"; cap. XIII, "Novelas picarescas y de costumbres", cap. XIV, "Cervantes" (630-673).

sobre todo, las novelas cervantinas gustan y son creaciones originales porque representan la realidad española sin disimulos. Por lo tanto, la credibilidad obtenida por estas novelas deviene de su *realismo*, entendido según la cosmovisión de cada época; por ejemplo, las escenas fabulosas de las novelas de caballerías son creíbles solamente en un contexto caracterizado por la pervivencia del recuerdo de las hazañas caballerescas medievales y por el influjo del arte árabe, que incentiva el gusto por los elementos maravillosos en los relatos (631).

1.2. Las enseñanzas de Diego Alcorta

Alcorta es, en ese momento, el maestro argentino por antonomasia, pues es el que deja una impronta imperecedera; así lo recuerdan, con mucho cariño, sus discípulos: Juan María Gutiérrez en su tratado sobre los estudios superiores (1915: 76-77, 619-621), Vicente F. López en su autobiografía (1896: 331-334) y José Mármol en su novela *Amalia* (Parte II, cap. II). Sus apuntes circulan hasta después de su muerte, ocurrida en 1842, por lo que sus enseñanzas seguramente han sido acogidas por otros escritores, aunque no hayan sido sus alumnos en la universidad. Por todo ello, nos detendremos en su *Curso de Filosofía*.[104]

Este educador se dedica a explicar cómo se origina el conocimiento humano. Con el título de "Estudio del entendimiento humano o metafísica" y después de describir los cinco sentidos, Alcorta explica el proceso de las sensaciones (Alcorta, D.: 11-12). Toda sensación hace conocer el objeto que la envía –modo representativo– y también produce una reacción agradable o desagradable hacia él –modo afectivo– (20). Por ser representativa, cada percepción activa, a su vez, una serie de operaciones del

---

[104] Nos basamos en la primera edición, de 1902, hecha por Paul Groussac, sobre la base de un manuscrito de 1834.

entendimiento o inteligencia: primero, la atención, y esta, luego, a las facultades del recordar: la reminiscencia (fundamento de la experiencia, relaciona la percepción con el objeto que la ha producido), la imaginación (recuerdo de las formas y sentimientos ocasionados por el objeto) y la memoria (recordación de ideas, reconocimiento del hecho como pasado). Obsérvese que la imaginación es considerada como una de las facultades del recordar: "La imaginación poética consiste en el recuerdo de una porcion de percepciones, cuya union forma un ser fantástico que puede hacer una impresión real" (22). Finalmente, opera la reflexión, "que consiste en el poder que tiene el alma de disponer por si misma de la atención" (24). Esta facultad ordena y distingue los conocimientos adquiridos por las sensaciones a través de diversas operaciones: abstraer, analizar, juzgar (o comparar) y raciocinar (encadenar juicios para una demostración).

En el plano afectivo, la sensación origina la necesidad, "sentimiento de inquietud ó malestar producido por la privación de una cosa que juzgamos nos hará bien" (26). La necesidad determina que el alma se ocupe de esa cosa, de la idea que tiene de ella y del placer que le causaría el poseerla; esta determinación de todas las facultades hacia el objeto se denomina deseo. "Los deseos toman el nombre de *pasiones* cuando son vivos y continuados; es decir, se dirigen con fuerza y tenacidad sobre un objeto" (27). Un poco más adelante, Alcorta agrega que las pasiones "son el principio de los movimientos de la máquina social: quítesele al hombre el amor á la gloria y la historia no tendrá una accion heróica que contar" (36).

Frecuentemente, los objetos provocan reacciones contradictorias, agradables desde un punto de vista, desagradables desde otro; entonces, opera otra facultad, el libre albedrío o libertad moral, que "pesa, delibera y se decide entre las cualidades opuestas á un objeto" (27). Todas estas operaciones dependientes de lo afectivo, sobre todo el deseo y la libertad, constituyen la voluntad. Inteligencia y voluntad forman el pensamiento (27-28). Cuando este opera, el resultado es la *idea* o conocimiento del objeto (28).

Luego de estas consideraciones generales, Alcorta se detiene en las acciones de la voluntad, a la que aprecia como la fuente de todos los medios y recursos que puede alcanzar el hombre para saciar las necesidades y evitar las miserias; de modo tal que el "empleo de nuestras fuerzas, el trabajo de todo género es nuestra única riqueza primitiva, [y] la fuente de todas las otras [...]" (37). De las necesidades devienen los derechos y de los medios, las obligaciones. Las acciones de los hombres tienen, pues, causas y consecuencias morales. Alcorta resume este axioma en una frase emblemática: "Hay mérito y demérito en nuestras acciones. Este principio que nadie puede negar [...] supone la conciencia de la libertad moral en el hombre" (42; López 1896: 332).

Este planteo de lo moral propone un equilibrio entre el individuo y la sociedad, porque la tendencia a la felicidad es un bien que depende de las relaciones del hombre con la naturaleza, "como individuo de la especie humana", y con los demás hombres, como miembro de la sociedad y de la familia. Estas relaciones "son las que determinan las reglas de conducta que el hombre debe seguir para procurarse aquel bien precioso" (42). Además, porque "es un ser social por naturaleza", el hombre debe proteger la sociedad con su fuerza individual, para ser protegido a su vez por ella. Con evidente influjo de Rousseau, el profesor afirma: "Hay un contrato tácito entre los pueblos y cada ciudadano. [...] El bien particular está siempre encerrado en el bien general; este bien general es el fundamento del edificio social" (46). Y para alcanzar ese provecho, es indispensable que haya una cabeza, la autoridad.

Por último, Alcorta enuncia los deberes del hombre como miembro de una familia, a la que define como "el punto central de toda civilización" (47), que parte del "instinto reproductor", que "es el primer paso dado hácia la sociabilidad" (48). El concepto de familia que se desarrolla en este punto es netamente patriarcal: para acompañar el lento proceso de perfectibilidad del niño, la "naturaleza" ha generado el amor paternal, considerado como el sentimiento más puro, generoso y sublime. El padre es la autoridad, la protección, la previsión; "debe dominar, pero su dominio debe fundarse en la felicidad que procura" (48). Desde este centro se delimitan los roles familiares: "En fin el padre ordena y protege la familia; la madre ejecuta y la hace amable" (49); "los trabajos domésticos son su pertenencia"; los hijos, "débiles é ignorantes y sin medios para satisfacer las necesidades, solo tienen el deber de amar, respetar y obedecer á los que [...] deben todos sus afectos" (48-49). Alcorta concluye este punto con una aclaración alentadora para sus jóvenes alumnos: la virtud es provechosa porque suscita la estimación pública, la simpatía o compasión, y el aumento de los intereses particulares (49-50).

Estas consideraciones generales se particularizan en cada hombre de diferente manera, pues son limitadas por cuatro circunstancias: la organización biofísica, la educación, las habitudes (hábitos) y el ejemplo, fruto de la inclinación natural por imitar, que puede traer consecuencias positivas o negativas: "Así el niño habla imitando á su nodriza; la virtud se corrompe con la frecuentacion del vicio, y el hombre se hace razonable ó crédulo segun las ideas que circulan alrededor de él" (56). En este aprendizaje de vida, el ejemplo tiene un valor incalculable (56-57).

La segunda parte del *Curso...* está dedicada a los procedimientos del entendimiento humano: el método, la lógica y el lenguaje. De estos puntos, es de interés para este trabajo la distinción entre verso y prosa: *verso* es la forma de estilo "exacta y medida", cuyo objeto esencial es agradar, aunque pueda también instruir; mientras que *prosa* es la forma "enteramente libre", que se propone como única finalidad el instruir (95-96).

Y en la tercera, "Retórica", Alcorta resume las *Lecciones...* de Blair. Describe las principales figuras y luego se dedica a la elocuencia, indispensable para los futuros abogados. Finalmente, resume la clasificación del conocimiento humano propuesta por Francis Bacon, en el Libro Segundo de *De Dignitate et Augmentis Scientiarum* (1605) y retomada por D'Alembert en el "Discours préliminaire" de la *Encyclopedie* (1751): conocimientos de memoria (historia), de razón (ciencias) y de imaginación (bellas artes). Pero Alcorta critica esta clasificación porque considera que en cada ejercicio intelectual operan todas las facultades "con la misma intensidad" (170). Propone, en cambio, el criterio de atender a la naturaleza del objeto estudiado; y, por lo tanto, reconoce cinco ciencias: las matemáticas, la física, las ciencias intelectuales (cuyo objeto solo es reconocido por el pensamiento), la historia y las bellas artes. Una de estas es la poesía, subclasificada en "narrativa, lírica, didáctica, fugitiva y dramática" (171). La novela no figura en esta clasificación.

En el balance final, Alcorta resume su ideología:

> El espíritu humano, pues, se perfecciona cada dia. [...]
> Los hombres, por consiguiente, valdrán más á medida que sean más instruidos. Pero esto no seria suficiente; una desgraciada esperiencia nos ha demostrado que generalmente los siglos más ilustrados han sido los más corrompidos. Las pasiones son un obstáculo á la dicha de los hombres y de los pueblos, y en vano es que se instruya á los jóvenes, si por una inadvertencia funesta se descuida el hacer servir las luces á dar mayor perfeccion á las costumbres. Es preciso, pues, buscar y practicar los medios de que las costumbres públicas hagan, progresos análogos á los de la razon, y ligar

al estudio de las diversas ciencias las reglas morales que deben dirigir su uso (177).

Estas enseñanzas educan en una moral al servicio del progreso de toda la sociedad, pervivencia ilustrada que se asociará pronto a los postulados del Romanticismo social.

1.3. Un torrente de lecturas

A las clases de Diego Alcorta asisten varios de los futuros escritores: Alberdi, Cané, López y Mármol, entre los más recordados. Pero la universidad no sacia su curiosidad completamente. Los jóvenes estudiantes también buscan respuestas a sus innumerables preguntas en los libros, enciclopedias y revistas llegadas de Europa, sobre todo en lengua francesa.[105]

Para resumir la incidencia de la lectura de textos novedosos, casi todos de origen francés, en la formación de los futuros novelistas, resulta inevitable acudir a la ya tradicionalmente citada *Autobiografía* de Vicente Fidel López:

> Á los influjos de mis cursos con Alcorta, se agregan los de un grande acontecimiento que trastornó las bases sociales del mundo europeo, – la revolución de 1830, – que sacó a los Borbones del trono de Francia, y puso en él á Luis Felipe de Orleans. Nadie hoy es capaz de hacerse una idea del sacudimiento moral que este suceso produjo en la juventud argentina que cursaba las aulas universitarias. No sé cómo produjo una entrada torrencial de libros y autores que no se había oído mencionar hasta entonces. Las obras de Cousin, de Villemain, de Quinet, Michelet, Jules Janin, Merimée, Nisard, etc., andaban en nuestras manos produciendo una novelería fantástica de ideas y de prédicas sobre escuelas y autores – románticos, clásicos, eclécticos, San Simonianos. Nos arrebatábamos las obras de Victor Hugo, de Saint-Beuve,

---

[105] Recordemos que la librería de Marcos Sastre anexa un Gabinete de Lectura y en 1837 abre el Salón Literario.

las tragedias de Casimir Delavigne, los dramas de Dumas y de Victor Ducange, Georges Sand, etc. Fué entonces que pudimos estudiar á Nieburh y que nuestro espíritu tomó alas hacia lo que creíamos las alturas (1896: 336).

Ese torrente de lecturas debe de haber provocado reflexiones diversas y discusiones acaloradas. Los libros "nuevos" traían nuevas ideas filosóficas, nuevos modos de interpretar la realidad personal, social y política. Y su carácter de novedad era la garantía de que servirían para la independencia cultural tan anhelada, pues lo *nuevo* se oponía naturalmente a lo *viejo*, esto es, a la tradición escolástica del pensamiento hispánico.

Es casi imposible reunir todo el corpus de lecturas de autores extranjeros que han influido en la formación teórico-literaria de nuestros novelistas. Podemos confeccionar listas a partir de las autobiografías y de las referencias bibliográficas en epígrafes y notas, pero no podemos reconstruir sus implicancias, ni revivir la pasión que han suscitado aquellas lecturas. Sobre las ideas de esos autores, que solemos en la actualidad denominar colectivamente "románticos", ya se han escrito innúmeros tratados; por eso, no parece necesario resumirlas en estas páginas. Pero no podemos acallarlas totalmente porque los ecos que provocaron en nuestros intelectuales son muy fuertes. Optamos, en consecuencia, por seleccionar dos de aquellos autores modélicos y parafrasear sus textos como si fuésemos los lectores de antaño. Pretendemos, en definitiva, aproximarnos a los fundamentos filosóficos de la poética argentina de la novela.

Entre los libros que ofrece Marcos Sastre se hallan los tres tomos de *De la littérature: Considérée dans ses rapports avec les institutions sociales* (1800), de Madame de Staël, una de las mujeres más leídas y admiradas por nuestros jóvenes intelectuales (Parada 2007: 262). Imaginamos la atracción que habrá suscitado un libro que se proponía analizar el poder que la Revolución Francesa había ejercido sobre las luces y entrever los beneficios que resultarían si un día el orden, la libertad, la moral y la independencia republicana se combinaran sagaz y políticamente (13);[106] aún más, un libro que fundamentaba la importante función social que debían cumplir los literatos. Staël emplea un estilo directo y enérgico a través del cual dialoga con sus lectores y les impone una serie de postulados como premisas indiscutibles:

> La parfaite vertu est le beau idéal du monde intellectuel. [...] Les bizarreries, inventées ou naturelles, étonnent un moment l'imagination; mais la pensée ne se repose que dans l'ordre (14).
>
> La littérature ne puise ses beautés durables que dans la morale la plus délicate. Les hommes peuvent abandonner leurs actions au vice, mais jamais leur jugement (15).
>
> La liberté, la vertu, la gloire, les lumières, ce cortège imposant de l'homme dans sa dignité naturelle, ces idées alliées entre elles, et dont l'origine est la même, ne sauraient exister isolément. Le complément de chacune est dans la réunion de toutes (23).

La autora explica que no es dado a los poetas, sea cual fuere su talento, hacer surgir un efecto trágico de una situación que admita, en principio, una inmoralidad. La opinión, vacilante en cuanto a los sucesos reales de la vida, queda fija –en cambio– cuando juzga los cuadros de la imaginación. La crítica literaria resulta, muchas veces, un tratado de moral. Estudiar el arte de conmover a los

---

[106] Estamos traduciendo literalmente el texto de Staël. La página que se indica corresponde al original francés.

hombres es, pues, ahondar en los secretos de la virtud. Esta íntima relación entre literatura y moral es posible porque las obras de arte producen una suerte de estremecimiento moral y físico, un sobresalto de admiración que dispone a las acciones generosas. La virtud se vuelve entonces un impulso involuntario, que arrastra irresistiblemente como las pasiones más imperiosas (15). Existe tal conexión entre todas las facultades del hombre que, perfeccionando aun el gusto literario, se obra sobre la elevación de su carácter. El sentimiento de la belleza intelectual debe inspirar la repugnancia por todo lo que es vil y cruel, y esta aversión involuntaria es una garantía casi tan segura como las normas suministradas por la reflexión (16). Por eso, Madame de Staël aconseja:

> Excitez l'homme enfin à tous les genres de supériorité, ils serviront tous au perfectionnement de sa morale. [...]
> Voyez les hommes cruels; ils sont, pour la plupart, dépourvus de facultés distinguées (17).

El arte de observar los caracteres, de explicar los asuntos, de hacer resaltar los colores es tan poderoso sobre la opinión que, en todos los países donde exista libertad de prensa, ningún hombre público resistirá el menosprecio que un hombre talentoso le inflija. Los retratos del vicio dejan un recuerdo imborrable cuando son obra de un escritor profundamente observador. Él analiza los sentimientos íntimos, los detalles inadvertidos y, muchas veces, cuando liga una expresión enérgica a la vida de un hombre culpable, esta y aquella se hacen una en el juicio del público. ¡Qué mayor utilidad moral puede producir el talento literario que este oprobio impreso sobre las malas acciones! (18). Podría objetarse –admite Staël– que las obras en las que se han pintado con talento costumbres condenables podrían perjudicar la moral si producen una profunda impresión, pero en realidad tales escritos no dejan más que una huella ligera y los sentimientos verdaderos la borran bien fácilmente.[107]

Los progresos de la literatura, es decir, el perfeccionamiento del arte de pensar y de expresarse, son necesarios para el establecimiento y la conservación de la libertad. La pureza de lenguaje, la nobleza de las expresiones, imagen del orgullo del alma, resultan necesarias sobre todo en un Estado fundado sobre bases democráticas (23). El razonamiento y la elocuencia son los lazos naturales de una asociación republicana. Las instituciones nuevas deben formar un espíritu nuevo en los países que se quiere liberar. Para ello, es indispensable contar con el socorro de los escritores distinguidos. Los hombres llamados a dirigir el Estado tienen que tener el secreto de persuadir los espíritus:

> Il faut faire naître le désir au lieu de commander l'obéissance [...] (24).
>
> Il n'y a que des écrits bien faits qui puissent à la longue diriger et modifier de certaines habitudes nationales (24-25).
>
> C'est par les progrès de la littérature qu'on peut combattre efficacement les vieux préjugés (25).

El hombre tiene, en el secreto de su pensamiento, un refugio de libertad impenetrable a la acción de la fuerza; los conquistadores han tomado muchas veces los hábitos de los vencidos; la convicción ha cambiado solo las costumbres antiguas. En los países devenidos libres, los gobiernos necesitan, para destruir los antiguos errores, del ridículo

---

[107] Observamos que la autora no da mayores argumentos para explicar por qué las acciones condenables dejan una huella menos duradera que las buenas acciones; solo aclara que la naturaleza humana es "sérieuse" (18-19).

que aleja a la gente joven, de la convicción que aparta a la edad madura; necesitan, para fundar nuevas instituciones, ejercitar la curiosidad, la esperanza, el entusiasmo, los sentimientos creativos –por último– que han dado nacimiento a todo lo que existe, a todo lo que dura; y es en el arte de hablar y de escribir donde se encuentran los únicos medios de inspirar esos sentimientos (25).

Debemos recordar que Madame de Staël –como todos los escritores de su tiempo– en el concepto de literatura incluye tanto los "livres sérieux" (especialmente, los filosóficos, los religiosos y los históricos) como las "ouvrages d'imagination", si bien concede preeminencia a lo filosófico sobre lo imaginativo. La filosofía da más grandeza a las imágenes poéticas. El conocimiento de la lógica vuelve al escritor más capaz de hacer hablar a la pasión. En todas las obras de imaginación debe hacerse sentir una progresión constante de las ideas, un fin de utilidad: "Il faut analyser l'homme, ou le perfectionner" (336). Los romances, la poesía, las piezas dramáticas, y todos los escritos que parecen no tener más objeto que el de interesar, no pueden atender a este objeto mismo más que cumpliendo una meta filosófica. Los romances que no ofreciesen más que sucesos extraordinarios pronto serían dejados de lado (335-336). En nota a pie de página, agrega que los romances posteriores a los de Rousseau y de Saint-Pierre, en los que se podía excitar el terror, con la noche, los viejos castillos, largos corredores y el viento, son de las producciones más inútiles y, por consiguiente, las más fastidiosas al espíritu humano. Pero en los romances que pintan las costumbres y los caracteres se aprenden muchas veces más sobre el corazón humano que en la historia misma. La autora resalta el hecho de que las mujeres, sea en Francia, sea en Inglaterra, se han destacado en este género de romances, porque ellas estudian con cuidado y caracterizan con sagacidad los movimientos del alma; por lo demás, hasta ese momento no se han consagrado los romances más que a pintar el amor, y solo las mujeres conocen todos los matices delicados de ese sentimiento. Entre los romances franceses nuevos escritos por mujeres menciona a *Caliste, Claire d'Albe, Adèle de Sénanges,* y en particular las obras de Mme de Genlis, a quien el cuadro de situaciones y la observación de los sentimientos le merecen un primer lugar entre los buenos escritores (336).

Victor Cousin, en *De lo verdadero, lo bello y lo bueno: Curso de filosofía sobre el fundamento de dichas ideas absolutas* (1815-1821), propone el eclecticismo como doctrina moderna que supera las limitaciones de las corrientes anteriores en cuanto al conocimiento. Para el francés, la experiencia es el punto de partida, y los sentidos, una ventana abierta sobre la naturaleza, pero que no abarca todas las capacidades humanas. En particular, considera que las facultades que concurren a la percepción de la belleza son tres: la razón, los sentimientos y la imaginación. La filosofía sensualista ha reducido lo bello a lo agradable (149). Sin embargo, entre la idea de lo bello y la sensación de lo agradable se advierte la misma distinción que entre la razón y la sensibilidad (151); lo agradable es personal y subjetivo; lo bello, general, universal: "Cuando decimos: esto es verdadero, esto es bello, no es una impresion particular y variable de nuestra sensibilidad lo que experimentamos, es el juicio universal y absoluto que la razon dicta á todos los hombres" (152). Cousin reconoce a la razón "como una potencia superior á la sensacion y al sentimiento, como siendo por escelencia la facultad de conocer en todo género lo verdadero, lo bello y lo bueno, [...] la razon no puede desarrollarse sin condiciones que le son estrañas, ni bastará el gobierno del hombre sin el concurso de otra fuerza. Esta fuerza [...] es el sentimiento" (379).

El sentimiento "no es un principio, es un hecho verdadero é importante", particular y variable por naturaleza, se sitúa por encima de las sensaciones; se distingue, asimismo, de la razón. Un objeto bello nos atrae: el juicio de lo bello se asocia con el amor (pero sin apasionamiento); el juicio de lo feo provoca rechazo, aversión (155).

En cuanto a la imaginación, Cousin señala dos niveles: la "*memoria imajinativa*", que es el recuerdo y la representación como imagen de un "objeto ausente, tal y conforme le hemos visto [...] y conforme lo hemos sentido y juzgado" (161); y la imaginación creadora, cuando el espíritu descompone esas imágenes recordadas, escoge entre sus rasgos algunos diferentes y forma imágenes nuevas (161-162). Esta, la "grande" imaginación, se enciende gracias al sentimiento de lo bello, sobre todo lo bello moral. Supone una cualidad en el hombre, una "sensibilidad particular" para conmoverse (162). La imaginación no solo combina elementos recordados para sacar efectos nuevos, sino también reproduce sentimientos, elevados pensamientos de justicia, de libertad y de virtud, es decir, todo tipo de ideas morales (163). Permite además "metamorfosear" lo recordado: "Toda belleza mortal vista de cerca no basta á satisfacer este poder insaciable [de sentir y de amar] que su vista escita. Pero de lejos los defectos desaparecen ó se debilitan, los matices se revuelven y se confunden en el claro-oscuro de la memoria y del sueño y los objetos agradan mas porque están menos determinados" (164). Al lado de la imagen embellecida, la realidad solo muestra sus imperfecciones.

Hay tres tipos de belleza: la belleza *física*, en los objetos sensibles; la *intelectual*, en las leyes universales, en el genio, en la inspiración del poeta; y la *moral*, en la idea de libertad, de virtud, de sacrificio, que es, en definitiva, la belleza *espiritual* (173-175). Por estas relaciones esenciales, lo bello es inseparable de lo bueno y de lo verdadero. Cousin resume su doctrina con estas palabras: "El fundamento directo de la ciencia es la verdad absoluta; el fundamento directo del arte es la belleza absoluta; el fundamento directo de moral y de la política, es el bien, es el deber, es el derecho, y lo que nos revela estas ideas absolutas de lo bello, de lo verdadero y de lo bueno, es la razon. El fundamento de nuestra doctrina, es, pues, un idealismo templado por una justa parte del empirismo" (386). Poco más adelante, explicita que la verdad, la belleza y el bien son atributos del ser absoluto, que es Dios. Así Cousin se ubica a sí mismo en la línea del Espiritualismo, cuyo "carácter es el de subordinar los sentidos al espíritu y de tender por todos los medios que la razon reconoce á elevar y á engrandecer al hombre". Y agrega:

> Ella [esa doctrina filosófica] enseña la espiritualidad del alma humana, la libertad y la responsabilidad de las acciones humanas, la obligacion moral, la virtud desinteresada, la dignidad de la justicia, la belleza de la caridad; además nos presenta los límites de este mundo terrestre y perecedero, nos muestra un Dios autor y tipo de la humanidad [...]. Esta filosofía es la aliada natural de todas las buenas causas, ella sostiene el sentimiento religioso, ella secunda el arte verdadero, la poesía digna y levantada, la perfecta literatura, ella es el apoyo del derecho, ella rechaza lo mismo la demagogia y la anarquía, que al despotismo y la tiranía, ella enseña á todos los hombres á respetarse y amarse, y por último, ella conduce poco á poco las sociedades humanas á la verdadera república [...] (15).

En definitiva, todas las facultades humanas se integran en todos los actos, y el accionar de todo hombre (lo religioso, lo artístico, lo político) se integra en el accionar de toda la sociedad.

Estos pensadores europeos –Madame de Staël, Cousin y tantos otros– inspiran a los argentinos la convicción de que la belleza artística es la otra cara de la belleza moral, que solo es bueno y bello lo verdadero, que lo verdadero es aprehendido por el espíritu gracias a los sentimientos, la razón y la imaginación; y que el desarrollo o la elevación del espíritu significa la superación del individualismo en pos del bien comunitario, al servicio del cual el escritor deberá poner toda su obra.

Este ideal ha sido el motor de la teoría y de la praxis literaria argentina.

1.4. El *Curso de Bellas Letras*

López destina inicialmente este manual a sus alumnos del Instituto Nacional, el colegio secundario más importante de Santiago de Chile, aunque esperaba que se vendiera en otros países sudamericanos, como –por ejemplo– Nueva Granada y Bolivia, además de la Argentina.[108] Es muy posible que para su composición revisara las lecciones que había dictado en 1837, en la Universidad de Buenos Aires, cuando su maestro Diego Alcorta lo dejó momentáneamente a cargo de la cátedra de Retórica (López 1896: 40).[109]

López elabora el manual con distintas motivaciones, desde la intención de insertarse en la Universidad de Chile, hasta cubrir necesidades económicas.[110] A través

---

[108] Los presidentes de Nueva Granada y Bolivia, generales Mosquera y Ballivián respectivamente, le habían prometido a López la compra de numerosos ejemplares. Al parecer, el envío a Bolivia se concretó pero nunca llegó el pago correspondiente. Véanse las cartas de Vicente Fidel López a su padre Vicente López, datadas en Santiago, 6 de diciembre de 1844, y en Montevideo, mayo de 1846 (Docs 3972 y 3977).

[109] Esta suplencia debe de haber sido de corta duración o informal porque no figura en los registros universitarios de Juan María Gutiérrez (1915).

[110] Su situación no es cómoda, pues debe enfrentar oposiciones basadas en su carácter de joven, argentino, emigrado político, romántico; por lo tanto, *progresista*, idealista y entusiasta. López revela las situaciones adversas que padece en diversas cartas dirigidas a su padre o a sus amigos (1951). El *Curso...* es publicado con la *ortografía nueva* que había

del *Curso*..., o sea, de un texto autorizado por la academia, tratará de transmitir las ideas innovadoras de su generación. Pero, a pesar de que el Instituto Nacional es el más progresista de Chile (Narvaja de Arnoux: 368), el clima intelectual chileno no le es favorable (Pinilla) y finalmente el manual no es usado en ese país.

En la "Introducción", López critica a Blair que no tenga en cuenta la evolución del pensamiento humano; a Hermosilla, que sea anticuado, terco y petulante; y a Gil de Zárate, que carezca de método y que haya copiado, sin decirlo, a Schlegel y a Villemain (1845: i-iii). Estas críticas manifiestan su ambiguo propósito de diferenciarse de los hipotextos europeos al mismo tiempo que procura insertarse en esa tradición retórica, a fin de justificar su osada competencia con autoridades reconocidas y de resaltar su propia originalidad. En este sentido, Elvira Narvaja de Arnoux destaca el carácter culminante del *Curso*:

> El interés particular que tiene el texto de Vicente Fidel López es que no solo nos permite comprender la importancia de la regulación discursiva en la formación del Estado sino también las tensiones a las que está sometido un emprendimiento como este a mediados del siglo XIX. Por eso consideramos que completa y cierra la serie de las artes de escribir ilustradas.[111] La completa por su apertura a los nuevos géneros y la cierra por su cuestionamiento del mismo dispositivo normativo que debe implementar. Adopta, por lo menos programáticamente, una perspectiva histórica que relativiza la actitud normativa; insiste en una regulación que tenga en cuenta las nuevas producciones discursivas; y destaca la importancia de las prácticas de lectura y escritura,

---

empezado a exigir la Universidad de Chile como de uso obligatorio, a instancias de Bello y Sarmiento.

[111] Narvaja de Arnoux construye una serie de artes de escribir ilustradas, que incluye los textos de Condillac, Blair, Jovellanos, Gómez Hermosilla, Fernández de Agüero y Vicente F. López.

más que el conocimiento de las normas, en la formación de los jóvenes (321-322).

Este *Curso de Bellas Letras* supera ampliamente las tradicionales retóricas y proyecta una auténtica poética, que reflexiona sobre la esencia de la literatura y los diversos géneros literarios. No obstante, conviene aclarar que –en lo concerniente a la novela– esta poética adquiere visos de propuesta, ligeramente normativa, más que de síntesis teórica de una práctica habitual. El carácter propedéutico de este libro puede haber incidido en la presentación de los rasgos genéricos como requisitos indispensables para la escritura, pero no oscurece la delimitación conceptual que nos interesa analizar en esta ocasión.

Si bien es publicado en Chile, este manual se difunde rápidamente por Buenos Aires. Félix Weinberg informa que, según "papeles autógrafos inéditos de Vicente López, éste recibió sucesivos envíos de su hijo que solamente para los años 1846 y 1847 totalizan 112 ejemplares"; entre los compradores destaca a Miguel Navarro Viola, Marcos Sastre, Rosa Guerra, Manuel José García (futuro suegro de Eduarda Mansilla), Vicente G. Quesada, Miguel Estévez Seguí y los libreros Stegman y White. Weinberg sintetiza: "Por lo que se ve, el famoso manual de estética romántica de López era un bienvenido para muchos lectores porteños" (1982: 497).

2. La teoría literaria

Los escritores argentinos asumen como premisa primordial la definición planteada por Bonald: *la literatura es la expresión de la sociedad.*[112] A partir de este axioma

---

[112] "*Le style est l'homme même*, a dit Buffon, et l'on a dit après lui: *La littérature est l'expression de la société*. [...] la littérature est à la société ce que

(formulado por cada autor de diversas formas) se articula una red conceptual que justifica la valoración final de la novela como "una palanca política o social de primer órden" (López, V. F. 1845: 302).[113]

Esa aseveración apunta a considerar como esencial la dimensión histórica en toda obra literaria. La literatura manifiesta una sociedad determinada, es decir, una comunidad de personas reunidas en un aquí y en un ahora; pero cada sociedad se desarrolla, *vive*, en un *continuum* temporal, en el camino hacia el progreso civilizador que inexorablemente le corresponde (aunque este progreso sea más perseguido y soñado que alcanzado). Por lo tanto, en cada tiempo existe una sociedad distinta y cada una de ellas tiene su literatura propia. Por esta asimilación tan estrecha con la sociedad, la literatura deviene en elemento político, entendiendo por política el ordenamiento de las dimensiones sociales de una comunidad. Sobre este perspectivismo histórico, los intelectuales del 37 construyen su proyecto político-literario y lo justifican: es la propia Historia la que le da nacimiento, porque hacia 1830 es el tiempo de la literatura que ellos mismos denominan "socialista" o "progresista", es decir, una literatura con función social relevante.

---

le style est à l'homme, [...] on pourrait définir la littérature chez chaque peuple, *le style de la société*. Ainsi chaque société a son style, como chaque peuple a son langage"; "Si le style est l'expression de l'homme, la littérature n'est pas moins l'expression de la société. [...] la littérature sera donc l'expression de la partie morale de la société; c'est-à-dire de sa constitution, qui est son âme, son esprit, son caractère" (Bonald: 976, 988).

[113] López repite insistentemente la sentencia de Bonald, que lee a través de Madame de Staël: "*la literatura es la expresión de la sociedad*" (Pinilla 1943 b: 29, 57, 59; Figueroa: 331, 471, 474). Labougle también la cita varias veces (4, 139). Para Cané, las letras "son la espresion de la vida intelectual, politica y real de la sociedad" (1858 b: 3). Heraclio Fajardo basa su postura sobre literatura nacional en esa afirmación, que reconoce como "axioma universal" (1865).

Desglosemos ahora las implicancias de cada término de la premisa primordial. "Sociedad" es entendida como una asociación de ciudadanos para compartir y defender bienes (que deberían ser) comunes: un lugar para vivir en familia, educación, fe religiosa, honor personal, convivencia pacífica. (Recuérdese lo que se dice en *Facundo* y *Martín Fierro*.) Para que esa asociación de personas cumpla su cometido –sobre todo en naciones en formación como las hispanoamericanas– hace falta un ordenamiento basado en reglas supremas: las leyes (escritas) que regulan la vida política y las normas morales (convenciones consuetudinarias) que amoldan la vida social. Como lo político genera lo histórico, las consecuencias de la aplicación –óptima, deficiente o nula– de las leyes son tratadas especialmente por la historiografía, mientras que las cuestiones morales y los desfases entre lo legal y lo lícito interesan a la literatura (Molina, H. 2005 d). Por ello, la moralidad se convierte en un requisito fundamental y en el criterio máximo de valoración de los textos literarios.

"Expresión" alude al principio romántico de la exteriorización de las sensaciones, los sentimientos y las ideas de las personas individualmente (el autor) o en su conjunto social (el escritor como vate), es decir, a su manifestación en un discurso literario. "Expresión de la sociedad" oculta más de lo que revela, pues esta frase no especifica qué aspectos de la sociedad son "expresados". Según los autores argentinos, la literatura manifiesta el presente (con sus vicios y sus virtudes), el pasado (para entender el devenir de ese presente) y el futuro que se proyecta o que simplemente se anhela (y que debe llegar inexorablemente gracias a la ley histórica del progreso indefinido); en palabras de Juana Manuela Gorriti, los "sueños y realidades" de la sociedad develada.

"Literatura" debe ser interpretada como el conjunto de escritos en los que se ensamblan armónicamente (esto es, *bellamente*) un "fondo" y una "forma". No obstante, es el contenido el que determina la forma expresiva y la estructura de la obra, según el principio que imponen los románticos frente a los estereotipos y a la excesiva reglamentación de los clasicistas. A cada tema le corresponde, pues, un tipo de texto diferente. De ahí que la elección entre prosa o verso no sea intrascendente y que la clasificación discursiva se base en criterios semánticos.

Finalmente, "literatura como expresión de la sociedad" alude también implícitamente a los modos de representación, o sea, a las relaciones veredictorias entre el referente (la sociedad real) y la obra literaria (la sociedad vista e imaginada por el autor). En el marco del triunfo del Romanticismo sobre el Clasicismo, se observa un claro desplazamiento desde las convicciones miméticas hacia la potenciación de la capacidad creadora de la fantasía, gracias a la cual la realidad puede ser idealizada, es decir, despojada de sus elementos prosaicos y condensada en su versión ideal. No obstante, la exigencia moral es tan determinante que limita las posibilidades imaginativas de lo literario: la *verdad* de lo representado debe ser probada por la verosimilitud del texto, la historia ficticia necesita un anclaje espaciotemporal definido. Lo ficcional idealiza lo real tratando, sin embargo, de parecer realista; se produce, entonces, lo que denominamos "efecto del espejo cóncavo".

Desde este marco conceptual se impone una poética de la novela valorada como el género más apropiado para ese período histórico, por ser una prosa amena y atrayente a través de la cual puede presentarse una idealización (pretendidamente) realista –por ende, creíble– de la vida social, y de este modo, transmitir un mensaje moral para mejorar la sociedad presente, en vista de la finalidad última de la literatura socialista: construir la nación soñada.

2.1. La literatura socialista o progresista

Este concepto es abiertamente formulado en *La Moda* de Buenos Aires, en *El Iniciador* de Montevideo y en una serie de artículos periodísticos sobre el tema que promueven una de las polémicas más famosas del Movimiento Literario del 1842, en Chile. Este debate se inicia después que Vicente Fidel López publica "Clasicismo y Romanticismo", en la *Revista de Valparaíso*. La intención del argentino es explicar la literatura progresista, pero la discusión se desvía hacia consideraciones sobre el Romanticismo cuando el chileno Salvador Sanfuentes le contesta desde *El Semanario de Santiago* y Sarmiento se entromete desde *El Mercurio*. Finalmente, en agosto de 1842, López completa su lección de estética con una serie de seis artículos periodísticos sobre neoclasicismo y Romanticismo, en la *Gaceta del Comercio*; tres años después, intenta la difusión de conceptos referidos a la "nueva" literatura en el ámbito educacional, a través del *Curso de Bellas Letras*.

El profesor López organiza una secuencia lógica casi impecable para demostrar –siguiendo a Hegel, Constant y Villemain, entre otros– que la literatura es un hecho social porque es consecuencia del "desenvolvimiento intelectual i moral" de un pueblo (1845: 17) y, por eso mismo, integra un sistema interrelacionado con la filosofía, la religión y la historia. Cuando el pueblo alcanza un grado avanzado de progreso, aparece el libro, el cual manifiesta –a su vez– el nivel de civilización de esa sociedad. Todo libro "está destinado a enseñar", porque contiene "doctrinas" (19), agrupadas en diversas escuelas; "se debe suponer qe [los lectores] sean ménos instruidos qe el libro" (17). Porque enseña, es "un *modelo* para los qe aprenden" (18), un modelo artístico ya que la escritura de un libro no es un hecho natural, sino la combinación de una porción de medios, que produce belleza, armonía y poesía. Por lo tanto, la literatura –en su sentido amplio de sucesión y conjunto de libros– es un elemento civilizador: "Como echo histórico, patentiza los progresos de la intelijencia umana: como modelo artístico, refluye sobre esa intelijencia, la cultiva, la enseña, la civiliza" (18). Este proceso de interdependencia entre sociedad y literatura se basa en el concepto de literatura como medio de comunicación unidireccional: "Todo trabajo literario lleva en sí el carácter de una *transmisión*" (146). De aquí deviene el análisis del libro como una estructura tripartita, formada por un autor ("una INTELIJENCIA"), el contenido ("FONDO del libro") y la expresión ("Una escritura o una palabra, un signo") (5). Por esto, concluye que "todo buen libro [...] puede ser considerado como modelo en el *arte de pensar*, i tambien como modelo en el *arte de espresarse*" (20).

El carácter civilizador del libro (y de su conjunto, la "literatura") se correlaciona con el proceso histórico de toda sociedad: a cada etapa de su progreso cultural le corresponde una literatura. Hacia 1840, es el tiempo de un arte nuevo, "verdadero", al que los jóvenes de la Generación del 37 denominan literatura *socialista* o *progresista*.

La primera aproximación a esta modalidad literaria la da Alberdi en su contestación "Al anónimo del Diario de la Tarde", desde el número 8 de *La Moda*, cuando asevera con firmeza: "No somos ni queremos ser *románticos*" (117), y se ubica entre "los que quieren un arte verdadero y no de partido":

> Un arte que prefiere el fondo á la forma, que es racional sin ser *clásico*, libre sin ser *romántico*, filosófico, moralista, progresivo, que expresa el sentimiento público y no el capricho individual, que habla de la patria, de la humanidad, de la igualdad, del progreso de la libertad, de las glorias, de las victorias, de las pasiones, de los deseos, de las esperanzas nacionales (118).

La constitución de una literatura así, sustanciosa, armónica y nacional, es asumida como una obligación inclaudicable. "Nuestra misión es grande", afirma Cané –desde *El Iniciador*– al explicar el pasado y el presente de la literatura: "Nosotros tenemos un doble trabajo que llenár; nuestro estado exije una accion destructora, y una reaccion que construya" (1941 b: 135). Para manifestar y llevar a cabo esta misión hace falta una literatura socialista, la cual –según vaticina Cané– "será *el retrato de la individualidad nacional*" (135); "será" con el sentido de 'debe ser': es, por tanto, una literatura utópica.

En su artículo "Del arte socialista", Alberdi continúa esa línea de pensamiento y justifica esta literatura con el lenguaje de las ecuaciones: la relación entre literatura y nación es recíproca y proporcionalmente directa: "¿Qué es el engrandecimiento de la literatura nacional sin el engrandecimiento de la nacion?" (181) se pregunta. "La poesía como la elocuencia es la espresion de lo que hay de sublime y divino en el alma. Sublimar y divinizar el pueblo es hacerlo poéta y orador", y de modo inverso: "Elevar el espiritu de una nacion, es crear la poesia nacional". La lógica organiza estas argumentaciones: la literatura surge de un alma pura –"No se ha visto jamas salir la poesia y la elocuencia de una boca corrompida. La poesia es el aliento vital de un corazon sano" (181)–; si el pueblo se dedica a la literatura, el pueblo tendrá un alma pura; si crece la literatura, crece la nación y crece el pueblo que es el fundamento de la nación. La historia muestra el camino: Grecia y Roma han impuesto "la unidad panteista de la patria", el cristianismo, al individuo; es tiempo de buscar –dice Alberdi– la "unidad multipla" (182) que es la sociedad, concepto englobalizador y equilibrante de los otros dos:

> La sociabilidad [...] todo lo domina, todo lo abraza; estado, familia, individuo, sexo, edades, condiciones [...]. Combinar

la patria y el individuo, el pueblo y el ciudadano, y en el equilibrio armonico de esta combinacion esta encerrada la solucion del problema social (181).

En esta fórmula, la novela tiene un lugar destacado, porque siendo "poesía individual", se combina con el drama, "poesía general", equilibrando de este modo la constitución del arte social y moderno (182).[114]

Vicente Fidel López, cuatro años después, en la polémica chilena, repite la definición de literatura socialista, pero la justifica desde su concepción filosófica de la historia. Convencido de que la historia de los pueblos y de la humanidad avanza por la síntesis de las fuerzas innovadoras contra las fuerzas conservadoras (Molina, H. 1993), López presenta el efecto revolucionario del arte nuevo como inevitable:

> La crítica de hoy no se cuida ya tanto de saber si una obra es bella, cuanto de resolver si puede ser bella sin ser útil a la humanidad; se pretende pues, y con razón, humanizar la poesía y despojarla de sus pretensiones aristocráticas y divinos atavíos, para que no sólo sea el néctar servido en los festines del olimpo y de los héroes, sino también el pan de los pueblos y uno de los instrumentos del progreso que ellos reclaman con pleno derecho.

---

[114] Esta propuesta literaria se corresponde con la publicación casi simultánea de las "Palabras simbólicas de la fe de la Joven Generacion Argentina", las cuales hablan de "Asociación", "Fraternidad, igualdad, libertad", porque proponen organizar "la patria sobre la base democrática", piden la "emancipación del espíritu americano" y la "independencia de las tradiciones retrógradas" del antiguo régimen, para continuar con las "tradiciones progresivas de la Revolución de Mayo" y esperan, por último, la "abnegación de las simpatías que puedan ligarnos a las dos grandes facciones que se han disputado el poderío durante la revolución" (*El Iniciador*: 421-441), o sea, la renuncia a las parcialidades políticas en pos de la unidad nacional. Sobre el sentido de la sociabilidad en *La Moda* y *El Iniciador*, véase Molina, E. 2005.

Esta pretensión del pensamiento moderno [...] es el resultado de anteriores innovaciones. La literatura que hoy producen los pueblos adelantados del siglo, debe clasificarse como una literatura que a la vez se inspira del arte y de la sociedad. Esta tendencia empezó a revelarse con la lucha del *clasicismo* y del *romanticismo* [...] (Pinilla 1943 b: 12; Figueroa: 314).[115]

López reconoce cinco etapas en la evolución histórica: la Antigüedad clásica, la Edad Media, el Clasicismo, el Romanticismo y el arte nuevo o literatura progresista. Como cada literatura está condicionada por el período histórico, por "las nuevas necesidades y la nueva situación" de cada sociedad, pues la humanidad es dinámica y cambiante, una literatura no se puede repetir en el tiempo. El Neoclasicismo no pudo resucitar la Antigüedad clásica; intentarlo ha sido un grave error.[116]

---

[115] Obsérvese en la siguiente cita no solo la argumentación, sino también el estilo persuasivo, muy similar al que usará Sarmiento en el *Facundo*, tres años más tarde: "El romanticismo ha muerto; es cierto ¿y qué se deduce de esto? ¿que su vida ha sido absurda e inútil? no; lo único que se puede deducir es que las condiciones sociales que sostenían su existencia literaria han pasado y han sido sostituídas por otras que él no podía llenar; y esto es común a todos los grandes sistemas que engendra la inteligencia humana. Los hombres grandes mueren después de haber servido a su patria y a la humanidad; y porque mueren ¿su vida habrá sido absurda? Al que lo pensara le desmentiría la historia; pues lo mismo sucede con los sistemas literarios. El romanticismo ha desaparecido de la vida, pero no del recuerdo; ha dejado de empuñar el cetro de la acción; pero no ha desaparecido de entre los eslabones fuertes que componen la maravillosa cadena del progreso humano; y en esto es igual a su rival el clasicismo, que también ha desaparecido como ser viviente y ha ido a alistarse entre los recuerdos de la tradición" (Pinilla 1943 b: 46; Figueroa: 456).

[116] López también matiza anteriores juicios dicotómicos cuando reconoce la paradoja de que los "trabajos del pensamiento español" han proporcionado argumentos a los patriotas para "destruir" el gobierno español en América, gracias a lo que López denomina "clasicismo americano" (Pinilla 1943 b: 19; Figueroa: 320); y la paradoja de que el Romanticismo francés ha ayudado a España a valorar su propia historia y sus tradiciones.

En definitiva, el movimiento dialéctico ha sido el siguiente: el Clasicismo ha elegido como centro una humanidad abstracta; el Romanticismo, al individuo; la literatura socialista, a la sociedad concreta que incluye al "pueblo". También se produce un desplazamiento temporal. El Clasicismo ha tomado el tiempo pasado de la Antigüedad clásica. El Romanticismo capta el presente del sentimiento y la emoción como reacciones instantáneas. La literatura socialista se interesa por el futuro, que es el tiempo durante el cual el progreso se concretará. Estas síntesis no implican –según aclara Sarmiento– la búsqueda del "término medio" (Pinilla 1943 b: 93; Figueroa: 434), o sea, un punto equidistante de los extremos, que resulta finalmente un no jugarse por nada, sino la evolución natural de la historia.[117]

Esta secuenciación del inevitable "progreso" cultural les permite a estos jóvenes intelectuales defender su propuesta de cambio. Después del período clasicista que ha dado forma a los cantos dedicados a la Revolución de Mayo, a las guerras de la Independencia y a las innovaciones progresistas de Rivadavia (décadas de 1810 y 1820), casi no ha habido tiempo para los poemarios romántico-sentimentales como *Elvira* (1832) y *Los consuelos* (1834), de Esteban Echeverría, que han sacudido un poco la tranquilidad conservadora porteña (Weinberg 2006). La irresoluta guerra civil y la tiranía de Juan Manuel de Rosas impelen a los más decididos a tomar partido por la libertad, la igualdad y la democracia. En este contexto, una literatura con función social es operativamente válida porque significa un movimiento espaciotemporal de apertura hacia las clases sociales más bajas y hacia el progreso futuro, y sobre todo porque implica la propuesta utópica de una nación organizada como democracia, que permitiría superar las viejas

---

[117] Un esquema histórico similar expone Cané en "Literatura", un artículo incluido en el nº 3 de *El Iniciador*.

antinomias políticas de "unitarios" y "federales", división interna que impedía el anhelado progreso.

En el *Curso de Bellas Letras*, la síntesis *socialista* se advierte inicialmente en la definición de literatura no solo como modelo en el arte de pensar y de expresarse, sino también como hecho social, condicionado por las dimensiones histórica y geográfica. Otro aspecto *socialista* en el que insiste López es la propuesta del desplazamiento de la temática del área pública al área privada, porque en los tiempos modernos "la guerra i la lucha de las pasiones se alla en la vida doméstica, en sus intereses i en sus relaciones" (1845: 283). Esta *vulgarización* conlleva, entre otras, estas dos consecuencias: la aceptación del uso de la prosa como la forma más adecuada a esa temática y la delimitación de un espacio discursivo propio para la novela como composición poética, según veremos más adelante. Todo esto se interrelaciona con el postulado de que la sociabilidad desplaza a la política en el interés literario, según se anunciaba en *El Iniciador*.[118]

2.2. Las obras de fantasía y la prosa

En el *Curso*, López procura organizar sus postulados en un sistema teórico indiscutible, fundamentado en criterios lógicos precisos y que dé sustento científico a la enseñanza de la retórica. Esta preocupación –que recuerda los postulados de la Enciclopedia– se observa nuevamente cuando clasifica las obras literarias.[119] Empieza por considerar la circunstancia comunicativa: opone los trabajos verbales

---

[118] Sería interesante comparar esta formulación teórica de López con la de Alejandro Magariños Cervantes (Weinberg 1984: 37-38).
[119] Narvaja de Arnoux destaca que, en este punto, lo novedoso reside "en el intento por establecer, en la clasificación y caracterización de géneros y subgéneros, parámetros claros y explícitos, aplicando a este ámbito la racionalidad moderna" (369).

(orales) a los escritos; a aquéllos los subclasifica en "asuntos solemnes" y "asuntos vulgares", según el mismo criterio. En cambio, a los escritos los agrupa según las facultades mentales: "siguiendo a los grandes maestros", postula que "las grandes fuerzas intelectuales del alma umana son tres -Razon, Memoria i Fantasía: i qe a cada una de estas fuerzas corresponde directamente un jénero particular de trabajos. A la razon, los trabajos *Filosóficos*; a la memoria, los trabajos *Istóricos*, i a la fantasia, los trabajos *Poéticos*" (152). López, implícitamente, responde a la objeción de su maestro Alcorta afirmando que, en cada acto, el hombre ejercita una facultad sobre las demás, aunque todas funcionen a la vez (152).

Respecto de la fantasía, se destaca el hecho de que López empiece por definir y caracterizar esta facultad humana, ya que no es un tema desarrollado en las otras retóricas. Y lo hace en dos ocasiones y con dos puntos de vista complementarios. Cuando presenta el estilo propio de los asuntos de fantasía, la asocia con la imaginación: "Facultad de crearse un mundo ficticio", el cual "sin ser *real*, puede ser mui *verdadero*" (116). López explica detenidamente la verosimilitud como un efecto del estilo. Insiste en que el autor debe equilibrar dos requisitos: por un lado, que el asunto no sea cierto, sino creación ideal de la imaginación; y, por otro, que "se reconozca la posibilidad racional" de que sea cierto, o sea, que el oyente o el lector pueda establecer fácilmente las analogías entre la realidad y la creación imaginaria. "Ficcion i analojía de esa ficcion con la realidad- e aquí la léi fundamental de las *obras de fantasía*" (117), sentencia el maestro. Luego agrega otra regla: que el escritor no debe descubrir esas relaciones; por el contrario, debe manifestarse "siempre poseido de la realidad de su asunto, como si se alucinara a sí mismo" (117). Estas últimas palabras revelan que López tiene conciencia de la ficcionalidad como característica de la obra literaria, aunque no la reconozca como esencial, sino como habilidad expresiva del autor.

Más adelante, cuando retoma el tema para clasificar las composiciones poéticas, ajusta la definición de fantasía como la facultad que produce una *"realidad ideal"* que presenta las cosas reales "elevadas a un grado de perfeccion, qe solo pueden recibir en idea": "Toda poesía, pues, es la idealización de la realidad" (237). Es necesario resaltar esta noción de perfección ideal, pues este concepto potencia el de moralidad, como idealización de los afectos, que se considera rasgo sustancial de la novela.

Aunque con esta noción de idealidad esté adhiriendo a la teoría expresiva (117; Abrams 1962: 108-150), López aclara insistentemente que toda composición poética se sustenta en una realidad extratextual, que nunca deja de ser el referente directo y evidente de la ficción. Esta insistencia no se justifica tanto en el marco de referencia, como en la necesidad de convencer a los lectores de que la literatura en general y la novela en particular son textos creíbles y, por tanto, morales, dignos de ser leídos hasta por las damas.

La clasificación de las composiciones poéticas se basa, por consiguiente, en el aspecto de la realidad que se idealice: las sensaciones, en la poesía descriptiva o pintoresca; los sentimientos, en la lírica; las pasiones, en la dramática; los recuerdos históricos, en la épica; la verdad o el error, lo respetable y lo ridículo, en la poesía didáctica y en la satírica. Falta la novela. Cuando presenta esta clasificación (238-240), López no menciona las narraciones ficcionales en prosa. Pero le dedica el último capítulo de su *Curso*, a continuación de sus consideraciones sobre la poesía épica, con la que la novela o el romance –"segun se dice ahora", aclara López– guarda numerosos "puntos de identidad" (294).

López vincula la novela con la épica, entendida esta como la idealización de acontecimientos históricos, y califica el *Quijote* como el poema narrativo por excelencia:

> El *Qijote* de Cervantes es para nosotros un verdadero *poema épico cómico*, apesar de estar escrito en prosa, i de no ser istórico por los personajes ni la accion; como esta obra tiene tambien rasgos de novela (o de romance, segun se dice aora) nos servirá para ponerla como un ejemplo de los númerosos puntos de identidad qe ai entre el poema *Epico* i la *Novela*; i para acer ver qe es natural qe tratemos de esta despues de aber tratado de aqel (294).[120]

Esta calificación del *Quijote* como poema no extraña en el marco teórico de aquel entonces, según el cual el verso es la forma más apropiada para lo literario y la poesía, el género más excelso. Así lo explica Miguel Cané en su *Primera lección de prosa pronunciada en el Ateneo del Plata, en la noche del 20 de octubre*. El reglamento de la asociación divide la literatura en dos secciones: poesía y prosa. El disertante empieza por contrastar esas dos formas discursivas, según los parámetros clásicos: la poesía (asociada al verso) es "la espresion mas completa del momento supremo ó del asunto de que se ocupa el poeta, mientras que la prosa es la comunicacion natural y ordinaria de lo que se pasa en el espíritu y tambien en el corazon" (1858 c: 3). Para resaltar aún más su importancia, Cané recurre a una metáfora que la sacraliza: "La prosa es el pan de cada dia de la inteligencia humana". Después insiste en la necesidad imperiosa de formar la inteligencia y de *llenarla* de ideas, pues ella "dá la espresion conveniente" (4) de las revelaciones del pensamiento. Cané propone la novela

---

[120] Esta valoración del *Quijote* basada en las cualidades literarias del texto contrasta con las opiniones de los filósofos españoles del siglo XVIII, para quienes "Cervantes era un genio porque había terminado con la novela" (Ferreras 1973 b: 21).

histórica como ejemplo de prosa por su potencial capacidad educativa, presenta *La novia del hereje* como modelo de este tipo de texto y ensalza las cualidades artísticas de Vicente F. López, gracias a las cuales los lectores pueden conocer con rigor (o sea, aprender sobre) "la civilizacion del tiempo que comprende su obra" (4; Curia 2007).

3. Teoría de la novela

3.1. La novela como idealización moral de lo cotidiano

El *Curso de Bellas Letras* se diferencia de los otros manuales en que no ubica la novela como una "historia fingida", o sea, como un relato de hechos que no cumple con el requisito de la veracidad (requisito discursivo); por el contrario, establece una comparación sobre una base *objetiva*, derivada de las características de la realidad extratextual: la vida de todo hombre tiene una cara pública (interés de la historia) y otra privada (interés de la literatura). La novela se distingue, pues, por ser una composición poética con un espacio temático propio: el de la vida familiar, privada y cotidiana, que merece ser sublimada porque produce "sensaciones vivísimas en el corazon umano i dá lugar a grandes acontecimientos morales" (López 1845: 295), según enseñaba Diego Alcorta. Por ser una composición poética, no se espera que la novela transcriba esa vida privada, sino que la idealice mediante "sucesos naturales, análogos a las costumbres", y nombres ficticios para los personajes que asuman los roles sociales propios de una familia:

> Así pues, se creó un jénero de obras fantásticas, qe no aspiraba a presentar ninguno de esos éroes de la vida pública qe dejan su nombre en la historia, sino qe dedicaba sus medios a ofrecer la idealizacion de un padre, de una madre, de un amante, de un ijo, de un marido; por último, de cualqiera

de las personas qe representan las relaciones domésticas, i qe viven de los tiernos afectos qe son propios del corazon umano tomado bajo este aspecto. Estas obras an recibido el nombre de *romances* o *novelas* [...] (295).

López respalda estas afirmaciones en la autoridad de Abel-François Villemain, quien en su *Cours de Littérature Française: Tableau de la littérature au XVIIIe Siècle* (1828-1829) califica el romance como "«la mas viva i fiel espresion de nuestra moderna civilizacion, puede ser tenido por la istoria privada de la sociedad»" (295). En verdad, Villemain apenas si menciona a los "romans" en los cuatro tomos de su tratado. Lo hace cuando quiere explicar la influencia de Richardson en la literatura francesa. Lo curioso es que inicia el tema con una especie de descargo:

> A ce titre, personne de vous ne sera étonné de me voir fixer quelque temps votre attention, sur quoi? Sur des romans. Et pourquoi non? Le roman moral, ce genre de littérature presque absolument inconnu à l'antiquité, est presque l'expression la plus vivante et la plus fidèle de notre civilisation moderne (II, 374).

López también rescata la definición genérica del francés, quien procura aumentar el valor del romance equiparándolo a un género narrativo de prestigio tradicional: "«es, bajo ciertos aspectos, el poema épico de las naciones modernas»" (López, V. F. 1845: 295; Villemain: II, 374-375). Para esta analogía, Villemain –según la cita de López– se basa en la capacidad de las novelas de excitar la fantasía, preocupar los espíritus y causar en los tiempos contemporáneos casi la misma impresión que los cantos populares en las naciones antiguas.

En la sociedad democrática a la que se aspira, la vida cotidiana de los ciudadanos también es materia interesante y útil. Y, porque la finalidad es elevada, los requisitos de la novela que enuncia López son exigentes:

> Su objeto primordial es pintar la vida doméstica i ennoblecer los afectos, qe resultan de estas relaciones morales en qe se apoya la familia. De aquí, nace la necesidad de qe la novela sea *moral* es decir; qe renueva [sic] en nosotros las afecciones, qe les dé impulso, qe les dé enerjia, i sirva para provocar fuertes simpatias enfavor de todo lo qe sea análogo al órden, a la armonía i a la libertad doméstica, i qe puede servir para purificar la conducta qe cada individuo deba guardar al practicar los deberes qe le corresponden (296).

López no propone una moralidad de tipo neoclásica –como aplicación de normas universales, abstracta (Van Tieghem, Ph. 1963)– sino una que implica una respuesta ética a conductas personales, según le ha enseñado Diego Alcorta. Seguramente, tiene en cuenta la diferencia entre texto moral y texto moralizador formulada por Benjamin Constant en sus *Mélanges de littérature et de politique* (867-868), que el argentino traduce y copia en uno de sus cuadernos de apuntes:

> La moral de una obra de imaginacion se compone de la impresión q. su conjunto deja en el alma; si cuando uno deja el libro se encuentra mas lleno de sentimientos dulces, nobles, generosos q. antes de haberlo empezado, la obra es moral, y de una alta moralidad. [...]
> Una obra de imaginacion no debe tener un objeto moral, sino un resultado moral (Doc. 5451).

Obsérvese que, a pesar de la importancia que dice reconocerle, López le marca límites estrechos a la novela, derivados del área temática asignada. En síntesis, define a la novela con estos términos:

la idealizacion de un suceso doméstico, narrada con tono sencillo i vulgar; para interesar la imajinacion, promover afectos morales, i fortalecer los buenos principios de nuestra conducta privada (1845: 297).

Idealización de lo doméstico implica la abstracción hacia una sociedad sublime, la depuración de los elementos que la hacen imperfecta. Por ende, lo perfecto es el ideal buscado y lo imperfecto equivale a la realidad que es rechazada. La frontera entre lo uno y lo otro está trazada por la moralidad. Si la vida real es moral, la historia novelada también debe serlo (*"fortalecer los buenos principios de nuestra conducta privada"*) y si la vida real no lo es, la novela debe incitar a la corrección (*"promover afectos morales"*). La moralidad es interpretada entonces en una doble dirección: como una ética del autor hacia el lector (verosimilitud basada en la veracidad) y como un organizador de los componentes axiológicos de la trama inventada, para que esta –a su vez– proyecte una realidad ideal hacia la realidad cuestionada que comparten autores y lectores. De este modo, la novela –idealizadora de la vida familiar y privada– se convierte en un modelo social, en un instrumento de *civilización*.

Como modelo artístico y según los axiomas románticos, a la novela le corresponde una forma (la narrativa) acorde con el contenido (*"un suceso doméstico"*). Para cumplir con el requisito de *"interesar la imajinacion"* debe ser armónica, o sea, debe estar bien estructurada: mantener *"unidad en la accion qe compone el echo"* (296) y coherencia en la caracterización de los personajes respecto de las situaciones. Se destacará el novelista que sepa seleccionar los episodios más llamativos y que sepa darle a la narración "carácter *dramático*", gracias al cual el suceso narrado adquiere "todas las apariencias de la mas brillante realidad" (296). La adecuación del discurso novelesco al referente también afecta al tono (*"narrada con tono sencillo i vulgar"*). Además, López diferencia "dos estilos": "Uno qe domina la narracion, i qe nos dá a conocer la manera propia del autor qe leemos; i otro, qe, por medio del arte, pone ese autor en boca de los diversos personajes de su obra" (297).

El argentino completa la caracterización de la novela con fragmentos tomados del *Manual de literatura*, de Gil de Zárate, referidos a la evolución de este género –que comentaremos más adelante– y a los requisitos gracias a los cuales la novela puede llegar a "«satisfacer a las gentes morigeradas y entendidas»", ya que su escritura resulta fácil solo si se intenta contentar "«el gusto poco delicado del comun de los lectores»" (López, V. F. 1845: 301; Gil de Zárate: 99). Implícitamente, Gil de Zárate retoma su idea inicial de que lo malo no es el género sino el uso que de él se haga. Adviértase, al mismo tiempo, que ahora extiende esa distinción al campo de los lectores: por un lado, están los menos, sabios y bien criados; por otro, la mayoría casi inculta. La dificultad parece radicar en el hecho de que la novela es "la obra donde mas trabaja la imaginacion" (99). La lista de requisitos que copia López es larga, pero bien vale la pena conocerla casi íntegramente:

> «Supone originalidad, sensibilidad esquisita, conocimiento profundo del corazon y de las costumbres: pide fuerza, vigor, y al propio tiempo flexibilidad de ingenio; exije un gran caudal de erudicion para delinear con exactitud el carácter de los hombres célebres; y hace ademas indispensables las galas del lenguaje, exigiendo facilidad en el manejo de toda clase de estilos. Instruir y deleitar debe ser su lema: instruir y deleitar el fin que se proponga en todas sus producciones.
>
> «Por consiguiente, es necesario que ante todas cosas reine en la novela la moral mas pura, y que sus autores no se permitan la menos liviandad, ni siembren máximas opuestas a las buenas costumbres: se requiere ademas en ella una série de sucesos tales, por su novedad, por lo variado de

los acontecimientos y lo sorprendente de las situaciones, interese del modo mas vivo a los lectores; pero estos lances no han de ser increibles, ni los sucesos estravagantes, ni las situaciones violentas» (301; Gil de Zárate: 99).

Las exigencias continúan; seguramente habrán espantado a más de un escritor novato. Parecen referirse a obras didácticas o historiográficas y no a textos para entretenimiento. La máxima horaciana de *instruire et delectare* no debe sorprender: Gil de Zárate es un ecléctico, que ha escrito dramas tanto neoclásicos como románticos; y López necesita promover la novela a los puestos más altos de la escala poética, de donde no pueda ser bajada por los críticos literarios más conservadores. De esto depende su futuro como novelista-historiador de la patria (y también, la aceptación del *Curso* en la Universidad de Chile).

López cierra, sugestivamente, el capítulo dedicado a la novela con el tema de la fábula, otra variante de texto narrativo moralizador, pero en verso.

3.2. La novela en la historia literaria

Como hacen sus antecesores, López se interesa por la historia de la novela y para ello transcribe otro pasaje de Gil de Zárate (López, V. F. 1845: 287-300; Gil de Zárate: 97-98). El español puntualiza cuál es el motor de la evolución: "La novela ha seguido, como la historia, el espíritu del siglo", es decir, refleja y representa la sociedad en la que es escrita. Se destaca el *Quijote* como "la novela por escelencia, la única en su género". Según el autor español, "con esta produccion estraordinaria parece que quedó como agotado el caudal novelesco de España". La historia de la novela continúa con las producciones francesas del abate Prevost y las inglesas de Ana Radcliffe, Richardson y Walter Scott. Pero todas estas obras, peculiares del revolucionario "siglo filosófico", ejemplifican las dos categorías de evaluación vigentes: las novelas *buenas*, como las históricas de Walter Scott, y novelas *malas*, como las francesas. El escocés "ha llevado esta clase de composiciones á su mayor perfeccion, dándoles toda la utilidad de que son susceptibles"; esta utilidad es el conocimiento histórico que transmiten, suplemento del discurso historiográfico. En cambio, la mayoría de las novelas francesas presentan "los vicios mas torpes é inmundos de la sociedad, desencantando el corazon de todas las ilusiones, y persuadiendo que no existen en el mundo virtudes", o sea, que no solo son inmorales por su contenido sino también porque desmoralizan y quitan la esperanza en un mundo mejor. La confianza en el espejo neoclásico se quiebra; la imitación fidedigna descubre su peligrosidad ya que muestra lo que no se quería mostrar para que no se reprodujera: los vicios y las malas costumbres sociales. Por lo tanto, las virtudes y las buenas costumbres *deben ser inventadas* por la ficción, porque existen escasamente en la realidad.

De su propia cosecha, López agrega los rasgos de la novela más actual, la de su contexto inmediato:

> La novela es en el dia una obra de grande importancia i de infinitas consecuencias: es una obra de partido i qe puede servir con eficacia para favorecer toda clase de miras. Como la novela pone en accion toda clase de caractéres, puede sublimar los unos i humillar los otros, promoviendo simpatías o antipatías llenas de veemencia i capaces de servir poderosamente las pretensiones del autor (302).

En la actualidad, rechazaríamos este planteo por manipulador, pero –para López– esta característica de la novela es una cualidad positiva, pues la convierte en una forma literaria apta para la reforma social que se pretende a través de la formación moral.

En esa misma línea de pensamiento, Bartolomé Mitre –en el prólogo de *Soledad*– asigna a la novela una función civilizadora y un lugar en la evolución natural de los pueblos; pero no se demora en una retrospección extensa. Simplemente se concentra en la historia hispanoamericana y la divide en dos momentos, a partir de 1810. El primer estadio ha abarcado el período bélico inicial, que han cantado los poetas. Ha llegado el momento de pasar a la etapa de progreso social, para lo cual la novela es la forma más apropiada por representar la "vida sujeta á la lójica" (1928: 94) y, por ello, sirve de instrumento educativo y de propaganda internacional:

> Es por esto que quisiéramos que la novela echase profundas raíces en el suelo virgen de la América. El pueblo ignora su historia, sus costumbres apenas formadas no han sido filosóficamente estudiadas [...]. La novela popularizaria nuestra historia echando mano de los sucesos de la conquista, de la época colonial, y de los recuerdos de la guerra de la independencia. [...] y haria conocer nuestras sociedades tan profundamente ajitadas por la desgracia, con tantos vicios y tan grandes virtudes, representandolas en el momento de su transformacion, cuando la crisálida se transforma en brillante mariposa. Todo esto haria la novela, y es la única forma bajo la cual pueden presentarse estos diversos cuadros tan llenos de ricos colores y movimiento (94-95).

Obsérvese el uso del condicional simple, que descubre la realidad de ese momento (1847): la novela no es todavía un género instalado sino potencial; y los temas sugeridos abarcan tanto el pasado como el presente, para proyectar la sociedad a un futuro "brillante". La propuesta de Mitre, al pueblo boliviano primero y al hispanoamericano por extensión, es reversible, pues incluye la recomendación no solo de que escriban novelas, sino también de que crezcan como sociedad nueva y renovada, o sea, que inicien resueltamente el segundo estadio de su desarrollo: el período independiente. Él mismo toma la delantera y, en su novela, plantea un modelo de sociedad, no perfecta pero sí perfectible, en donde los problemas los resuelven las personas virtuosas de forma ética (Unzueta 1996: 42-70; 2006).

Nueve años después, Juan Eugenio Labougle –maestro francés, radicado durante quince años en la Argentina, profesor universitario de griego, filosofía y francés– considera que el tiempo propicio ha llegado y que "las producciones culminantes de nuestra literatura" son suficientes para encarar su estudio (iv).[121] El propósito de su *Ensayo sobre la literatura de los principales pueblos y en especial del Río de la Plata* (1856) es simple: "Dar á conocer en sus principales obras á nuestros campeones intelectuales pasados y presentes con el objeto de fomentarles imitadores [...]" (iv). Dedica el último capítulo a la novela, "la forma esencialmente moderna de la literatura", que "no necesita mas que de la simple lectura para producir sus frutos de instruccion, moralizacion y placer" (234-235).[122] La "elevacion de ideas" y la "idealidad de sentimiento" caracterizan al "romancista fiel á su mision sublime, que es la de moralizar el corazon interesándolo" (240). Labougle recomienda la lectura de cuatro novelas: *La novia del hereje*, "novela histórica [...] interesante estudio americano"; *Amalia*,

---

[121] "La prolongacion de la paz, el afianzamiento de las instituciones constitucionales, el notable desarrollo de la educacion universitaria y de la instrucion primaria, dos progresos que marchan paralelamente hácia un porvenir próspero, moral y luminoso, el primero bajo los auspicios del Doctor Barros Pazos, el segundo, mediante los esfuerzos del Sr. Sarmiento, todo en este pais regenerado nos dice que las tristes fatigas de los partidos han tocado ya á su término y que los sangrientos pasatiempos de la discordia han cedido definitivamente su lugar al trabajo fecundo de las ideas" (Labougle: iv).

[122] Labougle es el único de los modestos teorizadores locales que asigna a lo literario una función de entretenimiento: "La literatura es el postre del entendimiento humano. Consideradas históricamente, las bellas letras no dejan de ofrecernos ese carácter de juguete y pasatiempo. ¿Pero acaso por eso son menos interesantes, menos dignas de simpatía y de respeto? No por cierto" (4). Este texto, de índole didáctica, ofrece un panorama rudimentario de la literatura universal.

"composicion histórica, es una obra complexa, interesante bajo todos aspectos" (235); *Soledad,* "novela íntima"; y *Camila O´Gorman,* "asunto delicado, tratado por el autor con una rara pureza de pincel" (236). Establece de este modo un primer canon novelístico argentino.[123]

Lucio Victorio Mansilla, en cambio, considera que el apogeo de la novela en la Argentina "está lejano aun":

> Este pais tan mercantil, -tan activo, -tan celoso de su libertad, [...] tardará mucho en brillar por el esplendor de las bellas letras. Existen en él á no dudarlo los jérmenes de una Democracia que puede ser grande, poderosa y feliz en lo futuro. Pero la tarea no está sino empezada. Un sentimiento, que es la necesidad de ser libres é independientes, nos ha convertido en una Nacion soberana. Es la obra del patriotismo, que ha llenado su mision. Falta que la razon y el buen sentido, que la prudencia y la sabiduria cumplan la suya (1863 a: 28 nov.).

El autor de "Ensayo sobre la novela en la Democracia, ó Juicio crítico sobre la Emilia de R. el Mujiense" es consciente de que su opinión no será entendida si no se la contextualiza en un debate más amplio y más importante: el de la función de la novela en la vida democrática.[124] La literatura en general y la novela en particular dependen del desarrollo político de una nación, más precisamente, del afianzamiento de su

---

[123] Labougle transcribe varias páginas de esta última novela; suponemos que el motivo se relaciona con el hecho de que Pélissot es compatriota y socio de Labougle en un establecimiento escolar en Tucumán.

[124] Según Mansilla, la democracia es "la forma política mas compatible con la naturaleza y la razon humana; [...] la mas justa, desde luego, la mas cristiana, por supuesto, y para decirlo todo de una vez, la única susceptible de una propagacion universal". En los primeros tiempos de su implementación, "el individuo se hace mas práctico que teórico, mas aventurero que pensador, mas positivo que idealista, apasionándose mas de lo grande y jigantesco que del arte considerado del punto de vista estético" (1863 c: 23-24 nov.).

democracia, con la superación de los gobiernos monárquicos y dictatoriales o absolutistas, y con la implementación real de la igualdad entre los ciudadanos, igualdad que implica las mismas oportunidades económicas para todos:

> La Democracia no hallará gusto en el pasto de las bellas letras y las artes sino despues que bajo su saludable influencia se haya mejorado la condicion social de todo el mundo. Cuando al hombre honesto y laborioso, al verdadero ciudadano, despues de haber ganado para lo necesario, le quede un sobrante para lo superfluo (23-24 nov.).

Ese sobrante le permitiría el acercamiento al teatro, a las exposiciones, a las lecturas públicas de los proyectos de ley, a la escuela y a las bibliotecas públicas. Las bellas artes y la literatura se han desarrollado en tiempos difíciles porque estas situaciones han motivado a los escritores; en cambio, la democracia disminuye el impulso porque reduce los conflictos sociales:

> De consiguiente, los elementos constitutivos de la literatura nacional serán siempre mucho mas épicos y dramáticos, mucho mas vivos y animados bajo el despotismo, la tiranía, el imperio ó la monarquía, que en la democracia. Esto equivale á decir que sus producciones tanto orales como escritas serán mas secas, y raramente humorísticas y fantásticas. Porque no habiendo en los episodios de la vida real suficiente hechizo, ni para el romancista, ni para el poeta, su fantasía será exitada con dificultad (23-24 nov.).

Solo cuando la democracia esté instalada definitivamente renacerá la literatura, ya no selecta y de elite, sino popular y abundante (25 nov.). Mientras tanto, "los que quieran propender á la formacion de una literatura verdaderamente nacional deberán buscar en las fuentes de la historia, de su forma social é instituciones los materiales para el poema épico, el poema dramático y la novela" (28 nov.).

Parte C. Carácter de la novela emergente

"Vamos ahora á considerar las formas y las ventajas del edificio, una vez que hemos estudiado su cimiento y la calidad de sus materiales.
Que una casa sea de barro, por ejemplo, no quita que esté bien dispuesta y tenga bonita arquitectura".

L. M. S.

"Leer viejos libros: es toda una actitud que, cuando es compartida, ejerce una fascinación que se parece al conocimiento, al vértigo del conocimiento. [...] [Los textos son] lo que son y dan lo que pueden teniendo en cuenta su relación con un medio que se va formando, que va integrando su lenguaje a medida que supera los problemas de su propia integración social, política, económica y cultural".

Noé Jitrik

Analizamos a continuación las novelas que hemos podido localizar. El corpus está integrado por ochenta y seis textos, de cuarenta y tres autores. No son todos los textos publicados en el período 1838-1872, ni todos los novelistas, pero sirven para dar una idea aproximada de lo que ha sido la novelística argentina en ese entonces.[125]

1. Perfil de los novelistas

Del total de cuarenta y un novelistas que hemos podido identificar,[126] seis son mujeres –Juana Paula Manso

---

[125] Véanse las listas completas en el "Apéndice I." y las fichas técnicas de cada texto en el "Apéndice II".
[126] No incluimos a "R. R." y "X.". De algunos autores no hemos hallado información biográfica; por ello, cuando se indican porcentajes, hay

de Noronha, Juana Manuela Gorriti, Margarita Rufina Ochagavía, Eduarda Mansilla de García, Rosa Guerra y Mercedes Rosas de Rivera–, esto es, el 15%. Ocho (20%) son extranjeros –Carlos Fajardo, Enrique Iuglaris, Laurindo Lapuente, Ramón Machali, Alejandro Magariños Cervantes, Felisberto Pélissot y Francisco Rave– y dos (5%), argentinos no porteños: el rosarino Eusebio Gómez y la salteña Gorriti.[127]

Atendamos ahora sus características personales al momento de publicar por primera vez. Las franjas etarias muestran el predominio de los jóvenes, si bien no son pocos los "viejos" para la época:

EDAD	MUJERES	VARONES
MENORES DE EDAD (según las leyes de ese entonces)	1	9
17-19 años	1	4
20-25 años	--	5
MAYORES DE EDAD	4	17
26 años	1	3
27-29 años	--	3
30-39 años	2	5
40-49 años	--	3
50-57 años	1	3
SIN DATOS DE NACIMIENTO	1	9
TOTALES	6	35

Pocos persisten en la escritura novelística. Los más prolíficos son Gorriti (dieciocho novelas) y Cané (siete).

---

flutuación en el número de personas relevadas. Los porcentajes han sido redondeados a número entero.

[127] A estos podrían sumarse otros provincianos: el sanjuanino Nicanor Larrain y el rosarino Antonio Urraco; además del español Manuel Rogelio Tristani o Tristany, el francés Carlos María de Viel Castel y el alemán Carlos Jansen, no incluidos en la lista de estudio.

Les siguen López Torres y Paz con cuatro novelas; Blanco, Tomás Gutiérrez, Mansilla y Rocha, con tres; Lapuente, Vicente López, Manso, Mitre, Pélissot y Rosas, con dos. El 67% restante publica una sola novela por persona.

Casi todos son periodistas o, por lo menos, en algún momento de su vida han colaborado con alguna publicación periódica.[128] Predominan los políticos, muchos de los cuales llegan a ser funcionarios. También hay varios abogados (Alcorta, Cané, Lapuente, Vicente López, Paz), militares (Barbará, Echagüe, Márquez, Mitre y De Vedia), un diplomático (Estrada), un escribano (Fajardo), un comisario (Flores Belfort), un ingeniero geógrafo (Rave), un agrimensor (Tomás Gutiérrez) y un médico (Iuglaris).

Varios son educadores: Alcorta, Guerra, Manso, Pélissot y Rave. Otros, aficionados a la música (Estrada) o pintor (Demaría). La mayoría se dedica a diversas ramas de la escritura: poesía (Del Campo, Demaría, Giráldez, los dos Gutiérrez, Lapuente, Magariños, Mármol, Mitre), teatro (Demaría, Echagüe, Estrada, Guerra, Tomás Gutiérrez, Lapuente, Mansilla, Manso, Paz), relato de viaje (Cané, Gorriti), crítica literaria (Juan M. Gutiérrez), historiografía (Vicente López, Mitre), tratados jurídicos (Alcorta), geográficos (Rave) y etnográficos (Barbará, Vicente F. López, Mitre), etc. Barbará, Barra y Lapuente se caracterizan por sus escritos satíricos.

Un dato que no parece intrascendente: el 25% de los varones son masones. Del Campo, Cané, López Torres, Mármol y Paz se inician en alguna logia en el mismo año de 1858, después del cual no publican novelas. Juan María Gutiérrez, Vicente F. López, Magariños Cervantes y Mitre alcanzan altos niveles en las masonerías argentina y uruguaya.

---

[128] Esta síntesis la realizamos sobre la base de treinta y cinco autores, ya que de los otros seis no hemos hallado información relevante. En particular, nos llama mucho la atención la falta de datos sobre Ángel Blanco.

2. Ámbitos y modos de publicación

Consideramos las primeras ediciones completas. En el caso de *Amalia*, la incluimos dos veces por las notables modificaciones que introdujo el autor. No tenemos en cuenta, en cambio, la aparición de algunos capítulos de *La novia del hereje* en Santiago de Chile porque abarca una mínima parte de la versión definitiva y no tuvo repercusión en la Argentina; lo mismo sucede con *Misterios del Plata*: registramos la edición, aunque incompleta, hecha en Buenos Aires y en castellano.

FECHA \ LUGAR DE PUBLICACIÓN	Buenos Aires	Otras ciudades argentinas	Países hispano-americanos	Europa
1838-1852, hasta Caseros			**7** (incluida la 1° *Amalia*)	
1853-1855, hasta edición completa de *Amalia*	**4**			
1856-1861, hasta Pavón	**42**	1	**4**	
1862-1872	**23**	3	2	**1** (en francés)

Las primeras novelas de autores argentinos se conciben y se publican en los países receptores del exilio rosista. La última en regresar es Juana Manuela Gorriti, quien arriba a Buenos Aires en 1875 y vuelve a pisar su Salta natal recién en 1886.

El auge de la escritura de novelas se produce entre 1855 y el fin de la secesión entre Buenos Aires y la Confederación Argentina, por el poderoso influjo de la motivación política y del compromiso social que asumen casi todos los novelistas. Después de Pavón, los temas se diversifican y los mundos representados se abren a otros ámbitos no argentinos.

La mayor parte de los textos (64%) se publica una sola vez durante el período estudiado; los demás aparecen a través de diversos medios, muchas veces de modo incompleto. (Indicamos las novelas mediante un número, según se consigna en el "Apéndice I.1".)

ÚNICA EDICIÓN: 55 textos	
Medio de publicación	*Novelas*
Libro	Un tomo: 11, 13, 15, 20, 21, 22, 24, 25, 26, 27, 37, 38, 40, 48, 50, 52, 53, 55, 58, 62, 75, 77, 78, 80, 81, 85 Dos tomos: 16, 23 Cuatro tomos: 61
Folleto	29, 35, 36, 41
Volumen múltiple del mismo autor	67, 69, 70, 71, 72, 73
Semanario	14, 39, 42, 43, 44, 45, 60, 64
Diario	3, 17, 18, 19, 28, 32, 46, 74

REEDICIONES: 31 textos	
Medio de publicación	*Novelas*
De libro a libro, con modificaciones	12, 68
De libro a semanario o diario	5, 86
De semanario a volumen singular	7, 9, 10 (8 t.), 33, 66
De semanario a volumen múltiple	47, 49, 54, 56, 57, 59, 63, 65, 83, 84
De semanario a semanario	1, 76, 79
De semanario a diario	2, 8
De diario a volumen singular	4, 51, 82
De diario a volumen múltiple	30, 31, 34
De diario a folleto y luego a volumen múltiple	6

Las "novelas originales" que se difunden a través del libro resultan un poco más accesibles en la actualidad. En cambio, de las novelitas solo perduran aquellas que con posterioridad han sido incluidas en volúmenes por sus propios autores (Gorriti, Cané). Se han olvidado sobre todo las que no han sido reeditadas fuera de los periódicos.

Conviene aclarar que los textos que se publican en los folletines no son necesariamente novelas folletinescas en sentido estricto, es decir, construidas al ritmo del corte de hoja (Epple). La única que podría servir de ejemplo de esta matriz de producción –según nuestra lectura– es *Aurelia*, de Rocha, que no aparece en el folletín de *El Nacional*, sino en la sección "Literatura nacional". Que un texto ha sido publicado por entregas diarias o semanales se advierte sobre todo en los errores que cometen los autores, como cambiar el nombre o la edad de los personajes, olvidarse alguna línea de acción o cometer algún anacronismo. Cuando estos errores son detectados por los propios escritores suelen aclararlo en la entrega siguiente.

3. Pistas que despistan: títulos y subtítulos

El 41% de los títulos son simples: *Dayla, Las rivales, Aventuras de un centauro de la América meridional, Nunca es tarde cuando la dicha es buena*...; un 8%, dobles, con la característica conjunción "o": *Emilia o Los efectos del coquetismo, Traición de un amigo o Un criminal menos*...; uno solo (1%) es triple: *Episodio de la peste: Cora o la partida de caza*. El resto, a la base simple (41%) o doble (9%), agrega un subtítulo que aporta alguna aclaración metaliteraria: *Luis y Estevan: Novela de costumbres*; *El hogar en la pampa: Cuento*; *La quena:*

Leyenda peruana; *Quien escucha su mal oye: Confidencia de una confidencia*; *Un ángel y un demonio o El valor de un juramento: Novela original*; *La maldición o El compadrito (Páginas literarias)*; *Lucía: Novela sacada de la historia argentina*.

Estos paratextos no deben leerse desde criterios actuales, sino desde la endeble nomenclatura recién instaurada en esa época. El adjetivo "original" –según se explicó más arriba– señala las obras producidas por autores locales; aparece en un 21% de nuestro corpus. "Novela contemporánea" anticipa que la historia narrada ocurre en un tiempo pasado más o menos próximo del siglo XIX, lo mismo que "novela histórica". Las diferencias semánticas no se basan en cronologías, sino en la cualificación que el autor hace del contenido de su texto. Si el centro de atención está puesto en situaciones familiares, no importa si el telón de fondo muestra un escenario pasado. Así, la acción de *María de Montiel: Novela contemporánea* transcurre en la década de 1820 (en el marco de las últimas batallas independentistas), antes del período rosista que toman, por ejemplo, *La huérfana de Pago Largo: Novela histórica original* y *Aurora y Enrique, o sea La guerra civil: Novela histórica original*, en las que los autores acentúan los efectos de las medidas políticas sobre los personajes. Por esta amplitud semántica, no deben considerarse contradictorias expresiones como *La bella Emilia: Novela histórica de mis tiempos* o *El Herminio de la Nueva Troya: Novela histórica contemporánea*. Del mismo modo, subtítulos como *Episodio de...* (3%) pretenden garantizar la verdad histórica de la trama novelesca: *El Lucero del Manantial: Episodio de la dictadura de don Juan Manuel Rosas*.

4. Los peritextos o Cómo seducir a los lectores

Los peritextos resultan informantes muy peculiares para determinar la teoría circulante y para calibrar la importancia que los propios autores conceden a las novelas.[129] Pero no informan con objetividad, como podría suponerse: se contagian de la ficción del texto central; es decir, no debe tomarse al pie de la letra lo que en ellos se dice. El caso más difundido es el de la "Carta-prólogo" de *La novia del hereje*, en el que López se desdobla en dos personalidades: por un lado, el joven idealista y entusiasta que a los veinticinco años habría escrito la novela, y por otro, el hombre maduro y serio; sin embargo –como ya hemos explicado en la Parte A– el texto completo es escrito en 1854 por el abogado de cuarenta años.

Si bien Francisco López Torres, en la dedicatoria a Manuel Argerich, se expresa como si ya fuese un anciano, tiene unos diecisiete años cuando publica *La huérfana de Pago-Largo*:

> Cuando creia mi nombre perdido para siempre en la noche de la vida, cuando solo ambicionaba el reposo y tranquilidad de un oscuro ciudadano, la suerte me hizo conocer y encontrar en vos un amor sublíme á nuestro pais, y una inteligencia tan noble como luminosa. Me hicisteis aspirar á una carrera que bien puede hallarse mas arriba de mis fuerzas (1856: 3).

En la "Introducción", en cambio, recurre a la mención de su juventud como excusa para salvar posibles fallas en la novela:

---

[129] Una selección de estos peritextos poco conocidos pueden leerse en el "Apéndice III".

> La obra que hoy ofrezco al público espero que merecerá alguna indulgencia – Es mi primer ensayo, tengo aun muy pocos años y nunca he cursado las aulas. Cuento solo con la justicia y verdad de mis opiniones.
> La novela que es en nuestros tiempos el libro mas leido de la juventud y muy particularmente de nuestro bello sexo, no debe ser frívola ni superficial. La historia del género humano es preciso que se ligue íntimamente con ella. Si no es así, los padres harán un bien á la ciencia y al porvenir de sus hijos prohibiéndoles estas lecturas. Que el jóven desde la edad de doce años aborrezca los tiranos, adore la libertad, practíque la virtud y combata los abusos de la Iglesia. Que la muger no sea ya ignorante ni indolente. Que en el siglo XIX, siglo de la civilizacion y de las luces, no den al fruto de sus entrañas puramente el alimento material, sino que tambien el intelectual. Este es mi objeto; por él arrostraré todas las burlas que tal vez reciban mis primeros trabajos; por él desprecio la rabia de los tiranos (5).

Este texto puede tomarse como un modelo emblemático, pues en él el autor enuncia casi todos los tópicos recurrentes en los peritextos de aquel entonces: la novela como un género muy leído por jóvenes y mujeres, pero muy poco apreciado por los intelectuales de mayor trayectoria; la finalidad de educar al ciudadano, de "civilizarlo", más que la de mero entretenimiento; la juventud y el autodidactismo como justificaciones ante las posibles falencias que los lectores escrupulosos sabrán hallar. Obsérvese que, en definitiva, el novelista defiende su obra apoyándose en la autoridad moral de su propia conciencia.

> **ADVERTENCIA**
>
> Jóven aun para poder presentar al público una obra que esté libre á los ojos de una crítica severa, y por consiguiente sin pretension alguna de llegar á una altura en que mi pobre inteligencia no me permitirá, presento este humilde trabajo, que espéro será tratado con indulgencia.
>
> Esta novelita quizá es una hoja deleznable de algun árbol sin productos, que el huracan arrastrará en su furioso torbellino; mas bien puede que alguna alma delicada la acoja por piedad, que es mi único anhelo.
>
> **El autor.**

"Advertencia", de *Espinas de un amor*, de Amancio Alcorta (h.). Foto de la autora.

En algunos casos, pocos por cierto, esos tópicos aparecen en los epílogos o, en su defecto, en el párrafo de cierre. Así lo hace Mercedes Rosas de Rivera, en la última página de su *María de Montiel*:

> He concluido mi romance y pido á mis lectores sean indulgentes con mi primer ensayo. Conozco que no le faltan defectos, y que no faltará quien me los muestre. Si tal sucede, no se dará por ofendida la persona que lo escribe: y desde ahora se prepara á escuchar la crítica sin resentimiento: pues una censura verdadera ilustra al autor. Queda pues concluido el romance histórico.
>
> *María de Montiel* (1861: 216; 2010: I, 319).[130]

---

[130] En la edición de *María de Montiel* (2010) preparada por Beatriz Curia, puede leerse el texto modernizado, en el t. I, y el facsímil, en el t. II.

La humildad parece ser una virtud indispensable para conquistar al público lector, pero algunos novelistas la usan paradójicamente como escudo para construir una imagen positiva de sí mismos, base de su orgullo. El prólogo con que Laurindo Lapuente encabeza *Virtud y amor hasta la tumba* no presenta la estructura prototípica sino, por el contrario, tiene forma de relato autobiográfico. Su introducción se asemeja a la de un cuento: crea el ambiente (calor agobiante de enero, necesidad de reposo), se demora en los detalles ("me puse un trage cómodo"); luego, mientras enumera los libros que hojea pero que no tiene ganas de leer –por la pereza que le produce el calor–, configura su propia imagen tanto de lector experto –pues aprecia a Cervantes, a Byron y a Guizot, aun cuando otros entendidos no lo hagan– como de escritor novel. Fundamento de este modo su indolencia momentánea para escribir –sus modelos son demasiados buenos para ser imitados con facilidad– y su ambición de alcanzar la gloria en la carrera literaria.[131] El prólogo continúa con el relato de la llegada de su amigo Lauro –un *alter ego* casi evidente de Laurindo–, quien lo alienta a luchar contra el desánimo:

> –De qué modo?
> –Escribiendo algo entretenido, por ejemplo, una *novela*.
> –Para eso se necesita una imaginacion de *Poeta*, rica y exaltada.
> –Sí tú quieres puedes escribirla, porque *querer es poder*.
> –Querer es poder! y como yo no puedo, nada de lo que quiero?
> –Porque querrás las escepciones, y *las escepciones son los imposibles*. [...]

---

[131] El deseo de parecerse en algo a esos escritores europeos lo lleva a adoptar un estilo bohemio: cabellos desordenados, vida pobre, desesperanza ante la imposibilidad de lograr los más altos ideales o las más grandes ambiciones.

-Bien, voy á contarte una historia, que quiero que publiques, como para predicar una memoria á la muger mas bella y mas virtuosa.
-¿Y qué título le pondremos?
Virtud y Amor, hasta la Tumba.
-¿Y el prólogo cual será?
-Nuestro diálogo del momento.
-Estás listo?
-Sí.
Al oir su contestacion, me senté en mi mesa, tomé papel, pluma y tinta, y y [sic] comenzé á escribir la historia que va á leerse, dictada por Lauro (vii-viii).

Este diálogo cumple, pues, varias funciones metanarrativas: servir de marco al texto central de la novela, presentar a su narrador-protagonista, adelantar la cualidad principal de este –su amistad incondicional, tema de la novela– y garantizar la autenticidad de la fuente proveedora de la historia.

Otro prólogo no menos curioso es el de la joven Margarita Rufina Ochagavía pues, por medio de su estilo fresco y desenvuelto, deja entrever la personalidad desinhibida de la novelista. Comienza por la ubicación precisa de las primeras escenas (en Palermo) y la presentación de los personajes como si estos fueran personas de existencia autónoma, que podrán darse a conocer por sí mismos. Algunos de sus nombres contrastan con la precisión espacial: Telémaco, Ismene y Etéocle no parecen referirse a habitantes de la ciudad de Buenos Aires. La novelista declara su edad (diecisiete años), las causas por las cuales no ha estudiado y el motivo personal –ya que no patriótico– por el que publica su obra:

En cuanto á mis estudios, son ningunos; pues he sido criada en la emigración, que no es muy á propòsito para estudiar, sino para aprender á sufrir.

Cred que mi objeto es únicamente ofrecer algo aunque de ningun valor á mi pais y à la sociedad.

Direis que es mucho mi atrevimiento y franqueza al lanzarme à escribir sin contar con los medios necesarios.

Pero qué quereis? eso es inherente en mi; no hay mas remedio. Aunque me esponga, sufriré hasta donde llegue la paciencia (4).

Por su parte, en "A mis lectores", el poeta Estanislao del Campo, con el humor que lo caracteriza, exagera la fórmula de humildad mediante la enumeración de los novelistas más leídos en ese momento, la imagen de adoración e, irónicamente, el uso del verso:

[...] Vosotras bellas niñas, frenéticas amantes
De Dumas, Ayguals de Izco, de Mery y Pablo Kock,
Del afamado Sué, del inmortal Cervantes,
Martinez de la Rosa y el ilustrado Scott,

Lanzad á mi *Camila*, tan solo una mirada,
Que es hija desvalida de mi imaginacion.
¡Miradla á vuestras plantas!... La pobre arrodillada
Vuestra indulgencia implora y os pide proteccion (3).

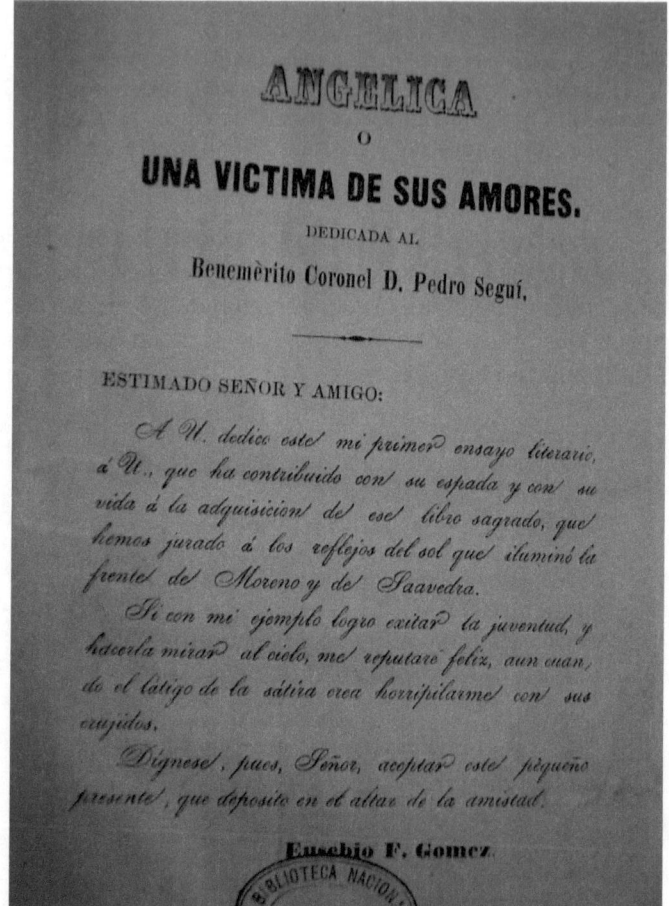

Dedicatoria de *Angélica*, de Eusebio Gómez. Foto de la autora.

Los novelistas no olvidan la dedicatoria a las mujeres, potenciales lectoras, como un medio no solo de *captatio benevolentiae*, sino también de asegurar que el contenido es moral; por lo tanto, aceptable para cualquier tipo de público lector. Léase esta "Dedicatoria" de Fortunato A. Sánchez, joven de veinticinco años al escribir *El ciego Rafael*:

> Amables lectoras, hoy os ofrezco mi pequeña obrita titulada *El Ciego Rafael*.
> Aceptad pues, mi humilde trabajo, que os lo dedico con placer. Conozco que he emprendido un trabajo superior á mis fuerzas, y por tanto no me lisonjeo de obtener vuestro aplauso.
> Sin embargo, vosotras, angelicales criaturas, lo aceptareis estoy seguro, sinó por su mérito, como un testimonio, al menos del alto aprecio á que sois acredoras, y del particular que os profesa el
>
> AUTOR (5).

A veces la dedicataria es una mujer particular, por lo que se refuerza la declaración de sinceridad y humildad. "El Mulato" –Ernesto O. Loiseau– ofrece *Hojas de mirto* a su "querida hermana": "Al ofrecerte este insignificante trabajo, solo he querido mostrarte que aun en medio de mis ocupaciones, jamas el grato recuerdo de tu cariño se separa de mi corazon" (i).

Enrique Juan Iuglaris dedica *La bella Emilia* a un colega y amigo; aludiendo a su profesión de médico, le *receta* la lectura de la novela para curar sus penas:

> Al Señor Conde Domingo de Bortolassi, Doctor en Medicina.
> Esta novelita la he escrito, cuando Ud. me confiaba secretos dolorosos.
> Así como haria una abeja con el tomillo y la majorana, haga Ud. con esta verídica historia: busque lo que en ella haya de dulce para que le temple lo amargo que el infortunio le ha destilado en el corazon, y si halla lo bastante, se llamará dichoso su amigo (3).

La dedicatoria también puede ser ocasión para defender causas extraliterarias. Es lo que hace Coriolano Márquez cuando regala a su hermana los manuscritos de *El pirata o La familia de los condes de Osorno: Novela histórica, escrita en la cárcel pública de Buenos Aires, (en el calabozo No. 5 en octubre de 1862)*, para que ella la publique. Si bien la mujer debe de conocer las circunstancias de la escritura, se las describe para que los lectores se enteren de que ha escrito las cuatrocientas cuarenta y cinco páginas del texto en veinte días y en prisión –motivos que justifican la falta de "belleza literaria" (I, 5)– y de que él es inocente de lo que se le acusa.

Los autores de novelas históricas destinan los paratextos para entablar el pacto de lectura peculiar de este tipo de relato. Y en él les interesa más asegurar la credibilidad histórica que destacar las cualidades estéticas de la novela. Manuel Romano, en pocas palabras, aclara a sus lectores:

> Sin mas antecedente histórico que el parte que copiamos, no es difícil adolezca nuestra obra de algunas inecsactitudes; pero nuestro único pensamiento ha sido presentar en la actualidad uno de esos brillantes episodios de nuestra historia que yacen relegados al olvido despues de medio siglo (3).

En la mayoría de los prólogos el novelista se esfuerza por parecer todo lo contrario: narrador verídico, autor de un texto básicamente histórico que no debe confundirse con una obra ficticia. Así, José Joaquín de Vedia –en su "Preliminar"– asegura:

> [...] vamos á presentar un ejemplo, reuniendo los incidentes de la vida de un gaucho modelo que la tradicion puso en nuestra noticia.
> Como no es una obra de imaginacion la que emprendemos, no citaremos fechas, mas ó menos misteriosas, segun el entender de algunos romancistas; no citaremos fechas, porque la tradicion no las conservó y porque no imaginándolas, en nada disminuirá el interés histórico de nuestra narracion. [...] Seremos puramente narradores de algunas

de las travesuras de un gaucho, poniendo en juego todos sus recursos para escapar á la accion social que no teniendo en cuenta sus inclinaciones escepcionales, pretendia sojuzgarle para hacerle servir á sus vistas civilizadoras, que él no podia comprender ni apreciar, puesto que iban envueltas en el torbellino de las revoluciones... ... (4-5).

A pesar de esta insistencia en cuanto a la base tradicional de la historia *recreada* como fuente de sabiduría popular y, por lo tanto, inobjetable, la narración sobre las aventuras del "centauro" –el gaucho Irene– presenta todas las características esperadas de una novela romántica.

En cambio, Mercedes Rosas no titubea y en el brevísimo prólogo de *Emma o La hija de un proscripto* define el género de su texto sin eufemismos:

> Esta Novela es puramente de imaginacion, y solo anecdoticamente se toca con la historia de una gran nacion.
> El autor pide á sus lectores le conceden su indulgencia, pues que solo contando con ella se ha determinado á publicarla.
> M. Sasor (1863: 5).

5. El discurso novelesco: espejo cóncavo de la realidad

Los narradores anclan sus historias en Buenos Aires, Rosario, Paraná, Chaco, San Juan, Montevideo, Lima, Madrid, Florencia, París, Londres o en cualquier otro lugar geográfico puntual y reconocible (con la excepción de algún relato de Gorriti). De este modo, los personajes resultan *vecinos* de los lectores y sus conflictos, los de cualquier persona. La verosimilitud es una obsesión de los novelistas; sin ella la moralidad podría ser puesta en duda y los textos, rechazados.

La teoría literaria misma exige un basamento real para la idealización, un referente que se perciba nítido en el discurso novelesco aunque haya sido depurado de los elementos no bellos por la pluma del artista. Para expresar esta relación entre texto y realidad los románticos argentinos –en particular, Mitre, según vimos en la Parte B– emplean la metáfora del espejo.

El espejo, como ha explicado detalladamente Meyer Abrams (1962), es la metáfora que repiten los neoclásicos para sintetizar su teoría de la poesía como imitación de la realidad, pero no de cualquier realidad sino de una que –por razones morales– es despojada de particularidades, es generalizada y universal. En cambio, los argentinos, cuando usan esta metáfora, (con)funden el principio neoclásico de la imitación con el axioma romántico de la obra de arte como manifestación de la subjetividad del autor, de modo tal que ese espejo del que habla Mitre no es uno plano (como el paradigma neoclásico proponía), sino uno cóncavo.

Un espejo cóncavo es como el interior de un cucharón. Si colocamos un objeto frente a él, se verá reflejado pero no con la fidelidad de un espejo plano: la calidad de la imagen dependerá de la distancia entre el objeto y el espejo. Si los alejamos, el objeto se verá más borroso, más pequeño e invertido. Si los acercamos, el objeto se verá más grande, también invertido, pero la imagen quedará mejor definida. Las características de la imagen producida por el espejo dependen de una decisión previa: según qué imagen quiera obtenerse será la distancia a la que se coloque el espejo.

Observemos este fenómeno óptico en el discurso novelesco. Los diversos narradores, en diálogo permanente con sus destinatarios, aseguran una y otra vez que los hechos narrados son "verídicos" o "históricos", que han sido testigos de los hechos o han conocido personalmente a los protagonistas, quienes les han contado sus cuitas, siendo todos ellos dignos de confianza. En otras palabras: acercan el espejo a la realidad para que el lector la reconozca y crea en la historia contada que ocurre en un escenario identificable; por lo tanto, verosímil. Esto se observa especialmente en los relatos sobre la tiranía de Rosas. El autor-narrador se esfuerza por que parezca que la novela refleja la realidad sin desviaciones; pero el texto es un espejo cóncavo: el mayor acercamiento entre el objeto y el espejo permite una mejor definición de la imagen, pero el tamaño del objeto imaginado es mayor que el original. Rosas y sus secuaces son, entonces, una impresión nítida pero agrandada respecto de lo que podemos considerar *real*. El procedimiento contrario, el distanciamiento entre realidad y novela que se produce cuando el autor ansía plasmar un mundo más ideal y más puro, ocasiona que la realidad se vea desdibujada y en forma invertida: ya no es real sino pura ficción. El discurso narrativo se vuelve entonces más inverosímil y, por ende, menos atractivo. Menos atractivo, entiéndase, para un público lector todavía bastante conservador como el de Buenos Aires de mediados del siglo XIX. Esto ocurre sobre todo respecto de las novelas de temática puramente sentimental, con escaso anclaje en una circunstancia sociohistórica bien delimitada.

Es importante aclarar que estas relaciones entre realidad y mundo representado no son necesariamente estables en una misma novela. El autor-narrador acerca o aleja el espejo según la situación, pues no le conviene que la verosimilitud se convierta en exigencia de veracidad –aún más, de verdad histórica irrefutable–, porque entonces no podría imaginar situaciones. Para ejemplificar estos movimientos especulares, he elegido una novela que –en medio de tópicos muy estereotipados– presenta la novedad de cuestionar la verosimilitud romántica. Se titula *Carlota o La hija del pescador* y es publicada en el folletín de *La Tribuna* en abril de 1858. Su autor es Tomás Gutiérrez.

Carlota comienza, como muchas novelas románticas, por la descripción de una noche tormentosa y de una casa costera, en una ciudad que el autor no necesita nombrar pues se identifica rápidamente con Buenos Aires:

> El año de 18... habia hecho mas de la mitad de su carrera. [...] Serian apenas las seis y media de la tarde.
> Negras nubes preñadas de lluvia, llenaban el vacio, y el relámpago que recorria los espacios, bosquejaba en sus fúnebres crespones caprichosas figuras de deslumbrante fuego.
> Un viento recio del Sud-Este, batia rama con rama la frondosa copa de los corpulentos ombúes, levanta[n]do en imponentes olas coronadas de espuma las aguas del hermoso Rio de la Plata. [...]
> Tristísimo era el espectáculo de la tempestad á esas horas tan tristes por si mismas y mas tristes son los alrededores del convento de los Recoletos con sus altísimas barrancas y sus árboles solitarios.
> Es allí donde pensamos llevar á nuestros lectores.[132]
> Por los tiempos en que pasan los sucesos que vamos á narrar, habia en el fatídico hueco ó plazuela que sirve de espacioso átrio al dicho convento, varios ranchos ó chozas de labradores (20 abr.).

La descripción avanza de lo generalizado a la particularidad de las casas que están en lugar preciso: al costado del convento de los recoletos. Otros detalles posteriores ayudarán a crear una imagen verista. Además, en el tercer folletín, cuando el narrador está por presentar otro momento tormentoso para la naturaleza y para los personajes, reflexiona sobre lo que está por describir y lo hace desde una perspectiva que podríamos calificar como positivista, fomentada quizá por los estudios de agrimensura que realizaba Tomás Gutiérrez en aquel tiempo (Cutolo: III, 520-521):

---

[132] He modificado esta oración para hacerla inteligible. El original dice: "Es allí donde pensamos á llevar nuestros lectores".

Existe la creencia en cierto modo quimérica de que la naturaleza acompaña en sus desgracias al mortal, enlutando sus galas en aquellas situaciones últimas y escepcionales de su vida, será verdad? no lo creemos, y sin embargo las apariencias, ó la casualidad, mas bien, lo sanciona, aunque pensamos que somos nosotros únicamente los que metamorfoseamos la natura segun el estado de nuestra alma.

Mil veces nos ha sucedido estar alegrísimos, y esas mil ocasiones nos ha parecido cuanto nos rodeaba tan alegre como nosotros, aunque el cielo haya estado velado por la tormenta [...].

Luego, no hay duda, somos nosotros, ó es la casualidad solamente.

Lo hemos creido siempre, con la frialdad del que raciocina; asi pensábamos ayer, exentos de los grandes sentimientos de la tierra; lo creemos hoy? no, porqué? Porque hoy padecemos, hoy estamos afectados por la agitacion de sentimientos hondos y encontrados.

Tal dirian los personages que vamos á ver (23 abr.).

Gutiérrez acerca el espejo cóncavo a la realidad, pero esta se ve menos luminosa. Aleja entonces el espejo; el propio autor se vuelve reflector de la realidad interior y pasional que lo constituye. No obstante, el problema de la verosimilitud no se resuelve totalmente. Un poco más adelante, el narrador enfrenta una posible objeción a la lógica de su diégesis:

> Nuestros lectores al leer estas palabras que pongo en boca de Alberto Castillo, se sorprenderán, diciendo quizas en sus adentros que hay inverosimilitud en ellas, puesto que si Alberto había amado tan apasionadamente, era muy repentina é innatural su frialdad, ó indiferencia, hácia el objeto de su antiguo amor. Pero no hay tal (26-27 abr.).

El narrador enumera luego unas cinco razones que justifican el interés naciente de Alberto por Carlota. Y termina el debate con estas palabras: "El lector puede pensarlo de otro modo, mas esa es nuestra opinión."

El foco de atención pasa de la *verdad* aprehensible por la razón, fundamento neoclásico e ilustrado, a la *verdad* de los sentimientos del poeta romántico. El reflejo de la realidad se vuelve un *espejismo*, o sea, la ficción subjetiva del novelista.

6. Tipos de novelas

En los metatextos, solo se mencionan como tipos de novelas las históricas y las de costumbres, mientras que por su estructura únicamente se reconoce la variedad epistolar (Molina, H. 2008 b). En los textos, en cambio, se detectan recurrencias temáticas, ideológicas y axiológicas que formalizan variedades novelescas más o menos delimitadas, que –sin embargo– no pueden ser consideradas como una clasificación taxativa, pues cada novela, como todo texto, responde a su propia lógica interna y no a tipologías externas.

6.1. Las novelas históricas

> "Parecíame entonces que una série de novelas destinadas á resucitar el recuerdo de los viejos tiempos, con buen sentido, con erudicion, con paciencia y consagracion séria al trabajo, era una empresa digna de tentar al mas puro patriotismo".
>
> Vicente Fidel López

La novela histórica es –como ya hemos visto– la variedad más apreciada por los intelectuales argentinos, porque cuenta con el respaldo del discurso historiográfico, que limita los desbordes de la fantasía; por lo menos, eso es lo que declaran los autores. Los textos, en cambio, muestran un respeto menor porque no faltan en ellos imprecisiones y anacronismos.

El modelo invocado es el de Walter Scott, si bien –como observa Carlos Mata respecto de la novelística española– su mayor influencia no radica "en el conjunto de esas coincidencias de detalle, sino en el hecho de haber dignificado el género novela [...] y en el de haber creado una moda que, bien por ser garantía segura de éxito, bien por otras razones, impulsó definitivamente el renacimiento de la novela [...]" (118). De Scott se toman como rasgos constitutivos la información histórica –en cantidad suficiente para ubicar al lector en las coordenadas espaciotemporales y ligeramente avalada por referencias historiográficas–, el color local –a través de escenas costumbristas–, sentimientos genéricos y representativos, tipos más que caracteres y una historia central inventada (Alonso; Anderson Imbert; Fernández; Fernández Prieto, Maigron). Pero hay dos rasgos –cierto exotismo y la "evocación de civilizaciones lejanas y de sociedades diferentes o desaparecidas, presentando lo pasado como caducado" (Alonso: 54-55)– que se cumplen de una manera peculiar en las novelas argentinas.

Solo tres se ambientan en lugares alejados y extraños para los lectores locales: *Alí Bajá*, de Vicente Fidel López; *Un drama en el Adriático*, de Juana Manuela Gorriti; y *Emma, o la hija de un proscripto*, de Mercedes Rosas. En las dos primeras, la distancia que importa es la espacial, más que la temporal, pues las acciones se sitúan en el siglo XIX: entre 1812 y 1822, en el Epiro (cuando abarcaba pueblos griegos y albaneses), y hacia 1848, en Venecia, respectivamente. Esos dos textos presentan la brevedad y la concentración diegética del cuento contemporáneo; no hay recreación arqueológica de una época (Alonso), sino solo la dramatización de un conflicto que pone en crisis la libertad y el honor de los protagonistas: los griegos cristianos bajo el poder turco, en el primer relato; los venecianos bajo la dominación austríaca, en el segundo. López reconoce como fuentes a "Toqueville. Hist. de la Rejen. de la Grece" (1843 a: 22 mar., 1) y "Dufey *Voyage en* Grece" (23 mar., 1).[133] Gorriti, en cambio, no muestra lecturas previas.

Emma sigue más fielmente el modelo de Scott. Ambientada en Europa (Dublín, Londres, Marsella, Roma), trata los problemas que padecen dos jóvenes enamorados –Emma y Eduardo–, a causa de las discrepancias políticas de sus padres en medio de las "guerras civiles" monárquicas inglesas, durante la segunda mitad del siglo XVIII. La novelista se demora en la descripción de costumbres y escenas típicas, como la visita del joven aristócrata a su novia, los preparativos de una boda y los trabajos cotidianos de una familia empobrecida.

El resto de las novelas históricas se ambienta en América del Sur. Los escritores enfrentan un dilema: qué momentos del pasado reconstruir. No pueden alejarse mucho de su presente, como hace Scott, porque no conviene a un país recién nacido resaltar los tiempos más pretéritos, esto es, los de la Conquista y de la Colonia (Ianes 1999 b: 27-72). Solo tres mujeres, Eduarda Mansilla de García, Rosa Guerra y Juana Manuela Gorriti, se dedican a revivir las historias legendarias más antiguas, como la de Lucía Miranda o la de los tesoros escondidos de los Incas (Lojo

---

[133] Rípodas Ardanaz conjetura que el novelista ha confundido títulos y autores, y que se ha basado en la *Histoire de la régénération de la Grece* y *Voyage de la Grece*, de Francois Pouqueville, y en *Resumé de l'histoire de la régéneration de la Grece jusqu'en 1825*, de Pierre Dufey (1962-1963: 154). La historia de Alí Bajá también es relatada en el *Compendio de la historia universal* (1838-1846), de Cesare Cantu; la *Historia de la restauración* (1854), de Alphonse de Lamartine; el tomo IX de la *Enciclopedia española del siglo diez y nueve* (1844); y las novelas *Kardiki* (1839), de Eugène Sue; *Ali Pacha* (1840) y *Vida y aventuras de John Davis o El inglés errante: Novela marítima* (1840), de Alexandre Dumas, entre otras fuentes historiográficas y literarias.

2004 a); y un extranjero, Francisco Rave, trata de recuperar un mito aborigen. En cambio, Vicente F. López, cuando toma la Colonia como tema, lo hace en función de dar una lección de historia a través de la cual pretende explicar su presente.

Sin embargo, tampoco las luchas independentistas concitan mucho la atención de los novelistas. Solo siete organizan la trama ficcional en torno de algún episodio de esa gesta: *Soledad*, de Mitre; *Una noche de boda*, de Cané; *El isleño: Episodio de la guerra de la Independencia*, de Manuel Romano; *María de Montiel*, de Mercedes Rosas de Rivera; *El capitán de Patricios*, de Gutiérrez; *El ángel caído* y *El pozo del Yocci*, de Gorriti; además de *Capitán Vargas*, de V. F. López, que queda inconclusa e inédita.

Un caso muy curioso es la novela de Coriolano Márquez, *El pirata o La familia de los condes de Osorno* (1863). Aunque la subtitule "novela histórica", la trama sentimental no está inserta en episodios históricos. La búsqueda de la Ciudad de los Césares es un telón de fondo muy débil; parece ser simplemente una excusa del autor para advertir a sus lectores –¿y a sus acusadores?– que él es una personalidad seria, que no miente, pues los documentos que transcribe obrarían en su poder, según hemos comentado en el punto A.2.3.4.

6.1.1. Teoría y praxis del maestro López

Vicente Fidel teoriza sobre la novela histórica y escribe textos ejemplares. Además de la explicación que incluye en el *Curso de Bellas Letras*, explicita su concepción en la "Carta-prólogo" al editor Miguel Navarro Viola, de *La novia del hereje o La Inquisición de Lima*. Atendiendo al prestigio del discurso historiográfico y a los cuestionamientos morales sobre la narrativa ficcional, el autor define la novela desde su complementariedad con la historia y lo hace con tal claridad que el fragmento siguiente se ha vuelto cita obligada:

> Así como de la vida de los hombres no queda mas recuerdo que el de los hechos capitales con que se distinguieron, de la vida de los pueblos no quedan otros tampoco que los que dejan las grandes peripecias de su historia. Su vida ordinaria, y por decirlo así *familiar*, desaparece; porque ella es como el rostro humano que se destruye con la muerte. Pero como la verdad es que al lado de la vida *histórica* ha existido la vida *familiar*, así como todo hombre que ha dejado recuerdos ha tenido un rostro, el novelista hábil puede reproducir con su imaginación la parte perdida creando libremente la *vida familiar* y sujetándose estrictamente á la vida histórica en las combinaciones que haga de una y otra para reproducir la verdad completa (1854 a: II, 153-154; 1854 b: 9-10).

La imaginación produce, pues, una forma de conocimiento verdadero, con el único requisito de la coherencia con la memoria, facultad fundamental para la historia. Esta concepción surge no solo de su teoría literaria, sino también del enfoque historicista: López es novelista por vocación e historiador por profesión. Las escuelas historiográficas que él prefiere aprueban la reconstrucción imaginaria de situaciones y personajes, para suplir lo que los documentos no dicen. En su *Curso de Bellas Letras*, describe las distintas corrientes de la historia social, en particular, la denominada "Escuela fatalista", inspirada según Thierry –uno de los escritores de este "jénero"– en las novelas de Walter Scott (1845: 233-234). Según López:

> [...] la historia fatalista es esencialmente pintoresca i descriptiva; es una especie de *linterna májica* qe ace pasar por delante de nuestros ojos los ombres i los pueblos olvidados, con sus verdaderos trajes, con sus verdaderos semblantes, con sus costumbres propias, con sus jestos i asta con sus accidentes de lenguaje i de vida doméstica (233).

Este "amor de la verdad" comprende –en palabras de Abel-François Villemain, que cita López– no solo "«la necesidad de conocer la verdad seca i muerta, enterrada en los cartones diplomáticos, sino la fuerza de restablecer, de sentir, de reacer la verdad contemporánea i local, de diseñar de nuevo la fisonomía de los personajes, de ponerlos en movimiento sin acordarse del tiempo en qe se vive, i dándoles sus mismas pasiones i sus mismas figuras»" (López 1845: 210; Hualde de Pérez Guilhou; Ianes 1999 a; Rípodas Ardanaz 1962). El novelista parece subordinarse al historiador. Aún más, al final del capítulo VI de *La novia...* (corte de la primera entrega), López insiste en su compromiso con el lector:

> El interés que inspiran los grandes hombres y las grandes empresas es un patrimonio de todos; y bajo ese punto de vista, que debe ser un dogma para el escritor de conciencia, seria un atentado de parte del novelista adulterar el contenido de esa preciosa herencia de la humanidad. Por lo que á mí hace puedo jurar á mis lectores que he seguido paso á paso la historia de los acontecimientos que forma el fondo de mi trabajo. No es invencion mia, nó, el órden de los sucesos que se ha leido: y ese mismo Henderson cuya gentil figura está destinada á concentrar todo el interes novelesco de este escrito, se halla muy lejos de ser una mera ficcion de mi fantasía (López 1854 a: II, 197; 1854 b: 53).[134]

Este prototipo de novela histórica –común a todos los novelistas de este período– se basa en un especial pacto de lectura: el autor se compromete a novelar una *verdad*

---

[134] Su padre observa esta intromisión del historiador en el discurso novelesco, según el patrón imperante en la época: "Solo hé estrañado q.ᵉ al ultimo descubras tu papel de novelista que ha seguido los sucesos &ᵃ. Creia que este descubrimᵗᵒ y explicacion tenia su lugar en el Prologo, y no en el curso de la narracion, donde no debe aparecer el historiador, sino la historia. Pero no soy versado en este genero de literatura, y tal vez seguiras buenos modelos en esa parte" (Doc. 2440).

histórica. Para ello, presenta diversas pruebas que avalan la veracidad de la historia.[135] Recordemos que, aunque lo histórico es subsumido por lo ficcional, debe identificarse como histórico y estar representado en la trama novelesca para que pueda hablarse de "novela histórica" (Molina, H. 2005 b y 2011 a). A pesar de la palabra empeñada, el narrador de *La novia del hereje* altera el orden cronológico de los acontecimientos y manipula las fuentes historiográficas a favor de la trama novelesca; en consecuencia, no es fiel a su promesa de contar la *verdad histórica* (Molina, H. 2009 b). Los límites entre lo ficcional y lo histórico no quedan claramente delimitados. No podemos saber si los lectores del siglo XIX descubrieron estas alteraciones o si, por el contrario, realmente creyeron que el novelista reconstruía la época colonial tal cual había ocurrido. Tampoco podemos determinar el grado de conciencia de López respecto de esas *infidelidades*; lo más probable es que las considerara recursos válidos. Si el lector aprueba esta concepción literaria e historiográfica, no atenderá las alteraciones históricas introducidas por el novelista; por el contrario, será su cómplice y disfrutará esa reconstrucción ficcional del pasado americano.

La lección que imparte el maestro no trata únicamente sobre la poética de la novela histórica, sino que también abarca nociones de historia y de filosofía de la historia. El escritor no oculta su finalidad didáctica y se justifica desde un enfoque patriótico: un pueblo que no conoce su pasado ni tiene conciencia de sus tradiciones nacionales se condena a un futuro incierto, oscuro y abandonado "a las convulsiones y los delirios del individualismo" (1854 a: II, 149; 1854 b: 5). Al hablar así, está reprochando a sus

---

[135] Igual que López, Márquez, Romano y Mansilla incluyen referencias bibliográficas y transcripción de textos historiográficos como pruebas de la historicidad de lo narrado.

compatriotas su indiferencia hacia los planteos transcendentales del ser argentino, porque se dedican solo a problemas de facciones políticas, que dejan de lado las cuestiones filosóficas del más alto nivel intelectual (recordemos que López está autoexiliado en Montevideo).[136] El propio autor se presenta a sí mismo como el maestro que les enseñará historia argentina y que los salvará de ese peligro que se vislumbra.[137] La tarea que se propone es arriesgada ya que su interpretación del pasado se basa en conceptos de filosofía de la historia que conocen unos pocos.

El novelista concibe la historia como la lucha recíproca entre las fuerzas conservadoras y las fuerzas innovadoras. Su ley esencial es el progreso y este se lleva a cabo a través de revoluciones:

> Las revoluciones [...] son consecuencias inmediatas de todo desarrollo, y al mismo tiempo son puntos de partida desde donde empieza a marchar la sociedad en dirección a un nuevo orden de cosas, a una nueva organización. No hay nación que no tenga en su pasado alguna revolución a quien saludar como principio de sus dichas y de su libertad (López, V. F. 1943: 32).

---

[136] "En ella [la novela sobre Zeballos que proyecta] habria podido hacerse servicios eminentes á la nacionalidad argentina reponiendo el espíritu de los pueblos, aturdidos por los escesos y las calamidades de las guerras incesantes, á la via sana de su nacionalidad, y de su único desarrollo posible" (López, V. F. 1854 a: II, 152; 1854 b: 8).

[137] Completamos la cita elegida para el epígrafe: "Parecíame entonces que una série de novelas destinadas á resucitar el recuerdo de los viejos tiempos, con buen sentido, con erudicion, con paciencia y consagracion séria al trabajo, era una empresa digna de tentar al mas puro patriotismo; porque creia que los pueblos en donde falte el conocimiento claro y la conciencia de sus tradiciones nacionales, son como los hombres desprovistos de hogar y de familia, que consumen su vida en obscuras y tristes aventuras sin que nadie quede ligado á ellos por el respeto, por el amor, ó por la gratitud" (López, V. F. 1854 a: II, 149; 1854 b: 5).

La revolución fundamental de la Argentina es la de Mayo. Y esta, como todas, se ha empezado a gestar desde mucho tiempo antes. El origen de nuestro Primer Gobierno Patrio se remonta al siglo XVI, cuando empiezan a manifestarse la impotencia y la caducidad del régimen colonial español. En este enfoque de lo histórico, López también adhiere a los principios de la Escuela fatalista, cuyos objetivos define el autor mismo en su *Curso de Bellas Letras*:

> Aplícase esta escuela a buscar la esplicacion de todos los cambios sociales en el desenvolvimiento de cada idea, tomada en su jérmen, i seguida durante su desarrollo, asta qe se ace poder social, causa de una revolucion o de una mejora cualqiera (1845: 233).

Pero el argentino se diferencia de los historiadores fatalistas en que no considera las teorías e intereses dominantes en una época como las fuerzas más decisivas para el cambio social; por el contrario, opone al determinismo histórico el sentido de la responsabilidad individual y colectiva (234).[138] Y pretende comprobar esta tesis mediante una serie de novelas históricas, a través de las cuales analizará la evolución de la *idea* que produce a la Revolución de Mayo y todas sus consecuencias, hasta explicar su propio presente, que se mantiene convulsionado:

Iniciar á nuestros pueblos en las antiguas tradiciones, hacer revivir el espíritu de familia, echar una mirada al pasado desde las fragosidades de la revolucion para concebir la línea de la generacion que han llevado los sucesos, y orientarnos en cuanto al fin de nuestra marcha, eran objetos que de cierto tentaban las cándidas ambiciones de mi juventd (1854 a: II, 149; 1854 b: 5).

---

[138] López recomienda a su padre la lectura de su *Curso*, "principalmente la pág. 234. Es la expresion fiel y definitiva de mis ideas y de mi conducta" (Doc. 3979).

Los hitos que eslabonan la historia argentina y que López elige como temas de sus proyectadas novelas son:
- La crisis de la hegemonía colonial española frente al modelo de otras naciones más "civilizadas", en *La novia del hereje* (concluida y publicada).
- La reacción española ante el contrabando portugués, por medio de la habilitación de Buenos Aires como centro comercial del Río de la Plata.
- Las rivalidades entre "europeos" y "patricios", y entre "cabildos" y "autoridades militares", a partir de las invasiones inglesas y el accionar de Liniers, en *El conde de Buenos Aires* (se conserva un capítulo manuscrito).
- El enfrentamiento entre criollos y españoles a través de la revolución de Álzaga, en *Martín I*.
- La relación entre el Río de la Plata y Chile en tiempo de San Martín, en *Capitán Vargas* (se conservan dos manuscritos que no completan la novela).
- La insurrección contra los gobiernos centrales por parte de las "masas campesinas", al mando de Artigas y de Ramírez, en *Güelfos y gibelinos* (1854 a: II, 149-153; 1854 b: 5-9).

El núcleo histórico de *La novia del hereje* consiste en "la lucha que la raza española sostenía en el tiempo de la conquista, contra las novedades que agitaban al mundo cristiano y preparaban los nuevos rasgos de la civilización actual", esto es, la España católica contra la Inglaterra protestante, modelo de nación progresista. El autor hace un corte sincrónico a la historia de la Colonia y elige a Lima "por teatro", porque es el centro del gobierno español de casi toda la América del Sur, mantiene vivo el dolor de los "huincas" sometidos y es atacada por Francis Drake en 1579; en consecuencia, la capital peruana resulta "la mas perfecta espresion" de todos "los elementos morales que constituían la sociedad americana" en ese tiempo (1854 a: II, 149; 1854 b: 5).

Estos "elementos morales" pueden reducirse a una de las más frecuentes dicotomías románticas: despotismo o libertad. Para López, el despotismo –en lo político– y el fanatismo –su correlato en lo religioso– son las causas fundamentales de la corrupción y de la decadencia del sistema colonial, porque anulan –a través del miedo– el libre albedrío individual. El narrador sostiene la "tésis" de que existe una relación directa entre el surgimiento de "grandes y bárbaros tiranos" y el despotismo del padre en el hogar (1854 a: IV, 115; 1854 b: 143); tesis que está explícitamente formulada en el capítulo XVIII, "De la casa a la cárcel", en relación con la actitud despótica del padre de la protagonista; pero que también se infiere del desarrollo de la trama.

El narrador, en reiteradas intromisiones, culpa de este mal a Felipe II, quien actúa por ausencia como el máximo responsable de la inmoralidad generalizada en España y en sus colonias. Sara Malvicini (91) observa que la caracterización del monarca español –"Déspota por instinto y por placer, no saborea el gobierno, sino aterrando y envileciendo" (1854 a: VII, 106; 1854 b: 280)– se asocia en la mente del lector a la imagen de Rosas. El rey "hace de la Iglesia y de la Inquisición su principal columna" (1854 a: V, 116; 1854 b: 194) y les confiere amplios poderes sobre los negocios temporales. Esto trae como consecuencia una continua hostilidad entre civiles y religiosos y, por ende, la anarquía en las diversas jurisdicciones del Estado.[139] El mal mayor que provoca el fanatismo de los inquisidores

---

[139] "El despotismo de la Iglesia [...] habia degenerado en egoismo de casta: diré así, en esplotacion egoista y opresora del poder y del prestigio, y de aquí el desórden y la inmoralidad dentro de sus propias filas, con la tiranía y la violencia sobre todo lo que no estaba afiliado en ellas" (López, V. F. 1854 a: VII, 32; 1854 b: 214).

es el de apagar "toda chispa de libertad en las ciencias y en las ideas" y anular, por consiguiente, el progreso de la industria y de la agricultura (1854 a: II, 156; 1854 b: 12).

En Lima, el despotismo está encarnado principalmente en los inquisidores, el padre Andrés y el fiscal Estaca, quienes –ambicionando la riqueza de don Felipe Pérez– someten a su hija María a un proceso de herejía por su idilio con el pirata Henderson. Esta acusación se basa en las confesiones imprudentes de Antonio Romea, el despechado prometido de la joven, que representa a todos los mozos españoles que llegan a América buscando fortuna y sueñan con ser "yerno de algún viejo rico y concienzudo" (1854 a: III, 124; 1854 b: 88). Don Felipe, padre autoritario, no puede hacer mucho para salvar a su hija ya que esconde un pasado lleno de intrigas en la corte de Felipe II. Estos personajes representan sectores viciados de la Colonia, todo como consecuencia del "mal principio en que la sociedad estaba montada" (1854 a: IV, 115; 1854 b: 143). La inmoralidad en que han caído les impide hallar solución a sus conflictos pues, víctimas de sus propios actos, no tienen libertad para cambiar el curso de los acontecimientos. El padre Andrés –antiguo conspirador político y asesino– debe soportar la extorsión de la india Mercedes. Romea no encuentra más salida para su odio que hacerse inquisidor. Don Felipe, encerrado en su casa, puede resguardar su dinero, pero no puede ayudarse a sí mismo.

En cambio, los personajes que muestran decisión propia y voluntad para el bien, es decir, que ejercen su libre albedrío, tienen posibilidades de modificar las situaciones que afectan a ellos o a otros inocentes. Drake es el prototipo del hombre que supera todos los obstáculos y se sobrepone a todos sus enemigos, y por ello obtiene "no sólo el perdón de sus maldades, sino también la admiración sincera de sus proezas" (1854 a: VII, 41; 1854 b: 223). Henderson hace gala de un temperamento impetuoso cuando se compromete con

María y organiza el rescate de la joven. Mercedes recurre a todas las tretas que están a su alcance a fin de salvar a su querida María, sin pensar en si las consecuencias de sus acciones pueden perjudicarla. Juan Bautista Lentini, el espía italiano de los piratas, adopta los disfraces más audaces en su desesperada venganza contra los opresores de su patria.

Pero no son solo los enemigos de España –indígenas, ingleses, italianos– los que luchan contra el despotismo. También lo hacen el virrey Francisco de Toledo y el arzobispo Alfonso Toribio de Mogrovejo. Estos dos personajes –si bien representan a las autoridades civil y eclesiástica en pugna con la Inquisición– actúan movidos por sus cualidades personales. El virrey es, por naturaleza, bueno e impetuoso; de todo hace causa propia. El arzobispo es excepcional por su santidad y su sabiduría en el ámbito de la Iglesia. La presencia de Mogrovejo en Lima hacia 1579 es un anacronismo, con el que López pretende diferenciar su respeto por la religión católica, de sus críticas contra los abusos y la intolerancia de una de las facciones clericales.[140]

A través de la organización de la trama, el novelista demuestra cómo incide el accionar individual en la concatenación de los hechos histórico-sociales, pues para salvar a María del Santo Oficio actúan los diversos personajes en forma simultánea y entrecruzándose: mientras –por un lado– el padre Andrés y Estaca preparan el juicio, por otro, Mercedes extorsiona al jefe inquisidor y también coacciona

---

[140] En carta a su amigo católico Félix Frías, López aclara: "Esa obra esta basada sobre la moral mas pura, hay en ella un respeto constante a la religion, se halla en ella la exaltacion de una antigua figura historica de America –el Arzbispo Morgrovejo, hombre evangelico y santo; lo unico q.^{e} esta hollado es el *mal sacerdocio*, que es la llaga del catolicismo entre nosotros mas q.^{e} la incredulidad de los pueblos: esta es efecto y aquella es causa" (Doc. 4305). El novelista también le pide a Frías: "Sé indulgente con *Mi Novia del Hereje*. Perdóname el Padre Andres p.^{r} el Obispo Mongrovejo; y acuerdate de q.^{e} al lado de Las Casas la historia habla de la pandilla de los Valverdes" (Doc. 4304).

al fiscal a través de su esposa, con la ayuda de los "maricones"; don Felipe Pérez y el Virrey piden, por separado, al Arzobispo que intervenga; este propone la convocación del Concilio Peruano; finalmente, María es rescatada por Henderson, con la ayuda de Lentini, el cholo Mateo y un terremoto muy oportuno, que abre las puertas de la cárcel.

En la "Conclusión", la *"country-mansion"* de los Henderson luce "aire de grandeza": "Todo respiraba allí el órden, la riqueza y la cultura" (1854 a: VII, 118; 1854 b: 292), en contraposición evidente con el ambiente familiar de los Pérez. Como afirma Malvicini:

> Entre esos dos mundos antitéticos, la nueva sociedad americana lucha por liberarse de uno por parecerse al otro. María es el símbolo de esa lucha y su victoria no solo cumple con el inevitable final feliz, sino que es el reflejo del optimismo con que el autor veía el destino de América, una vez lograda la necesaria ruptura con la tradición española (93).

6.1.2. El conflicto de la Conquista

El ingeniero geógrafo alemán Francisco Rave explora la selva brasileña y el territorio misionero, se instala en Corrientes y luego en Buenos Aires, donde empieza a publicar la única novela de nuestro corpus que se ambienta en el período precolombino, aunque con una –hoy curiosa– tesis histórica: antes que Colón, a América del Sur ha llegado Pablo, un misionero blanco. En nota el autor aclara:

> Se estrañará quizas que cite aquí un nombre cristiano. Pero sin hablar de las cruces halladas en Palenque, cuya existencia coufirma [sic] la llegada de un misionero cristiano al continente de América, muy anterior á la conquista; basta decir para evitar una crítica imprudente que los *coronados* cortan el cabello en la parte superior de la cabeza, costumbre, que originó su nombre; á causa de haber sido roseados con el agua sagrada (como dicen) por un guerrero de la cruz. Notaré tambien que este pueblo nunca fué antropófago [...] (1868 a: 270, n. 1).

La finalidad de Rave es recuperar los mitos y las leyendas que le han debido de contar los habitantes originales con los que ha tenido contacto: "Yo he visto los hombres, á quienes vuestras leyes rechazaron; conozco los infortunios del paria americano, que hoy vaga por la tierra de sus padres sin hogares, sin altar, sin tumbas" (149). Por ello, los personajes principales son indígenas: "guayanases" (o guayanas), curitibanos, tapuyas, tupíes y guaraníes. En particular, le interesa destacar que en "la América primitiva" reinaba "un acuerdo perfecto entre todas aquellas naciones" (266); pero esta armonía derivaría de la evangelización de ese Pablo pionero.

Por su parte, Juana Manuela Gorriti agradece a los limeños la hospitalidad con que la reciben, luego de su separación conyugal (1848), reelaborando las leyendas de la quena y de la ciudad subterránea de los incas. Sus fuentes son predominantemente orales y a ellas la novelista agrega detalles imaginados y recursos narrativos –como la limitación de la omnisciencia (Molina, H. 1999: 188-201)–, a fin de atraer a los lectores hacia su versión personal de tales tradiciones.[141]

Desde su perspectiva femenina, Gorriti centra la atención novelesca en los conflictos internos de las mujeres aborígenes, cuando enamoradas de españoles deben elegir entre ser fieles a los secretos ancestrales o salvar al ser querido (el hijo o el amado). Tanto María –madre del protagonista de *La quena*– como Rosalía o Kosacha –de *El tesoro de los incas*– son seducidas por conquistadores hábiles para

---

[141] Existen diversas versiones de la leyenda de la quena, todas a tal punto contaminadas con otros motivos folklóricos que es imposible determinar cuál es la que ha seguido Gorriti y, en consecuencia, qué elementos le ha agregado de su propia cosecha. Por ejemplo, Ricardo Palma recrea una leyenda similar, la del *manchaypuito*, un yaraví o canto tristísimo acompañado por una quena tañida dentro de un cántaro (Molina 1998: 152-154).

engañar y resultan mujeres débiles ante circunstancias apremiantes; las dos descienden hacia la ciudad de oro, pero este descenso hacia el lugar sagrado no las fortalece, sino solo las motiva al arrepentimiento después de hacer cometido el sacrilegio. Y, si bien el amor en cierto modo las redime, pagan con la muerte el castigo a su perjurio; no obstante, la culpa suprema corresponde a los españoles que, por ambición, las han descarriado.

Este tipo de conflicto no es privativo de las indígenas. Francisca, la esclava negra de *La quena*, también lo padece: traiciona a Rosa, su ama blanca, por la necesidad ferviente y vital de regresar al África, a fin de reencontrarse con sus hijos.

No mueve a Gorriti el afán de la denuncia político-histórica contra los españoles, sino más bien la conmoción que le produce la persistencia de ciertas formas de sojuzgamiento de aborígenes:

> Sus guerreros se han convertido es pastores; sus vírjenes, apagado el fuego sagrado, han abandonado el templo; y sus ancianos acurrucados cual mendigos al borde de los caminos [...] tienden al viajero una mano desecada por el hambre.
> Pero aproximaos y mirad de cerca á esos ancianos, á esas vírjenes, á esos pastores, y vereis brillar en sus ojos abatidos la sombría luz de un misterio. [...]
> ¿Qué pensamiento arde bajo la paciente resignacion con que sobrellevan su infortunio? Ese vestido de gala conservado siempre al lado de su eterno luto, ¿qué esperanza revela? y ¿cuál es ese secreto trasmitido de generacion en generacion y guardado tan religiosamente entre los harapos de su miseria? ("El tesoro...", 1865: II, 90).

Con esta continuidad temporal, el momento pasado –la Colonia– pervive en el presente, según atestiguan los indígenas que la autora ha conocido, el sonido triste de la quena y las leyendas ancestrales que se conservan. El texto tradicional recupera lo mejor del pueblo oprimido: su cariz poético y religioso. Gorriti lo imita reconstruyendo algunos pasajes de la diégesis a través de un romance que canta la protagonista (cap. XI):

> «[...] La hija de los godos amaba á un hijo del sol; y cuando el orgulloso Ibero encadenó su cuerpo, hacia largo tiempo que Chaska-Naui Inca poseia su alma. [...] ("La quena", 1865: I, 60).

De este modo, lo histórico queda subsumido bajo lo mítico, sin perder sus contornos veraces, y el contraste entre lo idealizado y lo real acentúa el carácter trágico del núcleo histórico. La conquista española ha originado injusticias y mucho dolor:

> «Bajo las doradas bóvedas de un encantado palacio perdido entre el follaje de una selva de vergeles, Chaska-Naui la estrechaba entre sus brazos....»
> –Sí, –gritó el peregrino [...]: ¡sí! –bajo esas misteriosas cúpulas [...] se entregada ella á las delicias de un amor culpable, sin presentir la presencia de aquel que habia encadenado su cuerpo [...] –Héme aqui –la dijo– Tú has dado á otro tu alma, pero tu vida es mia, y vengo á tomarla (61-62).

El conquistador y colonizador ha tomado el cuerpo de la mujer-América, pero no ha podido dominar su espíritu. Como Rosa, los pueblos aborígenes se han inmolado; aún más, se han transformado en *quenas* que rememoran su triste pasado. Hernán de Camporeal, mestizo, ha prometido a su madre inca ser el libertador de su nación; sin embargo, parece olvidar esa promesa cuando cree que Rosa se ha casado con otro y se ordena sacerdote. Esta conversión se origina en una razón personal –el consuelo divino ante la aflicción–, pero al mismo tiempo revela la propuesta de la autora al problema del sojuzgamiento indígena: gracias a la evangelización, aborígenes y conquistadores resultan personas con igual valor humano. Pero como para Gorriti la vida es sufrimiento, la igualdad se alcanza en el dolor. En este sentido puede interpretarse el desenlace: en el triste sonido de la quena se repiten las "penas de amor" tanto de hombres como de mujeres, sin importar ya si son indígenas o españoles. La simbiosis étnica del pueblo peruano enseña a Juana Manuela el camino de las reconciliaciones.

En cambio, las porteñas Rosa Guerra y Eduarda Mansilla son subyugadas con igual pasión por la imagen legendaria de Lucía Miranda que han creado los textos historiográficos, e instauran el modelo de la mujer mediadora entre los españoles y los aborígenes. En los recuerdos escritos del pasado rioplatense escasean las menciones a mujeres valientes; Lucía sobresale entre todas ellas. Las escritoras, románticas por imperio de la época y de su condición genérica, aprecian que la fuerza interior de esa figura singular y su existencia trágica son materia óptima para la configuración de una heroína de novela. La comparación de los dos textos resulta inevitable, más aún por las circunstancias de producción, que ya comentamos en la Parte A, y porque se sustentan en ideologías diferentes. Dado que ya existen estudios sobre el mito de Lucía Miranda (Lojo 2000, 2004 a, 2005 a y b, 2007 b; Rotker), nos concentramos solo en el sentido profundo de las narraciones novelescas.[142]

En las dos novelas, el tema de la conquista es planteado como el enfrentamiento de dos grupos humanos distintos. La cualificación de cada uno se realiza en un doble plano cultural-moral y se articula teniendo en cuenta dos categorías: la de las tendencias naturales (mesurado

---

[142] Hace años comparamos las dos novelas desde un enfoque semántico-estructural (Molina 1993 c); ahora repasamos algunas de esas observaciones. Véase también Molina 2005 a.

vs. desmesurado) y la del saber adquirido (civilizado vs. bárbaro). "Civilizado", en estos contextos sintagmáticos, significa 'el que posee el saber verdadero, fe cristiana, lengua española; costumbres, armas y tácticas militares europeas'. "Bárbaro" corresponde a 'el no civilizado, el que no posee el saber verdadero; por lo tanto, es ignorante o está equivocado'. La categoría del saber adquirido se asimila a la del origen o identidad nacional. Los "civilizados" por antonomasia son los españoles. La "mesura o prudencia", en cambio, es la marca de los jefes y de los seres superiores de una comunidad: Nuño de Lara, Sebastián Hurtado, Lucía Miranda, Mangora o Marangoré; la "desmesura", de los seres inferiores: Siripo y los soldados. La segunda categoría implica a la primera: el saber adquirido otorga estabilidad y continuidad a las virtudes (templanza, fidelidad); la barbarie favorece la desmesura (el desborde pasional, la perfidia).

Este sistema de valores personales incluye relaciones de contrariedad entre –por un lado– los seres "íntegros", o sea, aquellos que son lo que son, que actúan de acuerdo con los presupuestos de su condición: el "civilizado prudente" (Lucía, Sebastián, Nuño) vs. el "bárbaro imprudente" (Siripo), y –por otro– los seres "ambiguos", es decir, los que son lo que no son pues actúan en contradicción con los presupuestos de su condición: el "civilizado imprudente" (los soldados españoles) vs. el "bárbaro prudente" (Mangora). El código que se aplica es estricto: solo se acepta lo civilizado. El modelo a seguir es el "civilizado prudente" como categoría del héroe.

La tragedia de Lucía se inserta en una acción histórica de mayor envergadura: el establecimiento de una alianza entre españoles y timbúes. Toda alianza implica un contrato entre iguales; pero en este caso se parte de una desigualdad: los españoles sobresalen sobre los indígenas por detentar el rasgo "civilización"; en consecuencia, la igualdad y la alianza solo serán posibles cuando se suprima la oposición cultural a través de un proceso educativo que permita a los timbúes acceder al universo de la civilización. Por eso, el rol central de los españoles –en estas novelas– es el de "educador". El rol de "conquistador" solo es desarrollado en el texto de Mansilla mediante las secuencias narrativas que esta escritora agrega al núcleo básico conocido: dos ratifican la posibilidad del entendimiento mutuo (los juegos y competencias durante los festejos nupciales de Marangoré y Lirupé; la tristeza por la muerte de Fray Pablo); otras dos acentúan las diferencias (la expedición contra los charrúas que culmina con el triunfo de los aliados gracias a la valentía y las armas de los españoles; la revelación del engaño tramado por el brujo Gachemané gracias a la astucia de Lucía).

La oposición educador vs. educando implica una relación jerárquica y manipuladora: los españoles otorgan algo que los distingue y que no perderán al transmitirlo; los timbúes no tienen libertad para rechazar el contrato educativo propuesto. El educador persuade ofreciendo dones positivos: Lucía y Fray Pablo prometen la felicidad a Marangoré si este se cristianiza; Sebastián, caballos para la guerra.

La única acción promovida por los "bárbaros" es el rapto de Lucía, acción que es el reverso de la secuencia educativa, pues ahora es la española la que no tiene libertad y el timbú el que da lo que lo distingue: la traición y el engaño, o sea, lo bárbaro. El resultado será negativo gracias al valor supremo del matrimonio: la fidelidad conyugal.

En la novela de Rosa Guerra, el fracaso momentáneo del proceso educativo y el rapto son de alguna manera responsabilidad de Lucía. Mangora aspira a los beneficios de la educación porque es prudente. Lucía actúa sobre el conocimiento que le falta: las normas de la civilización. Este saber requiere la máxima asimilación de los pueblos a través del casamiento del timbú con una española. Lucía le indica lo prescripto y lo prohibido y al mismo tiempo produce una contradicción: le prescribe a Mangora el casamiento con una (otra) española, pero le está prohibido casarse con Lucía pues ella tiene marido:

> –Ya te lo he dicho Mangora, hazte cristiano, unámonos por una misma creencia, toma por esposa á una española, y viviremos felices como hermanos, formando una sola familia.
> –Pero esa española no serás tú, cristiana, contestó el indio animándose sus cobrizas facciones de todo el fuego de las mas concentrada pasion. Yo solo tomaria por mujer á tí, Lucia, y sus chispeantes miradas abrasaban á la joven esposa de Sebastian.
> La bondadosa Lucia comprendió entonces á su pesar la infortunada pasion que habia tenido la desgracia de inspirar al cacique [...];
>
> ¿Sino me amabas, por qué me arrullabas como á un niño en el regazo de su madre, con las dulces melodías de tus amorosas canciones...?
> ¿Creias que porque era indio no tenia corazon...? (Guerra 1860: 10, 32; 1956: 23, 38).

Lucía también fracasa en su función docente porque pierde credibilidad. Ella enseña con el ejemplo y se presenta como transmisora de verdades; pero ante la pasión sincera del hombre, Lucía lo engaña diciéndole que lo ama, sin aclararle con qué clase de amor:

> Lucia [...] trató de disimular engañándole para tomarse tiempo y dar lugar á que volviese su marido [...].
> –Jura tú tambien que amarás á Mangora.
> –Lo juro, respondió la española.
> En esto no mentia; ella le amaba como á un hermano [...] (1860: 36-37; 1956: 40-41).

Descubierta esta argucia, Mangora reacciona bárbaramente contra la falsedad de la maestra; Lucía, siendo virtuosa, no lo parece.[143] Estos juegos entre el ser y el parecer son fundamentales, pues en el código axiológico de la novela se valoriza la integridad de las personas y se postula la ejemplaridad de unas como modelo de otras, quienes deberían cambiar su ser salvaje por el ser civilizado del patrón. Al cuestionarse la ejemplaridad, el proceso educativo se vuelve ineficiente y el alumno involuciona hacia su estado primitivo, regresión que se manifiesta en el desborde pasional y la rehabilitación de la lengua materna:

> Revolcándose en su estera, daba espantosos alaridos, llamaba á la española con los nombres mas cariñosos que habia aprendido de Lucia, mas despues, volviendo de su delirio, la rechazaba, la llenaba de imprecaciones en su lengua indiana, y saliendo despavorido, vagaba como un loco por las selvas (1860: 44-45; 1956: 47).

Los dos protagonistas de la versión de Guerra se vuelven antagonistas en la isotopía del honor. Lucía cuida el suyo; en cambio, la actitud de Mangora no es consideraba una legítima defensa del honor –por el ultraje que le significa la mentira de la mujer–, sino la reacción vengativa de un bárbaro.

---

[143] Según Lojo, la "mentira piadosa" de Lucía "se contamina de una atracción aparentemente sólo contenida por el sentido del deber, y por lo tanto, inexpresable en forma directa. Sólo al final, en el trance de la muerte del cacique, ella confiesa 'con una voz firme y llena de sublime emoción. Si Sebastián no hubiera sido mi marido, yo habría sido la esposa de Mangora' [...]. El Tentador es Mangora, que le ofrece poder y riquezas, pero la tentación se vive como angustia y culpa dentro de Lucía misma, como circulación de un deseo entre los cuerpos que sólo encuentra un lugar equívoco y equivocado en los intersticios de las palabras –las que declaran el amor 'humanitario', cristiano, fraterno, para callar/revelar lo indecible–" (2007 b: 67).

El espacio –las costas del Paraná, el cielo y la tierra– es elevado a la categoría de actor, con el rol de "juez", que otorga calificación positiva o negativa a la serie de valores opuestos:

calma	vs.	tempestad;
paraíso	vs.	infierno;
aprobación divina	vs.	castigo divino;
lealtad española	vs.	traición timbú;
alianza	vs.	enfrentamiento.

Adviértase que la mentira de Lucía queda fuera de la isotopía moral. Aún más, con el arrepentimiento, bautismo y muerte de Mangora, Lucía retorna al orden de lo verdadero y concluye con éxito parcial su tarea de educadora, pues el cacique muere cristiano, es decir, "civilizado".

La virtud de la protagonista se pone en juego otra vez frente a Siripo, quien se halla totalmente separado de los españoles –"demasiado salvaje habia frecuentado poco la colonia" (1860: 73; 1956: 65)– y, por ende, no ha recibido la enseñanza de la maestra. La "barbarie imprudente" del nuevo cacique produce el fracaso definitivo de la alianza. Lucía y Sebastián son ejecutados y se convierten en "[m]ártires de su deber, y del amor conyugal" (1860: 92; 1956: 76). En el último párrafo de la "Conclusión", el narrador juzga negativamente la conquista española:

> Es de presumir que si la causa de la humanidad hubiera entrado directamente en el proyecto de estas empresas, hubieran sido menos desgraciadas (1860: 93; 1956: 77).

Podríamos interpretar que –para Rosa Guerra– la falta de sinceridad de los conquistadores es la principal causa del fracaso de la acción educativa y evangelizadora, y de las consiguientes luchas entre españoles y aborígenes. Como lúcidamente observa María Rosa Lojo, Guerra ha transcrito fielmente un fragmento de *Ensayo de la historia civil del Paraguay, Buenos Aires y Tucumán* (1816-1817; 1856), del deán Gregorio Funes, y al hacerlo adhiere a las ideas ilustradas de este hombre de la Revolución de Mayo: "Los españoles, supuestos representantes de los beneficios de la civilización, no se han comportado a la altura de ella [...]. Por su parte, los indios, atemorizados ante los invasores codiciosos, son ignorantes (aunque no por ello irredimibles malvados) y se han sentido obligados a sacrificarlos en bien de su seguridad" (Lojo 2007 b: 44).

En el texto de Eduarda Mansilla, en cambio, la manipulación mentirosa la ejerce Siripo sobre Marangoré. El hermano menor –"el tentador", según lo califica el narrador– seduce al cacique a fin de que lleve a cabo el rapto, pero lo engaña ya que desea a Lucía para sí. El engaño de Siripo es posible gracias no solo a la ignorancia de Marangoré acerca de las verdaderas intenciones de su hermano, sino también al olvido de Nuño de Lara, quien –al no recordar cómo se manifiesta la pasión en un enamorado– no descubre los sentimientos de los timbúes hacia la española. Este olvido es la única "culpa" de los conquistadores que el narrador reconoce. Antes bien, se acentúa la valoración negativa de los indios con el hecho de que Siripo, aprovechando el asalto al fortín, ordena matar a Marangoré.

La novela de Mansilla incluye la subtrama del amor entre la timbú Anté y el español Alejo. La unión de estos jóvenes solo es posible cuando la indiecita concreta su separación de la comunidad indígena y se integra a la española, gracias a la educación que recibe de Lucía; es decir, cuando adquiere el rasgo "civilización". Anté aprende a templar "la ardiente fogosidad de su alma de salvaje" (Mansilla de García 2007 a: 318), adopta la lengua, la fe religiosa, las vestimentas y costumbres españolas, y se instala en el fortín; así, españolizada, huye con Alejo, escapando de su propia tribu. Este desplazamiento de los jóvenes *hacia* la pampa, calificada de "abrigo", es figura de un futuro largamente promisorio para los nuevos "españoles"; por el contrario, el desplazamiento de la tribu *desde* el lugar de la alianza frustrada –un bosque convertido en cenizas– insinúa que la barbarie, sin rumbo, desaparecerá en un lapso muy breve: "Los timbúes, mudaron su campamento el siguiente dia" (359).

En cuanto a la protagonista, Lojo aprecia estas diferencias: el modelo de mujer en Guerra "es más acentuadamente sumiso y convencional que el propuesto por Mansilla. Su excelencia moral, su mérito, se mide ante todo por su capacidad de sufrimiento [...]. Mientras que en el texto de Mansilla destacan sobre todo las capacidades activas de Lucía (inteligencia, astucia, entereza, desenvoltura, valor heroico), Guerra se concentra sobre la triste gloria del martirio" (2007 b: 66).

6.1.3. Los patriotas, entre la patria y la amada

Desde el comienzo del proceso revolucionario criollo, el carácter de héroe, prócer o ciudadano ilustre se otorga solo a algunas personas, por las virtudes y los méritos manifestados en su accionar, por los servicios que presta a la patria, sin que importe su origen, su "cuna"; es decir, será un patriota todo aquel que participe en las lides de la política o de la guerra. Con frecuencia pueden leerse afirmaciones como esta, extraída de *El isleño*: "Julian no es un hombre sin títulos: está condecorado con el honorífico título de teniente de los ejércitos de la patria, resultado de su primera prueba en un combate contra los enemigos donde luchó bizarramente" (Romano: 56).

Los novelistas prefieren a los militares jóvenes, aquellos que se destacan tanto en los campos de batalla como en las lides amorosas; pero, dado que las acciones bélicas no son atractivas para las potenciales lectoras, los escritores centran la atención en los conflictos amorosos. El modelo romántico de novela histórica así lo establece también: la trama se configura en torno a un idilio que la guerra interrumpe o, por lo menos, altera. Los patriotas protagonistas enfrentan una opción terminante: cumplir con el deber patriótico o concretar la relación amorosa. Comparando las estructuras narrativas y axiológicas de las novelas, se observa que los escritores varones resuelven ese dilema de distinta manera que las mujeres.

El patrón de la novela *patriótica* lo establece Juan María Gutiérrez en *El capitán de Patricios*, texto al que el propio autor califica de "cuento" (1864 b: 2), tal vez por la simplicidad de la trama argumental. El interés de esta novela radica en la configuración paradójica de los roles sociales masculinos y femeninos en torno a las luchas independentistas. El Capitán se muestra melancólico, pues pelear por la patria y el honor no lo satisfacen plenamente, mientras que el amor por la joven lo apasiona de tal modo que hasta modifica, dulcificando, sus relaciones con los subordinados. María, en cambio, educada por un tío sacerdote sobre todo mediante la lectura de los clásicos, no solo toma la iniciativa de declarar sus sentimientos al Capitán, sino que también decide la suerte de la pareja ajustando la opción; cambia la alternativa *patria o amor* por *honor o deshonor*:

> –Capitan, le dijo, esa órden despedaza en dos nuestros corazones convertidos en uno solo [...]; pero es preciso obedecerla. Si tuviera vd. la cobardia de desoir la voz de la Patria y de las obligaciones, no seria vd. para mí un objeto de cariño sinó de aversion. Nuestro amor debe tener por fundamento la estima y esta se alimenta con actos virtuosos. Parta vd. Capitan: deme vd. frecuentes noticias de sus triunfos y ascensos, mientras yo pido al cielo que le guarde á vd. de todo peligro (47-48).

La defensa armada de la patria, que garantiza la libertad a los pueblos, produce a los jóvenes –en cambio– un beneficio individual, poco altruista por cierto: la gloria y la fama en la carrera del honor. Así, mientras la mujer reza y espera, el varón debe triunfar y ascender para hacerse digno de su amor. Las exigencias sociales son, pues, mayores para los patricios que para las amadas.

En el primer encuentro fortuito entre los jóvenes, ella ha lucido un vestido blanco con cintas celestes y el Capitán ha interpretado la casualidad como predestinación: "Los colores del vestido de vd. son los de mi bandera, y por consiguiente mi honor y mi deber estan en este momento bajo su sombra" (12). La elección de María como posible *esposa perfecta* se fundamenta en las cualidades de su carácter, valoradas según los roles sociales asignados a las patricias: "Era la espresion de una voluntad jenerosa, y de una constancia digna de la criatura destinada á hacer feliz al esposo y buenos ciudadanos á los hijos" (11).

María también ejerce la libertad de elegir marido, pues puede optar, por un lado, entre un "rico propietario, ajeno á los negocios públicos", por ende, "fiel, casero, monótono" (58), que no suscite envidias ni recelos –como le sugiere su padre– o, por el otro, el patricio, honorable y sensible, como el alma de ella, joven tan espiritual que no podrá tener más sustituto que Dios: "Ya se lo he jurado: 'él ó Dios.' Mi resolucion está tomada [...]" (56).

El tío de María –quien por ser clérigo, anciano e ilustrado, aparece como sinónimo de sabio– opina que la "revolucion ha estallado en su madurez" (9); pero en lo relativo a la expedición al Alto Perú, revela sus preocupaciones –que son sin duda la de los hombres de Buenos Aires– respecto, no del enemigo, sino de los propios altoperuanos, quienes treinta años antes "se sublevaron en ódio á la raza blanca". Lo que para los nativos bolivianos ha sido una lucha étnica, para los porteños debe ser una lucha por las más "altas razones":

> Ellos comprenden [l]a libertad como las Alpacas y las Llamas, para vivir holgados y hogazanes al aire libre de sus cerros. Pero esa no es la libertad de Mayo, que nos exije, trabajo, abnegacion, virtudes. Puede ser muy bien que esos hombres resistan al bien que pretendemos hacerles. En ese caso, hija mia, la guerra puede ser duradera y peligrosa... (65-67).

La novela de Bartolomé Mitre amplía la gama de roles masculinos, pues presenta cuatro tipos, encarnados en cada uno de los varones que forman parte del entorno de Soledad: dos adultos mayores y dos jóvenes, quienes a su vez se contraponen entre sí. El padre, don Pedro, muerto hace años, ha gastado su fortuna a favor de la causa patriota, que en Bolivia –donde está ambientada la historia– ha comenzado en 1809, con una revuelta pronto sofocada. El esposo, don Ricardo, en cambio, no ha aprobado la Revolución, sobre todo porque le conviene que se mantenga el *statu quo* para proteger así su cuantiosa herencia obtenida en la explotación de minas de Potosí. Eduardo, quien pretende seducir a Soledad, es el egoísta que mantiene una postura política ambigua, según sus conveniencias. Enrique, por el contrario, culmina el ciclo patriótico iniciado por don Pedro luchando en Junín y Ayacucho, batallas por las que alcanza el grado de capitán.

Las actitudes hacia la Patria de estos varones se corresponden con las que tienen hacia Soledad. El propio autor ha anticipado en el "Prólogo" que ha querido "hacer depender el interes mas del juego recíproco de las pasiones, que de la multiplicidad de los sucesos, poniendo siempre al hombre moral sobre el hombre fisiológico" (Mitre 1928: 95). Como ejemplo del cuestionado "hombre fisiológico", Mitre presenta a don Ricardo y a Eduardo; el primero se muestra vil cuando exige la mano de Soledad (cuarenta años menor que él) a cambio de la protección económica que ella y su madre necesitan tras la muerte de don Pedro y del decomiso de sus bienes "por haber pertenecido á un rebelde" (138); el segundo, cuando corteja a la joven casada mientras abandona a su prima Cecilia, a quien ha dejado embarazada. Como modelo del "hombre moral", el novelista distingue la protectora paternidad de don Pedro y la valiente magnanimidad de Enrique. Este militar evita que Soledad caiga en la trampa seductora de Eduardo, salva a Cecilia de su intento de suicidio y decide no matar al inescrupuloso en un duelo. En recompensa por todas estas buenas acciones podrá casarse con su amada Soledad cuando ella enviude poco después, mientras que los *pecadores* –don Ricardo, Enrique e, incluso, Cecilia– deberán primero arrepentirse para alcanzar luego la paz eterna, el primero, y la felicidad familiar, los dos restantes.

La interpretación que hace Mitre, futuro historiador oficial de la Argentina, respecto de las revoluciones hispanoamericanas se manifiesta en una conversación sobre noticias referidas a las disputas por Tarija entre la Republica Boliviana y la Argentina (hacia 1826). Don Ricardo Pérez rechaza el cambio de estado político porque, arguye, se ha roto la unidad de Bolivia: "Cuando todas estas tierras pertenecian al Rey de España, no habia estas disputas de territorio, todos vivian en santa paz como hermanos [...]. Ah! qué tiempo aquel de los Vireyes! Entonces si se podia vivir, pero la patria ha venido á acabar con todo". Eduardo, sagaz para manipular a su interlocutor, le presenta el beneficio más indiscutible de la Revolución: "De colonos hemos pasado á ciudadanos[,] nos hemos constituido en nacion soberana é independiente, los hijos del pais ocupan los primeros destinos [...]" (121). Pérez objeta estas razones poniendo a consideración la triste realidad:

> [...] y qué es lo que hemos ganado? Pasar á ser esclavos de otros tiranos mayores que los que teniamos antes, que disponen á su antojo de nuestras vidas y propiedades [...], y por último ser nacion soberana é independiente solo para buscar querellas a nuestros vecinos! Vivimos en medio del desórden, de la pobreza y de la sangre (122).

El joven reconoce estos males, pero los considera pasajeros (e inevitables, según el movimiento dialéctico de la historia, agregaría Mitre):

> Hemos dado ya el primer paso, que era el mas dificil, y no debemos considerar el actual órden de cosas sino como transitorio [...]; pero sin embargo, añadió queriendo hacer una nueva concesión, creo que la revolucion americana ha sido prematura, y que si se hubiese postergado algun tiempo mas se habria ahorrado mucha sangre, y muchos sacrificios (122-123).

El personaje resuelve así el debate sobre un tema que, en definitiva, no le interesa mucho. El novelista, en cambio, desvía la atención del lector: la saca del pasado (acerca de la oportunidad de la Revolución) y la guía hacia el futuro, hacia cómo superar las divisiones intestinas y cómo construir una nación verdaderamente libre y progresista. La estrategia de Mitre está sutilmente empleada y se descubre en el hecho de que los miembros de las dos parejas finales –Soledad y Enrique, Cecilia y Eduardo– sean primos entre sí. Aún más, la protagonista reflexiona que, si Enrique no se hubiese ido a la guerra, ellos habrían sido felices (don Pedro planeaba casarlos cuando tuviesen edad suficiente): "Yo le habria amado con todo mi corazon, y él tambien me hubiera amado á mi, y entonces no hubiera sentido la necesidad de amar á un extraño" (145). La endogamia simboliza, entonces, el anhelo colectivo de eliminar las disidencias entre los pueblos hispanoamericanos. La nueva sociedad, como las nuevas familias que constituyen los protagonistas, surgirá de la eliminación de los vicios y la supremacía de la virtud en un proceso inevitablemente doloroso, como el que padece Cecilia: tras el aborto que sufre, especie de castigo por la falta moral cometida (el *apuro* por mantener relaciones sexuales antes de casarse, como se habrían apurado los criollos en rebelarse, en 1809, antes de estar maduros política y socialmente hablando), recompone su destino con el matrimonio y el nacimiento de su primer hijo. Don Ricardo, antes de morir, también reconoce su error: "He separado lo que Dios habia hecho para unirse; arrastrado por un amor insensato quise unir la juventud á la vejez" (163), y da su bendición a los enamorados, que es el modo con que el novelista expresa su convencimiento de que la independencia de los pueblos hispanoamericanos es providencial (según la concepción historicista romántica), que el pasado español está definitivamente superado y que las nuevas generaciones obtendrán los beneficios de la libertad y el progreso.

Las consecuencias negativas de los sucesos revolucionarios afloran, curiosamente, en una novela que se escribe durante el período de la Organización nacional. En *Una noche de boda* (1854), Miguel Cané presenta un personaje contradictorio: Conrado, un militar patriota que es dominado por la ira cuando se entera de que su amada Atilia se casa con otro, que –para colmo– es español. La joven ha cedido ante las imposiciones paternas y ha roto su compromiso con Conrado, quien –a pesar de ser hijo de un noble castellano– por ella ha abrazado las ideas revolucionarias de Mayo y se ha hecho granadero del regimiento sanmartiniano. El padre de Atilia, también español, ha fingido durante años aceptar aquel noviazgo solo por miedo a que el patriota lo denunciara por cualquier motivo.[144] Otro de los motivos paternos es la ambición, pues el nuevo pretendiente, Ignacio Rodríguez, tiene una buena fortuna. Atilia, cuyo corazón "está en lucha" con sus deberes filiales (1858 d: 15 abr.), enfrenta a su marido haciéndole graves acusaciones, las cuales descubren los entretelones vividos en la sociedad argentina después de la Revolución. La joven, tal vez por el imperio de las convenciones sociales, no formula su reproche directamente, sino a través del relato de una "historia" que ella dice haber oído en su niñez:

> [...] entretanto uno de esos pigmeos que al abrigo de la hipocresia y del doblés, saben amontonar caudales inmensos, uno de aquellos que agasapando los altos sentimientos del honor, de la libertad, de la sagrada causa de Mayo, han hecho mas males á la patria que todos los ejércitos enemigos, se introdujo en la morada de la jóven[,] deslumbró los débiles ojos de sus padres, y procuró comprar el corazon de su hija, empleó para ello todos los medios, todos los ardides.... la calumnia, la lisonja, la amenaza, la mentira.... todo, todo empleó (16 abr.).

Cané no se detiene a aclarar cuáles son las mentiras con las que Rodríguez ha perjudicado a Conrado; lo que interesa al novelista es plantear claramente esta serie de dicotomías: español, traicionero, cobarde, apátrida, materialista vs. argentino, leal, valiente, patriota, espiritual. La lección moralizadora del novelista surge del desenlace trágico: el recién casado mata a la novia que lo ha rechazado, Conrado dispara contra el asesino y luego se suicida; el narrador explicita el mensaje: "Los que os reis del corazon, mirad ese grupo. Tres cadáveres solemnizan la boda calculada por los padres de Atilia" (18 abr.). El

---

[144] Recordemos que muchos españoles fueron deportados e incluso fusilados cuando fueron acusados de atentar contra el nuevo gobierno criollo.

progreso material ha hecho perder el idealismo de los primeros ciudadanos y en la nación independiente se han multiplicado las máscaras (tópico recurrente y obsesivo en Cané). El patricio se queja de que quienes han impulsado a los jóvenes a pelear por la Patria, luego los repelen como si ser soldado fuera una labor despreciable, mientras que las novias buscan candidatos de mayor fortuna. Conrado, a su regreso de la campaña militar, solo esperaba recibir de la patria la "propiedad del corazon", o sea, el amor de Atilia. Decepcionado, asocia la deslealtad de la joven con las traiciones hacia los ideales patrióticos que cometen algunos dirigentes:

> –¡Gloria... porvenir, quimeras, Cárlos con que nos alucinan para hacernos matar. Nosotros, soldados de la nueva República, pobre niños con corazon y sin cabezas, no sabemos distinguir todo el doblés que encierran las palabras pronunciadas por ciertas bocas; [...] la pátria libre, la patria, como la concibieron los padres de 1810, no es esta en que nosotros vivimos Cárlos... El cielo sabe que al derramar mi sangre, yo creia fecundar la libertad, y no la licencia, el abuso, ó la tiranía [...]. Un pueblo libre, Cárlos, no tiene mas amo que la ley, y la ley no apadrina las ambiciones torcidas... (18 abr.).

Ni el personaje ni el novelista identifican con precisión a esos malos dirigentes, aunque podemos suponer por la fecha de la primera edición de *Una noche de boda* (1854) que se trata de aquellos que se disputan el poder después del derrocamiento de Rosas y que no habrán sabido reconocer el sacrificio de los emigrados durante la Tiranía. Cané escribe desde su presente y las urgencias políticas le imponen esa interpretación del pasado tan melancólica y pesimista.

El isleño: Episodio de la guerra de la Independencia es la única novela editada por esos años en el que San Martín figura como personaje y como héroe patriota.[145] Manuel Romano se propone que no caiga en el olvido "uno de esos brillantes episodios de nuestra historia" (3): la batalla de San Lorenzo. La centralidad de este "episodio" se infiere de la descripción minuciosa del combate, caso único en la novelística que estudiamos, y de la inclusión de un (supuesto) parte de San Martín. Julián Corbera, el isleño, ama a Clara, pero el padre de esta no quiere aceptarlo porque el joven es huérfano, es decir, sin una familia, sin un padre, que garantice un origen digno. No obstante, pronto surgen dos defensores-padres para Julián: el párroco del convento de San Lorenzo, quien lo ha criado, y el coronel San Martín, quien destaca la valentía del joven bajo sus órdenes durante el combate del 3 de febrero de 1813. El ritmo narrativo pone en paralelo ambas situaciones: por un lado, el proceso de convencer al padre de Clara para que acepte a Julián y, por otro, el avance de la escuadrilla española por el río Paraná. El isleño es un joven decidido: "Con el nombre de Clara en el corazon, y con la espada en la diestra, yo mostraré que soy siempre el hombre fuerte que sabe posponer el amor al honor y al deber" (62). El desenlace, como es de esperar, reúne las dos *victorias* con la presencia de San Martín, vencedor, en la boda de los jóvenes patriotas.

Los triunfos militares y la gloria personal de los héroes interesan a los escritores varones, no así a las novelistas que tratan este tema. En *El pozo del Yocci* (1869-1970), de Gorriti, el cambio de perspectiva genérica se advierte desde el primer capítulo, ya que la acción comienza por una derrota:

---

[145] Hay otras dos novelas sobre San Martín; son de Vicente Fidel López: la ya mencionada *Capitán Vargas* (escrita hacia 1846) y *La loca de la Guardia*, que se publica varias décadas después (1882, en los folletines de *El Nacional*; 1896, en volumen) (Molina 2008 a).

la retirada de las tropas realistas, desde Jujuy hacia Bolivia, por el abra de Tumbaya, bajo el fuego de los "guerrilleros argentinos" (1876: I, 350); retirada que significará para las familias de los españoles el abandono de sus hogares. En esa situación penosa, un joven patricio, conocido tan solo por el nombre de Teodoro –porque su padre, español, ha renegado de él–, se lanza sobre los realistas para vengar la deshonra de su hermana. Esta acción excede el ámbito privado porque lo que Teodoro rechaza no es tanto el amorío oculto como la condición de "godo" del amante; aunque este le ha asegurado su afecto incondicional por Isabel, el hermano responderá: "Eras un godo! Bendito sea Dios, que me trae á tiempo para evitar, matándote, tu alianza, mas vergonzosa que la misma deshonra!" (365). Veinticinco años después, en ese mismo desfiladero se enfrentarán Felipe Braun, de la Confederación Peruano-Boliviana, y Alejandro Heredia, de la Confederación Argentina. Si bien el escenario es el mismo, el valor moral de la lucha no lo es: "Aquella era una guerra santa; esta es una guerra fratricida. ¿Qué hay de comun entre la una y la otra?" (395), se pregunta un soldado que ha participado en ambas.

Juana Manuela –desde la distancia que establecen los años– es conciliadora; aprecia tanto "el valor incansable de nuestros padres" como el "valor no menos incansable de sus opresores", y explica el proceso independentista como inevitable en la vida de los pueblos y de las familias:

> En aquel divorcio de un mundo nuevo, que queria vivir de su jóven existencia, y de un mundo añejo, que pretendia encadenarlo á la suya, decrépita y caduca; en ese inmenso desquiciamiento de creencias y de instituciones, todos los intereses estaban encontrados, los vínculos disueltos; y en el seno de las familias ardia la misma discordia que en los campos de batalla (350).

Otro ejemplo de discordia familiar presenta Gorriti en *El ángel caído*. En el contexto de la Lima de 1824, narra las vicisitudes que padece una joven pareja –Irene de Guzmán y Felipe Salgar– causadas por el enfrentamiento que vivieron sus padres –el de ella, español, ha sido fusilado por el de él, patriota–, además de por los celos de una coqueta. La narradora plantea el conflicto de conciencia: "¡Ah! ¿Qué podia hacer la viuda de Guzman? ¿Erále lícito acoger todavia al hijo de Salgar?" (1865: II, 34); y la madre de Irene explicita la razón suprema: "El honor y el deber te ordenan á tí desterrar del corazon ese amor sacrílego. El honor y el deber, hija mia, tienen leyes severas, que no transijen con ninguna debilidad" (II, 50).

El contraste de valoración de varones y mujeres respecto de las guerras patriotas se observa más nítidamente en *María de Montiel*, aun cuando se repitan algunos motivos como la rebeldía contra el padre español y el amor por el patricio. La madre de la protagonista ha abandonado a su familia por amor a Miguel Montiel, destacado en la defensa porteña contra los invasores ingleses de 1807; esfuerzo afectivo que le costará la vida. Montiel entabla amistad con el joven Leoncio de C..., quien en 1812 se incorpora al Ejército Libertador, participa en las batallas de Tucumán, Salta y Chacabuco; y alcanza el grado de coronel. El amor mutuo entre María y Leoncio nace inmediatamente una noche en la que ella viste de celeste y blanco como galantería hacia el patricio; los enamorados se comprometen antes de que el militar vuelva a su regimiento. El valiente patriota muere en Ayacucho (9 de diciembre de 1824), es decir, en la última batalla de la gesta independentista.

Hasta aquí no hay novedades en la trama, pero la novelista agrega una segunda parte, un segundo idilio de María, esta vez con Jorge Harris, amigo de la familia Montiel, quien ha amado a la joven con timidez y abnegación desde antes que ella conociese a Leoncio. Mientras María y el militar disfrutaban su noviazgo y padecían la separación forzosa, Jorge ha viajado a Europa para recuperarse de una enfermedad causada por sus penas de amor; regresa a Buenos Aires cuando se entera de la *viudez* de su amada, la conquista y finalmente la desposa.

Desde la primera lectura nos ha llamado la atención el triste fin del valiente patriota (Leoncio), que contrasta con la vida placentera que el comerciante (Jorge), indeciso y enfermizo, lleva en Europa, mientras otros jóvenes como él pelean y mueren por su patria. Las razones de este entramado narrativo tan particular pueden hallarse, por un lado, en el carácter autobiográfico o –por lo menos– verídico que Mercedes Rosas insinúa en el prólogo: los hechos habrían ocurrido realmente como la novelista los cuenta; por otro, en la lejanía de los hechos históricos que se rememoran (casi cuarenta años separan Ayacucho de la publicación de la novela) y –quizá con más fuerza argumentativa– en la valoración de la gesta bélica que sostiene la propia novelista y que se evidencia en la adjetivación con que se refiere a la guerra. Si para los personajes militares la acción en la que participan es una "cruzada", "un hecho *heroico*" (Rosas de Rivera 1861: 11-12; 2010: I, 60), por la que sacrifican sus relaciones afectivas, para los personajes femeninos es una "maldita guerra" (1861: 51, 72, 92, 114) porque aleja y mata a sus hombres. La novelista intenta remediar la aparente actitud antipatriótica con esta afirmación, en el penúltimo párrafo: "El único desgraciado fué aquel que parecia debia haber sido el mas feliz, el valiente general Leoncio de C... pero si alguna vez la muerte es menos triste, es cuando se muere cubierto de gloria y dando la independencia á tres repúblicas. ¡Gloria inmortal á los valientes que han derramado su sangre por la independencia de su pais[!]" (1861: 216; 2010: I, 319; Molina, H. 2010 b y 2011 e).

Leoncio ha debido enfrentar una difícil decisión: traicionar a su patria, dejando el ejército y las luchas independentistas, o posponer su casamiento con María. Entre sus dos amores, Leoncio privilegia la Patria y el honor, con el que confía agradar y enaltecer a su amada:

> Dios mio! una niña, una mujer ha cambiado mi ser, y el Leon de las batallas como me llaman mis compañeros está reducido á un ser sin valor moral. Pero nó, María, una vez en mi puesto, yo recobraré mi nombre, tu no podrias amar á un cobarde [...]. La gloria que reciba caerá sobre mi amada, y los laureles que yo recoja serán puestos á tus pies [...] (1861: 90-91; 2010: I, 160).

El varón lucha por su honor y por la libertad de la Patria; en cambio, a la mujer le corresponde una función social totalmente opuesta: la de unir lo que el varón separa. Las cualidades conciliadoras de las mujeres sanan todo tipo de heridas no solo en el hogar, sino también en la sociedad. Afirma Leoncio:

> La mujer ha nacido para suavizar el carácter del hombre y, cuando este diga, castigo, ella debe de decir *perdon:* es tan grato perdonar! Nunca se parece mas el hombre á la divinidad que cuando perdona. [...] Es practicando la fusion que se unen los hombres y los pueblos; es preciso unirse con un lazo de tolerancia que vincula los hermanos unos con otros. Porque solo cobijados bajo la sombra de la union, puede ser feliz la gran familia argentina. [...] Un pueblo de hermanos que no tiene union, *escandaliza al mundo entero*. Todos debemos trabajar para vivir en union y con *fraternidad*. Uno de mis deseos porque se concluya la guerra es, porque á la sombra de la paz, todo florece; y ese don del cielo que se llama paz, que hace la felicidad tanto del pobre como del rico, pues que á todos alcanza (1861: 50-51; 2010: I, 108-109).

Estas alusiones a las luchas civiles tienen un doble referente: el período de anarquía que se ha vivido en los primeros años de la década de 1820, mientras continuaban las luchas independentistas; y la división entre la Confederación Argentina y el Estado de Buenos Aires, mientras Mercedes Rosas escribe apasionadamente sus novelas.

En síntesis, la temática de las luchas independentistas ha generado dos tipos de novelas históricas según las motivaciones personales de los autores: por una parte, la novela dramática y moralizadora –*El capitán de Patricios, Una noche de boda, El pozo del Yocci, El ángel caído* y *María de Montiel*–, en la que el patriota debe elegir entre la Patria o la amada, la protagonista padece tanto por las imposiciones familiares como por la participación del amado en esos violentos combates, y el lector recibe una advertencia acerca de cuáles son las únicas acciones moralmente buenas que pueden aceptarse en la nueva nación; por otra parte, la novela didáctica –*Soledad* y *El isleño*–, a través de la cual el novelista privilegia la lección de historia: los hechos se encadenan dialéctica e inevitablemente, superando cada uno al anterior; y solo los hombres patriotas y más decididos logran toda clase de triunfos.

La novela, gracias a su matriz idealista y romántica, ha dramatizado la opción sagrada que se proclama en el Himno nacional argentino: "*Coronados de gloria vivamos, o juremos con gloria morir*". El componente sentimental 'amor a la mujer' coadyuva a resaltar las cualidades viriles de los patricios, quienes sacrifican su interés personal en el *altar de la Patria*. Y es, precisamente, en esta valoración del sacrificio masculino donde se advierten diferencias axiológicas entre los escritores y las novelistas: ellos destacan el patriotismo de sus personajes varones y la abnegación de las amadas, mientras que ellas lamentan las separaciones amorosas y familiares que tales luchas han provocado. Dos miradas distintas sobre la misma Patria: la Patria-padre y la Patria-madre.

6.2. Las novelas políticas

> "Múdenos tan triste suerte
> dando Dios un buen marido,
> sabio, fuerte y atrevido,
> a la Viuda."
>
> Luis de Miranda

La apreciación de Vicente F. López sobre la novela como "obra de partido i qe puede servir con eficacia para favorecer toda clase de miras" (1845: 302) es compartida por la mayor parte de los autores. Esas "miras" pueden ser políticas o sociológicas, pero casi siempre son educativas: se pretende mejorar el presente desde la lección del pasado. Ya hemos visto que esta finalidad es propia de las novelas históricas. Las políticas se diferencian por la escasa distancia temporal respecto del presente de la escritura y por la inevitable injerencia de la postura política de cada escritor; su situación personal y las banderías que defiende paralelamente en el periodismo marcan la ideología del discurso novelesco.

Al novelista político se le presentan dos opciones: narrar con perspectiva histórica para disimular la subjetividad, o manifestar abiertamente su postura *anti-*. Casi todos eligen la primera alternativa.

6.2.1. Las novelas prospectivamente históricas: el Ciclo de la tiranía

Mármol no solo inicia el Ciclo de la tiranía sino también lo define. En la "Explicación" inicial expone su "sistema": "describir bajo una forma retrospectiva personajes que viven en [su] actualidad" (1990: 53), y aclara:

> Pero el autor, por una ficción calculada, supone que escribe su obra con algunas generaciones de por medio entre él y aquéllos. [...]

El autor ha creído que tal sistema convenía [...] al porvenir de la obra, destinada a ser leída, como todo lo que se escriba, bueno o malo, relativo a la época dramática de la dictadura argentina, por las generaciones venideras; con quienes entonces se armonizará perfectamente el sistema aquí adoptado (53).

Establece de este modo dos pactos de lectura: uno, con sus contemporáneos, a los que les pide que crean que la distancia temporal es mayor; el otro, con los lectores del futuro, quienes la leerán como producto de la historia (Curia 1985). Así, y siguiendo la argumentación de Beatriz Curia, *Amalia* puede ser considerada novela histórica o, mejor dicho, *novela prospectivamente histórica*:

-porque el autor la ha querido histórica;
-porque la preside una visión historicista;
-porque el mundo configurado es pretérito;
-porque Mármol narra, rasgo capital, con una óptica histórica;
-porque el público la lee y la ha leído como histórica (1983: 81).

Mármol es consciente de que combina dos tipos de discursos. En varios pasajes, el narrador reconoce que el "romancista" ha cedido su lugar al "historiador" y se justifica dando dos razones: la primera, la necesidad de que el lector conozca los hechos políticos para cumplir el propósito de historiar la época rosista; la segunda razón, que esas circunstancias políticas no pueden darse a conocer "en los rasgos fugitivos del romance" (1984: 742; cap. XII, parte V). "Rasgos fugitivos", esto es, fugaces, porque la novela, mejor dicho, la parte puramente ficticia de la novela histórica es entretenimiento pasajero, que produce una impresión momentánea ya que no tiene un referente real ni una existencia extratextual; texto de una sola lectura que no aspira a la fijación en el tiempo, como sí es propósito de la historiografía y, por ende, de la parte histórica de la novela.

Esas disculpas del autor por el empleo tanto de lo ficticio como de lo histórico están dirigidas a sus lectores inmediatos. El novelista establece un pacto de lectura *histórica* sobre un texto ficcional inspirado en sucesos contemporáneos tanto para los escritores como para los lectores. Muchos de estos han sido protagonistas de esos mismos acontecimientos; por lo tanto, pueden no solo sentirse agraviados por el modo en que son recordados, sino también cuestionar la exactitud de la información proporcionada. Heraclio Fajardo, en el prólogo a *Camila O'Gorman*, deja traslucir el conflicto latente:

> El horroroso suceso que sirve de desenlace al plan de esta novela, es un hecho histórico de bastante notoriedad en todos los ángulos de América para eximirnos de recomentarla á la pública curiosidad. [...]
> El recuerdo de la infeliz Camila O'Gorman es demasiado palpitante todavía para que deje de afectar la sensibilidad de nuestro corazon (1856: iii).

Mármol está imbuido del historicismo romántico, cree en la misión profética del poeta y quiere inscribir su nombre en el libro de la fama. Seguramente ha devorado los romances europeos y tiene vocación de literato. En Montevideo escribe con el afán de cambiar la historia de su país, en Buenos Aires reescribe con el propósito de configurar su historiografía. Con meticulosidad admirable –que asombra por contraste con las otras producciones novelescas argentinas, indudablemente de mucha menor calidad artística que *Amalia*– construye una sociedad porteña acorde con la lección de historia que quiere contar, mundo representado que es un espejo cóncavo de la sociedad porteña en tiempos de Rosas: reflejo en la medida que están recreados todos sus componentes (los distintos tipos de personalidades, los espacios característicos y los hechos comprobables), cóncavo porque exagera unos aspectos y disminuye (y silencia) otros, espejo porque convence con un verismo que maquilla las costuras y los remiendos del escritor. Y para sus lectoras, quizá menos afectas a los entretelones políticos, Mármol detalla usos y costumbres, sobre todo en materia de vestimentas, decoración de interiores, medicinas y bailes (Curia 1984 b).

Hemos dicho –repitiendo a otros especialistas– que *Amalia* se constituye en acicate y modelo del Ciclo de la tiranía. Veamos ahora qué elementos del texto primordial han tomado los demás novelistas. Después apuntaremos las diferencias principales porque –como anticipamos en la Parte A– la serie no es homogénea. Con excepción de los relatos de Gorriti, las novelas tienen en común un narrador que, en consonancia con las ideas del autor, busca convencer al lector de que el período rosista ha sido abominable ("adhesión del lector al sistema de valores del narrador-autor". Curia 1985: 133). Como segunda finalidad se advierte el interés por prevenir contra y acusar a nuevos tiranos. Los personajes están divididos en dos bandos irreconciliables: rosistas vs. antirrosistas, estos reunidos bajo el rótulo de unitarios, si bien no todos los personajes se reconocen como tales. Los motivos recurrentes giran en torno a dos situaciones básicas: por un lado, dos enamorados deben separarse porque el varón participa en las acciones contra el tirano; por otro, alguna joven de familia decente es codiciada sexualmente por un secuaz de Rosas o por el tirano mismo. Las mujeres, no obstante, se salvan gracias a sus novios –muy valientes, generalmente unitarios– y a hombres adultos, honorables, amigos de sus familias; pero también gracias a sus sirvientes o esclavos. Se incluyen digresiones históricas y –muchas veces– documentos que avalan la *veracidad* de lo contado, probanzas y anotaciones que suelen agregarse en las segundas ediciones, o sea, en las que se alejan del hecho histórico, cada vez menos recordado (Jitrik: 47-51). También, recurren a narradores homodiegéticos que atestiguan tanto su propia historia como los relatos –orales o escritos (diarios, cartas)– de otros protagonistas, con los cuales el panorama del período rosista se amplía hacia múltiples direcciones. En ninguno de los casos el discurso narrativo disimula totalmente la postura política y pasional de los autores pues los narradores en algún momento reflexionan y emiten juicios sobre lo sucedido, y manifiestan con claridad la intención de perpetuar una interpretación historicista determinada.

Para apreciar mejor el carácter modélico de *Amalia*, presentamos a continuación los motivos recurrentes, agrupándolos en acciones, caracteres y espacios.[146]

Nivel discursivo
- Finalidad histórica expresa (memoria educativa de hechos pasados): 10, 12, 13, 20, 22, 24, 27, 50, 63, 68, 69, 76, 84.
- Finalidad política expresa (toma de postura ante hechos presentes)*: 11, 18, 22, 24.
- Intromisiones del narrador heterodiegético para exponer sus ideas políticas, religiosas, filosóficas y metaliterarias: 10, 11, 12, 13, 15, 18, 19, 20, 22, 24, 27, *38*, 50, 69, 76, 84.
- Inclusión de documentos de época: 10, 11, 12, 76.
- Detallismo de la reconstrucción histórica: 10, 15, 50, 76.
- Manifestación de experiencia vivida por el autor: 10, 22, 84, 76.

---

[146] Listamos tomando como base la novela de Mármol (número 10) y señalamos qué otro texto repite el motivo mediante el número que lo identifica en el "Apéndice I.1": 11, 12, 13, 15, 17, 18, 19, 20, 22, 24, 27, 47, 50, 54, 63, 68, 69, 73, 76, 84. Incluimos también las novelas que toman el período de Rosas como telón de fondo: *26, 37, 38*. Los elementos que no se hallan presentes en *Amalia* están marcados con un asterisco. Otros detalles de cada novela pueden verse en el "Apéndice II".

- Distancia temporal entre el presente de la escritura y el presente de la historia narrada, de diez años o más: 10, 12, 13, 15, 17, 19, 20, 22, 24, *26*, 27, *37*, *38*, 47, 50, 54, 63, 69, 73, 76, 84.
- Contemporaneidad (menos de diez años), con retrospecciones hacia la década de 1840*: 11, 18, 68.

Nivel diegético
Acciones

- *Propias de los personajes negativos (rosistas o aliados a Rosas)*

-Acoso sexual a una doncella: 10, 11, 12, 13, 17, 18, 19, 22, 24, 47, 50, 68.

-Ardid para engañar y alejar al protagonista*: 11, 12, 13, 17, 22, 50, 76, 84.

-Requisa policial o mazorquera: 10, 15, 17, 18, 19, 22, *38*, 50.

-Apresamiento injusto y violento: 10, 12, 13, 15, 22, 50, 76, 84.

-Ejecución crudelísima de prisioneros: 10, 12, 13, 17, 22, 68, 69.

-Apremios económicos, confiscación de bienes y maniobras dolosas con deudas: 10, 11, 18, 20, 22, *38*, 50.

-Difamación, extorsión, delación o traición de amigo o conocido: 12, 13, 50, 63, 68.

-Espionaje y delación de criados: 10, 17, 69.

-Venganza: 10, 12, 13, 19, 22, 68, 84.

-Asesinato a sangre fría: 10, 13, 15, *38*, 63.

-Rapto de la doncella: 17.

-Esclavitud de inocentes, violación (intento o concreción)*: 13, 68.

-Fiesta en el palacio de Rosas: 10, 22, 76.

-Acción bélica*: 20, *26*, 27, *37*, 54, 68, 69, 73.

- *Propias de los personajes positivos (antirrosistas)*

-Defensa de la amada (o del amado) mediante tretas diversas: 10, 15, 63.

-Conspiración contra Rosas: 10, 15, 27.
-Enmascaramiento: 10, 12, 15, 20, 22, 27, 63, 76.
-Fuga de la prisión o de alguna trampa: 10, 13, 15, 22, 50, 63, 73.
-Escondimiento: 10, 12, 13, 15, 18, 68.
-Emigración: 10, 15, 22, 27, 50, 76.
-Aislamiento en los propios hogares: 10, 18, 20, 22.
-Revancha de las víctimas*: 11, 15, 27, 47, 50, 54, 68.
-Intercesión de algún extranjero, sobre todo diplomáticos: 10, 15, 50.
-Auxilio de personalidad influyente ante Rosas*: 22.
-Ayuda anónima o generosa*: 17, 22, 24, *26*, *37*, 50, 63.
-Asistencia filantrópica a los más necesitados*: 11, 15, 18, 22, 63.
-Enrolamiento y lucha militar*: 20, 22, 27, *37*, 68.
- *Choque de ambos mundos*
-Frustración de una boda: 10, 50, 69.
-Duelo o lucha cuerpo a cuerpo entre protagonista y antagonista*: 11, 19, *38*, 50, 68, 84.
-Entrevista con Rosas*: 12, 15, 47.
-Locura momentánea o enfermedad de la protagonista*: 11, 22, 24, *38*, 50.
-Batalla*: 20, 22, 26, *37*, 54, 68, 69.
- *Desenlace*:
-Fatal para el protagonista: 10,[147] 13, 19, *26*, 47, 54, 68, 69.
-Fatal para la protagonista: ¿10?, 15, 18, *37*, 50, 84.
-Fatal para la pareja protagónica*: 12, 17, *38*.
-Locura permanente de alguno de los protagonistas*: 47, 54, 69, 84.
-Arrepentimiento y conversión espiritual del antagonista*: 13, 15, 63.

---

[147] En *Amalia*: Eduardo muere, queda la duda de si Daniel y Amalia sobreviven; el autor promete continuación.

-Victorioso para los protagonistas*: 11, 20, 22, 24, 27, 73, 76.

Caracteres
- *Positivos (angélicos)*

-Muchacha bella, perspicaz y decidida (como Amalia): 12, 20, 27, 68, 76, 84.

-Muchacha bella, frágil e ingenua (como Florencia): 11, 13, 15, 17, 18, 19, 22, 24, *26*, *37*, 47, 50, 63, 69.

-Joven sedicioso y sagaz (como Daniel): 15, 20, 24, 27, 50, 63, 68, 69, 84.

-Joven afable pero un tanto pasivo (como Eduardo): 11, 12, 13, 17, 18, 19, 22, 26, *37*, 76.

-Huérfano hijo de unitario*: 11, 22.

-Criado fiel: 10, 11, 15, 22, 24.

-Negro fiel*: 15, 22, 24.

- *Negativos (demoníacos)*

-Rosas astuto, cruel y inescrupuloso: 10, 12, 15, 27, 47, 76.

-Mazorquero ambicioso, lujurioso y ruin: 10, 11, 13, 15, 17, 18, 19, 22, 24, *38*, 50, 63, 68.

-Funcionario del gobierno de Rosas cobarde y manejable: 10, 15.

-Manuelita, única persona buena en el círculo rosista: 10, 12, 15, 22, 54.

-Negro traicionero: 10.

-Sacerdote o religioso/a impío/a, cómplice del rosismo: 10, 12, 13, 69, 76.

-Bufón de Rosas: 10, 12, 76.

Espacios significativos
- Buenos Aires: 10, 11, 12, 13, 15, 17, 18, 19, 22, 24, *26*, 27, *38*, 47, 50, 63, 76.

-Casa de Rosas en la calle del Restaurador: 10, 76.

-Residencia de Rosas en Palermo*: 12, 15, 22.

-Santos Lugares, cuartel de Retiro: 10, 12, 22, 24, 50.

-Sede de la Sociedad Popular Restauradora: 10, 15.

- Casa de mazorquero: 17, 24, 63.
- Otra ciudad o pueblo argentino*: 12, 13, 15, *38*, 47, 68, 69, 73, 76, 84.
- Montevideo u otra región uruguaya: 10, 13, 20, *37*, 50, 76.
- Otro país latinoamericano*: 24, 27, *38*, 84.
- Escondite en la ciudad (otra casa, casa de amigos): 10, 18, 22, *38*.
- Escondite en el campo: 10, 13, 15, 27, 68, 73.
- Escondite en una isla*: 15, 22.

En síntesis, Mármol se destaca por la multiplicidad de caracteres, de ambientes y de acciones que presenta, pero ninguna escena excesivamente cruel aparece en primer plano, excepto la última. No hay en los buenos ningún tipo de revancha. Este novelista evita enfrentar directamente a Rosas con los personajes ficticios. Acentúa la división de castas: asocia a las clases bajas con la barbarie, considera que todos los negros son propensos a la deslealtad; en cambio, confía en los valores del gaucho, educado por la Naturaleza, y en la altivez del mulato. Mármol devalúa gradual y progresivamente cuanto rodea a Rosas recurriendo a la ironía, la cosificación de personajes, "mecanicidad de palabras y movimientos, contraste de tonos, hipérboles, equívocos", esto es, al humor satírico (Curia 2001 a: 227), como ningún otro novelista del Ciclo.

La fidelidad al modelo no es uniforme. Algunos novelistas marcan sus propios rumbos, por lo que ameritan lecturas individuales.

El camino de la escritura-denuncia en contra de tiranías y a favor de la libertad lo prefigura Miguel Cané con *Una historia,* no por casualidad publicada en *El Iniciador*. Anticipándose a *Amalia,* presenta personajes muy valientes a la hora de combatir por la libertad e impulsa el uso del término "tirano" como sinónimo de gobernante irrespetuoso, que abusa de su poder. Para Cané son tan tiranos los españoles que han mantenido bajo su yugo las tierras americanas, como los brasileños que están invadiendo la Banda Oriental en el año 1826, cuando Marcelina y Enrique concretan su historia de amor (Cané 1996: 43-44). Y, aunque quiera callar los momentos de la guerra civil, el dolor del exiliado se le cuela en los últimos renglones:

> Enrique fué proscripto de su patria, y hoy vive querido en el seno de la nacion por cuya libertad hizo tanto. Sabemos que las palabras de su virtuoso padre no se han borrado de su alma, y que forman el código de que se vale para la educacion de sus hijos (46).

Con esta alusión final al "Código, ó declaracion de los principios que constituyen la creencia social de la República Argentina", que cierra la publicación de *El Iniciador* y que años más tarde formará parte del *Dogma socialista*, Cané señala el rumbo a los futuros autores del Ciclo: si se habla de libertad, se habla de política.

Quizá basándose en las historias que le contaría su padre, Amancio Mariano Alcorta publica *Espinas de un amor*. La evocación se extiende ligeramente hacia la década de 1820: "La vírjen del Plata se hallaba en todo su esplendor: pero tan solo salvaje. Digo salvaje, porque en aquellos tiempos en que pasa la verídica historica que nos proponemos narrar el adelanto material é intelectual no habia andado, un solo paso, ó mejor dicho, habia retrocedido, donde parecia quedar para siempre". Solo Rivadavia ha llevado a Buenos Aires a "la cumbre de la civilizacion" (6). Alcorta ahonda en este tema cuando describe la literatura en tiempos de Rosas (32-33). Otro punto de comparación epocal gira en torno de lo económico, aspecto en el que también se asienta el honor ciudadano; para el novelista, los unitarios obtienen sus fortunas "con el *sudor de su rostro*; y no como entónces ganaban fácilmente los *federales* con *el sudor del rostro de un salvaje unitario*" (34). Pagés Larraya (1959) destaca las virtudes del texto:

> El influjo de Mármol es evidente no sólo en el conjunto de la novela, sino en detalles como la minucia casi inventarial de los interiores, en la precisión con que seguimos el itinerario de sus figuras por las calles porteñas, en esos jóvenes que pasan embozados en sus capas... Siguiéndolos conocemos el café de la Unión, en la calle de Mayo; visitamos salones porteños de 1840, un escritorio de comercio, el aposento de Elena; recorremos las calles, escuchamos las lentas campanadas del Cabildo y penetramos en las tétricas celdas del cuartel del Retiro.

Laurindo Lapuente reconstruye el sitio a Montevideo desde dos perspectivas: desde la lucha de los valientes en *El Herminio de la Nueva Troya* y desde los sitiados en *Virtud y amor hasta la tumba*. En la primera la explicación histórica del conflicto bélico ocupa la mayor parte del discurso novelesco, perjudicando en demasía el ritmo narrativo; en cambio, en la segunda el sitio a Montevideo es el marco necesario para la historia de amor. En ambos textos, dado que Oribe es aliado y secuaz de Rosas, los improperios contra el sitiador "blanco" operan por elevación contra el tirano argentino.[148]

En *Camila O'Gorman*, Pélissot apunta a la decisión de Rosas más cuestionada aun por sus adeptos: el fusilamiento de una mujer encinta. El francés se respalda en la opinión de Valentín Alsina, quien comparte con sus lectores la

---

[148] Nos quedan dudas acerca de si el ataque de Lapuente se extiende también contra el gobierno confederado que está ayudando al gobierno "blanco" de Díaz, ya que las dos novelas son publicadas por la Imprenta de La Reforma Pacífica. En la década siguiente, el uruguayo publicará varios opúsculos contra Mitre, Sarmiento y la Triple Alianza.

indignación por que tal condena se haya aplicado sobre una embarazada y se pregunta por qué la ejecutaron tan rápidamente.[149] Pélissot analiza las tres hipótesis posibles: "¿Será hipocresía de moralidad, razón de Estado, o efecto de un rencor personal?" (1933: 19); y contesta al enigma eligiendo –cosa curiosa– la tercera: Rosas habría intentado seducir a Camila, sin lograrlo, pues la joven se defendió valientemente; el fusilamiento sería, pues, una revancha personal del tirano. Esta causa justifica el tratamiento ficcional de un hecho histórico: "Según la novela, que es también una historia, la de los hechos del corazón, no fué un crimen político el asesinato de Camila O'Gorman, sino una venganza privada" (1833: 21). Para que esta hipótesis resulte creíble, el novelista inventa un narrador homodiegético, quien accede a un manuscrito de la propia Camila, en el que cuenta su historia de amor y de penurias.

Como en el caso de *Amalia*, las modificaciones introducidas en la segunda edición de *Camila O'Gorman* evidencian el interés del autor por refirmar la base histórica del material novelado, con la que garantiza la verdad poética de la ficción. En el prefacio de la primera edición (incluido en el capítulo X de la segunda), Pélissot confiesa: "Careciendo de todo documento positivo sobre los detalles de esta tenebrosa leyenda, he pedido a la imaginación y a la verosimilitud romancesca el descorrimiento del velo que oculta la verdad sobre este drama terrible". En la nueva versión, reconocerá que ha utilizado un fragmento de Alsina como hipotexto: "Era el deber del novelista de Camila saludar a su primer historiador" (1933: 18).

---

[149] Natalio Kisnerman cree que Pélissot se basa también en el poema *Trobas y lamentos de Doato Jurao, soldado argentino, a la muerte de la infeliz doña Camila O'Gorman...* (1851), de Hilario Ascasubi, del que habría tomado la escena truculenta del fusilamiento y el empleo repetido del término "regeneración", que remite al título del periódico de Concepción del Uruguay donde aparece el poema (21-25).

Estanislao del Campo, porteño separatista, ubica la acción de su *Camila o La virtud triunfante* a partir el 23 de mayo de 1854, con los festejos por la Constitución porteña, y la termina meses después, cuando los "bandidos Hilario Lagos, Costa, Lamela y otros pisaban el territorio del Estado, acaudillando un bando de forragidos, con las miras siniestras de restablecer en Buenos Ayres el sistema SANGRE" (108). El protagonista, como el autor, es un guardia nacional *de los de kepi y camiseta azul* y pertenece al cantón Patria (Mujica Lainez 1966: 189). El período rosista es presentado restrospectivamente por medio del accionar malvado de Blas de Aguilar, sanguinario y traicionero, mazorquero que conserva la calavera de un unitario del año 40 y que tiene casi completa la colección de *La Gaceta Mercantil*. Este hombre acosa a Camila, huérfana de un militar del ejército de Lavalle. En los atropellos de Aguilar, Del Campo muestra las mañas peligrosas que han aprendido los rosistas y que podrían actualizarse si estos recuperasen poder una vez que se produjese la cuestionada reunificación nacional. Esta novela parece ser una respuesta al perspectivismo histórico de Mármol: el pasado está fresco; por lo tanto, no puede ser representado como si se tratase de hechos muy lejanos y acabados.[150]

Desde una perspectiva igualmente liberal, Francisco López Torres –en *La huérfana de Pago Largo: Novela histórica original*– enlaza varias tramas en torno a Zorrilla –también conocido como Reinel y Urbal–, que sirve a Rosas porque el Restaurador sabe aprovechar su naturaleza perversa: "Bien venido seas, hijo mio. ¡A la matanza de hombres!" (1856: 109). Las andanzas de ese personaje

---

[150] Del Campo, autor de poemas burlescos, también ironiza sobre los versos de Mármol: "Bien podria aplicarse este pensamiento del aventajado Mármol - *Tus lábios frescos y rojos como las clavelinas que nacen á las orillas del Galges*" (52).

siniestro, ex sacerdote, que se inician en su España natal y continúan por Montevideo, Buenos Aires y el Litoral argentino, muestran diversas situaciones sociopolíticas, como las consecuencias de la derrota de Genaro Berón de Astrada, gobernador unitario de Corrientes, a manos del federal Pascual Echagüe (marzo de 1839), que da título a la novela. La crítica a la tiranía de Rosas es indirecta, menos explícita que la que vierte el narrador contra el celibato eclesiástico, pero no por eso menos contundente.

En cambio, en "Carlota o Una víctima de la mas-horca", López Torres directamente iguala a Rosas con Urquiza: como lo habían hecho los mazorqueros, un capitán del entrerriano, "verdadero sayon de este hombre sanguinario", acosa a la joven protagonista durante "el ominoso sitio, en que las negras pasiones sublevadas contra la libertad, cubrieron por algunos meses á nuestra patria de sangre y de tinieblas" y después, durante la "invasion de Costa".

La finalidad didáctico-histórica de las novelas según el modelo de Mármol se repite en *El prisionero de Santos Lugares: Historia-novela original contemporánea* (1857), de Federico Barbará: "El mayor bien que se puede hacer á la sociedad, es de vez en cuando traer al presente las reminiscencias de un pasado funesto" (3). No obstante, su propósito no es únicamente histórico, pues también le interesa opinar en un debate seguramente cotidiano con quienes, pocos años antes, trabajaron con Rosas y aún defienden su gestión: "Las leyes fueron conculcadas, las propiedades confiscadas, y la proscripcion y el deguello fueron su credo político. ¡Y que haya todavia quien haga la apologia de ese monstruo!" (22). Poco más adelante, cuando la presentación de Manuel lo lleva a explicar el gentilicio carapacho, el narrador agrega un comentario de actualidad política, a favor del gobernador Obligado, para que el contraste entre el ayer y el hoy pueda ser apreciado claramente tanto por un lector contemporáneo como por uno futuro o extranjero:

> Desde la embocadura del canal de San Fernando [...] se divisan multitud de islas, é isletas, conocidas con el nombre de "Carapachay [...]. Nunca quiso [el tirano] hacer cesion de ellas á otras personas que á sus adictos [...]. Hoy gracias á la liberalidad de la administracion que sucedió á la tiranía, se ha reglamentado el derecho de posesion y se ha cedido al que ha solicitado un lote ó fraccion para el cultivo de varias especies (78).

Como advierte Gladys Marcón, el autor además "ensaya una justificación generacional de sumo interés" (Prieto, dir. 80): "Sacrificados desde nuestra niñez á la sed de venganza que dominaba al tirano Rosas, no hemos tenido tiempo suficiente para cultivar nuestra pobre inteligencia" (Barbará: 5).[151] Su condición de joven lo impulsa a reconocer a sus maestros e, indirectamente, sus fuentes *históricas*: en lo literario, Mármol y Lapuente –"la heroica Montevideo, que mereció de uno de nuestros mas célebres escritores el renombre histórico de Nueva Troya!!"[152] (188)– y en lo ideológico, a Mitre –"del autor de 'El inválido', del simpático redactor de los 'Debates' y del orador del pueblo que supo hacer bibrar su sonora voz en el recinto augusto donde se dictan las leyes, á despecho de las bayonetas del General Urquiza" (166). Y como Lapuente y Mitre, Barbará eleva a la categoría de héroes patrióticos a los que resisten la tiranía (115-116).

En las novelitas de José Víctor Rocha, *Dos víctimas de 1840* y *Aurelia*, el efecto de rechazo a la tiranía surge

---

[151] Nacido en 1828, el novelista habrá tenido catorce años en 1842, fecha en la que ubica la acción.
[152] Se refiere a *Montevideo ou Une nouvelle Troie* (1850), firmado por "Alejandro Dumas, escritor al servicio de Montevideo y adversario de Rosas" (Dumas: 5).

de la condensación de la secuencia narrativa y el carácter oprobioso de la acción central: acoso sexual y rapto de las doncellas. En cambio, en *Un drama en la vida*, del mismo Rocha, los sucesos políticos no parecen ejercer mucha influencia en la vida de los personajes comunes, que viven sus propios "dramas". Sin embargo, el anacronismo de que la protagonista lea el tercer tomo de *Amalia* dos años antes de su publicación, indica que el autor pretende transferir el clima terrible de la novela de Mármol a la historia de los hermanos Terrero. Ese mismo año de 1857 Rocha colabora en *La Espada de Lavalle*, periódico "unitario" y "chupandino" que fustiga a Sarmiento y a Mitre (Cutolo 1962: 79; De Marco: 226). Esta postura política justifica que el último capítulo y el epílogo de *Un drama...* se desarrollen durante el sitio a Buenos Aires por Lagos, dando a entender que el terror de la época rosista continuará con ese militar y con los demás federales. El nexo entre los dos momentos históricos sigue siendo *Amalia*. Recordemos este fragmento, ya citado en 2.3.2.: "En cuyas brillantes pàjinas las generaciones que nos sucedan podran tomar conocimientos verdaderos de las atrocidades cometidas por el bàrbaro tirano Rosas y sus secuaces" (5). El sitio de la ciudad ocasiona que Elvira conozca a Nicolás, el amigo de su hermano muerto y el despositario de sus "papeles", que se enamoren y se casen, como si el *atrevimiento federal* no pudiese impedir el triunfo del amor (porteño).

Con el idealismo francés por la libertad y la justicia, Felisberto Pélissot publica los dos tomos de *Misterios de Buenos Aires*, que revelan las lecturas de largo aliento que el educador trae de Europa. Es la única novela del Ciclo que alcanza las cualidades narrativas de *Amalia*, pues mediante una trama bien armada muestra la sociedad porteña en toda su complejidad: a Rosas y la Sociedad Popular Restauradora; a las víctimas provenientes de diferentes grupos sociales, étnicos y religiosos; a los diplomáticos extranjeros; e incluso a Urquiza y su decisión de mantener la divisa punzó: "Todos ellos son lo mismo, despues de Rosas, Urquiza. No es sino un cambio de nombres. Es la comedia del mundo y de las revoluciones" (II, 70). Pélissot recrea dos "comedias": la de Rosas, entre 1841 y 1842, y la de Urquiza, en 1847. La primera es más bien una tragicomedia (caps. I-XXVI); la segunda, un drama (caps. XXVII-XXXIX). El novelista pone en acción la maquinaria sanguinaria del tirano: un "remate de la matanza de perros" (I, 9), o sea, de las pertenencias de los unitarios por asesinar, y el "remate" o regalo de cadáveres por las calles, ofrecidos como melones y duraznos; aún más, presenta a Rosas ensangrentándose las manos en el degüello de un "peludo" (tonto), crimen cometido como un juego de habilidad ante un desconocido, y dando una copa de sangre a una pantera cazada por Manuelita. La cruel astucia del tirano se despliega cuando este se infiltra, disfrazado de jesuita, en una reunión de la Mazorca, ocasiona una pelea entre Cuitiño y Salomón por la presidencia, y se burla pasando sobre ellos con su caballo. No es menos grotesca la reunión de Rosas con los diplomáticos extranjeros: Buchet Martigny, el vicealmirante Mackau y Sir Jonatas Moore, cónsul norteamericano, quienes buscan obtener solamente la liberación de súbditos franceses y de ciudadanos estadounidenses, mientras Rosas –"el gran comediante" (II, 9)– se explaya en un discurso afectado, que incluye un "irónico plagio de las maximas de Guizot y de Thiers" (II, 12-13) y una amenaza implícita para los diplomáticos.

La figura de Urquiza, en cambio, es presentada enigmáticamente, como un gaucho que intenta seducir a Olivia, una porteña desamparada que se ha acercado a él en busca de protección, mientras escuchan el canto de un payador. Las letras de sus improvisaciones pueden leerse como una metáfora de la realidad. En la primera, la historia de la mina de oro de Famatina, que quiere conquistar con su poder a la viña verde de Mendoza pero no lo consigue, parece referirse al general y a la dama. La segunda trata acerca de la reacción que se espera políticamente de Urquiza. El entrerriano mismo describe su relación con Rosas:

> Que orgullo la última vez que le ví! que arrogancia! añadia el sarcasmo á la humillacion!, se atrevia á tratarme como á un vasallo!.... lo soy en efecto; es mi culpa. El reina, se le inciensa, se le adula, se le ama quizas.... Y yó! yo, que soy? un subdito. Y sin embargo si alguno debe reinar, es incontestablemente el que siente dentro de si mismo el fuego sagrado de la gloria y el instinto superior del poder (II, 41).

Pero en su canto el payador parece expresar la desilusión del pueblo:

> –"Que haces en tu inaccion oh guerrero? inclinas tu cabeza al yugo, mientras que podrias levantar tu frente resplandeciente con los rayos de la victoria. [...]
> "Te contemplo guerrero, continuó el cantor, pero no te reconozco yo. Busco en vano los tiempos de lejano recuerdo en que la patria altiva y poderosa entre las naciones americanas, dominaba en gloria y en magestad. Donde están los dias de Mayo? (II, 41).

Entusiasmado gracias al canto, Urquiza convoca a sus soldados para marchar hacia la sitiada Montevideo, pero pronto cambia de idea en espera de una ocasión mejor. Olivia, mientras lee las poesías de Rivera Indarte en las que el poeta pide a las mujeres asesinar a Rosas, piensa –tal vez representando el pensar de sus comprovincianos bonaerenses– que Urquiza es un pusilánime (II, 44). La acción de la novela termina en Buenos Aires, después de Caseros, cuando los civiles de Buenos Aires conforman un gobierno provisorio sin el "Libertador".

Una originalidad de Pélissot digna de mencionarse se observa en la recreación de las pruebas "de la salud", "del valor" y "del deber" que un caballero misterioso –que se ha hecho espía y amigo de Rosas– debe superar para afiliarse a la Sociedad Popular Restauradora. El narrador aclara que tales pruebas han sido tomadas de los ritos masónicos porque algunos miembros de la "respetable y filantropica asociacion del Gran-Oriente Escoces" habían ingresado a la Mazorca (34-35). Esta es la única mención a una logia que hemos hallado en las novelas del Ciclo. También es novedosa la aparición de una familia de cuáqueros, quienes son apresados por enterrar el cadáver de un unitario.

Carlos L. Paz, más conciliador, propone superar el conflicto asumiendo dignamente las consecuencias de la ignominia pasada. Esta idea se infiere del argumento de *¡Santa y mártir de 20 años! Novela original*: durante el bloqueo francés, un capitán de caballería asiste a Isabel, joven embarazada de un bandido que la ha secuestrado cuando ella ha quedado huérfana y que la ha perdido a los naipes con un mazorquero. El militar se casa y se hace cargo del hijo. La *debilidad* de la mujer es cuidadosamente silenciada, pues al narrador le interesa, más que juzgarla, inculpar a los que se sienten dueños de la "moral pública". La lección moralizadora de Paz queda expuesta tanto mediante la respuesta honrosa y cristiana del militar salvador, como en el "Epílogo", en el que el narrador increpa a sus vecinos porteños. Antonio Pagés Larraya (1959) informa que el tema de esta obra, "situada antes en la línea de la crítica social que en la de la narración histórica", es "un asunto que le es caro [al autor] y que desarrolla en sus obras dramáticas: el desamparo de la mujer, castigada por prejuicios sociales, demasiado rígidos".

Pagés Larraya también cuenta que varias de las novelas escritas hacia 1858 surgen del estímulo docente que reciben los alumnos del colegio preparatorio: "Los jóvenes buscaban en el pasado reciente la sugestión para probar sus armas en el campo de la novela". Uno de ellos es Toribio Aráuz y su obra, *Aurora y Enrique o Las guerras civiles*. Aurora es uno de los personajes femeninos más destacados del Ciclo por su inteligencia reflexiva y por su coraje: no solo medita acerca de la legitimidad o no de los tiranicidios, sino también pone manos a la obra, se disfraza de varón y con una daga se acerca a Palermo; pero no mata a Rosas porque recuerda que es cristiana, se arrepiente y reza por el fin de la tiranía. Su mente lúcida le permite descubrir el meollo de la situación: "También se *asesina moralmente*, es decir, con el *desprecio*, con la *venganza*, con la *deshonra*; finalmente, con la *mala fé* y con el *ultraje*" (56). La protagonista halla refugio en Paraguay cuando emigra a la espera de que la tiranía finalmente termine. No nos parece casual la elección del refugio, ya que por esos años Urquiza analiza pedir la mediación del presidente paraguayo Carlos López en el conflicto de la Confederación con Buenos Aires. El mensaje de Aráuz resulta optimista, pues el amor inalterable entre Aurora y Enrique –la narración comienza por el final de la historia: el casamiento, tras doce años de espera– deja "á la sociedad el ejemplo de una pasion heróica [...] que ni los embates de la fortuna enemiga, ni los vaivenes de la Guerra Civil, han sido suficientes para quebrantarla" (62).

Sin el mismo desenlace feliz, Pedro Echagüe inventa el idilio y un casamiento espiritual en el lecho de muerte entre Elvira, una joven muy decidida, y Gustavo, militar unitario, seguidor de Aberastain. La acción central de *Elvira o El temple de alma de una sanjuanina* gira en torno a la batalla de La Rinconada (1861); el antagonista es un ex mazorquero, ahora seguidor de Saá. El mensaje de Echagüe es claro: las prácticas sanguinarias y traicioneras de los rosistas se mantienen sin cambios en los caudillos federales. (Creemos que este nexo explícito justifica la inclusión de esta novela en el Ciclo de la tiranía.) Además, el autor –porteño radicado en San Juan a pedido de Sarmiento, a quien conoce durante el exilio de ambos en Chile– escribe su novela con el fin de homenajear a la tierra en la que nacen sus hijos. Alaba el espíritu autónomo y heroico de los sanjuaninos (en contraste implícito con los puntanos y mendocinos que siguen a Saá):

> Porque el pueblo de San Juan fué siempre así: cuando se trató de resistir a los tiranos o de salvar su dignidad, no se detuvo nunca a medir ni la escasez de su fuerza ni su aislamiento (Echagüe, P., s.f.: 31).

Por más que Aberastain se convierta en "hombre-símbolo" de la legalidad y la justicia (52), es el pueblo en su conjunto –como un nuevo Fuenteovejuna– el que parece enfrentarse a las fuerzas enemigas. Sin embargo, el idealismo no alcanza para vencer a huestes mucho más numerosas: "Por desgracia, las batallas se ganan con hombres, lanzas y cañones, y el pueblo de San Juan debía comprobarlo así, heroicamente, con la injusta catástrofe que se abatió sobre él" (47).

Los escritores no porteños observan el gobierno de Rosas desde lejos. El rosarino Eusebio Gómez presenta la Buenos Aires rosista como escenario solo de algunos episodios de su complicada historia, *Angélica o Una víctima de sus amores*, cuyos personajes atraviesan varias regiones argentinas, sobre todo las litoraleñas. La acción narrada en esos pasajes es violenta y cruel, como la de las otras novelas del Ciclo, pero es vista desde la lejanía y queda reducida a la ciudad de Buenos Aires, dando a entender que ese tipo de violencia ha estado limitada a ese espacio, que no ha afectado a otras ciudades federales, como Paraná, Rosario o Santa Fe, donde existe un gobierno justo, encarnado en el personaje de Alberto. En ese marco se produce un hecho singularísimo: el idilio entre una víctima de la Mazorca y un miembro de "esa gavilla de bandidos, que existe en Buenos Aires" (27). La joven no es ingenua sino orgullosa y coqueta, es decir, viciosa –en el lenguaje de la época–, indigna del joven poeta que alguna vez ella amó; por ello su enamoramiento de un mazorquero resulta coherente y verosímil.

Solo Manso y Gorriti proporcionan una visión diferente de las guerras civiles. Aun cuando ambas han padecido el exilio familiar en la década de 1840, su mirada retrospectiva no se reduce al planteo político sectorial, sino que avanza hacia la valoración de una entidad suprema: la patria. Por eso, sus novelas se distinguen por una variante actancial: los enamorados no pertenecen a un mismo bando, sino uno a cada uno, con preferencia por los varones unitarios y las mujeres hijas de federales, porque el amor de pareja da el ejemplo de la igualdad en la condición ciudadana y de la alianza que reúne lo disímil. Ambas escritoras predican que la unidad nacional es indispensable y obligatoria porque todos los argentinos son hijos de la misma madre.

> Como Romeo y Julieta, pertenecen á dos razas enemigas–Él es un Colonna–ella una Orsini.
> –Es decir–como si algun unitario te amara á tí, hija de federales.
> –Sí, pero como el amor de Julieta y Romeo, el suyo habia salvado el abismo de ódio que los separaba...... ("La novia del muerto", Gorriti 1865: I, 222-223);

> En 1828 el joven Dr. Arévalo pertenecía al partido unitario, mientras el padre de su esposa, era uno de los jefes del partido federal; esto es, la guerra civil, la desunión del hogar y de la sociedad (Manso 1937: 388);

[...] tuitos son argentinos, los del pueblo y los de campaña, tuitos son hermanos (Manso 1937: 399).

Las modificaciones que introduce Juana Manso en la versión argentina de su novela aportan algunas pruebas sobre este planteo femenino. Nos detendremos en el asunto de los nombres. Para el público carioca, los personajes son el doctor Alsina, su esposa Antonia Maza y su hijo Adolfo. Para el público porteño, el doctor Arévalo, Celina y Alberto. La balandra Francesca di Rimini –nombre acorde con la nacionalidad italiana de su capitán original– pasa a denominarse Constitución, por demás elocuente. Y la novela misma ya no tiene un título *prestado* por un novelista francés –*Misterios del Plata*–, sino uno informativo, casi más propio de un tratado –*Guerras civiles del Río de la Plata*– (Lewkowicz: 215-237; Velasco y Arias: 248-257). La novelista explica a sus lectores que no deben confundirse pues, aunque la suya sea una "verídica historia", la acción narrada y las ideas desarrolladas en ella son responsabilidad de la autora: "La historia y el romance son de la propiedad del artista" (Manso 1937: 377). Pero tal vez los cambios onomásticos tengan otra causa: los principios políticos transmitidos por la narradora no condicen con la postura separatista que los Alsina defienden hacia 1867. Arévalo le pide a Celina que eduque a su hijo en la concordia:

> Enséñalo a perdonar a los enemigos de la patria. Esa patria es toda la República, antes que porteño Argentino, no dejes arriesgarse en su alma el espíritu estrecho de localismo, porque nuestro país para ser grande, necesita ser unido como una sola familia: dividido nunca será nada (408).

A pesar de ese afán conciliador explícito, el concepto de unidad en la patria encierra el presupuesto de que el tipo de gobierno apropiado para tal fin es el unitario. No por casualidad los otros argumentos a favor de ese postulado patriótico los expone Simón, el gaucho unitario que habla con la autoridad de ser veterano de las luchas independentistas:

> Ah! amigo, cuando se ha peliao tantos años y se han visto tantas glorias a la par de tantas desgracias, no puede uno conformarse con esta cinta colorada [...]. Los hombres libres no se ponen librea, y este cintajo qué es, sino una librea? [...] la federación no es la patria (411-412).

La narrador, por su vocación docente, incluye una lección de historia: los males argentinos provienen de la Colonia, el federalismo es absurdo en un país despoblado y solo la "forma unitaria para educar el pueblo" sería la mejor solución, si bien provisoria, hasta que la sociedad pudiese gobernarse libre e inteligentemente (405; Mizraje 1999: 66-87). Pero, concluye la novelista-maestra, el bipartidismo ha ocultado el problema de fondo:

> [...] no somos Unitarios ni federales, sino países desgraciados donde la soberanía popular es una sombra que explotan los ambiciosos para sus fines particulares (Manso 1937: 405).

El repaso histórico de los males de la tiranía de Rosas se convierte en denuncia de los males presentes, que la política de 1867 no ha logrado siquiera diagnosticar: "Esto era política en aquellos tiempos... hoy todavía, la diferencia no es mucha" (398).

Por su parte, Juana Manuela Gorriti manifiesta su propensión conciliadora a través de escenas familiares que alcanzan el nivel simbólico. Su novela *El Lucero del Manantial* es la más original del Ciclo, pues la autora inventa a Rosas una historia privada –un idilio con María en un fuerte de la frontera pampeana– y su acción malvada recae sobre sí mismo, ya que hace fusilar a un hijo suyo, sin saber que es de su sangre. El joven ha intentado asesinar al tirano, en venganza por la muerte del que creía su padre, crimen ocurrido en una sesión decisiva de la Sala de Representantes. Este episodio recuerda el complot de Ramón Maza, hijo del Presidente de dicha Sala, asesinado en junio de 1839.[153] Más allá de esta posible referencia encubierta, es evidente que lo histórico se carga de simbolismo. La relación de Rosas –un joven bello, "pero con una belleza sombría como la del arcángel maldito" (Gorriti 1860 a: II, 193)[154]– con María –mujer dócil e ingenua– representa metonímicamente el modo de gobierno que impone al país como tirano: seduce, se aprovecha, se impone, pero no se interesa efectivamente por nadie. Rosas opera para sí mismo: toma lo que quiere sin oposición, se desplaza sin sujetarse a ninguna otra norma que no sea su propia voluntad. Esta actitud esencial de su ser lo lleva a desconocer la existencia de su hijo, o sea, a desconocer quiénes son los hijos de esta tierra a los que debería haber amparado, los hijos de la nación que dice defender, pero que no reconoce como tales. En cambio, el salvador de María es un amigo de Rosas, es decir, otro federal; pero crítico de las pretensiones autoritarias del gobernador. Alberto protege al hijo tanto como defiende a la patria. Por consiguiente, la antítesis Alberto / Rosas encarna la antinomia padre-patriota / parricida. Y María, la madre, representa a la Argentina que ha sido ultrajada por el autoritarismo que destruye a su propia estirpe, pero que será redimida por los verdaderos patriotas (Molina, H. 2005 d y 2011 b).

En *El guante negro* Gorriti pretende mostrar cómo la guerra civil es injusta y cruel para los dos bandos. Wenceslao e Isabel se aman con igual intensidad pero

---

[153] Curiosamente, Ramón Maza es personaje de *Misterios del Plata* y familiar directo de su heroína (Lewkowicz: 229).
[154] He elegido la edición de *La Revista de Lima* porque es la mejor; la de *Sueños y realidades* contiene numerosas erratas, algunas no evidentes, que dificultan la comprensión del texto.

tienen un problema común: sus padres están comprometidos políticamente con banderías opuestas. El cambio de partido que la amada exige al joven como prenda de amor resulta inviable, porque implica no solo la deserción de un ejército y de una ideología, sino también y sobre todo la perfidia hacia la familia y la amistad. El coronel Ramírez busca la salida más honrosa según los códigos militares, pero Margarita lo asesina actuando de acuerdo con sus sentimientos primordiales: "Mi esposo habia jurado matar un traidor, dijo ella, ese traidor era mi hijo, y yo he matado á mi esposo para salvar á mi hijo!" (1865: I, 98). Esta opción es la más terrible y enajenante que pueda enfrentar una mujer; y en esa enajenación la autora expone el sinsentido de la guerra civil (Molina, H. 1999: 260). En el último capítulo, titulado "La predicción", Gorriti enlaza el pasado con la política del momento.[155] Cuando Isabel, enloquecida, revisa los cadáveres dejados por el combate en Quebracho Herrado, augura "arroyos de sangre [...] por largo tiempo", pero también el surgimiento de un héroe –sin duda, Urquiza– que salvará a la patria y le restituirá "su antiguo esplendor y gloria": "¿No vés un bizarro guerrero que se destaca de las filas del ejército federal? [...] es el héroe que levantará sobre sus hermanos encadenados el estandarte de la libertad" (1865: I, 105).

Amelia Royo llama la atención sobre esas oposiciones entre "relaciones parentales tan próximas o entrañables como *madre / padre* e *hija / padre*" (163). El primer binomio, en *El guante negro*, significa "la identificación del rol masculino con el posicionamiento político obsecuente al poder, al punto de anteponer eso a la paternidad" (165).

---

[155] Téngase en cuenta que la novela está datada en "Lima, 28 de Abril de 1852" (Gorriti 1861 a: 339) y, al parecer, es publicada en el Perú ese mismo año o en el siguiente (según se informa en *La Revista Independiente*, 7, Lima, 28 ene. 1854: 112), antes de aparecer en la *Revista del Paraná* durante julio de 1861.

El segundo, en *La hija del mashorquero*, se inviste semánticamente por "el vínculo Manuelita Rosas/Juan Manuel de Rosas" (170).

Las relaciones familiares son fundamentales para reconstruir el tejido social y curar las heridas, servicio por el que trabaja Gorriti. Según sus creencias religiosas, el amor de pareja es representante del amor perfecto que subsume todo tipo de diferencias y el arrepentimiento de los pecados –aun de los más aborrecibles– permite la conversión de vida y la salvación del alma. Así, Clemencia, la joven pía y pura –como lo indica su nombre–, logra con su inmolación que se regenere su padre Roque Alma-Negra, el mazorquero más despiadado. Como este, podrán rescatarse todos los antiguos secuaces del tirano.

El mensaje moralizador de *La hija del mashorquero* puede compararse con el de *Gubi Amaya: Historia de un salteador* (1862), aun cuando no integra el Ciclo de la tiranía. Este relato de matriz autobiográfica presenta el caso de Gubi Amaya, bandido de largo prontuario, devenido en Miguel el Domador gracias a la ayuda misericordiosa que le ofrece el padre de Emma, la protagonista-narradora en la que se entrevé sin dificultad a Juana Manuela. Sin dar nombres, la autora proporciona el ejemplo de don José Ignacio de Gorriti, hombre honorable que por su patria ha peleado con armas, pero también con la instauración de un gobierno justo y democrático.

La escritora no olvida del todo los pesares padecidos a causa del exilio, según expresa a través de la peregrina vestida de varón que recorre su tierra natal en los primeros capítulos de *Gubi Amaya*.[156] Por este dolor profundo, deja traslucir en *La novia del muerto* y en *El pozo del Yocci* que no todas las ideologías tienen la misma trascendencia ni

---

[156] Según Quesada, esta novela es la "historia de una peregrinacion misteriosa que en 1842 hizo la autora en su provincia natal" (1864: 415).

la misma virtud. La causa nacional es el valor supremo absoluto. Por eso la participación en las luchas por la independencia es heroica y gloriosa; en cambio, las guerras civiles provocan acciones indignas tanto en el plano individual como en el internacional ("El pozo del Yocci", Gorriti 1876: 395); por ejemplo, el enfrentamiento entre Felipe Braun, de la Confederación Peruano-boliviana, y Alejandro Heredia, de la Confederación Argentina; conflicto que le resulta inadmisible a Juana Manuela pues afecta a dos países queridos: el propio y la nación que la cobija en el exilio y en la que nacen sus hijas Mercedes y Edelmira. No obstante, para la escritora, los principios defendidos por los civilizados unitarios representan la causa nacional, frente al caos salvaje de los federales, quienes enmascaran sus intereses sectarios:

> Hacía tiempo que el horizonte político del Plata se oscurecía cada dia mas. Los héroes de Ituzaingo, reunidos en torno al celeste pendon de la patria, oponian en vano los esfuerzos de su denuedo á las bárbaras falanjes que, invocando un principio desorganizador, escandalizaban al mundo con las atrocidades de una guerra fratricida ("La novia del muerto", Gorriti 1865: I, 213).

La distancia temporal y espacial diluyen los sentimientos de aversión. En *Una noche de agonía* Gorriti inventa un marco levemente humorístico, que contrasta con el título de la novela, y concentra la atención simpática del lector en Pascualita, la de los cerros catamarqueños quien ayuda desinteresadamente al unitario prófugo, ese que persiguen su marido y los demás federales. Otra mujer heroica, como la de Manso.

6.2.2. La novela satírica

A pesar de las continuas invectivas contra los políticos que aparecen en el periodismo, el recurso a la sátira solo es usado en una novela: *La presidencia*, por Federico de la Barra, quien centra la acción en su presente inmediato: las elecciones nacionales de 1868. El novelista –de fluctuantes opiniones– cuestiona las intrigas secretas de Urquiza[157] y Mitre, a espaldas de los demás dirigentes provincianos y porteños, y la imposición de Sarmiento como candidato. La sátira se construye mediante la nominación paródica, la tipificación, el contraste entre personajes sensatos y personajes esperpénticos, y entre escenas realistas y escenas bufas; todas formas de enmascarar la realidad, pero en boca de un narrador que no puede ocultar su indignación ante un estado político que reprueba.

El propio novelista se disfraza, pues inventa un autor alemán –"F. F. L."– y un traductor que responde al mismo seudónimo que ha usado De la Barra para firmar artículos periodísticos: "Falucho". Otros nombres son reemplazados por términos de algún modo relacionados con el original, pero que producen un efecto caricaturesco. Sarmiento es "Sarmita", "un miembro transmigrado cuando menos de aquella familia de los *Getas* y *Mas-getas* que habitaron las cercanías del Cáucaso" (43), "enciclopedia en paletó" (50), tan engreído que se cree el único capaz de conducir por el Atlántico el vapor Anagnosia (o sea, conducir la enseñanza de la escritura y la lectura). Más cruel es la burla contra Juana Manso, la "Missis Bravo" que Sarmita se propone designar como Ministro de Instrucción, Culto y Justicia. Buenos Aires es "la hermosa Emperatriz"; el teatro Colón, el de "Americo Vespucci" (104). Para Lucio Mansilla elige el sobrenombre con que solía ser conocido: Alcibíades.

Un juego onomástico se completa con una paradoja: los personajes del pueblo tienen nombre –Catalina y su

---

[157] Años antes (1851), en *La vida de un traidor*, De la Barra cuestiona abiertamente las decisiones políticas de Urquiza, en especial su pronunciamiento contra Rosas.

hermano Jaime–; en cambio, las personalidades políticas son identificadas mediante la generalización de su cargo –el Presidente, el General– y algunos rasgos típicos que los lectores de aquel entonces reconocerían fácilmente. Urquiza es "el General" algo corpulento, sesentón, que vive en un palacete. Lucio V. Mansilla, el general "delgado y flexible", que duerme con una capa de Marengo, sueña que ha conquistado Rusia y es "un poco astrónomo" (5-6). Mansilla, con una oratoria impecable, convence a Urquiza de que desista de su candidatura a presidente y ceda ese lugar a un nuevo postulante.

Los dos mensajeros políticos que se cruzan en la posada de Cabeza del Tigre también son anónimos hombres que procuran entender la situación:

> –He oido.... que ya no es el favorito de S.E. el favorecido.....
> –Pero quien le retira el favor – S.E. ò el general?
> –Entiendo que el último.
> –Y quien es entonces el agraciado?
> –Indudablemente será otro (28).

(El favorito de Mitre es Rufino de Elizalde, al que Urquiza le niega su apoyo; el agraciado, Sarmiento.) Esos personajes secundarios están preocupados por los vaivenes políticos sobre los que no tienen poder de decisión, si bien creen que podrán ayudar a solucionar el conflicto por la vicepresidencia transmitiendo bien las noticias. Pero uno habla con más sensatez, representando el sentido común de los ciudadanos:

> –No hareis nada de bueno [...]. Aquí mismo teneis el ejemplo; dos partidarios de una misma causa; dos agentes de un mismo individuo, dos hombres leales, amigos del pais, que buscamos un mismo resultado, estamos sin embargo confundidos, contrariados; pensando de dos maneras distintas, y destrozando á nuestro pesar lo mismo que quisiéramos

fortalecer á cambio de nuestra vida. Fatalidad!.... Fatalidad que viene pesando injustamente sobre hombres leales, desinteresados y patriotas! (33).

El narrador se vuelve eco de las expresiones populares, pero inmediatamente descubre su ironía. Cuando Sarmita llega al puerto, es esperado con ansias y aclamado con enfática esperanza: "Es el campeon de las esperanzas de un pueblo, que viene arrastrado á las tierras bendecidas por el fluido amoroso de la nacion!! El campeon de las esperanzas color de rosa, ha puesto sus juanetes sobre el último peldaño" (67).

El Presidente y el General hacen raptar a Sarmita, a fin de proponerle en secreto una "triple alianza" (97), en clara alusión a la impopular guerra contra el Paraguay. El "predestinado" desconfía de los otros dos: "Los tres aliados seremos lo que todos los aliados..... tres enemigos" (100).

La novela termina con un baile de máscaras, que es en verdad –según el narrador– "un baile de enmascarados" (104). El Presidente está disfrazado de Muerte; Sarmita, de Cervantes. El candidato-salvador propone anticipar la asunción al cargo. La fiesta se transforma en un acto protocolar, que –a su vez– se vuelve farsa; el teatro de Americo Vespucci se convierte en el Congreso; los mascaritas, en el pueblo que aclamará al nuevo jefe de Estado. En lugar del bastón de mando, Sarmita toma la hoz del disfraz del Presidente, en medio de un delirio colectivo. Finalizado el acto-festín, los agentes políticos se dispersan. Buenos Aires queda expectante; Mitre, desarmado; y De la Barra, pesimista, con una desesperanza velada que recuerda los últimos versos del *Romance* de Luis de Miranda, que inicia la literatura en la Argentina (y que elegimos como epígrafe de este apartado):

Por otra calle, y adhiriéndose al amparo de las paredes, se desliza *la muerte* desarmada, y la sigue su acompañante inseparable; y sin hablar palabra, pero lanzando sordos suspiros, dejó escapar envuelta en ellos esta sentida exclamacion:
–Pobre país.....! [...].
La mimada *Emperatriz* vá á despertar despues de una noche de placeres, entre los brazos de otro Mecenas; y los heraldos de la cortejada señora, van á anunciar á los pueblos entristecidos que tienen ya un nuevo amo.

¿Será largo este reinado que se levanta entre los tumultos del festin?
Dificil es afirmarlo, pero es dado presumirlo. Las jerarquias que tienen por cuna la *aclamacion* suelen durar un dia: tienen en sus entrañas el gérmen de muerte; y su corta agonia es una lucha entre los vértigos de la impotencia (114-115).

Si la historia educa con el recuerdo del pasado, la novela –en cambio– alerta sobre la probable repetición de ciertos males recreándolos y así se proyecta hacia el futuro.

6.3. Las novelas socializadoras

> "[...] solo adquieren y perpetúan los pueblos su libertad y derechos, cuando practican la virtud, que es la que *propone, sanciona, sostiene y consolida* las leyes justas, equítativas, humanitarias y civilizadoras, que hacen la felicidad de las naciones."
>
> Bernabé Demaría

> "Por ventura somos imbéciles? Nó, somos ignorantes–ahí está el busilis de la cosa–y bien, mientras el pueblo soberano sea ignorante, no se han de ver efectos resplandecientes de su soberania–la libertad será un mal, como hasta aquí, y la dominacion se encargará *por humanidad*, de tomarnos bajo su tutela–."
>
> José Joaquín de Vedia

"En la república de las letras no hay nombre por humilde que sea, que no esté destinado á salir de la oscuridad; ni libro, por escaso que sea su mérito literario, que algo no enseñe, si no del punto moral ó filosófico, del punto de vista social: las ideas participan de la atmósfera en que se nutren [...]; bastan ellas, á veces, para revelarle al estranjero, los usos y costumbres de un país y el espíritu de sus moradores."

Lucio V. Mansilla

Denominamos de este modo a las novelas en las que el interés autorial se centra en la descripción de espacios y la trama se organiza en función de mostrar y aun analizar las relaciones de los personajes con los ámbitos sociales. Tratan historias posibles de personas comunes, que son presentadas como típicas (frecuentes y características) de la sociedad. El propósito, casi siempre explícito, es analizar alguna faceta de la realidad cotidiana, sobre todo costumbres y hábitos generalizados que originan conflictos sociales, a fin de detectar el problema, sus causas y sus consecuencias, acusar a los responsables y proponer una solución. Algunos autores agregan el objetivo de orientar cívicamente a los compatriotas hacia el *progreso* de la nación, pues –como explica Eugenia Molina– la "democracia se presentaba, entonces, como la más acabada forma de *sociabilidad* y como el nudo estructurador de la vida social" (2005: 156). A veces, se habla de "estudio" o de "investigación" social y se minimiza, en consecuencia, el carácter novelesco del texto; el eje discursivo se centra en la argumentación mediante la cual se pretende comprobar la interpretación hipotética de esa realidad que propone el autor, por medio de un caso testigo que se presenta de modo verista; este tipo de novelas podrían denominarse *de tesis*. En otras, se desarrolla un asunto sentimental cuyos incidentes justifican la inserción de algún comentario o juicio explícito de índole moral, psicológica o sociológica, referido a alguna práctica social; a estas novelas las clasificamos como *sociosentimentales*.

El elemento discursivo fundamental es el narrador: siempre fidedigno y confiable, actualiza con su relato los hechos básicos y los juzga desde parámetros morales o políticos. Su función primordial es examinar la sociedad y derivar de esa observación una enseñanza para los lectores; por eso, su identidad y la de sus destinatarios no una cuestión de poca importancia. Miguel Cané elige a Eugenio Segry, joven hispanoamericano exiliado, su *alter ego* (Curia 2001 b y c), para que describa y (re)pruebe los vicios y virtudes de París y de Florencia, destino frecuente de sus compatriotas viajeros. Eduarda Mansilla de García, en *El médico de San Luis*, prefiere un narrador totalmente opuesto a su personalidad: el médico James Wilson, varón, inglés y protestante, quien puede parecer un observador imparcial de la sociedad argentina; mientras que en *Pablo* escoge a un argentino que enseña a los europeos la cara desconocida de su país natal. Fortunato A. Sánchez se presenta como narrador testigo para certificar la veracidad de la historia y, por lo tanto, de la enseñanza. Santiago Estrada se permite digresiones autobiográficas y Margarita Ochagavía se ficcionaliza en un personaje. Ángel J. Blanco, Enrique López, José Joaquín de Vedia, Tomás Gutiérrez, Francisco López Torres y Mercedes Rosas de Rivera son más tradicionales: intercalan sus comentarios en medio de una narración heterodiegética, en diálogo directo con los lectores. Ramón Machali, el Mugiense, revela a su editor –en una especie de postepílogo– que ha ligado "unos artículos" en los que ha bosquejado "algunos tipos de este pais", "para formar algo" (204); en cambio, Bernabé Demaría recurre con originalidad al ardid romántico de la publicación de un manuscrito ajeno.

Tomás Giráldez es el más locuaz: no solo incluye en *Vengador y suicida* un prólogo relativamente extenso –"Dos palabras"– sino también una dedicatoria, numerosos comentarios metanarrativos y hasta un "Capítulo que nada tiene que ver con esta historia, y que el autor lo pone por satisfacer un deseo" (37-41). Giráldez se textualiza como un narrador desenfadado –"A fuerza de tanto estrujar nuestro pobre caletre hemos logrado formar un libro. / Un libro? / Si Señor, un libro!" (iii)– pero no atrevido al momento de criticar:

> Y al escribir esas páginas no lo hemos hecho con la intencion de insultar al ministro del Hombre-Dios, [...] en cada renglon encontrará el que nos lea, *decencia, circunspeccion y moralidad!*
> Tampoco defendemos el fanatismo! [...]
> No somos apadrinadores de las malas costumbres.
> Pero no insultamos á nadie.
> Criticámos, y la crítica no es insulto; la crítica moderada es permitida (iii-iv).[158]

Implícitamente, asocia novela con crítica social, aunque luego informará a los lectores –mediante un relato autobiográfico algo truculento– que la historia que presenta le ha sido contada por un viejo mendigo al que el autor llama "tio Pancho", trasladándole a este la responsabilidad por la veracidad de lo narrado ("Epílogo", 100-101). Al comienzo del capítulo I refuerza estos dichos. En el epígrafe evoca al maestro Larra y pone en su boca los axiomas del costumbrismo: "«[...] si algunas caritaturas por casualidad se parecieren á alguien, en lugar de correjir nosotros el retrato, aconsejamos al orijinal que se corrija; en su mano estará pues, que deje de paresersele,»" (3). Más abajo, alarga el comienzo de la historia con una digresión, dirigida a sus lectores convenientemente personalizados, sobre el tópico del mundo como una representación:

---

[158] Tal vez Giráldez aclare que no criticará a los sacerdotes para distinguirse de Vicente Fidel López, de Francisco López Torres y otros autores, quienes sí cuestionan diversos aspectos de las prácticas religiosas. El texto completo de este prólogo puede leerse en el "Apéndice III".

[...] han se [sic] saber mis lectores (si es que lectores tengo) que este mundo es una comedia en el cual tienen su diferente rol, las personas de ambos sexos.

Al haber dicho que este munco [sic] es una comedia, muchos allá en sus adentros se preguntarán ¿quiénes son los actores? ¿quiénes salen á las tablas? y á mi que me gusta ser político con todo aquel que me lee, voy á darle la razon que he tenido para clacificar de tal manera à los hijos de Adan (3).

A continuación, enumera seis tipos criticables por sus falsas apariencias, tras lo cual retoma el inicio de la narración, insistiendo en que es "verídica y cierta" como lo es la existencia del infierno según "las palabras de los padres de la Yglesia" (5). Con esta cita de autoridad, el narrador pretende –para no caer en contradicción– respaldar también una *verdad* que le atañe, si bien dudosa: que él solo conoce "de nombre" el "*café de los Amigos*" (5) donde se reúnen los "jovenes calaveras" (3); entre ellos, Alfredo Márquez, "el héroe principal de este cuento histórico" (5).

Poco a poco, el lector descubre que lo dicho en el prólogo respecto del origen del argumento puede no ser cierto o, por lo menos, que "tio Pancho" no ha sido la única fuente. En el capítulo V, ese "que nada tiene que ver con esta historia", el autor justifica tanto su propia digresión como la caracterización de los personajes considerando que esto es una práctica común en la escritura de una novela, aunque aclara inmediatamente: "no por eso pienso que la mia sea novela" (37), es decir, una ficción. Lo que pretende, en definitiva, es reforzar la verosimilitud mediante la presentación de dos *pruebas*, una hiperbólica y otra verista por el recurso a lo autobiográfico y por la suma de detalles. Primer argumento: si Teolmira desconfía de Alfredo a partir de la lectura del poema "El desamor", de Echeverría, lo hace del mismo modo en que "los libros de los Santos Padres" convierten a muchos a la fe cristiana: "¿Y la poesia de Echeverria, no hablo al corazon de Teolmira de perpetuo desamor? / ¿Habrá alguno por ventura que esto niegue?" (38). Segundo argumento: el hecho de que Alfredo pueda ser "calavera de profesion" pero al mismo tiempo tener "corazon hidalgo" (38) es admisible porque el propio narrador ha presenciado gestos de generosidad en el personaje, y porque hay muchos casos similares de versatilidad moral en la sociedad, como el de "Juan M..." que le ha mostrado al narrador su padre, mientras paseaban un domingo por la Alameda, a orillas del Río de la Plata (39-40). La seriedad con que está tratado este último caso contrasta de golpe con irónicas alusiones a la infidelidad de novias y esposas, en lo que parece ser una reacción *machista* para que no parezca que solo los varones son inconstantes: "¡Pero por eso niñas casadas, no penseis que digo, sois asi todas vosotras! ¡ya sabeis que no hay regla sin ecepcion!...." (41). No conforme con estos argumentos, Giráldez agregará otros de igual tenor en el capítulo VII (59-62) y en los últimos párrafos del "Epílogo" repetirá la adjudicación de la historia al mendigo, a quien los lectores podrán conocer en el "asilo levantado por los *soldados de la fé*" (101).

El narrador (y, detrás de él, el autor) transmite su ideología y su axiología a través tanto de la conducta de los personajes y la cualificación de las acciones, como de opiniones y juicios subsumidos en la narración y de digresiones políticas, filosóficas, religiosas, educativas y sociológicas. Según observan Foresti, Löfquist y Foresti respecto de la narrativa chilena, la "digresión, muy frecuente en el relato de tendencia social de la época, es un instrumento que utiliza el narrador para detener la narración, casi siempre con el mismo registro de discurso valorativo" (I, 99).

Subyace una premisa básica: como cada ser humano vive en sociedad, cada hecho repercute en esa sociedad; por eso, los problemas de un individuo interesan al conjunto.

El liberalismo que se propone en lo político se transmite a lo social con moderación: se critican las imposiciones eclesiales y familiares cuando estas se contraponen al libre albedrío, pero las normas de una conciencia sana no se discuten. Los novelistas consideran que los principios morales provienen de un ser superior –Dios– y por ello se aceptan como imperativos sagrados. La discusión se abre en torno al modo de imponerse socialmente esas normas y a la autoridad de los jueces terrenos.

La conducta moral es el parámetro de valoración no solo de las prácticas sociales del ámbito privado, sino también de la sociabilidad del país. En las páginas de *El bandido*, de "X.", hallamos esta definición que recuerda los principios de la literatura socialista, de la que se hablaba ya en 1837 (y que hemos sintetizado en B.2.1.):

> Socializar al hombre, hé ahí el programa de su perfeccion; pero socializarlo no es obligarse á tener un domicilio, obligarse á ganarse su pan con el trabajo, á prestar ciertos servicios puramente materiales; esto será efecto de sociabilidad, una vez conseguida. – Socializar al hombre es elevar su espiritu á los fines de la sociedad, es entrelazar su espiritu á los demas espíritus, para que sus hechos responda á los hechos de todos (65, 22 abr.: 3).

En líneas generales, todos los novelistas comparten este concepto: socializar implica adoptar una perspectiva de preeminencia de lo espiritual sobre lo material, y de armonía entre lo individual y lo social. En definitiva, socializar es educar. Roger Picard sintetiza la base de este principio: "La novela es, sin duda, la forma literaria que le da más poder al autor sobre sus lectores" (158).[159] Del mismo modo que los textos didácticos que desde los tiempos

---

[159] Todo lo que observa Picard respecto de la novelística social francesa (cap. VII) puede aplicarse casi directamente a la argentina.

antiguos se han valido de comparaciones y de ejemplos para modelar conductas y conciencias, la novela establece una analogía entre el mundo representado y la realidad para que los hombres vean los rasgos de sus propias vidas reflejados en el texto y adviertan que ellos también pueden tener el mismo desenlace que los personajes. La novela es un espejo. Así lo afirma Lucio V. Mansilla cuando aprueba el modo en que su hermana Eduarda ha incorporado el efecto moral:

> [...] el *Médico de San Luis* tiene la tendencia casi pronunciada de mejorar las costumbres, no tanto con exhortaciones patéticas, sino presentándole á la sociedad su propia imágen como reflejada en un espejo (1863 a: 267).

Mirarse al espejo, ver en él la *realidad* con sus defectos y en sus virtudes, reconocer el mal y convertirlo en bien, es el plan formativo-moralizador que se subsume en todas estas novelas:

> Algunos amigos nuestros han creido ver en ésta obra un ataque á la sociedad. Es un error de apreciacion. Tenemos el derecho de criticar lo malo: y és lo malo lo que reprobamos, siguiendo el camino de nuestros maestros.
> Pintamos. Si alguien se reconoce en la pintura culpe á la naturaleza ó á si mismo: de ningun modo al pintor que llena sus lienzos á capricho (Blanco 1857: II, 185-186).

Esta función reflectoria condiciona el discurso narrativo: el narrador cuenta y reflexiona al mismo tiempo, los personajes resultan ejemplos y se tipifican, la secuencia narrativa –en tanto resolución de un conflicto– se torna modelo:

> Acabamos de presentar los dos tipos mas interesantes de esta novela; tócanos ahora seguirlos en las distintas peripecias que forman su vida (Machali: 8).

El modelo actúa en positivo, resaltando lo que es bueno hacer, o en negativo, censurando lo que es malo. Esta cualificación axiológica puede ser adjudicada por el narrador de un modo explícito, pero siempre es ratificada por el desenlace: los buenos superan los problemas y alcanzan la felicidad; los malos son castigados o, si se arrepienten, son perdonados, para que la lección cumpla efectivamente su fin pedagógico de motivar y encaminar a los lectores hacia el *perfeccionamiento* humano (esto es, hacia el desarrollo de todas las potencialidades bajo la preeminencia de lo espiritual). Carlos L. Paz es consciente de que el modelo de perfección que presenta la protagonista de *La mulata* no es común, pero sí *real* (posible, verosímil):

> [...] es un tipo, con el cual hemos creido tropezar en la vida, tomandolo casi al vuelo ó por sorpresa para bosquejarlo pálidamente.
>
> Sea romanticismo ó espíritu novelesco, siempre hemos estado dispuestos á creer en la existencia de esos seres escepcionales, y por consiguiente, dispuestos tambien á encontrarlos, no á cada paso, sinó allà como brotando de un seno desconocido, y como dirijiendose á atestiguar que siempre hay y habrá maravillas en la vida.
>
> Si al entrar con nosotros el lector [...], se sorprende y duda de la realidad de la existencia de esos personajes y de esa escena, lo disculpamos; no habrá visto, no habrá oido y talvez ni sospechado á nuestro tipo; y nada mas justo entonces que abra las puertas á la incredulidad (1859 b: 133).

La moral es una y universal; en cambio, según Ángel J. Blanco y los postulados románticos en boga, las pasiones no "son de toda la humanidad, de todas las épocas y siempre las mismas" porque las "costumbres, la organización, el clima, las condiciones morales del individuo son causas de variacion en la esencia y efecto de las pasiones" (1859 b: 9). Por tanto, las prácticas sociales que interesan a estos novelistas son las peculiares de la sociedad argentina, las que pueden denominarse *costumbres*. Cada costumbre importa un modo de ser colectivo, un rasgo de identificación nacional. Así lo explica Blanco, el único novelista que subtitula su texto como "Novela de costumbres", al presentar *Luis y Estevan*. Su finalidad es sencilla: "Describir costumbres propias", o sea, argentinas ("Señor D. José Manuel Lafuente", 1859 b: 9), pero confiesa que no ha podido cumplir este propósito plenamente –solo "*localizar* las escenas"– por una falencia de la *realidad*:

> [...] no tenemos nada nuestro: [...] somos como los monos, imitadores, ó como los chinos, rutineros–ó nos estacionamos ó copiamos; esa es nuestra vida.
>   Una costumbre sola nos pertenece y debemos reclamar su privilegio – la de no estar en paz ni aun con nuestra conciencia; – pero como la guerra no se aviene á mi carácter dejo que esa costumbre de verter sangre la describa otro. [...] Que escriba sobre sangre, el que sea tan desnaturalizado que pretenda educar para la sangre una juventud que debe tener otro destino (9).

Como Blanco, Heraclio Fajardo –analizando la posibilidad de una literatura nacional– opina que los argentinos se caracterizan por calcar lo europeo y que esta sociedad tiene muy pocos elementos originales: solo el gaucho y el indio (1865). Por consiguiente, para ser considerada nacional la literatura tiene que dedicarse a estos personajes. El afán por lo local se manifiesta, además, en el empleo de voces gauchas e indígenas –siempre destacadas con bastardillas y alguna nota aclaratoria– a través de las cuales los novelistas ilustran el habla peculiar de estos tipos representativos.

6.3.1. El problema de la educación

Con la autoridad que le confiere el hecho de haber publicado ya otras novelas para el público porteño (9), Ángel

Julio Blanco se explaya en reflexiones teóricas. Consciente de que el proceso de transformación social no es simple y de que la novela de costumbres no garantiza el resultado, explica al lector que las posibilidades de mejorar la condición humana mediante la educación o la literatura tienen sus limitaciones. Para este autor, la bondad o la maldad son innatas:

> Las costumbres se adquieren, pero las virtudes no [...].
> Creo que la educacion no mejora al hombre sino que lo hace mas disimulador [...]. Y entiéndase bien que yo no cuestiono la influencia benéfica de la educacion, pero la limito á dar vida propia, por decirlo asi, á dar organización á esos gérmenes del bien diseminados en el corazon del hombre: para el que nace pícaro la educacion es impotente; solo hace que sepa hacer ó encubrir mejor sus bribonadas (10).

La educación tampoco ha sido apropiada para alertar acerca de la "relajacion de costumbres del viejo mundo" al que los americanos han tomado como modelo, ni para fortalecer el espíritu ante tales tentaciones. A este problema se suma otro inconveniente, también *genético*: "El mal fascina y es siempre mas facil de seguir". Contra esta tendencia natural hacia el mal, sí puede actuar la educación, siempre y cuando se respete el ritmo singular que tienen los pueblos en su desarrollo civilizador: "Quisimos imitar el modo de ser de sociedades decrépitas, sin pasar como ellas habian pasado, por todos los escalones de la vida, adquiriendo como ellas en cada escalon, un caudal de esperiencia suficiente para resistir á los vaivenes" (10). El escritor de costumbres tiene la función social de poner de relieve "esos males propagados ya", aunque sea muy difícil extinguirlos: "No se salvarán los que han caido, pero retrocederán los que caminan" (10).

El narrador de *Luis y Estevan* se siente con la suficiente autoridad moral para juzgar tanto las conductas individuales como todo tipo de circunstancias sociales:

> Buenos Aires es una ciudad de tercer órden en comercio, quizá de último órden en bellezas de construccion arquitectónica ó estatuaria. Y por mas que esto sea amargo al paladar de esa pobre juventud que se ha acostumbrado á creer que despues de su rincon de tierra nada hay mejor ni mas bello en el universo, nosotros nos vemos obligados á consignarlo así (arrostrando el furor de los nécios) por esa ley fatal del novelista de costumbres que lo induce á mezclar siempre lo real de la vida humana, á las creaciones de su mente (26).

La realidad se le impone *fatalmente* al novelista: este no inventa, sino copia; un autor no crea lo malo, el mal está en la sociedad. Por esto entabla una complicidad con los lectores no "necios", a quienes indirectamente les pide crean en su historia porque ella se basa en hechos reales.

Blanco, en una nota, da el carácter de excepción a los episodios inmorales, pero previene acerca de cómo la prostitución y el juego impulsan el crimen, porque a este se llega por recorrer la escala del vicio o solo por un error.[160] El error se puede corregir, pero el vicio permanece. Estevan, a quien se le justifica en cierto modo su conducta por el antecedente de la prostitución de su madre, "escede los límites del vicio, para internarse en los del crimen" (137): no solo rechaza casarse con Matilde-Clara, sino también pretende asustarla y alejarla envenenando al hijo.

---

[160] Carlos Paz, en *La malilla*, presenta el caso tragicómico de un jugador avaro, que enloquece por creer en la aparición de un fantasma. El autor expone la suma de causas del problema: "La ignorancia es primer elemento de la supersticion; y luego, un hombre desapegado de todo lo que no toca ó se relaciona en algo con su egoismo, de alma ácre y destemplado, minucioso y avaro, pusilánime y poco comunicativo, está mas propenso que otro alguno á caer insensiblemente en los delirios y lucideces abultados de la imaginacion" (1863: 34).

Luis comete otro acto igualmente repulsivo: *entrega* a su hermana a otro jugador y se desentiende del asunto, aun cuando se alegue a su favor que confiaba en la virtud de Matilde; por tal irresponsabilidad incurrirá luego en incesto sin darse cuenta a tiempo.

El tema del vicio como centro de la narración genera alguna controversia. Un lector del *Museo Literario* cuestiona a Blanco la estructura narrativa. El novelista le responde explicándole cuál es la peculiaridad de su texto:

> Es verdad que *para hacer llegar un jóven al estado de corrupcion de Luis*, era preciso seguirlo de escalon en escalon, en la carrera del crímen. Pero se olvida vd. en su crítica, que yo no pretendo *hacer llegar* al jóven á tal ó cual punto de inmoralidad, *sino que lo tomo donde está*, refiero un hecho, sin comentarlo [...] (1859 a).

En definitiva, según el autor, el "resultado que se propone la novela" es mostrar cuán bajo se llega debido al vicio y cuán difícil es salir de él (1859 a). Estevan se arrepiente a tiempo y alcanza la felicidad; en cambio, Luis no tolera la verdad, no acepta su responsabilidad, enloquece y solo recapacita y se confiesa en el momento de morir.

Del error se aprende: esa es la moraleja. El narrador o los personajes sintetizan lo aprendido en sentencias: "La privacion causa siempre el apetito" (99), "el bien se hace por el bien mismo, ó entonces dejenera la virtud en egoismo" (126). Estas máximas generalizan muchas equivocaciones anteriores de otros casos individuales: "Pero el que sea general no quita la calidad del mal" (98), aclara Alfredo, el narrador secundario de la historia de Luis y Estevan.

El parámetro cotidiano que diferencia el bien del mal es el honor, *medida* por la que se rigen las relaciones sociales. Para el licencioso, rebelde, el "honor és cosa que cada uno la entiende á su manera. [...] el honor es una palabra convencional y anda mas, inventada por los picaros para mantener en la inocencia á los tontos" (98). Para el virtuoso, conservador, un "hombre sin *honor*, no es hombre: no vive, porque no es vida la de la materia, sino en cuanto podemos aspirar al respeto y aprecio de los otros hombres" (137). Esta afirmación revela que la sociabilidad es una vara demasiado flexible para calibrar las conductas, mientras que la moral cristiana resulta más justa y universal, si bien pone a prueba la voluntad inteligente de cada persona. Joaquín de Luca y el doctor Alejandro se esfuerzan por redimir a Estevan; el médico explica al amigo (y a los lectores) su ética, según la cual la responsabilidad de los actos es propia, no transferible; y la ayuda es exterior y no avasalla el libre albedrío:

> [...] el hombre solo es responsable de sus acciones: y [...] la deshonra no puede alcanzar á nadie mas que á él mismo, si sus actos son malos. [...] Si es susceptible de arrepentimiento esa alma, debe empezar por donde le indicamos [resarcir el daño a la joven mediante el casamiento]; si rechaza el medio, es preciso abandonarle. Profeso, como vos, la doctrina de amparar al desgraciado, pero no estiendo esa doctrina al criminal incorrejible (62-63).[161]

La enseñanza tiene un límite y un freno en la libertad personal: "Es empresa superior á las fuerzas de los hombres de honor el corregir una alma empedernida" (28). Esta profesión de fe en la voluntad moral de cada uno –principio cristiano– contrasta con el fatalismo romántico, en el que el novelista también parece creer como tributo a las ideas imperantes en su entorno. Esta visión fatalista se fusiona con la religiosa, según la cual es la Providencia,

---

[161] El doctor Alejandro padece, a su vez, la envidia de colegas y conocidos, envidia "contra el genio", o sea, contra el que se destaca por méritos propios (173).

en definitiva, la que "vela siempre por la virtud, y arrastra por medios inescrutables al arrepentimiento ó al castigo á los malvados y viciosos" (183).

Otros novelistas acentúan la responsabilidad de los padres en la moral de los hijos. El mal de las sociedades modernas radica en la "disolucion de las costumbres" a partir de la extinción del amor filial, argumenta Fortunato A. Sánchez, el autor de *El ciego Rafael* (20-21). Los Linares –don Pedro (el padre), doña Josefa (la madre) y Elisa (la hija)– constituyen un modelo de familia cristiana, pues el lazo que los une es el respeto mutuo. La contracara se muestra en el ciego Rafael, a quien aquellos han acogido hasta su muerte. Otrora, Rafael supo tener padres, esposa, hijos y cuantiosos bienes, pero los ha perdido por llevar una existencia viciosa y egoísta. Ha desprotegido a sus progenitores, ya ancianos, y –como contrapartida– sus hijos, educados con liberalidad, lo han abandonado en la miseria; en definitiva, Rafael ha perdido la capacidad de ver la *verdad*. La comparación entre los virtuosos Linares y el ciego motiva en el autor-narrador esta reflexión moral:

> [...] el hombre de la sociedad moderna ya no sabe lo que es bueno, ya no sabe lo que es justo.
> La desdicha no está en que practique el mal, sinó en que no sepa definirlo. La familia se va disolviendo, y con ellos se disolverán las naciones (19).

El protagonista se reprocha a sí mismo la permisividad con que ha criado a sus hijos, motivo por el cual estos lo han abandonado a su suerte luego de cobrar la herencia materna. Todo esto, a su vez, sería la consecuencia inevitable de la educación racionalista que Rafael, desde los ocho años, ha recibido en la Universidad de Córdoba:

«Allí aprendí á desflorar todas las ciencias; allí adquirí el saber que sobre excita la imajinacion y no ilustra el entendimiento; allí me enseñaron ese funesto análisis de todas las cosas que seca el alma y mata las creencias. [...]
Me enseñaron cuales eran las partículas que concurrian á la formacion de los elementos; pero no me hicieron percibir esa armonía dimanada del sagrario del Eterno, que es el alma de la naturaleza [...].
Sustituyeron los nombres de caridad y amor con los de deber y pura razon: no me prescribieron que respetase á mis padres, á los superiores, á los desgraciados, sinó en cuanto no se opusiera á mi propio interés y á mi egoismo [...]» (26-27).

Ni siquiera leer es garantía de buena educación. Esto afirma Enrique López, en *Arcanos del destino*, a través de don Hilarión, personaje con claras reminiscencias quijotescas: "Habia leido quizá con esceso, toda vez que de ello no habia sacado provecho alguno, como les sucede á muchos" (8). Esta "instruccion bastante limitada" no lo ayuda a organizar la casa: "Don Hilarion era punto menos que un cero á la izquierda en su casa" (8). Su esposa doña Prágedes impone entonces su voluntad y sus ambiciones al momento de elegir esposo para su hija. Por ello, el narrador "absuelve" a Paulina por el interés económico que manifiesta ante su pretendiente:

Porque, cómo hacer responsable en efecto de una educacion mal entendida, descuidada, viciosa ó deficiente al sér que la recibe? Para vencer, para poder contrapesar los efectos de una educacion semejante, se necesitaria á veces poseer un tesoro inagotable de buenos instintos, de fuerza de voluntad, de abnegacion misma (18).

A diferencia de Blanco y de Sánchez, López considera que la sociedad condiciona la "educacion del hogar" y por ello resulta muy difícil, casi imposible, contrarrestar su influencia determinista:

Pero cuando esa educacion viciosa ó mal entendida, tan agena á la moral cristiana, [...] que no reconoce otro punto de partida que el de un positivismo repugnante el cual no tarda en descender hasta el mas grosero materialismo, que petrifica el alma y corrompe el corazon acaso; cuando esa educacion, decimos, se hace estensiva á las colectividades, cuando se encarna por decirlo asi en una sociedad entera y las costumbres llegan á responder constantemente á ella hasta el punto de formar un todo homogéneo; – quién rompe entonces esa formidable valla? Quién arrostra voluntariamente el desden, el ridículo ó los envenenados tiros de esa sociedad misma? (18-19).

Por su parte, Eduarda Mansilla de García presenta un caso optimista: la familia Wilson, la de *El médico de San Luis*. El narrador-protagonista presenta con orgullo la paz de su hogar provinciano, lograda por la conjunción de varias causas, desde el afecto de su familia, de los amigos, de los criados y aun de los pacientes, hasta estas actitudes apropiadas ante la vida: "La calma de una conciencia tranquila y la fe en nuestros deberes" (1962: 29), la educación de los hijos, la caridad hacia los más pobres, la no injerencia en los problemas políticos de un país que no es su patria; el trabajo y bienes materiales suficientes. El axioma básico que guía el accionar de Wilson se resume en esta correspondencia: la ambición produce dolor; en cambio, la resignación garantiza la felicidad. Se resigna quien confía en Dios y ama a los hombres; por lo tanto, solo el creyente puede acceder a la felicidad.[162]

---

[162] Entre los creyentes cristianos Eduarda advierte esta distinción: los católicos se diferencian de los protestantes en que estos "tienen un fondo de acritud intolerante en sus ideas", mientras que aquellos, "más penetrados de la caritativa mansedumbre del Crucificado, sienten, comprenden y practican la verdadera doctrina evangélica" (16). Por ser "intolerantes" y "agrios", los protestantes –como Jane Wilson– no pueden ser felices; en cambio, el médico se describe con las mismas cualidades de los católicos: atiende a sus pacientes con dedicación y afecto, no cobra honorarios

Tres situaciones preocupan, empero, al protagonista, y las tres se relacionan con factores educativos. La primera, el carácter agrio de Jane que se origina no solo en el accidente que la deja coja y el abandono de su prometido Carlos Gifford, sino también y sobre todo en la lectura permanente de la Biblia, que la ha vuelto una "devota y escrupulosa protestante" (17); la segunda, la indolencia de Juan –consentido por la madre a causa de su salud endeble–, que se manifiesta en "una excesiva sensibilidad" (30), una "hipocondría muy marcada" y el "despego por el estudio o cualquier ocupación seria" (31); la tercera, los devaneos intelectuales de Amancio Ruiz, a quien Wilson toma bajo su protección y que "parece vivir ocupado exclusivamente de un pensamiento oculto", debido a la lectura de las "*Ruinas de Palmira*" y "las confesiones de Juan Jacobo Rousseau", entre otros textos, que han llevado su imaginación "ardiente y voraz" a soñar "otro mundo" (40-42) y a alentar aspiraciones imposibles.

A través del médico, Eduarda presenta su plan educativo, que parte del postulado de que los contenidos deben adecuarse tanto a los roles sociales que tradicionalmente se han señalado para cada sexo, como a la realidad en que viven los educandos. El joven debe aprender a trabajar. A su propio hijo, Wilson presenta los beneficios de la agricultura. Las niñas, en cambio, no requieren "aquellos conocimientos generales de alto interés, que sobre ciertas materias debe por fuerza adquirir una señorita destinada a vivir en Grovesnor Square" (26); necesitan saber, primero, "cuidar de la casa, componerse su ropa, preparar el café con

---

a los pobres y hasta recibe en su casa a los huérfanos, como Aguedita. Ventura de la Vega advierte a la autora sobre esta contradicción, que "es una belleza: quizá sin saberlo, se le ha pegado [al médico] de su María el espíritu Católico" (cit. en Mansilla, L.V. 1864: 332). *El médico de San Luis* es la única novela de nuestro corpus en tratar el tema de las diferencias de credos.

el esmero que su madre, y alabar de continuo al Dios bueno que no se cansa de prodigarnos sus favores" (26). Este plan educativo se pone a prueba en los hijos del médico: las dos "puntanitas" son discretas y hacendosas; en cambio, Juan aprende del error tras las duras experiencias con el Ñato y en la cárcel, y empieza a dedicarse al cultivo del trigo.

Estas consideraciones sobre la conducta de los individuos se corresponden con otras acerca de la evolución de la sociedad. El narrador, del mismo modo que aconseja la prudencia en el hombre, propone la moderación en los cambios sociales. El principal desenfreno que critica es la pérdida de autoridad de los padres. En particular, el narrador hace hincapié en la necesidad de "robustecer la autoridad maternal" (27), pues no comprende por qué la mujer, "soberana y dueña absoluta, como esposa, como amante y como hija, pierde, por una aberración inconcebible, su poder y su influencia como madre" (26). La única razón que encuentra el inglés consiste en que "la madre representa el atraso, lo estacionario, lo antiguo, que es a lo que más horror tienen las americanas" (26).

6.3.2. Civilización y barbarie o La integración ciudadana del gaucho

Eduarda Mansilla es el escritor más osado al momento de analizar la problemática sociopolítica argentina, esto es: la "lucha de la civilización contra la barbarie, o mejor dicho, de la barbarie contra la civilización" (1962: 58). Como respondiendo a la interpretación histórico-sociológica de Sarmiento en *Facundo*, a través del doctor Wilson denuncia que ese mal "es causado más por la impaciencia de los civilizados que por la barbarie de los incultos" (58). Los "civilizados", soberbios e intolerantes, pretenden imponer teorías gubernativas elaboradas para sociedades de un alto grado de civilización, a un pueblo todavía ignorante de sus deberes y de sus derechos, y sin un "sentimiento profundo y serio de la moral": "¿Acaso tienen mayor importancia los derechos del ciudadano, que los deberes del hombre social y privado?" (58). No se puede civilizar, es decir, inculcar y exigir ciertas normas de convivencia social y política sin educar primero a todos los habitantes por igual y sin apuro (o sea, siguiendo el ritmo social y no el partidista). Objeta que se declame acerca de los derechos de cada uno cuando aún no hay conciencia colectiva de que todos conforman una única nación.[163] En particular, el narrador analiza la "falta de educación moral" (133) de los "millares de gauchos salvajes" (134) que pueblan la inmensa pampa: si se los mantiene en la ignorancia, nunca dejarán de ser "enemigos naturales, que siempre la fuerza bruta es el contrapeso de la idea, del pensamiento" (135). Eduarda Mansilla, siempre lúcida, expone claramente las causas fundamentales del problema: "¿Qué sabe un gaucho de sus deberes de ciudadano? ¿Quién se los ha enseñado jamás? ¿Cómo podéis exigir el cumplimiento de lo que ignora?" (135). Las preguntas se convierten luego en acusación: los políticos no solucionan estos problemas porque en ellos solo hay odio y viven del pasado. Tras la crítica, el narrador les da consejos, que todavía tienen validez:

> Cesen las luchas de palabras [...]. Educad al pueblo, fortificad en él los sentimientos morales, y sólo por ese medio seréis *grandes, respetados y felices* (136).

---

[163] Cané también analiza esta cuestión a través del protagonista de *Una noche de boda*, cuando denuncia la pervivencia de resquemores hispanos: "Romped el equilibrio de los derechos y deberes, y vereis brotar de todas partes, como las semillas venenosas, las malas pasiones de la sociedad; yo no soy sino la primera victima de una tirania privada; mañana lo será el pueblo, la patria, la nacion toda, porque la graduacion es fatal. Hemos proclamado y peleado frenéticamente por la igualdad de derechos, y nos hemos olvidado que la igualdad de deberes era antes; de ahí este desquicio funesto en todas nuestras cosas, y este cáos que amenaza la ruina de una sociedad jóven y dispuesta á todos los progresos" (1858 d: 18 abr.).

La felicidad para todos depende, en consecuencia, de la superación de dos pares de dicotomías. Por un lado, el gaucho –*bárbaro* en cuanto *ignorante* (valoración negativa)– debe ser educado en materia de moral y de deberes cívicos, a fin de convertirlo (la responsabilidad recae sobre los gobernantes) en un hombre *civilizado*, es decir, *sabio*, con conocimientos y conducta ética (valoración positiva). Por otro lado, los *civilizados* deben dejar de ser *desenfrenados* (por la ambición, los rencores y la intolerancia), para volverse *prudentes*, justos, responsables y coherentes con su prédica (Molina, H. 1993 a).

La novelista asegura que estas transformaciones solo son posibles mediante la educación y comprueba tal tesis en sus novelas. En *El médico de San Luis*, presenta el caso de Pascual Benítez, historia más cruenta que la de Martín Fierro –a quien precede por doce años– y que reúne todas las desdichas que un gaucho podía padecer: ser soldado durante las guerras civiles, matar a un superior (su capataz) porque se burla de sus convicciones políticas, refugiarse entre los indios; presenciar el cautiverio de su mujer y de su hija, pelear su liberación con otro blanco, inescrupuloso; encontrarse con uno de sus hijos varones acusado de deserción y fusilado por orden de un juez corrupto; verse obligado a integrar el bando de un caudillo-delincuente y tener que robar ganado; finalmente, ser apresado. Conmovido por la *belleza* de la familia Wilson, se escapa y mata al juez. Libera de este modo no solo al médico, sino también a todas las otras víctimas del corrupto administrador de la justicia. He aquí una paradoja: lo que no se consigue por vía judicial y de negociaciones, lo logra Benítez con el asesinato.

Eduarda –primera entre los novelistas– no solo da la palabra al gaucho desgraciado para que cuente su historia, sino que también lo deja mostrar sus conflictos interiores, para que el lector pueda observar los dilemas de su conciencia, que –aunque no formada en lo moral– le marca una conducta que no deja de ser digna, a pesar del resultado, y que podemos calificar como un acto de amor:

> Desde que supe que ese malvado era la causa de sus desgracias, ni de día, ni de noche podía dejar de pensar en matarlo, y cuando me quedaba dormido oía una voz que me decía: ¡mátalo, Pascual! ¡mátalo, Pascual! que al fin para vos no es sino otra muerte y para esa familia de *santos* es una felicidad grande (132).

Benítez no conoce la doctrina religiosa que le explica el médico, sino la realidad de la vida cotidiana, con sus injusticias permanentes:

> [...] le aseguro que lo que Dios manda, pocos lo obedecen; a mí desde que nací, puedo decir que la gente no ha hecho más que perseguirme, y bien me acuerdo que mi madre decía: Pascual es un buen muchacho y ha de ser honrado. Pero *de aonde*, si el capataz es el primer pícaro con quien di, y de él en seguida, pícaros y más pícaros (133).

Wilson le propone como única vía de salvación posible el arrepentimiento a nivel espiritual; no obstante, Pascual se sincera: "Yo quisiera arrepentirme de haber muerto a ese bribón; pero si se me figura que he hecho tan bien; ¡ya se ve... la costumbre!" (134). Eduarda, como madre comprensiva, insiste: no habrá solución definitiva para los gauchos en desgracia hasta que no haya una profunda reforma social por medio de la educación.

En *Pablo o la vida en las pampas*, Eduarda presenta a los lectores parisinos su versión de la realidad argentina: "Ya es hora de que [los europeos] aprendan a vernos de otra manera" (Mansilla 2007 b: 220). Sin embargo, no serán los franceses los únicos *avivados*: los argentinos también podrán conocer el enfoque federal del problema gaucho.

Pablo es hijo de "un oficial de la *ciudad*", entusiasta seguidor de Lavalle (147); es enrolado por la fuerza, a pesar de su "papeleta" de exención firmada por el comandante Vidal, durante un gobierno unitario no precisado históricamente, posterior a la caída de Rosas. Deserta porque no acepta su condición de soldado en un ejército de no-soldados, ya que ninguno sabe por qué ni para qué pelea (198). El narrador explica los motivos con claridad: "¡Ay! para el gaucho, tan amante, tan orgulloso de su libertad de acción, soldado significa prisionero para toda la vida" (111-112). Pablo tampoco entiende de diferencias de partido; por eso, puede enamorar a Dolores, la hija de Juan Correa el Federal. La joven muere cruelmente, víctima de los indios que –sumisos durante el gobierno de Rosas (132)– el gobierno unitario no ha sabido controlar. Ante el conflicto, indígena, gauchos y federales forman un solo partido.

La incursión de doña Micaela por Buenos Aires en busca de justicia para su hijo descubre otras irregularidades y otras hipocresías. El apoyo inicial de un periodista de *La Tribuna* se diluye pronto y se transmuta en desacreditación. La inconsistencia de los unitarios culmina con la inutilidad del perdón concedido por el gobernador. El coronel Moreyra, el Duro, ejecuta a Pablo mientras atiende a la madre, quien enloquece con la carta de perdón en sus manos, que –como afirma Francine Masiello– se vuelve "un signo de la cínica inutilidad de la cultura letrada en épocas de barbarie" (61). Tampoco los federales se salvan de las críticas, pues ellos, como sus enemigos, en nombre de la Patria incurren en graves atropellos y usufructúan los bienes de sus oponentes (Mansilla 2007 b: 113-114).

Según el análisis sociopolítico de Eduarda Mansilla, los unitarios se autoproclaman defensores de la libertad y de la patria (147), pero no acatan la ley escrita –representada por la "papeleta" y la carta del gobernador–, transgreden la norma moral de respeto a la viudez, la orfandad y la palabra empeñada; imponen una ley para la ciudad y otra para el campo; por eso, resultan incoherentes en sus pretensiones de dar al país una organización política. La deserción de Pablo es considerada traición a la patria, cuando los que la representan traicionan sus propias leyes. La ciudad argentina –sobre todo, Buenos Aires– crece en civilización como las europeas (105); pero en el campo el derecho se ha impuesto por la fuerza de la ley escrita (216).

Una oposición en el interior del sector unitario suaviza los efectos de tales conclusiones: Vidal, el hombre justo que da a la madre lo que le corresponde –la "papeleta"–, se enfrenta con el tirano Moreyra y abandona, aun a riesgo de perder su propia libertad, su participación en el ámbito donde se ejerce esa violación de la ley y el abuso de poder contra los débiles. Solo hombres como Vidal podrán lograr el equilibrio armónico de las fuerzas sociales (Molina, H. 2005 d).

Entre las críticas favorables que despierta *Pablo*, rescatamos la de José Francisco López. Este abogado argentino, quien ha sido huésped de los García en París, publica una carta –un pliego impreso, de considerable tamaño– con doble destinatario: por un lado, la propia escritora, informándole que le envía adjunto un ejemplar de la versión alemana de la novela; por otro, los lectores argentinos, a quienes indirectamente encomienda el texto novelesco, que considera un ejemplo de la literatura nacional que la Argentina necesita. Sin proponérselo, López define este tipo de novela como el que hace "la anatomia y physiolojia de nuestros fenómenos políticos, sacándolos de la esfera personal y estrecha del individuo en quienes se encarnan como un accidente, para estudiarlos y resolverlos en su esfera social *objetiva*, que los produce; preparando de este modo, su solucion real en el terreno permanente de las cosas, y no en el transitorio de las personas".

López aprueba el diagnóstico que hace Mansilla en su "investigacion social" de "las costumbres, su influencia y razon de ser de la vida social y política" del pueblo: la raíz de los problemas argentinos está en esa "dualidad antagonista de dos razas, dos civilizaciones, dos pueblos, dos sociedades": "Una aristocrática en las ciudades con los privilegios civiles y parlamentarios, otra plebeya y servil de la Campaña". Mansilla ha sabido responder a la "exigencia séria y científica del romance" al elegir como tema "la vida en las pampas", porque ayudará a "nivelar la condicion de una clase desheredada en su pais". Desde esta misma perspectiva, López enfoca la evaluación estética:

> Su libro es una preciosa leccion de esos fenómenos esplicados familiarmente por reflexiones lójicas que los resuelven en la forma sencilla de una narracion, con mas precision y provecho, que las formas retóricas pedantescas y vacias de sentido práctico de los politicones, que son la plaga de Sud América.

Santiago Estrada propone otra solución al problema de la barbarie en el campo, y lo hace mediante *El hogar en la pampa*, novela singular porque responde al esquema de la novela de costumbres tradicional: por un lado, la presentación de un personaje típico y del ámbito que determina su especificidad, a través no solo de la narración de la historia de un ejemplar representativo del tipo, sino también de la descripción de prácticas usuales de la comunidad a la que pertenece; por otro lado, la demostración de una hipótesis respecto de su comportamiento o hábito prototípico.

En particular, a Estrada le interesa un habitante de la pampa, pero no el gaucho originario, sino el "hijo de la ciudades transformado en pastor ó labrador" (1866: 5; 1931: 7); es decir, el hombre urbano que se afinca en el campo como solución a algún problema personal o político. Y su tesis recuerda el tópico clásico del *beatus ille*: "El hombre que constituye una familia y que levanta su hogar en medio del desierto, puede encontrar la felicidad en la contemplacion de la naturaleza, en la vida del labrador ó del pastor, y llegar á ser entre los pobres hijos de los campos, un varon respetado como los antiguos Patriarcas" (1866: 6; 1931: 8). Estrada fomenta este tipo de desplazamiento, pues considera que el hombre de la ciudad puede llevar la civilización al campo: "El que civiliza las masas, dá buen ejemplo, domina la fuerza bruta, y mejora los productos de la tierra, es como el D. Luis de mi narracion, un ciudadano útil á la familia y á la patria" (1866: 6; 1931: 8). Este proceso transformador se asienta en la implantación de los buenos hábitos de la ciudad en el campo, como han hecho "muchos de [sus] amigos". El autor, por su parte, contribuye con la promoción de esas costumbres *copiándolas* en su libro, y propone que otros "escritores mas autorizados" continúen esa labor "revistiendo sus escritos de la forma lijera de la novela, la mas aceptable para propagar ciertas ideas" (1866: 6-7; 1931: 8).

Desde su visión católica, Estrada destaca como beneficios del proceder civilizado el amor familiar y "los goces tranquilos del hogar", que constituyen el "programa de vida" recomendado y que se contraponen a la existencia errante a la que se ve obligado el gaucho a causa de su trabajo pastoril. Por ello, considera que el cambio civilizador empieza por lograr que el hombre de campo aspire a "las comodidades, que forman el bienestar y la tranquilidad de la familia", como "los muebles, los libros, los diarios y los alimentos" (1866: 49, 119-120; 1931: 34, 76).

De esas comodidades, en el relato se actualiza la lectura del diario y de textos históricos, literarios y religiosos. Las restantes son costumbres campestres: las fiestas religiosas, las payadas, la esquila, las visitas de pésame, las charlas en la pulpería, un "buen asado"; a estas puede sumarse el "manejo y direccion de la Dilijencia, [que] es una barbarie heroica, como lo es una corrida de toros" (1866: 103; 1931: 67). Este medio de transporte determina un "tipo de honradez, de valor y de fuerza": el mayoral, por el que el novelista manifiesta expresamente su "gran cariño".

Las diligencias y el ferrocarril "han transformado nuestra campaña comunicándola con la ciudad" y han llevado "nuevas costumbres y nuevas necesidades"; es la "civilizacion que invade nuestros campos", invasión que ha ocasionado que se perdiera el "colorido orijinal á la vida del gaucho" (1866: 105, 9; 1931: 69, 9). El triunfo de la ciudad sobre el campo se anticipa en el primer capítulo y se muestra ampliamente factible en el hecho de que Luis, el pueblero trasplantado al ámbito rural, les gana en las payadas a los gauchos más afamados; aún más, llega a ser identificado con el legendario Santos Vega, prototipo del cantor campero.[164]

La situación injusta del gaucho es uno de los temas más recurrentes en la novelística socializadora. Además de los ya mencionados, describen a este tipo y denuncian los problemas que padecen Cané (1858 a: 116, 152), Ramón Machali (109) y Bernabé Demaría, quien lo califica de "modelo muy simpático" (1869 b: 237-240, 250).

José Joaquín de Vedia recurre a la mitología griega para ensalzar al gaucho; por ello, titula su novela como *Aventuras de un centauro de la América meridional* (1868), que continúa la línea de *Pablo*, pues presenta los problemas que padecen los gauchos cuando no aceptan enrolarse; ambas novelas comienzan por la escena de la leva y la consecuente separación de la madre. El centauro es el "gaucho Irene".

---

[164] Luis también puede ser considerado un antecesor de Martín Fierro, pues una de las décimas que improvisa es estructuralmente afín a la sextilla hernandiana.

Irene o Eirene significa 'paz'; con esta alusión etimológica, el novelista está proponiendo a la sociedad argentina que el gaucho puede (y debería) ser elemento pacificador.[165]

De Vedia presenta un gaucho sumamente reflexivo, que se expresa como hombre instruido, cualidad que resulta un tanto inverosímil de acuerdo con las características que el propio autor le atribuye. Así, pues, si bien se insiste en que el caso del gaucho Irene es verídico y que pertenece a la tradición gaucha, el personaje asume la ideología del novelista. Se jacta de tener "el sentimiento de sus derechos y un pecho invulnerable á toda vil invasion de temor!" y se autodefine con firmeza:

> Fiera peligrosa, á quienes les convendria mas no irritar, procurando domesticarla, haciéndole partícipe de los goces de la libertad! De la libertad! repitió con vehemencia, cuyo prestigio *ellos* se esfuerzan en destruir, sustituyendo á su espíritu civilizador, amparados con su égida, el desenfreno de la mas escandalosa licencia–esplotando todos los elementos de disolucion–haciendo combustibles para calcinar á la patria en inmenso auto de fé! (17).[166]

En otros pasajes de estos "apuntes semi-históricos" (23), el narrador-autor propone soluciones a la escasa población de la pampa: "La inmigracion en grande escala, sistemada, regularizada y de todas nacionalidades, dando

---

[165] Para ello (agregamos), hace falta que Eirene se reúna con sus *hermanas*, las otras dos Horas: Eunomia, 'Buena ley', y Dice, 'Justicia'. La formación clásica del novelista se advierte en las numerosas alusiones mitológicas con las que entreteje la narración. El texto de De Vedia puede considerarse por su extensión, trama y ritmo narrativo un antecedente de *Juan Moreira* (1879-1880) y de las otras novelas de tema gauchesco de Eduardo Gutiérrez.

[166] El tópico de la libertad es ambivalente en esta novela cuya acción se desarrolla en 1820 y cuyo protagonista se entrevista con el estanciero Rosas, mientras el narrador ubica el presente de la narración en febrero de 1864.

siempre la preferencia á la madre patria" (23). Sin embargo, no acepta cualquier tipo de inmigración ya que considera que el conjunto de individuos que hasta ese momento ha ingresado al país "en su gran mayoria se compone de las inmundicias que encierran las cloacas europeas" (24-25) y, por eso, "ha sofocado las costumbres de la raza campecina de origen español". Valora, en cambio, el hábito virtuoso y "patriarcal" de la hospitalidad de los gauchos. Estas observaciones permiten inferir la postura hispanófila de De Vedia: el gaucho es un tipo valioso por ser representante de la tradición hispana.[167]

Los problemas de los hombres del campo se producen en ambas márgenes del Río de la Plata. Además de las reediciones de *Caramurú*, de Alejandro Magariños Cervantes, en Buenos Aires se publica otro texto novelesco oriental de tema gauchesco: *El bandido*, firmado por "X.", que es "la historia, no la novela de un bandido de diez y nueve años", situada hacia 1830 en el departamento uruguayo de Maldonado.

6.3.3. Por la inclusión social de justos y pecadores

La mirada compasiva de los novelistas hacia los desvalidos se sustenta en los principios evangélicos del amor fraterno. Ángel Blanco justifica esta postura con fundamentos religiosos y del derecho natural:

---

[167] Mercedes Rosas de Rivera, en *María de Montiel*, explica que los argentinos mantenemos la improntahispana y en ella nos sentimos gustosos. Así lo manifiesta Jorge, a su regreso de Europa: "Yo me encontraba en Madrid mas contento por varias razones: la primera, porque es un clima *bellísimo* y muy parecido al nuestro; segundo, porque es un gran placer el oir hablar español después de pasar tanto tiempo oyendo idiomas estranjeros; por otra parte, en Madrid se encuentran muchos atractivos, y todo americano no puede dejar de darle la preferencia. Son las mismas costumbres, y como casi todo indiano tiene sangre española, de ahí resulta una especie de *cariño* y *simpatía* que tu deberás comprender. / El carácter de los españoles, no puede ser mas estimable, casi todos son leales y sinceros, y hasta entre la gente del pueblo se encuentran gracias y chistes que encantan" (1861: 197; 2010: I, 296).

> ¿Qué seria del hombre sin el concurso del hombre?.... La humanidad entera está vinculada por un deber sagrado –la proteccion al desvalido: – asi lo enseñan las teorías religiosas de todas las sectas del universo y el catolicismo mas que cualquiera de ellas. [...] Esa hermandad, ese vínculo está en las leyes mismas de la naturaleza [...]; y sin ella nada noble, nada grande, nada bello se produciria en el universo (1859 b: 10).

Desde esta perspectiva cristiana, los escritores aspiran a la inclusión social de todas las personas, con la única condición de que sean moralmente correctas. Además del gaucho –cuya situación conflictiva se produce por conjunción de factores individuales (modo de ser) y políticos (medidas gubernativas y legislación)–, les preocupan otros grupos que rondan los márgenes sociales. Por un lado, los que padecen a causa de prejuicios y otras formas de exclusión; víctimas de una cultura social sectaria, su conducta moral deviene de la reacción ante el atropello; en particular, los negros y los huérfanos abandonados. Por otro, los que no cumplen con los presupuestos de su rol, como los sacerdotes apóstatas.[168]

Amalia impone una imagen negativa de los negros como desleales, pues denuncian las actividades secretas de sus amos unitarios; sin embargo, no es esta la cualificación predominante. No solo en otras novelas del Ciclo de la tiranía –sobre todo, *Camila* y *El prisionero de Santos Lugares*–, sino también en las socializadoras –*El médico de San Luis*, *Pablo*, *Revelaciones de un manuscrito*– se destaca la fidelidad de los negros, quienes están dispuestos a dar la vida por sus amos. La conducta moral del negro depende, pues, de sus motivaciones personales, no de su condición étnica.

---

[168] Ya que no es posible tratar todos estos tópicos en poco espacio, nos limitaremos a espigar solo aquellos textos en los que se puede apreciar su sentido e importancia.

Las mujeres escritoras tienen una mirada más perspicaz y detectan el problema de exclusión social, si bien los casos que narran se sitúan en el extranjero. En *El ángel caído*, Juana Manuela Gorriti presenta con crudeza una de las causas posibles de las traiciones morenas: la desconsideración hacia la naturaleza humana del esclavo. El negro Andrés se confiesa ante su ama: "Yo te amé. Tu misma diste para ello ocasión. Dejábasme ver tu belleza como si yo fuera uno de los pilares de tu cama. Creías ama que porque yo era negro no era hombre?" (1865: II, 78). Sin embargo, no hay en el texto de Gorriti ningún reclamo sobre igualdad étnica; sí la denuncia acerca de la "fatal educacion" que los blancos han dispensado a algunos negros y que les ha ocasionado infelicidad por ubicarlos en un nivel social impropio (Molina, H. 1999: 267-268). La madre de Andrés reprocha a la condesa de Montelar:

> ¡Oh! ama, ama! que daño nos hiciste, á mí y á mi pobre hijo, arrancándolo á mi amor, desviando de mí su corazon; á él elevándolo á la esfera de los blancos, donde si es tolerado el negrito, no es ya tolerado el negro. He ahí lo que has hecho de él: un asesino, un ladron! (Gorriti 1865: II, 36).

Juana Manso de Noronha, en cambio, se conduele más profundamente ante los sufrimientos de los esclavos brasileños, a los que conoce personalmente, y se une a sus reclamos de libertad. Como en ningún otro texto argentino, en *La familia del Comendador* se plantean las diversas aristas de este conflicto social. En el personaje de doña Carolina, la autora concentra el más alto grado de insensibilidad: interroga y castiga a Alina con mucha crueldad, y la deja abandonada como si no fuese un ser vivo; aún más, se siente víctima de las maldades de los esclavos. Con ironía, la narradora transcribe los argumentos del ama blanca:

> Palabras fueron que tenemos por bien suprimir, pero que en resumen probaban con evidencia que las víctimas no

son los negros, arrancados a su país [...]. Pero los insolentes negros, no se someten a la superioridad de los blancos sino a fuerza de castigos horribles, y ahí está el busilis, y la lidia del blanco en enseñar al negro ciertos puntos del derecho natural que sólo se explican a garrotazos; por consecuencia, las víctimas son los blancos que oprimen y verdugos son los oprimidos, ¡es una lógica asaz sencilla! (2006: 56).

Manso también plantea la marginación que padecen los mulatos en Brasil. En cambio, Carlos L. Paz solo toca superficialmente este problema en su novelita *La mulata*, cuando la protagonista no acepta casarse con su amado por ser hija de un negro, razón que el joven –en cambio– no considera obstáculo para la boda (1859 b).[169]

Por el carácter moralizador de estas novelas, los personajes delincuentes merecen un análisis especial: a los autores les interesa sobre todo explicar las causas que los impulsan a transgredir la ley, porque son las causas las que deberían cambiarse para que haya menos malhechores. "R. R.", en *Traición de un amigo o Un criminal menos*, presenta a dos amigos asesinos y ladrones: uno delatará al otro, pero este no le responderá con la misma moneda. La acción está ambientada en 184..., o sea, en tiempos rosistas. Un delito en aquella época era verosímil porque "se avaluaba á la persona segun sus riquezas; como si la virtud y la moral fuesen objetos de tráfico" (163); en el presente del novelista (1859) es inadmisible, si bien todavía no se ha podido descartar del todo:

> Así marchacha lo mas en aquella época:–todos eran iguales. Es decir: todos aquellos que poseian caudales y contribuian al embellecimiento de asociaciones, ya privadas, ya *populares* ó ya con algun fin político; fuesen *blancos ó negros*.

---

[169] Únicamente en los relatos de Juana Manuela Gorriti aparecen cholos peruanos.

En el dia se notan mas ó menos fenómenos que manifiestan el empeño de levantar las costumbres desmoronadas de aquella sociedad. Así es que cada individuo se vé reducido á la existencia que limita su apariencia esterior (163).

R. R. persigue el ideal (imposible) de eliminar la delincuencia de la sociedad: "Purificada la sociedad de esta porcion calamitosa [...]; de aquella que pretende debilitar la fé á las leyes inmutables del bien, de donde nacen rectas jusiicias [sic] y dogmas de unidad comun, oh! la vida humana, seria la imajen perfecta de lo bello y de lo dulce [...]" (190).

El origen de los delincuentes también se relaciona con la orfandad. Blanco culpa a la sociedad que discrimina al pobre, aunque sea buena persona, y comprueba su tesis a través de Emeterio de Leao, personaje secundario de *Una venganza funesta*, que luego protagoniza la continuación que lleva su nombre. Este joven es el prefecto de la villa del Carmen (en el Amazonas brasileño), que acepta por dinero tratos dudosos con personas de baja estofa; el narrador expone la causa de su vileza:

> Emeterio no era criminal todavia, si bien tenia yá un pié sobre esa senda funesta donde dado el primer paso no queda mas al hombre que resbalar sobre ella. La miseria lo habia conducido al vicio, y en él permanecia porque la sociedad lo abandonaba. La perdicion de un hombre nace muchas veces de esa intolerancia social, que repele de su seno en vez de proteger y de salvar al infeliz [...] (1856: II, 36).

Cuando don Caifás y el Barón de Itatí planean el secuestro de María, Emeterio aprovecha la oportunidad para cambiar de vida: con astucia desarma el plan, mata al famoso delincuente en una pelea y ofrece un medio de huida al Barón, pues no es más que un hombre despechado. Tiempo después, en Buenos Aires, Emeterio se convertirá en el cajero de confianza de una importante empresa y hasta ofrecerá casamiento a una joven amiga, para salvarla de la vergüenza pública por su embarazo en soltería. Sin embargo, sus problemas no terminan: un chismoso mancilla su honor, Emeterio lo reta a duelo y lo mata; por este crimen, debe huir del país con su esposa. Este desenlace de *Emeterio de Leao* es la prueba que avala las críticas del narrador acerca de los envidiosos y calumniadores, a los que llama "aguijon de la víbora" y "polilla malífica de la sociedad" (1857: I, 169-174).

Tomás Gutiérrez, en *La maldición o El compadrito*, es pionero en la configuración literaria de este tipo social, al que el joven novelista define como "hijos degenerados del gaucho, por su acento y sus términos" (1859: 12), "hombres criados en los alrrededores [sic] de la ciudad y cuyos únicos placeres son la bebida, el canto acompañado de su instrumento favorito la guitarra, las riñas y bailes de los de su clase" (14). Antonio Pagés Larraya analiza finamente esta caracterización prototípica en relación con el modelo que se impondrá desde fines del siglo XIX, a través del sainete y de los relatos de Fray Mocho, Francisco Sicardi y Manuel Podestá. Este examen le permite afirmar que "el personaje de Tomás Gutiérrez difiere del carácter que después de 1900 sería tradicional en ese tipo. No es fanfarrón sino más bien quejumbroso; revela sin ambages el amor desesperanzado que lo atormenta y hasta se reprocha a sí mismo, al atribuirse una cobardía inconcebible –especialmente como confesión– en un compadre finisecular" (1982: 30). Hay que destacar que al novelista no le interesa tanto presentar un personaje original como denunciar el problema social que deviene de la suerte incierta de los niños abandonados en orfanatos:

> Largo seria narrar la vida del compadrito para llegar á su último estado, pues se sabe que despues de criados en la cuna se dán los niños y pasan siempre en vaivén las mil peripecias que les destina en el mundo su fortuna (Gutiérrez, T. 1859: 35).

El sufrimiento mayor lo padece la madre que ha debido abandonar al hijo porque no ha recibido comprensión ni auxilio de su entorno afectivo. Por el contrario, el inconmovible abuelo ha maldecido al niño y esta maldición cae sobre Juan: el compadrito mata a quien parece ser su padre, justo cuando estaba a punto de reencontrarse con la madre. Clorinda, al parecer, no merece el regalo de recuperar al hijo que había perdido.

El tema del hijo abandonado que se convierte en asesino se repite en *La virgen de Lima*, de Francisco López Torres. El fraile Arvelo justifica sus perversidades –sobre todo la violación de una joven virgen– en su condición de bastardo. El novelista, en cambio, condena su accionar malvado tomándolo como ejemplo de hipocresía religiosa, si bien acredita el carácter histórico del personaje basándose en citas periodísticas:

> El fraile Arvelo y su crímen horrible pertenece á la historia – Véase el "Nacional" de Buenos Aires, núm 1478. El horrible atentado de Arvelo es referido por el periódico "La República" de Lima, cuyas últimas palabras pueden tambien ser las nuestras: dice así:
>
> 'No atacamos pues la religion[;] los que atacamos [son] los vicios y crímenes de los *sacerdotes* –Abra los ojos el pueblo, ábralos bien para saber si pueden ser *sacerdotes* del Cristo los asesinos del honor, los estupradores de seres anjelicales' (1858 b: 72, n.).

Efectivamente, en el número 1478 de *El Nacional*, con fecha 24 de abril de 1857, en el artículo "Exterior: Fuero eclesiástico", se cuenta la historia del estupro que ha cometido el fraile José Arvelo y de cómo en el Perú ha sido juzgado. El periodista porteño se basa en este caso limeño para justificar su prédica contra el fuero eclesiástico que impedía cualquier tipo de juicio a clérigos.

Este mismo novelista, en *La huérfana de Pago-Largo*, expone otras causas que explican las conductas inapropiadas de algunos sacerdotes: la decisión familiar acerca de los destinos de los hijos, la obligación del celibato, la inexperiencia y la ignorancia de los jóvenes sacerdotes. Propone la que considera la mejor solución:

> [...] debe ser un anciano tan virtuoso como inteligente. Es preciso que el predicador revestido de la aureola sublime de los santos, no grite y amenaze desde el púlpito. Así jamás instruirá ni educará el alma, que es su deber.
> Sin embargo, parece que la Iglesia no quisiera ni moral ni luces en sus servidores (López Torres 1856: 84).[170]

Ángel J. Blanco, con su natural agudeza, plantea su rechazo a otra cuestión en la que lo moral se cruza con lo religioso: la prohibición de enterrar suicidas en los cementerios parroquiales. Este es el desenlace de *Una venganza funesta*: Carlos Castro no soporta que Adela se haya casado con otro, a pesar de que él mismo terminó la relación para contentar a su padre. La causa primera es la ofensa que el progenitor de la joven ha proferido a Alberto Castro y por la que este ha jurado venganza. Blanco no critica la decisión del joven, sino la de la Iglesia. En boca de unos muchachos innominados, el autor expone su postura:

---

[170] Otras críticas anticlericales se leen en *El bandido* y en *Esther*, particularmente contra el Papa: "El catolicismo agoniza y muere asesinado por sus ministros", y en general contra todas las instituciones religiosas del mundo: "sistemas mas ó menos vulgares, inventados à propósito para esplotarse los hombres entre si" (Cané 1858 a: 48). En *La familia del Comendador*, Manso muestra dos figuras contrapuestas: por un lado, el capellán del convento, que quiere aprovecharse de la inocencia y de la dote de Gabriela; por otro, el padre Antonio, que acompaña la agonía de doña María y la convence de que arregle sus cuentas terrenas haciendo justicia con su hijo Juan y sus nietos mestizos. Esta es la misma postura que manifiesta V. F. López en *La novia del hereje*, como ya comentamos.

Dejad el juicio á la justicia divina [...]
-¿Defiendes el suicidio?
-No: lo repruebo. Lo que ataco es la aberracion social: lo que ataco es que á nombre de la religion se hagan cosas que la religion no exige: que se profane el nombre de Dios para encubrir errores de la vanidad mundana. El suicidio atenta á la religion, es cierto; porque el que no carece de ella [...] las miserias del mundo no lo obligan á matarse nunca. Pero el juicio de ese delito está fuera de la jurisdiccion humana, porque no hay delincuente.......... (1856: 165-166).

Blanco respeta la decisión de cada persona. En cambio, Eusebio Gómez –en *Angélica*– se muestra menos compasivo y más exigente. El narrador cuestiona al personaje su intento de suicidio: "¿Quién te ha dicho, jóven inesperto, filósofo de un dia, que tienes el derecho de matarte? ¿En qué fundas ese derecho?" (8); pero a continuación le da los buenos consejos: que, si sufre por una mujer, que busque otra; que, si la patria lo desprecia, que él la desprecie a su vez, que su "razon hable siempre mas alto que las pasiones" (8), que se acuerde de su madre y se acerque a los amigos; y agrega:

> Tus amigos no te abandonarán sino cuando seas un facineroso... el hombre busca al hombre; y mientras se albergue en tu alma un ápice de nobleza, tendrás amigos. Si tus amigos te desprecian por facineroso, vé á la Pampa:–allí tendrás amigos, pero no te suicides.
> Imita á Bonaparte, que, demolido su trono y doblegado su orgullo, espiraba tranquilo en Santa-Elena [...]. Así mueren los hombres pensadores, los ignorantes tan solo se suicidan (9).

Capítulos más adelante, Gómez deplora otros dos "vicios" que desmoralizan la sociedad, ambos también relacionados con la antinomia vida / muerte: el aborto y el duelo. El *vicio* femenino es reprobado porque atenta contra los deberes maternos que gravitan sobre las mujeres desde el momento en que aman; y el *vicio* masculino, porque es una "contradiccion palpitante, un suicidio y un homicidio" (29); en definitiva, una costumbres de los pueblos bárbaros. Gómez insiste en el axioma cristiano de que la vida es un don divino: "la vida no es vuestra–Sois un simple usufructuario" (30).[171]

6.3.4. La dimensión social de los sentimientos individuales

Amar, conquistar, dejarse seducir, casarse son acciones personales que tienen implicancias sociales si esas decisiones son tomadas según criterios impuestos por la vida en comunidad. Dos son los temas-problemas que interesan a los novelistas (varones y mujeres): el motivo del casamiento (imposición paterna, amor por conveniencia económica, amor sincero) y las actitudes de los enamorados (fidelidad vs. coquetería o donjuanismo; candidez vs. malicia). Ambos convergen en la situación frágil de las mujeres.

Algunos novelistas prestan atención al conflicto desde un enfoque moral. Enrique Iuglaris amonesta al padre de su *bella Emilia* anticipándole las consecuencias del matrimonio impuesto:

> ¡Ah Don Patricio! si antes de obligar á tu hija á un casamiento no sancionado por su corazon, te hubieras dignado calcular los males que frecuentemente derivan de semejantes casamientos, no habrias podido menos de ver:
> Que á las bodas suceden el fastidio, el horror de no ser ya libre [...];

---

[171] El tema del suicidio aparece también en *Vengador y suicida*, de Tomás Giráldez: Anselmo venga el ultraje que Alfredo comete a su prima y amada Emma; lo reta a duelo, lo mata y luego se suicida, para no caer en manos de la justicia. Obsérvese esta diferencia genérica: los varones se suicidan por amor; en cambio, por la pérdida de los afectos más cercanos (enamorados, hijos) las mujeres se enferman y mueren, o enloquecen, pero no se matan.

> Que la mujer, ente naturalmente mas suave, mas sensible, mas generoso que el hombre, suele ser víctima de la desunion que de tales casamientos resulta;
>
> Que sufre hasta la muerte, ó lo que es peor, se degrada poco á poco, pierde su bondad natural y acaba por entregarse al vicio [el adulterio], creyendo hallar la compensacion del amor conyugal, mientras solo halla ignominia y remordimiento (35-36).

Como ratificación de tal pronóstico, la protagonista es infeliz porque su marido se emborracha frecuentemente y la maltrata. No obstante, Emilia, resignada, le es fiel hasta que él muere, validando el axioma de Silvio Pellico que se cita en el epígrafe del primer capítulo: "Ningun otro recurso hay para la muger de un mal marido sino el resignarse y serle fiel...." (5). Recibirá la recompensa a su comportamiento virtuoso cuando, después del período de luto, se case con su amado Enrique.

Otros novelistas –más románticos que ilustrados– se interesan por explicar el origen de las motivaciones personales y los procesos interiores. Ángel Blanco, en *Emeterio de Leao*, apela a la analogía cuando analiza la confusión que ocasionan las desilusiones:

> No parece sino que el alma, se esfuerza por buscar una face placentera á la decepcion que nos consume, como si sintiese desprenderse de las ilusiones brillantes de la vida.
>
> Es la lucha de la *razon* que juzga, con el corazon que *siente*. [...]
>
> Sucede al hombre con las afecciones del corazon, lo que al jardinero con las plantas esquisitas de su verjel. Conoce la necesidad de arrojar á la distancia las hojas secas ó marchitas de sus flores para conservar la belleza de la perspectiva: pero le duele siempre desprenderse de aquellos átomos que forman la esencia de su vida, su esperanza, su placer.... ¡Sinembargo, conservarlas es contajíar la existencia de las otras!.......
>
> La *razon* es el jardinero del hombre, y el *corazon* su jardin.

> Pero la razon vacila para arrancar del corazon las ilusiones marchitas [...].
> La ilusion es la vida....... [...] Hace bien si vacila el jardinero en arrancar las marchitas hojas de sus selectos pimpollos!.... (1857: II, 3-5).

Mercedes Rosas de Rivera, en cambio, analiza los conflictos sentimentales de sus personajes con criterios empíricos, basados en su fina capacidad de observación. Plantea con originalidad el tema del casamiento por amor, que se corresponde con el sentimiento de libertad que anima a la sociedad decimonónica desde las luchas independentistas. Inspirada al parecer[172] en alguna experiencia personal, en *María de Montiel* la novelista expone una argumentación a favor del amor que se basa en razones psicológicas realistas, sin caer en frases estereotipadas. Postula que "todo ha sido nacido de una *causa*" (1861: 32; 2010: I, 85); por ello, ante cada situación analiza las razones interiores que han movido a los personajes a actuar de una u otra manera:

> Cuando una niña tiene 15 años es muy dificil que no encuentre un ser que simpatizando con ella le haga la revelacion que tiene un corazon y que con ese corazon se puede gozar y sentir: la mujer no olvida jamás al hombre que opera en ella ese *cambio social*: al que le hace esa revelacion que le muestra que la niña toma el puesto de la señorita (1861: 21-22; 2010: I, 71; el realzado es mío).

Cuando Leoncio muere en combate, María sufre y llora mucho, pero –como asevera la narradora– "es preciso

---

[172] En el prólogo afirma: "Escribo esta novela, para reunir en ella algunos recuerdos que me son gratos. No creo que he hecho una obra notable; para tener esta pretension sería preciso poseer conocimientos que me faltan. El poco interés que presenta mi novela es la orijinalidad, que muchos de los personajes que figuran, han existido en Buenos Aires" (1861: 5; 2010: I, 53).

confesar que no se *muere de dolor*, pues que si asi fuese, aquella pobre niña no existiria" (1861: 170; 2010: I, 260). Después de los dos años de luto acostumbrados en aquella época, la joven se compromete con Jorge. La novelista, consciente de que el cambio de novio puede parecer apresurado, proporciona a los lectores distintos fundamentos. Unos, en boca de la propia María, frente a un retrato del joven: "¡Perdon, Leoncio! Perdon para esta mujer que sin dejar de amar tu memoria no ha sido bastante fiel para resistir el amor que otro ha sabido inspirarle. Asi es, el corazon humano fué criado para amar, y no puede estarse sin tener un objeto que lo ocupe" (1861: 212; 2010: I, 315). Otros, a cargo de la narradora, quien opina según el sentido común: "¿Quién podrá esplicar debidamente el corazon del hombre y de la mujer? / No hay duda, es un verdadero *arcano*: María está justificada, pues no puede siempre amarse á una sombra; porque si se exigiese ese imposible seria pedir mas de lo que puede hacerse" (1861: 213; 2010: I, 315-316).

Mercedes Rosas no acepta el matrimonio impuesto por los padres bajo ninguna circunstancia y lo expresa con afirmaciones tajantes como estas: "Todo hombre que se casa con una mujer que ama a otro es un miserable; cuando se unen sin amor es malo; pero todavía hay la esperanza de hacerse amar" (1861: 8; 2010: I, 56); en cambio, cuando se obliga a una joven a casarse con otro, la unión no será legítima ante Dios porque se basará en una mentira. La novelista defiende la idea de que el amor "engrandece al hombre y á la mujer" (1861: 22; 2010: I, 71), a los dos por igual. Por supuesto, tiene presente las normas tradicionales: la mujer, a imagen y semejanza del marido. Dice Luisa, la sobrina de Leoncio, en las vísperas de su casamiento:

> Mañana será el dia mas feliz de mi vida: me veré unida á mi amante querido, seré su *esposa*; llevaré su *nombre*: esto es, la verdadera dicha para mí. [...] ¿Cón qué cosa podrá

compararse este *placer*? Saber que todo lo bueno que haga, tengo á quien dedicarlo, porque mis acciones reflejarán sobre mi *esposo*. Yo no podré dejar de ser buena, porque tomaré por modelo á mi Eduardo (1861: 43; 2010: I, 98).

Un buen matrimonio requiere del amor y de las acciones de los dos, incluida la mujer. Lo más curioso es que esta valoración del rol femenino está puesta en boca de un varón, el padre de María:

> El matrimonio es uno de los estados mas peligrosos de la vida: por que de la buena armonía y perfecta intelijencia nace su mayor encanto: pero para que dos personas puedan vivir contentas es preciso que sepan estimarse mútuamente. [...] el que se casa amando no desama jamás [...]: yo creo que cuando la mujer tiene talento y virtud no es dificil sujetar y dominar el corazon del hombre; el encanto de una dulce intimidad puede, no hay duda, dar goces capaces de sujetar al hombre mas dificil (1861: 27; 2010: I, 77).

La mujer confía en el esposo y espera ser feliz en el matrimonio. El varón, en cambio, parece más reacio a casarse; por eso, Mercedes también expone las razones por las que casarse es un beneficio para el varón: los buenos afectos que recibe tanto de la esposa como de los hijos. Dice Miguel Montiel:

> Yo no puedo perdonar á los celibatarios los buenos ratos de que se privan. Si siempre pudieramos vivir jóvenes, nada diria, pero la juventud pasa: la vejez viene y con ella las enfermedades y dolores; los desencantos y miserias y solo el amor de la familia endulza los ratos amargos de la vida, y el hombre que tiene que sufrir solo, es un ser muy desgraciado [...]. ¿Cuándo han podido gozar los solterones uno solo de los goces puros y tranquilos que sienten los buenos casados? [...] el matrimonio no solo es un deber *social* sino una necesidad en la vida del hombre, tanto de aquel que vive con cultura, como en el del habitante de la pampa (1861: 27-28; 2010: I, 78).

Apelando al lenguaje legal, Mercedes define al matrimonio como una "sociedad que dura eternamente" (1861: 44; 2010: I, 99) y, en consecuencia, un acuerdo de trabajar por la pervivencia de la pareja. Así lo reconoce Luisa, aun antes de la boda: "El amor ardiente no puede durar siempre: no habria quien lo resistiese: por eso fué inventado el matrimonio: despues de algunos años de casados, esa laya de amor desaparece; pero queda en su lugar una fina amistad, una dulce intimidad que recompensa con usura, ese amor que se pierde" (1861: 45; 2010: I, 100). Siendo entonces el matrimonio una empresa poco fácil, Mercedes les da a las mujeres consejos muy prácticos, si bien en la actualidad causarían escándalo:

> La mujer tiene que reconocer siempre superioridad en su marido, y desgraciada de aquella que por un momento quiere mostrarse ufana de dominar, el de saber mas que el hombre á quien está unida: porque eso no traerá sino disgustos que pueden alterar la paz interior del estado (1861: 44; 2010: I, 99).

De modo similar, en *Emma, o la hija de un proscripto*, los personajes principales –Emma (el personaje central), Lady Fani Thorton (su madre), Lord Carlos Thorton (el padre proscripto), Eduardo vizconde de Monrrose (el novio que debe enfrentar las imposiciones paternas) y la familia francesa que les ofrece su amistad incondicional (la condesa Bonnivent y sus hijos Hortencia y Alfredo)– son personas honestas y bellas física y espiritualmente. Como contraste y para resaltar las buenas acciones, la novelista incluye las historias de Miss Lucila Clarhenydon, joven vanidosa y altanera, quien se casa por conveniencia social con un príncipe ruso; y de Cecilia Restori, condesa de Bionvini, una adúltera que es castigada por su propio marido con la muerte. Como en *María de Montiel*, M. Sasor defiende el matrimonio por amor y aconseja tanto a varones como a mujeres acerca de la conveniencia y el gozo de casarse y tener hijos. Una novedad:

incluye un breve comentario a favor de la adopción de niños (cap. XXXIX). En este contexto ideológico, llama la atención el personaje de Hortencia, quien "vivió siempre con su buena madre, no quizo casarse, pues el matrimonio le fué siempre antipático" (1863: 183). Obsérvese que la alternativa de la soltería se presenta como un acto de libertad personal, sin que produzca escándalo familiar o social.

Para refirmar su axiología, Mercedes involucra a sus "lectoras y lectores" (163) en el examen minucioso y psicológicamente realista de las actitudes y acciones de los personajes. Con perspicacia, la novelista describe el proceso interior de la sensibilidad y los sentimientos. Por ejemplo, cuando Emma escucha cantar a Alfredo y se emociona:

> ¿Puede permanecer una jóven fria al lado de tan amoroso caballero? No podemos afirmarlo, pero lo que hay de cierto es, que en la mirada de la joven hay un brillo y un tinte de languidez que muestran que el canto le ha hecho latir el corazón.
>
> Pero será mejor no prevenir el juicio de nuestros lectores, y que cada uno de ellos juzgue si no es disculpable Emma porque tenga un momento de entusiasmo al sentir las palabras de fuego tan armoniosamente repetidas por el conde. [...]
>
> ¿Cómo Emma que sabe lo que es amar no ha de comprender que el conde la ama? La prueba mas cierta de esta verdad es, que la jóven está pensativa y que todavía después que está en su cuarto no ha mirado el retrato de Eduardo. ¿Temerá que la imájen de su amante se le presente severa? ¿ó ella misma siendo su juez creerá que tiene motivo para reprenderse? No quisiéramos aventurar juicio, pues que muchas veces las apariencias nos hacen hacer falsas apreciaciones.
>
> Sigamos pues á la jóven, ya que tenemos puesto el anteojo en su cuarto (112-113).

No obstante, la narradora se muestra compasiva y busca las atenuantes a las acciones egoístas y aun pecaminosas de Lucila y Cecilia: "Bien queridos lectores, nuestra hermosa siente los latidos de su corazón, porque muchas veces las *pasiones nacen* de la *necesidad* de amar que todos tenemos, y esto tal vez le sucede á nuestra jóven, no hay duda [...]" (157); "No hay duda, la pobre Cecilia ama con una de esas pasiones que forman época en la vida de una mujer. Para escusar, si cabe escusa en la falta que comete una mujer que ama á otro hombre que á su marido, será preciso dar alguna lijera idea de la duquesa" (183). La novelista actúa como abogada defensora: cuando describe las conductas inapropiadas, también expone las circunstancias que justifican esas conductas y responsabiliza a la naturaleza humana, las costumbres sociales o los maridos ciegos e impertinentes por los *desvíos* femeninos.

La coquetería, o sea, la veleidad en los sentimientos amorosos y la falsedad en la palabra comprometida al amado es la forma femenina del deshonor social; afecta no solo al varón engañado sino también a la institución matrimonial. Este tópico aparece en varias novelas, tanto de autores masculinos (R. el Mugiense, Enrique López, Gómez, López Torres) como de mujeres (Gorriti, Mansilla, Ochagavía, Rosas). Ramón Machali describe el tipo en *Emilia o Los efectos del coquetismo*, título por demás elocuente:

> Distinguese con el nombre de coqueta, la mujer inclinada á ocultar las tendencias de su corazon por medio de palabras y gestos, haciendo un estudio particular de todos sus actos exteriores, por manera que la coqueta es una mezcla original de infierno y gloria, de demonio y ángel que nadie puede definir con exactitud.
> La imajinacion empero, debe suplantar la carencia de tintes indispensables para fotografiar ese ser voluble é inconstante que comienza á abundar entre nosotros (3).

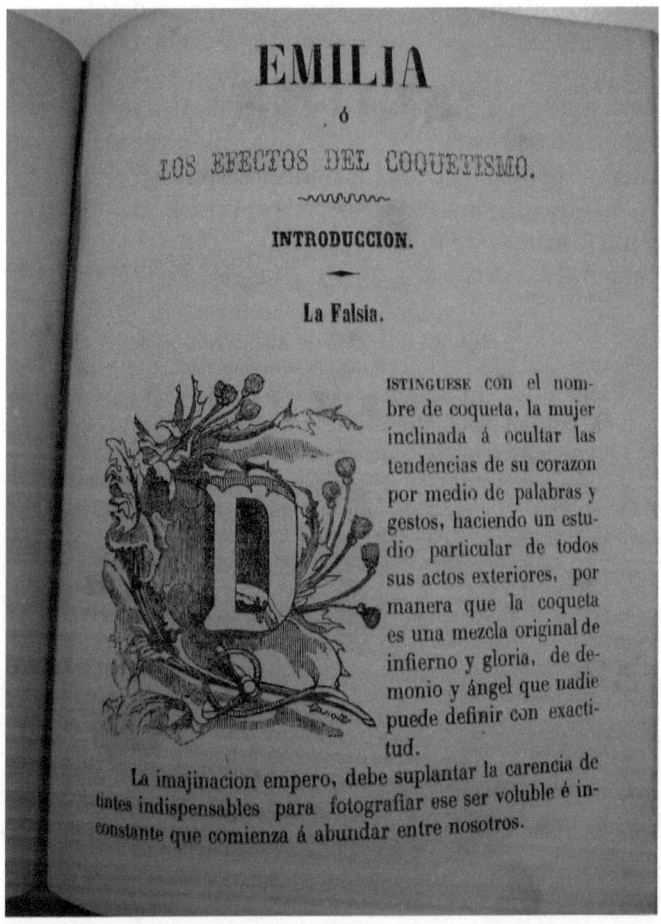

Emilia o Los efectos del coquetismo, de R. el Mugiense (3). Foto de la autora.

Emilia realiza todas las acciones propias de su tipo: juega con los sentimientos y la paciencia de Jorge, se casa con Agapito por interés económico, se aburre pronto del marido, aprovecha un altercado de este con su padre para enviarlo a la cárcel, acepta ligeramente el plan del abogado Manzano para matar al esposo; sin embargo, no se entrega al corrupto aun cuando se fuga con él, cediendo a su extorsión. En definitiva, es coqueta pero no infiel. Su arrepentimiento y el perdón de Jorge y de Agapito le permiten morir en paz. Lucio V. Mansilla no queda conforme con este desenlace. En su artículo "Ensayo sobre la novela en la Democracia, ó Juicio crítico sobre la Emilia de R. el Mujiense", que ya comentamos en la parte B, propone otra alternativa:

> «*Emilia* es una coqueta tan espiritual como hermosa [...] que después de mil padecimientos materiales y morales, muere........ Yo habría preferido salvarla [...], presentando de esta manera, no un tipo de arrepentimiento–sinó las consecuencias de una regeneración moral por el dolor. Pues, si hemos de creer en otra vida, morir no es un castigo para los que han sido buenos, al paso que bien puede serlo para los que hayan delinquido» (cit. en Machali Cazón: 44).

El crítico distingue entre moralidad y moraleja y, al hacerlo, descubre el "defecto capital" de *Emilia* y de la mayoría de estas novelas educadoras:

> «Descúbrese desde luego que *R. el Mugiense* ha procurado hinchar su libro de máximas morales, siendo así que en la novela la moral debe consistir no tanto en los pensamientos, cuanto en las diversas situaciones que se pintan, ó en el desenlace final, ora se quiera premiar la virtud y castigar el vicio, inclinándose al sistema de las compensaciones, ora hacer sufrir persecuciones á la inocencia y no salir triunfante á la iniquidad, para que la una reciba su condigno castigo y la otra su recompensa merecida, en un mundo menos borrascoso é infinitamente más justiciero que aqueste en que vivimos.» (cit. en Machali Cazón: 47).[173]

---

[173] Machali opina además sobre estos temas: alaba el diseño urbano de Buenos Aires, defiende al gaucho y cuestiona la guerra de frontera (1855-1856).

Portada de *Un ángel y un demonio*, de Margarita Ochagavía. Foto de la autora.

Las escritoras también cuestionan las malas conductas de las mujeres coquetas, sin dejar de criticar a los varones, sobre todo las mentiras por medio de las cuales engañan a las jóvenes inexpertas. Margarita Rufina Ochagavía, a pesar de sus declarados diecisiete años, denuncia no solo la inconstancia masculina, sino también y sobre todo la hipocresía social que no mide con la misma vara a varones y mujeres. En *Un ángel y un demonio*, presenta varios pares de ángeles y de demonios: Octavio, el *gigoló*, engaña tanto a Clementina (o Clemencia), como a la inocente Alicia. La descripción de la "vieja septuagenaria" (15) es cruda:

> Clemencia tenia algunas primaveras, mas era estremadamente delgada y alta, fea en la estension de la palabra; pero ayudada con la miscelanea de adornos que usaba, era pasable.
> Era uno de esos seres que por desgracia suelen existir: descocada, vana, coqueta, ambiciosa, envidiosa y crédula. Su conjunto por todos estilos era bien desagradable.
> Mujer mas dispuesta al mal que al bien (14).

No obstante, tal vez por su misma credulidad, la novelista rescata su figura organizando la trama de modo tal que Clemencia pueda, finalmente, deshacerse del embaucador. Los culpables son los hombres y la sociedad permisiva:

> [Octavio] Hacia negocio con la juventud y belleza con que la naturaleza lo habia dotado.
> Dicen que solo pertenece ese tráfico á las mujeres prostituidas, que por un puñado de oro venden sus caricias y belleza sirviendo de juguete à esos hombres sedientos.
> Dicen que solo à ese sexo pertenece.
> Mentira! Sí, mentira! Los hombres tambien, y mas vil en ellos.
> Cuàntos ejemplos, cuàntos *nombres* podrian citarse que viven y ostentan trajes y boato de principes, y sin embargo son obtenidos asì villana y miserablemente.
> Sirven para los placeres de otras tantas Mesalinas cargadas de años y de achaques.
> Y no obstante, solo à la mujer viciosa se le arroja de nuestras sociedades, se le apunta como un réptil venenoso. Ciertamente que lo es, pero á ellos, por qué no tambien? (15-16).

La realidad se cuela en la ficción. Suponemos que la curiosidad de los porteños de 1857 se habrá detenido en esos *"nombres"* que Ochagavía no menciona por prudencia, si bien su denuncia es contundente.

En Alicia la ingenuidad se basa en la ignorancia: "No sabia que los hombres juran por costumbre inveterada y sin darle valor á lo que dicen. / No sabia que todo es mentira, todo ficcion" (20). También en este caso la culpa la tiene la sociedad, pues se deja seducir por las apariencias de los buenos modales, que ocultan "la mas espantosa avidez, miseria y despeñaderos profundos adonde caen los inespertos" (71). Paradójicamente, la salvación se obtiene detectando el peligro desde lejos y usando *máscaras* que frenen el avance del engaño:

> Es preciso sondear todo en la vida desde lejos, para acercarnos.
> Porque hay cosas que son cual esas redomas que al destaparlas alguno que ignora sus efectos, queda muerto en el instante.
> Y que los sàbios químicos no se acercan sin sus cristalinas y compactas caretas, es por que ellos saben el mortífero veneno que contienen (71).

Un ángel y un demonio se convierte, entonces, en una alarma para las jóvenes inocentes; alerta que funciona a través de una serie de contrastes: Alicia vs. Clementina; amistad sana de Octavio con Alfredo vs. relación disoluta de Octavio con Osvaldo; Telémaco vs. Octavio en cuanto a la constancia de sus amores y de la palabra dada; el criollismo de Alfredo vs. el europeísmo de Diocleciano. En el último capítulo, titulado "Conclusion", Ochagavía explicita el mensaje moralizador, pero al mismo tiempo insinúa –a través de la figura de Minerva– un pedido a sus potenciales lectores: si en la vida de las personas la virtud es recompensada, su novela –que promueve la moralidad– debe ser premiada con el laurel del elogio. Implícitamente, también lanza a las otras mujeres el desafío de defender su libertad y su pasión por la literatura:

> Minerva amaba mucho su querida libertad, y por nada la sacrificaba aun cuando la hicieran reflexionar. Ella decia:
> Dejadme con mis queridos libros, pues en ellos consiste mi única dicha y felicidad.
> Entregándose completamente à la literatura.
> Viniéndose à hacer algo que la valió algun laurel, que lo guardó relijiosamente.
> Tratando de aumentarlo y refrescarlo por su asiduo estudio, pues era su ambicion (100-101).

Margarita Rufina abre las puertas de la consideración social a la soltería y a la escritura literaria como vocaciones personales valiosas (Molina 2011 e).

6.3.5. Los viajeros y los Otros

"El viajero debe ver todo", le dice Eugenio Segry a Esther (Cané 1858 a: 66). Y el que todo lo ve focaliza desde su centro vivencial, por lo que la comparación entre el lugar de origen y el observado es inevitable.

Miguel Cané se posiciona como sudamericano en el exilio; el viaje es, pues, más una imposición que una libre iniciativa; solo elige el espacio visitado: en *Esther*, Florencia; en *Eugenio Segry o El Traviato*, París.

Entre Italia y la Argentina existen un punto en común –la falta de libertad– y un punto de oposición: la sociedad sudamericana todavía es íntegra si se la compara con la florentina, donde "todo el mundo vive de los otros" y las reputaciones son ensuciadas por el chisme (1858 a: 56). A Cané lo que más le fastidia de la sociedad europea es la hipocresía, las máscaras de los florentinos, la inconstancia y la voluptuosidad de los parisinos. Solo los ingleses le parecen sinceros (1858 a: 57). El diagnóstico es contundente:

[...] estas sociedades que tienen por base la mentira y el egoismo no llegarán nunca á la realizacion de una sola idea general en beneficio de la felicidad comun; recorra V. la Europa toda entera, y nómbreme el pueblo feliz.... (1858 a: 47).

En *Eugenio Segry*, Cané pone en acción a los personajes viciosos de la sociedad parisina. Sobre este escenario, el público porteño conoce la visión de los novelistas europeos:

> Alejandro Dumas hijo y Pablo Musset, han vulgarizado todos los secretos de esa vida de gelfo que llevan los jóvenes en Paris: la dama de las Camelias, idealizacion de una vida que estereotipa millares y las escenas de la Pulcera, que reproducen los acontecimientos diarios de la loreta Parisiense, nos ahorran el trabajo de pintar mal, lo que esos escritores han tratado como maestros (1858 b: 31 mar.)

Ahora se le presenta la mirada de un viajero porteño a través de las peripecias de un cubano en París. En las motivaciones de Eugenio se escuchan las de Cané:

> Me hé arrojado à este mundo que devora, como Plinio afrontaba el crater del volcan, para estudiarlo, conocerlo á fondo, describirlo, y apreciarlo luego en su justo valor. Puede ser que alguna vez la esaltacion de los sentidos me llegue á transformar el juicio, pero serà una parodia pasagera, de la que yo reiré á la mañana siguiente (9 abr.).

Pero, como señala Beatriz Curia, se advierte "un doble discurso en la novela de Cané. Por una parte, transmite un genuino deslumbramiento, casi provinciano, ante los lujos y novedades de la capital de Francia. Por otro, los paradigmas de la moral burguesa, los programas regeneradores de la sociedad americana y la poética novelística dominante entre los hombres de la generación del 37 refrenan el entusiasmo y originan reflexiones moralizantes" (2007: 30). También observa Curia:

El título de la novela resulta por demás elocuente. Hasta qué punto el apelativo que incluye es osado y subraya la distancia entre la conducta de Segry y los patrones morales del momento se advierte en el hecho de que el título de la ópera de Verdi —*La Traviata* (literalmente traducido, *La descarriada*)— en los primeros años fue sistemáticamente sustituido por el nombre de la protagonista, *Violetta*, y debió ser más tarde transformado en *La desencaminada* o *La extraviada* para su edición y estreno en España; por ejemplo, en una edición barcelonesa de 1858, coetánea de la novela de Cané (32).

El novelista considera a su texto un relato de viaje, más que una novela, porque su inspiración se ha basado en la propia experiencia. Por eso está convencido de que la recreación de la sociedad europea en sus páginas es verídica: es como la ha visto y como la describe. También por eso el texto sirve de lección sociológica para los inocentes jóvenes americanos, quienes sueñan con visitar París.[174] Como la habanera previene a Eugenio sobre la faz real de las "Loretas", así Cané alerta a sus compatriotas. La sociedad parisina tiene una cara visible que es atractiva pero muy viciosa; las novelas de Dumas y de Musset han reproducido esa realidad; el argentino no quiere que esos vicios se trasladen a su patria: "La ópera concluyó antes de las doce de la noche, hora que representa las nueve en las tranquilas sociedades Americanas, privadas aun de las invenciones del lujo, del fastidio, y de la prostitucion...." (1858 b: 24 mar.; Curia 2007). El balance del narrador no es positivo:

---

[174] El narrador aconseja a sus lectores: "No vayais en carruage particular á visitar la creacion de Le Notre, ese orgullo de los Borbones; tomad un asiento en uno de esos trenes del camino de fierro, que por burla se llaman *trenes de placer*; alli encontrareis los tipos de toda la especie de Adan [...]" (Cané 1858 b: 2-3-4-5-6 abr.).

Allí los encuentros y las citas, los café cantantes y los teatros de Marionete; la bulla, el lujo, el atolondramiento, y la vida en todas sus ilusiones, en todas sus mentiras, y en todas sus estravagancias.

El habanero era hombre de intuicion y en vez de sobrecojerse en presencia de ese espectáculo nuevo para él, y acaso no soñado en sus fiebres de viaje, se dijo alegre y gozoso á si mismo "este es mi mundo, aqui està mi teatro."

Pobre loco que se creia mas fuerte que ese poder eterno del tiempo, del lujo, de la prostitucion y de lo falso (1858 b: 22-23 mar.).

Beatriz Curia sintetiza: "*El Traviato* entrelaza los hilos de la autobiografía de Cané, del deambular de Eugenio –el protagonista– por la topografía parisina, del *Bildungsroman* y de algunas formas de la puesta a prueba en la sociedad extranjera y desconocida" (2007: 29).[175]

El otro viajero que interesa es Bernabé Demaría, no solo por sus puntos de contacto con Cané (Curia 2004 b), sino también por el tipo discursivo que construye en *Revelaciones de un manuscrito*: es la novela que más páginas dedica a digresiones sobre asuntos históricos, políticos, filosóficos, religiosos, geográficos, artísticos, literarios y

---

[175] En otro estudio (2001 b), Beatriz Curia da mayores precisiones acerca de esta novela. Transcribimos sus conclusiones: "La sociedad rioplatense y la modélica Europa de mediados del siglo XIX han quedado retratadas en esa suerte de *patchwork* de realidad que es el mundo de la novela [...]. / El autor implícito evalúa ideológicamente dos culturas contrapuestas y elabora un discurso que explicita las falencias de ambas. Despliega sus estrategias para que el acto ilocutivo que es su novela alcance dimensiones perlocutivas. Así lo exige su estética, subordinada a 'la verdad, la justicia y la mejora de nuestra pobre condicion humana'. Factor decisivo para el logro de sus fines es la elección de un narrador fidedigno, capaz de denunciar con autoridad los rasgos entrópicos de la civilización europea, rasgos que han de evitar los países americanos para su *progreso moral e intelectual*". Curia ha preparado una edición crítica de esta novela, que aparecerá próximamente por editorial Teseo.

lingüísticos. El discurso abstracto-valorativo interrumpe la narración; la novela adquiere entonces rasgos del ensayo (Curia y Molina, H. 2009). El autor informa, explica, reflexiona, enseña y narra hechos que actualizan las enseñanzas que pretende transmitir; y lo hace con tanta locuacidad que la secuencia narrativa se pierde de vista con frecuencia: "Pero basta ya de moralizar, y refiramos los hechos en vez de comentarlos" (Demaría 1869 b: 278), se dice a sí mismo el narrador. Esta mezcla de tramas discursivas es posible gracias a la estrategia de Demaría: "No vamos á escribir una novela, ni cosa parecida. [...] Vamos tan solo á trazar, aunque quiza pálidamente, los sucesos, que nos ha relevado un MANUSCRITO, que ha venido á nuestro poder, de un jóven y escelente amigo, cuya temprana muerte siempre lamentaremos" (2). La voz narrativa se configura como un editor que a veces transcribe fragmentos de los originales, y otras, reelabora los episodios; en ocasiones admite que ha descartado numerosas páginas por no ser novelescas y, finalmente, que ha quemado el manuscrito.[176] La novela resulta un trío de voces homogéneas ya que protagonista, editor y autor defienden una misma ideología. Esta univocidad asegura la coherencia del texto, pues *Revelaciones de un manuscrito* consta de dos partes bien diferenciadas: la primera sobre Europa (Londres, Madrid, Florencia), para los receptores argentinos; la segunda, sobre la provincia de Buenos Aires y el delta rioplatense, para potenciales lectores foráneos.

Como Cané, Demaría ha viajado a Europa durante el período rosista; su visión del Viejo Continente es "la de

---

[176] También confiesa que el proceso de reescritura no ha sido constante, que ha aprovechado los ratos libres de su profesión (1), que ha habido una pausa de dos años pero que no ha repasado lo anteriormente escrito antes de continuar (51). Un estudio exhaustivo de los indicios de ficción y de no ficción en los peritextos de esta novela puede verse en Curia 2004 c.

un viajero argentino y trasunta por tanto la aprehensión de un Otro, en contraste con el cual la realidad del propio país adquiere sus perfiles, definitorios aunque porosos" (Curia 2004 b: 86). Su profesión de pintor condiciona el modo en que observa las distintas sociedades. La descripción de los ambientes ocupa muchas páginas, predomina la perspectiva visual y, para calificar su labor, el narrador construye metáforas e imágenes con tecnicismos pictóricos. Según analiza Beatriz Curia (2004 b), las pinturas de Demaría anticipan técnicas realistas, sobre todo la pretendida objetividad mediante la inclusión de datos y de documentos historiográficos, entre otros recursos. Por ello, siguiendo a Ferreras, calificamos a *Revelaciones...* como novela prerrealista.[177]

El interés narrativo se centra en mostrar cómo Florencio Indarte aprende que la mejor existencia es la que se rige por la conciencia moral.[178] La magnitud de este objetivo lleva a Demaría a exponer su *teoría* literaria. El manuscrito es un "*boceto*" inacabado de una historia porque es la expresión subjetiva de su autor, pero es un documento social por su carácter autobiográfico y por los "nombres propios de personas que *viven y tratamos*" que figuran en él (3). Sin embargo, los hechos narrados no son particulares; por el contrario, "pasan diariamente á millares de personas ignorados y desapercibidos de la sociedad". El editor, para no caer en "culpa" o "delito" por "dar vida, animacion y publicidad á sucesos" de personas conocidas, modifica y ajusta el manuscrito; pero cualquier lector –como los que

---

[177] El "prerrealista opera un nuevo reconocimiento de la realidad, del mundo, del universo, al intentar reproducirlo en su movilidad [...]. Con todo, este enriquecimiento del material novelesco adolece de ciertos defectos: abundan los juicios de valor, tan antinovelescos por lo antiobjetivos [...]" (Ferreras 1987: 54-55).

[178] *Revelaciones de un manuscrito* también puede ser considerada una *Bildungsroman* (Curia 2004 b: 88-89).

se ficcionalizan en el último capítulo titulado "Epílogo"[179]– puede identificar a los "originales" que transitan por la sociedad real (339). Un autor no crea de la nada, sino que imita el procedimiento de la naturaleza y del Creador por antonomasia; mientras que la realidad le señala que el recurso más apropiado para vehiculizar el mensaje es destacar lo interesante mediante los contrastes:

> Si todas las mujeres fueran *bellezas*, no tendría mérito la hermosura; faltaria el pro y el contra comparativo. [...]
> El *desorden*, es decir, la desigualdad moral, es como la mas ó menos viveza en los colores, que es lo que hace destacar las figuras, y señalar los términos de ellas. [...]
> Con los *colores puros*, esto es, sin mezclarse unos con otros en la paleta, no se puede pintar un cuadro con *sujeciones* al arte.
> Asi tambien necesitan *mezclarse y confundirse* los sentimientos y las pasiones humanas, para hacer destacar ó alejarse del gran cuadro del mundo, las figuras materiales de su ser.
> Del caos y de la nada surjió la obra del gran arquitecto del Universo, *único creador* [...] (159).

Como cada persona es parte inherente de la sociedad, analizar a una es atender al conjunto:

> [...] el que no ha estudiado prácticamente la sociedad, bajo todas sus faces, no puede conocer el interior, ni los múlti-

---

[179] Sin duda, representan a los lectores porteños de los folletines que han ido apareciendo en *El Nacional* de julio a diciembre de 1869. En otro pasaje, sin embargo, el narrador advierte: "ni social ni políticamente hacemos retratos: bosquejamos las figuras á grandes rasgos, [...] con la humildad de un aprendiz, que no tiene el orijinal por delante, sino que se entretiene fantásticamente en ensayar con la mejor intencion, un ensayo, y no en hacer punzantes caricaturas" (195). Sin duda, intenta apartarse de los escritores y periodistas políticos que utilizan la sátira como medio de ataque ideológico.

ples móviles, que impulsan á esa misma sociedad, en que representa un papel sin comprenderlo (103).

El estudio social que propone Demaría sigue las etapas del método científico. El punto de partida es la observación: "¿Cuales han sido tus impresiones, y que juicio formas de lo que has visto?" (13), le pregunta Indarte a su hijo Florencio después de su recorrido por todos los rincones de Londres, desde teatros y fiestas hasta fábricas y barrios pobres. Luego, la comparación entre lo observado y el marco ético. El principio moral que sigue Demaría es la caridad cristiana, aunque condicionada por su sentido práctico:

> El adagio vulgar de: *haz bien y no mires á quien*, es la errónea exageracion de una mal entendida caridad; no dés al hombre vicioso y criminal, porque es como si facilitaras una arma al que te dice que quiere suicidarse: no dés al perezoso ni libertino, porque aumenta la desgracia pública: busca á su esposa é hijos, y así aliviarás la desventura (17).

Siguiendo las enseñanzas de Diego Alcorta, el novelista-ensayista mide al hombre con la vara de los actos personales y formula sus hipótesis: "No está la desigualdad en los colores, razas ni gerarquías de los hombres, sino en sus sentimientos buenos ó malos..." (155), y el carácter moral se forma con la educación, sobre todo la paterna, y el trato social. Para la demostración –como lo hará Eugenio Cambaceres casi veinte años después, en *Sin rumbo* (1885)– Demaría mueve a su protagonista por diversos escenarios –la escuela londinense, los palacios florentinos, la pampa y el delta paranaense– y lo pone en contacto con diversos personajes típicos: la desvalida Matilde, la malcasada Elodia, la casta Rosaura, la infiel Adelina, el judío Samuel Scott, C... el marido honrado. El resultado de esta experimentación es más bien negativo: Florencio ha amado a mujeres innobles y ha perdido a la única virtuosa digna de ser amada; ha frecuentado ambientes licenciosos y egoístas; no obstante, ha sabido dar una mano al "infeliz" (176). Su muerte en soledad parece ser la última prueba de su vida equivocada. Pero, paradójicamente, las máximas inculcadas por el padre dan su fruto pleno al final del camino, cuando Florencio, por falta de otros deudos, disponga en su testamento que con sus bienes se construyan un comedor comunitario y un museo de pintura, se organicen concursos de composiciones científicas y literarias, y se erija una estatua en homenaje a Colón, entre otras medidas.

La sociedad no ha sido la mejor maestra porque en ella abundan los malos ejemplos, como la discriminación. Alfredo, el negro que Indarte lleva consigo a Europa para compañía de su hijo, asiste a una escuela distinta de la de Florencio y estudia medicina por indicación de su tutor (el hijo, en cambio, estudia abogacía por ser carrera de más prestigio). Estas diferencias no parecen molestar al huérfano "recogido", es un joven agradecido con su bienhechor; no obstante, en la Europa blanca, no puede ser feliz: "Por su color, nadie podría amarle ni tenerle una verdadera amistad, sin sonrojarse ante los demás" (165). El resentimiento que tales arbitrariedades provocan en él es transformado por su amor entrañable hacia Florencio y su lealtad llega hasta el extremo de dar la vida por el amigo.

El aprendizaje moral de Florencio y de Alfredo se convierte en lección cuando es comunicada a la sociedad por medio de la "revelación" del manuscrito; y la publicación de este queda justificada por el carácter verídico y generalizador de lo mostrado. La labor artística reduce entonces su valor a la mediación entre los hechos de la realidad "daguerrotipados" en el manuscrito y los lectores (2). A pesar de ese basamento incuestionable, cada lector formulará su opinión singular y esto lo sabe el editor-narrador:

El *absolutista* encontrará las ideas políticas demasiado liberales, y el *liberal* sobrado tiránicas.

El *materialista* se sonreirá incrédulamente de *tan casto y acendrado amor*, creyéndolo exagerado.

El jóven, de *corazon volcánico* y *sensible*, juzgará de frio y pálido ese mismo amor (4).

Estos son los *peligros* que corren los novelistas cuando toman la responsabilidad de educar al soberano.

6.4. Las novelas sentimentales

"Amor es todo; sin amor no hay nada:
hasta el indio salvaje que vive sin cultura y policía ama.
La naturaleza misma ama;
hasta los irracionales también aman.
Amor es el sentimiento que da más goce en la vida.
Es amor que todo lo nivela, que todo lo iguala;
todo al imperio del amor se humilla."

Mercedes Rosas de Rivera

Esta variante novelesca, reconocida como tal en la práctica cotidiana de lectores y escritores, no aparece definida en algún metatexto. Los modelos declarados en los propios textos son *Pamela o La virtud premiada* (1740) y *Clarisa o La historia de una joven dama* (1747-1748), de Richardson; *Julia o La nueva Heloísa* (1761), de Rousseau; *Las cuitas del joven Werther* (1774), de Goethe; *Pablo y Virginia* (1787), de Saint-Pierre; *Atala* (1801), de Chateaubriand; y *Graziella* (1852), de Lamartine.

Lo sentimental es un componente omnipresente en la narrativa romántica: en las novelas históricas y políticas funciona como excusa para la reconstrucción epocal; en las socializadoras, como motor de la peripecia ejemplar y de la reflexión moral. En palabras de Ramiro Zó, es un "'metagénero' [...] dentro del gran ámbito de esta 'literatura de los sentimientos'" (80, n. 3).[180] La ponderación del componente sentimental varía en cada caso, más por la interpretación del lector que por la participación autonóma de los sentimientos en la diégesis. *Soledad* es una novela sentimental de acuerdo con el enfoque de los principales referentes de este tema; sin embargo, hemos podido analizar en ella el rol fundamental del componente histórico. Lo mismo sucede con *Esther*: puede privilegiarse una interpretación basada en la relación idílica entre Eugenio Segry y la protagonista, en tanto mujer casada (como hace Vicente F. López), o puede preferirse el análisis de la sociedad florentina, en comparación con la americana, como hemos sugerido en el punto anterior.

En este apartado incluimos únicamente, atendiendo a la distinción de Ana Chouciño Fernández, las "novelas de sensibilidad" o "de protagonista sensible", es decir, aquellas cuyas tramas se centran en un conflicto eminentemente personal; y, por tanto, en la mostración del proceso sensible que da origen al sentimiento; los protagonistas son "seres de una sensibilidad excepcional, con una acusada inclinación por todo lo artístico, pero esencialmente pasivos" (575-576).[181]

Esta sensibilidad se transfiere al lector:

---

[180] Zó analiza las características del metagénero de la novela sentimental: la titulación de los textos, la idealización del ser amado y su relación con el "amor idolátrico", los protagonistas de las historias como prototipos de héroes y heroínas románticos lectores de novelas sentimentales, el elemento epistolar imbricado en la narración, la "metáfora amorosa floral", la "metaerótica" de los autores de las novelas sentimentales, la "teleología amorosa negativa" presente en la trama, el "panerotismo", la figura del "mediador", la "patología amorosa" y el "fetichismo".

[181] Chouciño Fernández indica además que los protagonistas de la novela sentimental hispanoamericana son sobre todo varones, a pesar de los títulos que nombran mujeres. En el caso argentino, el protagonismo está repartido entre hombres y mujeres, y solo el 32% de los títulos incluye un nombre femenino.

La irrupción de las novelas sentimentales creó un "lector sentimental" que veía representado en las obras sus propios conflictos morales y filosóficos y experimentaba *emociones narrativas*. A su vez, este "lector sentimental" es experimentador de un "amor sentimental", como gratificación amorosa sustitutiva (Zó: 95).

Si en los lectores que por entonces se preciaban de ser más racionales –padres, profesionales, políticos, etc.– la imaginación y la fantasía producían desconfianzas respecto de la credibilidad de las novelas históricas y políticas, mucha más suspicacia generaban en aquellos las historias puramente sentimentales. Por ello, los escritores buscan justificar la expresión de afectos y pasiones singulares mediante la identificación entre autor, personajes y lectores; identificación basada en la posibilidad de una experiencia común o similar. Ernesto O. Loiseau incluye a su hermana entre los receptores sensibles de su triste historia:

> Tal vez una lágrima surcará por tus mejillas al leer las *Hojas de Mirto*; si, lo sé, los que han sufrido, los que sufren como nosotros, sabrán comprender esos ayes del corazon. Esas pájinas tal vez son el reflejo de mi alma, amargura, llanto, soledad; tu que nunca recibiste las caricias de una madre, que apenas tuviste el tiempo de recibir las de un padre, bañadas en amargo llanto, comprenderás ese sufrir causado por la viudez del alma, por la falta casi absoluta de impresiones tiernas (i-ii).

A diferencia de las novelas socializadoras que también tratan asuntos sentimentales, en estas el narrador no amonesta a los personajes *malos* ni se explaya en explicaciones teóricas; se limita a describir los conflictos sentimentales y a dialogar con sus lectores acerca de tales manifestaciones. A continuación analizaremos las constantes temáticas y axiológicas de las novelas sentimentales en sentido estricto.

El lector podrá aplicar este modelo de análisis a las otras variantes novelescas.

Se observan cinco matrices de secuencias narrativas. Dos, con desenlaces trágicos; tres, con desenlaces favorables para los protagonistas; es decir, que –a pesar de que el modelo de la novela romántica europea privilegia el predominio del dolor– los textos argentinos también promueven el final feliz.

Secuencias:

a) Enamoramiento → obstáculo invencible → dolor permanente. El obstáculo puede ser la separación de los enamorados por muerte, enfermedad, conflicto familiar severo, o acoso de un extraño perverso; porque la mujer está casada, aunque sea por imposición de los padres, o el hombre deseado ama a otra. El dolor se convierte en enfermedad y muerte, o en locura. Novelas: 1, 5, 31, 37, 40, 49, 51, 56, 70, 83.

Esta es la secuencia preferida de Juana Manuela Gorriti, quien combina lo sentimental con lo fantástico y lo humorístico. En *El ramillete de la velada* se enfrentan diversas manifestaciones sentimentales en torno a la conquista del objeto amado (o solo deseado): el amor ingenuo de Grisel contra el egoísmo de Arcelia; el contento humilde del pastor contra el afán varonil por alcanzar a la bella como trofeo (en el corazón de Guillermo); el afecto familiar contra el ansia de fama (en la conciencia de Arcelia). Esta frívola mujer está acostumbrada a representar papeles diferentes como cantante de ópera; esta actuación es, a su vez, signo de su falsía interior: tiene doble cara porque esconde su origen, su crueldad y su frivolidad bajo la máscara de la belleza de su voz. Paradójicamente, en el sueño que la acongoja ve la realidad: su coquetería ha causado la muerte de un hombre. Grizel tiene un sueño similar, pero como su personalidad es sencilla, sin dobleces, no despierta a la verdad –que es su única cara–, sino a la locura, o sea, a una especie de disfraz psicológico que le oculta la realidad dolorosa. Arcelia se proyecta a sí misma en la flor de rododendro que se yergue altiva en la cima del risco más elevado de la región; por eso, la pelea de los dos hombres antagónicos –Guillermo, el pastor local, y el conde ruso, exótico– alimenta su vanidad, pero al mismo tiempo le anticipa el final: su vida se desintegrará como esa flor y caerá al fondo del abismo, como ha caído Guillermo. El abrazo de la demente Grizel será la mano justiciera contra la coqueta.

En *Quien escucha su mal oye: Confidencia de una confidencia*, el juicio moral –en cambio– es más liviano, pues el *pecado* así lo amerita; la novela adquiere entonces el tono de la comedia. La narradora se divierte a costa del protagonista que le confía un secreto "en confesión": él ha espiado a una mujer extraña cuando, mediante un acto de hipnotismo y en medio de una atmósfera fantástica, se entera de que el objeto de su deseo ama a otra. El joven recibe el castigo a su curiosidad: se enamora súbitamente de la mujer, a la que no volverá a ver. Pero la narradora-confesora –y los lectores– también sufren un castigo: no se enteran del desenlace de esa historia confidencial porque el penitente se aleja con rapidez y curiosidad renovada por conocer las noticias políticas que acaban de llegar vía el tren de Arequipa.

Un caso especial lo constituye *Memorias de un botón de rosa*, de Mitre, historia de una flor que sufre por la muerte de una pareja de enamorados. En esta novelita "se destaca una identificación de la vida –y por ende del amor como hálito de nuestra existencia– con las flores" (Zó: 92): "¿Quién nos dice que nuestra existencia no está identificada con alguna flor?" (Mitre 1930: 402). Según Zó, "es común encontrar en las novelas sentimentales toda una isotopía de la metáfora flor-vida, flor-amor. De esta forma se puede considerar a las *Memorias* como una suerte de 'poética de esta metáfora'" (92).[182]

b) Enamoramiento → acción contradictoria del otro → castigo al desleal. Amor no correspondido a causa de la infidelidad, del desaire de la coqueta que ambiciosa un pretendiente mejor, o de la perfidia del varón que se burla de los sentimientos de la mujer. El castigo consiste en la muerte del o de la desleal, quien –si se arrepiente en la agonía– salva al menos su alma. Novelas: 29, 30, 49, 59, 71.

En *Dayla*, de López Torres, celos no expresados, que generan desconfianza mutua, distancian a los esposos. Y otro hombre, el "raptor", alimenta la idea de que la mujer tiene el derecho de vengarse del marido con su propia infidelidad. La protagonista misma se juzga y se condena:

> Maldita, maldita fuíste, oh Dayla desventurada!
> La joven sufria todo el peso de su crímen; su cuerpo tiritaba y era su cabeza un volcan (1858 a: 12-13).

Ni el autor ni el narrador necesitan resumir la enseñanza moral. El castigo a la adúltera resulta del encadenamiento de la acción y es lóbrego: no puede suicidarse, encuentra los cadáveres de su esposo y de su hijo en una isla desierta, y finalmente enloquece.

c) Enamoramiento → problema → superación del contratiempo y unión definitiva. El problema consiste en el embeleso pasajero por una coqueta, una travesura femenina, el acoso de un falso amigo o de un falso padre, el casamiento con un tercero impuesto, la situación económica dispar. Novelas: 33, 36, 60, 61, 62, 65, 81.

---

[182] Téngase en cuenta que esta novelita se publica por primera vez en el volumen *Lenguaje de las flores i colores, con una novela orijinal titulada Memorias de un botón de rosa*, Valparaíso, 1848 (Pagés Larraya 1943 b).

En *Nunca es tarde cuando la dicha es buena*, el dolor por cierta indiferencia del amado enferma a María casi hasta la muerte, pero también motiva la escritura de un diario, que el lector puede leer por "ese pasaporte eterno de los que pretendemos ó somos realmente novelistas" (Gutiérrez 1858 b: 16). La mujer enamorada y dolida se expresa mediante la palabra y las lágrimas:

> ¿Qué te resta hoy, cuando ya está seca como las hojas caidas que han sufrido veinte soles, esa flor de ideales perfumes?....
> "Dos lágrimas mas!" –acabó de trazar la pluma de Maria, mojando la hoja con el rocío diáfano y doloroso de sus ojos.
> El libro se cerró (18).

El joven desleal se arrepiente y pide perdón. Su vaivén sentimental queda justificado, no obstante, por la conducta indebida de la otra mujer, a quien el narrador descubre su verdadera cara en los últimos párrafos de la novela:

> Carolina era una coqueta y nada mas, bajo el disfraz de la belleza y el amor, moneda espiritual factible de falsificar como cualquier otra (30).

d) Interés por dos personas simultánea o sucesivamente → elección de una alternativa que no resulta por diversos motivos (muerte, develación de la verdadera cara o identidad del otro) → *seguimiento de la segunda alternativa, con resultado definitivo y feliz*. Novelas: 4, 14, 26, 28, 42, 45, 55.

Ya hemos visto cómo María de Montiel tiene dos amores: primero por el militar que muere en combate, luego por el comerciante. En otras novelas, las causas del cambio amoroso son más íntimas. Alberto, el protagonista de *Carlota o La hija del pescador*, se desilusiona de Enriqueta cuando descubre que su novia es orgullosa y egoísta, ya que no acepta que el joven acoja en su casa a una huérfana, deudo de la persona que le ha salvado la vida tras un naufragio. Carlota no espera que Alberto la ame porque reconoce las diferencias sociales entre ella, hija de un pobre pescador, y el joven rico. Pero Alberto no atiende a la condición económica sino a las cualidades morales, y elige a Carlota como esposa (Gutiérrez, T. 1858 a).

El problema de Pablo, en *Un desenlace*, es más delicado porque ama a dos mujeres con igual intensidad. El novelista lo justifica mediante la explicación psicológica de su temperamento y la comparación con figuras emblemáticas:

> Fácilmente podrá comprenderse esto que se llamaría aberracion del corazon, si se atiende al grado de intensidad á que pueden llegar las sensaciones cuando son producidas sobre un alma ardiente, apasionado, entusiasta por lo bello, ávido de pasion y sobre todo de placeres.
>
> Pablo en presencia de Teresa era el sensible, el suave y dulce amante de la púdica Cimodocea. En presencia de Adelina, era el fogoso hijo del Asia, soñando en los chispeantes y lúbricos coros de huries que guardan el paraiso del profeta [...] (Paz 1859 c: 57).

e) *Conquista → declaración de amor mutuo → casamiento*. Novela: 39.

La acción en *Episodio de la peste: Cora o La partida de caza*, de Cané, es mínima porque no hay actante opositor: la epidemia que obliga a los personajes a alejarse de la ciudad no obstaculiza el enamoramiento de Cora y Conrado; por el contrario, lo favorece.

En definitiva, en los conflictos sentimentales no se presentan impedimentos étnicos ni religiosos, solo morales. Hay tres tipos recurrentes de problemas que entorpecen la concreción del amor: imposiciones y secretos de familia, veleidades del falso/a enamorado/a, y los celos y venganzas de otros pretendientes (hombres o mujeres). Si hay oposición paterna, se debe más a una coerción de poder que a una causa cierta; los padres prefieren como yernos a sus amigos, mayores que sus hijas pero con buena situación económica; manifiestan rechazo a los jóvenes, sobre todo si son criollos. Si alguno de los progenitores agoniza y ante el riesgo cierto de que la protagonista quede huérfana y desvalida, el padre y sobre todo la madre suplica a la hija que se case con un hombre mayor y de porvenir asegurado. A veces, el que se opone es un hermano o primo que vela por la honestidad de la mujer ante la presencia de un galán hipócrita y de vida licenciosa. A pesar de estos obstáculos, el amor vence en la mitad de los casos.

Los roles protagónicos están a cargo de jóvenes, que representan cuatro tipos:

tipos axiológicos	positivo (moral)	negativo (inmoral)
femenino	la inocente	la coqueta
masculino	el noble	el infame

Los personajes responden a estas dicotomías y se mantienen en ellas casi sin excepción. Solo en *Vengador y suicida* (novela más socializadora que sentimental) se tratan cambios de actitud y conducta: Alfredo Márquez es un donjuán, y Teolmira Rodríguez, una mujer coqueta; pero ambos, por amor, modifican su conducta: se casan y la joven termina siendo esposa y madre responsable; no obstante, Alfredo debe pagar con su vida el pasado desplante a Emma Tagle, muerta de pena por él. El amor no alcanza para redimir las culpas, sobre todo cuando ha habido víctimas inocentes (Giráldez).

Los más perversos son, generalmente, hombres mayores, de rango social elevado, pero capaces de golpear, raptar y violar mujeres (novelas 81, 56, 61); aun de matar a la propia hija para ocasionarle al joven que la ha enamorado el mismo dolor que le ha causado al padre la huida de la muchacha (novela 40).

Los más bondadosos son, sin duda, las mujeres, no solo las madres, sino también y sobre todo las jóvenes inocentes, bellas exterior e interiormente y, por eso, dignas del amor de los protagonistas nobles. Una sutil diferencia se percibe entre los retratos hechos por los novelistas y los confeccionados por manos femeninas. Para ellos, la mujer es centro de atención respecto del hombre, origen ineludible de la mirada; y el valor social de la fémina se mide por esta misma relación y con su complicidad. La Esther de Miguel Cané reacciona en función de los varones que la rodean:

> –Yo no sé como se puede amar mas de lo que yo amo Eugenio. Ahora tres años habria contestado à su cariño:–mis obligaciones de madre me imponen deberes de que no puedo prescindir; mi hijo necesita de todos mis cuidados, de mis afecciones, pero hoy yo no soy la ùnica distraccion de sus làgrimas, ni el ùnico cariño que lo domina. Su padre me roba el afecto de mi hijo, y dentro de poco le seré incómoda como ya le soy à mi marido (1858 a: 95);
>
> –Como es V. cruel... Eugenio.
> La noble muger empezaba à comprender que su providencia la habia arrastrado al seno de un volcan, pero vencida por esa fuerza superior à su naturaleza delicada, sufria, amaba y se resignaba en silencio como lo habia hecho durante toda su vida.
>
> Esther volvió à su palacio, no descontenta sino melancólica, no arrepentida sino temerosa de ser insuficiente à distraer el corazon de Eugenio (98).

En cambio, la Lucía de Eduarda Mansilla muestra que, en el modo de enfrentar los vaivenes de la vida, los varones se pierden, mientras que las mujeres se orientan:

> [...] esa es la superioridad infinita, de la mujer sobre el hombre; la mujer no se engaña jamas, en cuestiones de corazon,

que son las únicas de su vida, miéntras que el hombre es ciego las más veces y necesita, que, la mujer le inicie, le conduzca, le lleve, le arrebate, casi á pesar suyo, á las tinieblas en que se halla sepultado su corazon, para darle en cambio, luz, vida, armonía, *amor* (2007 a: 242).

La novelista respeta el principio de la moral cristiana: el "corazon de la mujer debe ser el refugio del hombre" (276); pero se basa en razones feministas: porque la mujer es fuerte y sabia, puede dar lo que al varón le falta. En esto radica la superioridad femenina. El ámbito de la mujer es el "corazón" –el hogar, los afectos– y los lugares circunscritos, de donde sale solo para seguir al marido. Pero este seguimiento no implica ineludiblemente sumisión. Lucía es quien toma la decisión de acompañar a su marido hasta América:

> En tan estrecha y desnuda vivienda, sentíase Lucia más dichosa, que lo que nunca fuera altiva sultana [...]. El mundo suyo, era el mundo del amor, su universo acababa, donde no habia á quien amar.
> Gracias á tan bellas disposiciones, el ascendiente de Lucia sobre su pequeña tribu [...] era cada dia mayor (305).

El accionar amoroso de la protagonista culmina en su contribución a las relaciones amistosas entre españoles y charrúas gracias a "la prodigiosa facilidad, con que la bella Española se hizo dueña en poco tiempo del habla de los indios" (307). La mujer ama y se comunica; de este amor surge la armonía familiar, social y nacional.

La variedad de personajes femeninos creados por Mansilla permite observar una distinción narratológica entre *madres* y *amantes*, que se repite en otras novelas de modo bastante similar. Las madres cumplen solamente con las funciones de cuidar, rezar y sufrir; no toman decisiones familiares; por el contrario, sus vidas dependen de la generosidad y de las resoluciones de los varones. Las amantes, en cambio, son más activas, tienen una concepción de vida que las impulsa a tomar decisiones terminantes y enfrentan las consecuencias de esas resoluciones con entereza (Molina, H. 2005 a).

El amor (en sus múltiples variantes) y su reverso, el odio, determinan las relaciones interpersonales. La familia bien constituida es considerada base de la sociedad: en esto hay coincidencia entre los diferentes novelistas, sean conservadores, sean liberales. Pero, aunque los libros de historia recuerden que las familias decimonónicas solían estar constituidas por numerosos miembros –abuelos, padres, hijos y allegados (Myers 1999)–, en las novelas predominan los hogares de viudos y huérfanos, y los matrimonios tienen habitualmente uno o dos hijos. Las causas más frecuentes de esas soledades corresponden a hechos verosímiles en términos históricos: las guerras, el exilio y las enfermedades incurables.

Otra relación muy apreciada es la amistad, sobre todo entre varones. Amigos que escuchan las confidencias, amigos compinches de las parrandas nocturnas, amigos que traicionan. Amigos con quienes divertirse sanamente en una tertulia casera:

> Cada noche se formaban entre los amigos, proyectos de paseo, ó de algo agradable: la mas perfecta intimidad reinaba en la casa de D. Miguel, y todos los que la frecuentaban, se trataban con el mayor cariño, y á juzgar por la alegría que reinaba en ella, era de pensar que todas aquellas personas simpatizaban de un modo completo (Rosas de Rivera 1861: 15; 2010: II, 63).

La "más perfecta intimidad": he ahí el modelo de sociedad que sueñan nuestros novelistas.

Conclusiones

"Ya que la modestia democrática nos veda tallar el mármol y levantar monumentos á la gloria humana, hagamos que el invento de Gutemberg, mas consistente que el granito, salve para siempre del olvido á nuestros antecesores en el dulce y civilizador comercio con las musas. [...] ¿Qué es un pueblo ignorante de lo que fué? Un ciego perdido en el caos de los hechos presentes que no comprende".

Juan María Gutiérrez

Recapitulemos. La escritura de novela surge por imposición del sistema literario de lectura, importado de Europa, que incluye este género como texto atractivo y popular, aunque cuestionado y cuestionable en cuanto a su moralidad. Los novelistas argentinos adaptan el modelo importado al sistema literario vigente, pero priorizan algunos rasgos textuales de acuerdo con el marco referencial de los tipos discursivos ya aceptados socialmente. La novela ocupa el nicho vacío de la ficción seria en prosa.

SISTEMA LITERARIO DE LECTURA: novela extranjera, **moral** / inmoral				
SISTEMA LITERARIO DE ESCRITURA: novela argentina				
Definición teórica: *"Idealización de un suceso doméstico, narrada con tono sencillo y vulgar; para interesar la imaginación, promover afectos morales, y fortalecer los buenos principios de nuestra conducta privada"*.				
CATEGORÍAS VIGENTES	ORAL	Rasgos de la novela tomados del sistema	ESCRITO	
PROSA	elocuencia	**exigencia de credibilidad** **didactismo** **observación de sociedades** **retórica de persuasión** **narratividad**	historia y crónica libro de lectura relato de viajes noticia	SERIO
	cuento popular	**crítica reformista** **localismo** **dirección culta** *ficcionalidad, amenidad* *improvisación (como excusa ante fallas de escritura)*	artículo de costumbres tradición # poema y periódico gauchesco	CÓMICO-SATÍRICO
VERSO	payada			
	representación teatral	*subjetividad* **dramaticidad**	poesía sentimental drama	SERIO

Claves:
En versalita: criterios de organización del sistema literario.
En negrita: rasgo adoptado explícitamente, a causa de su prestigio.
En bastardilla: rasgo adoptado con precaución, a causa de su poco prestigio.
#: rasgo por oposición.

Tanto escritores como lectores manejan el mismo concepto de novela, definido desde los tratados de retórica, los debates periodísticos, la publicidad y los peritextos. La poética argentina de la novela se elabora y se hace explícita mientras se inicia la producción de los textos.

DATA	NOVELAS	METATEXTOS
1837-1838 Buenos Aires, Montevideo	*Una historia* y *Dos pensamientos*, de Cané (p.)	Artíc. de *La Moda* y *El Iniciador* (Alberdi, Cané) sobre literatura socialista
1843-1845 Santiago	*Alí Bajá* y 4 caps. de *La novia del hereje*, de V. F. López	*Curso de Bellas Letras*, de Vicente F. López
1847 La Paz	*Soledad*, de Mitre	"Prólogo", de Mitre
1851 La Paz	*La quena*, de Gorriti	
1851-1852 Montevideo	*Amalia*, de Mármol	"Explicación", de Mármol
1854-1855 Buenos Aires	*La familia del Comendador*, de Manso *Amalia*, de Mármol *La novia del hereje*, de V. F. López	"Carta-prólogo", de V. F. López
1856	*Camila O´Gorman*, de Pélissot Otras	*Ensayo sobre la literatura [...] del Río de la Plata*, de Labougle
1858	*Esther* y otras, de Cané Otras	Peritextos de *Esther* (Biblioteca Americana) *Primera lección de prosa...*, de Cané
1859	*Luis y Estevan*, de Blanco	"Explicación", de Blanco

El marco conceptual, definido por Alberdi, Cané (p.), Echeverría y Vicente F. López, es el de la literatura socialista o progresista, la cual pretende superar el individualismo romántico y asociar la patria con el ciudadano y el individuo, con el pueblo, en un *"retrato de la individualidad nacional"* (Cané 1941 b: 135). Por ello, la vida argentina queda grabada en la literatura que la expresa; particularmente en la tendencia a la americanización de los argumentos: el 95% de las historias noveladas transcurren en la Argentina o en países hispanoamericanos, o son protagonizadas por americanos en viaje por Europa.

El proceso de emergencia del nuevo género está marcado no solo por los factores políticos, sino además y sobre todo por las ideas filosóficas imperantes en esa época: una singular fusión entre la Ilustración (que prometía progreso seguro y creciente, educación para todos, igualdad social) y el Romanticismo (que convierte en sentimiento e ideal los conceptos de nación y de pueblo). Esta matriz de pensamiento, que confía en el progreso indefinido de los pueblos mediante la superación dialéctica de los conflictos, impone sin embargo una visión dicotómica de la realidad con tanta fuerza expresiva que todavía hoy perdura en la retina tanto de los observadores políticos como de los ciudadanos comunes. La novela argentina ha tenido la *desdicha* de nacer en tiempos románticos; la lucha entre pasiones encontradas es, pues, su marca distintiva.

V. F. López, Mitre y Mármol promocionan este género desde una posición alternativa y desde el exilio. Cuando asumen la función dominante, se desentienden de la novela (López no la retomará sino hasta 1882), pero sus textos quedan como ejemplo prototípico gracias a la primera historia literaria argentina, la de Juan Eugenio Labougle. A la empresa de novelar se suman pronto otros muchos hombres y mujeres, nativos y extranjeros, jóvenes y adultos. Sus producciones variopintas forman un conjunto abigarrado, que el tiempo y los gustos estéticos cambiantes han ido aligerando. Si atendemos al funcionamiento del polisistema literario argentino, podemos afirmar que la novela es puesta al servicio de la planificación cultural por aquellos pocos que asumen la función de organizar la nueva nación y de darle cohesión sociosemiótica. Una vez instalada en la sociedad argentina la posibilidad de producir novelas, acceden a este género otros ciudadanos que tal vez no aspiran a roles de poder, sino solo a gustar de lo nuevo y de lo libre, pero sin enfrentarse con el poder dominante, pues comparten y priorizan el mismo componente axiológico: la espiritualidad cristiana y los principios democráticos defendidos por la Constitución de 1853 (Pro 1965: 24-26).

Tanto la teoría de la novela como su praxis proyectan un modelo de sociedad que, en lo político, se inspira en los ideales de Mayo y, en lo sociocultural, responde a un anhelo colectivo de construir una sociedad mejor. Las novelas históricas y políticas coinciden en defender la libertad y alertar contra cualquier tipo de tiranía. Las novelas socializadoras –aun cuando señalan algunas oposiciones entre enfoques clericales y anticlericales, y entre conservadores y progresistas– delinean una sociedad mejor al mismo tiempo que revelan los males sociales existentes denunciando las injusticias, exigiendo la educación de las mujeres y la inclusión social de los marginados, y proponiendo un estilo de vida democrático, es decir, libre y moral. Las novelas sentimentales muestran cómo con amor pueden superarse todos los obstáculos y reunirse lo que estaba separado y enfrentado por los odios sectoriales y egoístas. Y en todas, la valoración unánime de la familia como núcleo afectivo indispensable para la formación de las personas (en tanto seres singulares y en tanto ciudadanos).

Valores comunes	Estructura del mundo representado → 'tópicos'	Tipos de novelas	Constantes formales
DEMOCRACIA ↑ Libertad	**PATRIA** # colonia 'luchas por Independencia'	Novela histórica y política	*LITERATURA MORAL* *-Narrador confiable y humilde;* *casi siempre reflexivo;* *a veces moralizador.* *-Ficción controlada por efectos veristas ("espejo cóncavo").* *-Tipos dicotómicos.* *-Secuencia narrativa con tendencia al desenlace eufórico (triunfo del bien, castigo del malvado).*
	REPÚBLICA # tiranía 'rechazo del despotismo' 'guerras civiles'		
	NACIÓN 'frontera con el indio' 'exclusión del gaucho'		
Justicia Igualdad ↓ **DIGNIDAD**	**SOCIEDAD** 'hombre / mujer', 'inocencia # coquetismo', 'bonhomía # vileza' 'honradez # delincuencia' 'trabajo # vicio' 'amistad' 'lo religioso / lo clerical' 'negro': 'esclavitud # liberación'	Novela socializadora y sentimental	
	FAMILIA 'padres / hijos', 'orfandad', 'matrimonio por amor'		
	PERSONA 'honor', 'fe', 'vida # muerte (suicidio, aborto, asesinato)' 'fidelidad # traición'		

Claves:
#: oposición constante
/: contraste, que a veces puede resultar oposición.

Las estructuras narrativas se organizan alrededor de una oposición de índole moral: *lealtad / traición*. Lealtad que es fidelidad en el amor, respeto por los padres, responsabilidad hacia los hijos, amistad sincera, patriotismo, gallardía en la defensa de la justicia y de la libertad, fe en Dios, caridad con el pobre, cumplimiento de la palabra empeñada, obediencia ante el amo, mesura en el uso de los bienes propios y escrupulosidad en la guarda de los bienes ajenos; lealtad que, en definitiva, es la expresión de un espíritu amoroso que venera la vida (se es fiel a aquello que se ama) y, por ello, el fundamento de la dignidad personal. Su opuesto, la traición, se manifiesta a través del adulterio, el abandono de padres, hijos y cónyuges; la inconstancia y la coquetería; mentiras, robos y estafas; cobardías y engaños de todo tipo; violaciones, delaciones, homicidios y abortos, abusos de poder político o eclesiástico; es decir, traición como odio y muerte.

Generalmente la tensión diegética que genera la antinomia avanza, primero, hacia el polo negativo con la superioridad momentánea de la venganza (reclamo violento de lo que se cree propio, que genera separaciones y dolores en las víctimas), pero luego se resuelve favorablemente, a través del perdón evangélico y del restablecimiento de la justicia, con la reunión de los dispersados en una familia feliz. El orden social, basado en el respeto mutuo, las normas morales y las leyes civiles, es finalmente restaurado; y si no se puede restaurar, lo mismo queda la certeza de que lo faltante era lo mejor. La civilización se muestra siempre superior a la barbarie.

Estas novelas, nacidas durante el período de organización política nacional, reflejan las paradojas de un proceso de independencia cultural que avanza en materia de libertad de pensamiento y de expresión, pero que se afirma en los valores modélicos del sustrato moral cristiano, de herencia hispana. Por eso, la *cantidad* de independencia aplicada marca las diferencias ideológicas entre los novelistas, quienes pueden ser agrupados en conservadores y liberales; distinción que no desmerece a unos ni ensalza a otros, pues todos sostienen el mismo propósito: mejorar la sociedad en la que viven, asemejándola al ideal de una nación perfecta, es decir, una nación moralmente fuerte y socialmente equilibrada.

Este afán formativo es herencia del costumbrismo, en el que poco se diferencia lo moral de lo moralizador. La mayor parte de los narradores, en algún momento, expresan sus juicios de valor y adoptan la postura de un maestro de vida, *pecado de soberbia* que traerá al género novela el *castigo* de ocasionar cierto hartazgo en los lectores. La producción realizada bajo los requisitos de la idealización y de la moralidad se vuelve poco a poco estereotipada y, sobre todo, inverosímil, pues la realidad que viven los argentinos seguramente marcha en otro sentido.

En 1872, la publicación de *El gaucho Martín Fierro* sacude la estructura del sistema narrativo con su contundencia expresiva, su original modo de fusionar lo culto con lo popular y su narrador protagonista que habla desde el dolor. Pero el gusto por la novela ya ha prendido en los lectores argentinos. Solo hará falta que Eduardo Holmberg le agregue al discurso narrativo un componente lúdico y que Eduardo Gutiérrez le devuelva vida con la estructura de la novela de aventuras[183] para que el género alcance un nivel digno de competir con el modelo europeo. Y la historia continuará, pues a cada época, su novela.

---

[183] Falta analizar por qué este tipo novelístico tan difundido entre las lecturas no se registra en el sistema de escritura hasta fines de la década de 1870.

Apéndice I

1. Novelas argentinas entre 1838 y 1872

Las denomino argentinas porque son escritas por autores argentinos o porque son publicadas por primera vez en la Argentina.

Criterios de selección:
- Se registran todos los títulos reconocidos como novelas, aunque no hayamos podido localizarlos personalmente.

Criterios de ordenamiento:
- Se tienen en cuenta las fechas de publicación, o sea, cuando empiezan a circular entre los lectores.
- Se sigue un orden cronológico y, en cada año, el orden alfabético de los títulos.
- Se indican dos años continuados cuando la publicación de una novela se ha iniciado en un año, el cual suele figurar en la portada, pero se ha concluido en el siguiente.
- Se coloca el lugar de la primera publicación cuando no es Buenos Aires.
- En los casos de textos publicados varias veces con distintos títulos, se ingresa por el primero y entre paréntesis se anotan los posteriores.
- También entre paréntesis se anotan las reediciones argentinas de los textos de autores argentinos que publican la primera edición en el extranjero.
- Entre comillas se destacan los seudónimos y los alfónimos.

Símbolos utilizados:
(n) Novelas que constituyen el corpus de esta investigación
* Novelas no localizadas
# Novelas no incluidas por Lichtblau en su repertorio bibliográfico
-- Primeras ediciones, incompletas
++Primeras ediciones, en otros idiomas.

Novelas

1838 *Dos pensamientos: Narración*, "L. M.", Montevideo (Buenos Aires, 1859), Miguel Cané (p.). (1) #
Una historia (luego *Marcelina*), "C. M.", Montevideo (Buenos Aires, 1858), Miguel Cané (p.). (2) #

1843 *Alí Bajá*, anónima, Santiago de Chile, Vicente Fidel López. (3) #
--4 capítulos de *La novia del hereje o La Inquisición de Lima*, Santiago de Chile, Vicente Fidel López.

1847 *Soledad: Novela original*, La Paz, Bartolomé Mitre. (4)

1848 *Memorias de un botón de rosa*, Valparaíso, Bartolomé Mitre. (5)

1851 *La quena: Leyenda peruana*, anónima, La Paz (Buenos Aires, 1865), Juana Manuela Gorriti. (6)

1851-1852 --*Amalia* (inconclusa), Montevideo, José Mármol.

1852 *Mysterios del Plata* (inconclusa, en portugués), Río de Janeiro, Juana Paula Manso de Noronha.

1854 *La familia del Comendador: Novela original*, Juana Paula Manso de Noronha. (7)
Una noche de boda (Córdoba y Buenos Aires, 1858), Miguel Cané (p.). (8)

1854-1855 *La novia del hereje o La Inquisición de Lima*, Vicente Fidel López. (9)

1855 *Amalia*, José Mármol. (10)

1856 *Camila o La virtud triunfante: Novela original*, "E. del C.", Estanislao del Campo (11).
Camila O'Gorman: Novela escrita en francés por Felisberto Pélissot, con colaboración de Francisco López; Traducida y dada a luz por Heraclio C. Fajardo (Nueva edición aumentada con datos interesantes, notablemente modificada y precedida del folleto histórico del Comercio del Plata, 1857), Felisberto Pélissot, francés. (12)
La huérfana de Pago Largo: Novela histórica original, Francisco López Torres. (13)
Las rivales, Carlos Augusto Fajardo, uruguayo. (14) #
Misterios de Buenos Aires: Novela original escrita en francés por Felisberto Pélissot, y traducida al castellano para La Tribuna, por uno de sus colaboradores, Felisberto Pélissot. (15)
Una venganza funesta: Novela original, Ángel Julio Blanco. (16)
1857 *Aurelia*, José Víctor Rocha. (17)
Carlota ó Una víctima de la mas-horca, Francisco López Torres. (18)
Dos víctimas de 1840, José Víctor Rocha. (19)
El destino, o La venganza de una mujer: Novela original, Tomás Gutiérrez.*
El Herminio de la Nueva Troya: Novela histórica contemporánea, Laurindo Lapuente, uruguayo. (20)
El isleño: Episodio de la guerra de la Independencia, Manuel Romano. (21)
El prisionero de Santos Lugares: Historia-novela original contemporánea, Federico Barbará. (22)
Emeterio de Leao: Continuación de Una venganza funesta: Novela original, Ángel Julio Blanco. (23)
¡Santa y mártir de 20 años! Novela original, Carlos Luis Paz. (24)

Un ángel y un demonio o El valor de un juramento: Novela original, Margarita Rufina Ochagavía. (25)
Un drama en la vida: Novela original, José Víctor Rocha. (26)

1858 *Aurora y Enrique, o sea La guerra civil: Novela histórica original*, Toribio Aráuz. (27)
Carlota o La hija del pescador, Tomás Gutiérrez. (28)
Dayla, Francisco López Torres. (29) #
El lecho nupcial, Lima (Buenos Aires, 1865), Juana Manuela Gorriti. (30) #
El correntino: Leyenda histórica, Carlos María, Barón de Viel Castel, francés. # *
Esther: Novela original (o *Esther: Simple narración*), Miguel Cané (p.). (31)
Eugenio Segry o El Traviato, Miguel Cané (p.). (32)
Farsa y contrafarsa: Novela original, Alejandro Magariños Cervantes, uruguayo. (33)
Isabel o sea la heroína colorada, anónima. *
La familia de Sconner, Miguel Cané (p.). (34)
La virgen de Lima, Francisco López Torres. (35)
Nunca es tarde cuando la dicha es buena, Tomás Gutiérrez. (36)
Sofía, Carlos A. Mansilla. * #
Virtud y amor hasta la tumba: Novela original, Laurindo Lapuente. (37)

1859 *Angélica o Una víctima de sus amores; Novela original*, Paraná, Eusebio F. Gómez. (38)
Episodio de la peste: Cora o la partida de caza, Miguel Cané (p.). (39) #
Hojas de mirto: Novela original, Ernesto O. Loiseau. (40)
La maldición o El compadrito (Páginas literarias), Tomás Gutiérrez. (41)
La mulata, Carlos Luis Paz. (42) #

Luis y Estevan: Novela de costumbres, Ángel Julio Blanco. (43)
Traición de un amigo o Un criminal menos, "R. R.". (44)
Un desenlace, Carlos Luis Paz. (45) #

1860 *Amor infinito*, Mendoza, Manuel Rogelio Tristany, español. # *
Ayer y hoy (inconclusa), Raimundo J. Arana. (46)
El Lucero del Manantial: Episodio de la dictadura de don Juan Manuel Rosas, Lima (Paraná, 1861; Buenos Aires, 1865), Juana Manuela Gorriti. (47) #
El médico de San Luis, "Daniel", Eduarda Mansilla de García. (48)
El ramillete de la velada, Lima (Buenos Aires, 1863, 1865), Juana Manuela Gorriti (49) #
Espinas de un amor: Novela histórica-original, Amancio Alcorta (h.). (50)
Los abrojos de una flor, o El desengaño: Novela histórica escrita en Rosario de Santa Fe, Antonio o Antonino Urraco.*
Lucía: Novela sacada de la historia argentina, "Daniel", Eduarda Mansilla de García. (51)
Lucía Miranda: Novela histórica, Rosa Guerra. (52)
Vengador y suicida: Novela original, Tomás N. Giráldez. (53)

1861 *El guante negro*, Paraná, Juana Manuela Gorriti. (54)
Las dos siemprevivas, Rosario, Manuel Rogelio Tristany. # *
María de Montiel: Novela contemporánea, "M. Sasor", Mercedes Rosas de Rivera. (55)
Si haces mal no esperes bien, Lima (Buenos Aires, 1863, 1865), Juana M. Gorriti. (56) #

1861-1862 *El ángel caído*, Lima (Buenos Aires, 1865), Juana Manuela Gorriti. (57)

1862   *Emilia o Los efectos del coquetismo*, "R. el Mugiense", Ramón Machali. (58)
        Gubi Amaya: Historia de un salteador, Lima (Buenos Aires, 1865), Juana Manuela Gorriti. (59)
        Una víctima del poder del plata, o El capricho de un millonario: Novela histórica de la época, Luis Veras. *
1863   *El capitán Pablo*, Daniel Flores Belfort. (60) #
        El pirata o La familia de los condes de Osorno: Novela histórica, escrita en la cárcel pública de Buenos Aires, (en el calabozo No. 5 en octubre de 1862), Coriolano Márquez. (61)
        Emma o La hija de un proscripto: Novela escrita por..., "M. Sasor", Mercedes Rosas de Rivera. (62) #
        La hija del mashorquero: Leyenda histórica, Lima (Buenos Aires, 1865), Juana Manuela Gorriti. (63)
        La malilla, Carlos Luis Paz. (64) #
        Una hora de coquetería (Buenos Aires, 1865), Juana Manuela Gorriti. (65) #
1864   *El capitán de Patricios*, Juan María Gutiérrez. (66)
1865   *El tesoro de los Incas: Leyenda histórica*, Juana Manuela Gorriti. (67)
        Elvira o El temple de alma de una sanjuanina; (Novela regional de fondo histórico), (luego *La Rinconada*), San Juan, Pedro Echagüe. (68)
        La novia del muerto, Juana Manuela Gorriti. (69) #
        Quien escucha su mal oye: Confidencia de una confidencia, Juana Manuela Gorriti. (70) #
        Tres noches de una historia, Juana Manuela Gorriti. (71) #
        Un drama en el Adriático, Juana Manuela Gorriti. (72) #
        Una noche de agonía: Episodio de la guerra civil argentina en 1841, Juana Manuela Gorriti. (73) #
1866   *El bandido*, "X." (74) #

El destino: Imitación de una traducción de T. (inconclusa), anónima.*
El hijo del pescador (un fragmento), Francisco Rave.*
El hogar en la pampa: Cuento, Santiago Estrada. (75)

1867-1868 *Guerras civiles del Río de la Plata; Primera parte: Una mujer heroica*, "Violeta" (inconclusa; traducción con modificaciones de *Mysterios del Plata*), Juana Paula Manso de Noronha. (76)

1868 *Aventuras de un centauro de la América meridional*, José Joaquín de Vedia. (77)
La presidencia: Novela escrita en alemán por F. F. L. y traducida al castellano por Falucho, Rosario, Federico de la Barra. (78)
Los guayanases: Leyenda americana o Novela inédita original (fragmentos), Francisco Rave, alemán. (79)

1869 *Arcanos del destinos* (también conocida por el título del volumen: *El indicador positivista o La novela enciclopédica: Obra original*), Enrique López. (80)
La bella Emilia: Novela histórica de mis tiempos, Enrique Juan Iuglaris, español. (81)
++*Pablo ou La vie dans les Pampas*, Paris, Eduarda Mansilla de García.
Revelaciones de un manuscrito, Bernabé Demaría. (82)
Un año en California (luego *La leontina*, 1873, y *Un viaje al país del oro*, 1876), Juana Manuela Gorriti. (83)

1869-1870 *El pozo del Yocci*, Juana Manuela Gorriti. (84)

1870 *El ciego Rafael*, "F. A. S.", Fortunato A. Sánchez. (85)
Pablo o La vida en las Pampas (traducción de Lucio V. Mansilla), Eduarda Mansilla de García. (86)

1871 *El alma de Jesús Pérez o La justicia del terror: Novela histórica, filosófico-jurídica*, "N. L.", San Juan, Nicanor Larrain.*

Una alma herida (inconclusa), "Smith".*
1871-2 *La hija de la gitana* (inconclusa), Carlos Jansen, alemán.

2. Textos relacionados con las novelas

Se listan los textos a veces considerados como novelas, pero que no responden a la definición adoptada en este trabajo.

1840 *Cartas a Genuaria*, epistolario personal y didáctico, Marcos Sastre.
1851 *Tobías o La cárcel a la vela; Producción americana escrita en los mares del Sur*, Valparaíso; artículo de costumbres, Juan Bautista Alberdi.
1853 *Memorias de un condenado*, José María Gutiérrez.
1855 "El ángel de mi guardia", "Un presentimiento", "El esclavo", "María Estuardo", en *Estudios recreativos, históricos y morales*, relatos didáctico-moralizadores; Ildefonso Bermejo, español.
1856 *La aerostática en Buenos Aires: Capricho crítico, histórico y novelesco*, noticia novelada, Laurindo R. Lapuente.
1857 *Fantasía*, prosa lírica, Laurindo R. Lapuente.
1863 *Julia o La educación: Libro de lectura para niñas*, con estructura epistolar, Rosa Guerra.
1865 *Crimen y expiación: Crónica de la Villa Imperial de Potosí*, tradición, Vicente Gregorio Quesada.
1870 *Elisa Lynch*, biografía novelada, "Orión", Héctor Florencio Varela.
1871 *El matadero*, entre el artículo de costumbres y la tradición, Esteban Echeverría. [Se considera la fecha de la primera edición]

> *Peregrinación de Luz del Día, o Viaje y aventuras de la Verdad en el Nuevo Mundo*, "A.", alegoría novelada, Juan Bautista Alberdi.

1872 *Defensa del celebérimo escritor Veterano Aforismos, hecha en última instancia por el no menos célebre abogado del foro de Mar-Chiquita, Don José Aurelio Herrera (Alias Teseo)*, sátira, Aurelio Herrera.

3. Lista de novelistas incluidos en este estudio

- Se ordenan alfabéticamente.
- Se indica lugar de nacimiento cuando no es Buenos Aires.
- Se agrega seudónimo o alfónimo entre comillas.
- El número indica cantidad de novelas estudiadas por autor.

Total: 41 autores.

Alcorta, Amancio (h.), 1.
Arana, Raimundo J. (de), 1.
Aráuz, Toribio, 1.
Barbará, Federico, 1.
Barra, Federico de la, "F. F. L." y "Falucho", 1.
Blanco, Ángel Julio, 3.
Campo, Estanislao del, "E. del C.", 1.
Cané, Miguel (p.), "L. M." y "C. M.", 7.
Demaría, Bernabé, 1.
Echagüe, Pedro, 1.
Estrada, Santiago, 1.
Fajardo, Carlos Augusto, uruguayo, 1.
Flores Belfort, Daniel, 1.
Giráldez, Tomás N., 1.
Gómez, Eusebio F., rosarino, 1.
Gorriti, Juana Manuela, salteña, 18.
Guerra, Rosa, 1.

Gutiérrez, Juan María, 1.
Gutiérrez, Tomás, 3.
Iuglaris, Enrique Juan, español, 1.
Lapuente, Laurindo, uruguayo, 2.
Loiseau, Ernesto O., "El Mulato", 1.
López Torres, Francisco, 4.
López, Enrique, 1.
López, Vicente Fidel, 2.
Machali, Ramón, "R. el Mugiense", español, 1.
Magariños Cervantes, Alejandro, uruguayo, 1.
Mansilla de García, Eduarda, "Daniel", 3.
Manso de Noronha, Juana Paula, "Violeta", 2.
Mármol, José, 1.
Márquez, Coriolano, 1.
Mitre, Bartolomé, 2.
Ochagavía, Margarita Rufina, 1.
Paz, Carlos Luis, 4.
Pélissot, Felisberto, francés, 2.
Rave, Francisco, alemán, 1.
Rocha, José Víctor, 3.
Romano, Manuel, 1.
Rosas de Rivera, Mercedes, "M. Sasor", 2.
Sánchez, Fortunato A., "F. A. S.", 1.
Sin identificar: "R. R." y "X.".
Vedia, José Joaquín de, 1.

Apéndice II: Ficha técnica de las novelas

Aclaraciones:
- Seguimos el orden alfabético de los títulos.
- Proporcionamos algunos datos biográficos de los autores la primera vez que los mencionamos, si es que hemos podido hallar la información correspondiente.
- El análisis narratológico se limita a los elementos básicos, con el único fin de ilustrar las peculiaridades de cada novela. Hemos empleado los tecnicismos según la clasificación expuesta en Molina, H. 1999.
- La ubicación del ejemplar consultado se indica mediante estas siglas:

   AGN: Archivo General de la Nación, Buenos Aires.
   BAAL: Biblioteca de la Academia Argentina de Letras.
   BFFLBA: Biblioteca de la Facultad de Filosofía y Letras, Universidad de Buenos Aires.
   BCN: Biblioteca del Congreso de la Nación, Buenos Aires.
   BCNBA: Biblioteca del Colegio Nacional de Buenos Aires.
   BMUNC: Biblioteca Mayor de la Universidad Nacional de Córdoba.
   BN: Biblioteca Nacional de la República Argentina, Buenos Aires.
   BNCh: Biblioteca Nacional de Chile.
   BNM: Biblioteca Nacional de Montevideo.
   BP: Bibliotecas particulares.
   MM: Museo Mitre, Buenos Aires

Título: ***Alí Bajá (Cuadro de Mr. Monvoisin)***.
Autor: Vicente Fidel López (porteño, 1815-1903), abogado, político, funcionario, periodista; historiador, escritor, novelista.

Datos de la publicación: seis folletines anónimos en *El Progreso*, de Santiago de Chile, entre el 21 y el 29 de marzo de 1843 [BNCh]. Edición crítica: en prensa.

Estructura externa: sin divisiones.

Tipo de novela y temas predominantes: histórica; consecuencias nefastas del despotismo de un invasor y de las ambiciones de poder.

Ubicación espaciotemporal: Cardiki y Janina (antigua región del Epiro, entre Grecia y Albania); 1812-1822.

Estructura interna y síntesis argumental: narrador heterodiegético. Alí Bajá desea vengarse del pueblo de Cardiki y cuenta a su siervo Anastasio el motivo: cincuenta y dos años antes, su padre fue derrocado; su madre, su hermana menor Cainiza y él mismo, niño aún, han sido encarcelados en Cardiki por orden del Sultán de Constantinopla, quien se ha llevado a Cainiza a su harén. Anastasio informa a los griegos que han sido acusados de falsificar moneda; los cardikistas desconfían de Alí por las noticias terribles que circulan sobre él. Pero después, el Oso del Pindo se reúne con el anciano presidente de la ciudad e hipócritamente se muestra afable con sus antiguos conocidos y les asegura que no llevará adelante la investigación que le ha pedido el Sultán. Confiadas, las familias de cardikistas se acercan al campamento turco; entonces comienza la matanza; pero una niña de seis años, Vasiliki, pide inocentemente ayuda a Alí, quien se conmueve y salva a sus padres, que son el anciano líder y su mujer; se los lleva a Janina. Vasiliki crece admirando a Alí. Mientras tanto, el Oso del Pindo conspira contra el Sultán, pero este lo descubre, destruye sus tropas e incendia Janina. Alí, a quien solo le queda el cariño de la joven, resiste bravamente, mas al final es abatido. Vasiliki es llevada a Constantinopla, ciudad ya civilizada, y a la corte del sultán Selim.

Título: **Amalia**.

Autor: José Mármol (porteño, 1817-1871), periodista, político, funcionario; poeta, dramaturgo.

Datos de la publicación: edición inconclusa (hasta el cap. XII de la cuarta parte) por entregas con el periódico *La Semana*, entre 1851 y el 2 de febrero de 1852; solo se completa un primer tomo de 364 pp. (Curia 1990: 7-8). "2ª ed.": edición completa, corregida y aumentada en ocho volúmenes en 8°, con este pie de imprenta: Buenos Aires, Imprenta Americana, 1855. Numerosas ediciones posteriores. Edición crítica: Curia *et al.* (1990).

Estructura externa de la "segunda edición": "Los Editores", "Advertencia", cinco partes (con 13, 12, 16, 17 y 19 caps. respectivamente) y "Especie de epílogo", además de numerosas notas a pie de página.

Tipo de novela y temas predominantes: política y prospectivamente histórica; resistencia a la tiranía. Inicia el Ciclo de la tiranía de Rosas.

Ubicación espaciotemporal: Buenos Aires, con algunas escenas en Montevideo; desde el 4 de mayo al 6 de octubre de 1840.

Estructura interna y síntesis argumental: narrador heterodiegético. Eduardo Belgrano es gravemente herido cuando pretende huir a Montevideo. Su amigo Daniel Bello lo salva y lo esconde en la casa de su prima Amalia Sáenz de Olavarrieta, de quien se enamorará el fugitivo. Desde ese momento, Daniel –muy sagaz, valiente y reflexivo– organiza una serie de estratagemas a fin de preservar la seguridad de sus seres queridos, en tanto continúa sus actividades políticas secretas contra el tirano: control del presidente de la Sociedad Popular

Restauradora y del gobernador delegado Felipe Arana, reunión de jóvenes para convencerlos de que no emigren, viaje a Montevideo para entrevistarse con el cónsul francés y algunos exiliados unitarios, entre otras acciones. Se sirve de la ayuda de su novia Florencia Dupasquier y del doctor Diego Alcorta; también del servicio de su criado Fermín -un gauchito-, de Pedro -veterano de guerra, criado de Amalia-, del maestro Cándido Rodríguez, de la prostituta doña Marcelina, de un ballenero inglés y del cónsul norteamericano, entre otros. Los protagonistas enfrentan enemigos rosistas de toda calaña: sobre todo, doña María Josefa Ezcurra -quien desea quedar bien ante su cuñado hallando el escondite del prófugo- y Nicolás Mariño, quien -atraído por Amalia- la acosa con poca sutileza. Por más que Eduardo cambie su escondite varias veces, finalmente es cercado por la Mashorca cuando acaba de casarse con Amalia. Justo en ese momento, llega también el padre de Daniel, estanciero federal, quien trata de evitar las muertes; pero el novio es asesinado. Quedan dudas al lector respecto de la suerte corrida por Amalia y Daniel; el narrador insinúa que la historia continuará. Se incluyen extensas explicaciones históricas, descripciones de espacios contrastantes y documentos, algunos verosímiles y otros ficcionales.

Título: **Angélica o Una víctima de sus amores: Novela original**.
Autor: Eusebio F. Gómez (rosarino, 1815-1885), periodista.
Datos de la publicación: un vol. de 72 págs.; Paraná: Imprenta de El Nacional Argentino, 1859 [BN].
Estructura externa: dedicatoria al "Benemérito Coronel D. Pedro Seguí" + 31 caps. sin títulos. Novela datada en "Uruguay, Agosto de 1858".

Tipo de novela y temas predominantes: política y prospectivamente histórica y socializadora; coquetería, ambición y veleidad femeninas, valor de la amistad y de la familia, el suicidio, consecuencias nefastas tanto de la tiranía como de las pasiones humanas descontroladas.

Ubicación espaciotemporal: Paraná, Santa Fe, Buenos Aires, Concepción del Uruguay; en tiempos rosistas, sin precisar año.

Estructura interna y síntesis argumental: narrador heterodiegético, que expone su opinión contra el suicidio, el aborto, la prostitución y el duelo por el honor. Narración base con el protagonismo de Angélica, más dos relatos insertados en los que se cuentan los antecedentes de diversas épocas anteriores: uno sobre Eleodoro de Granada y otro sobre su amigo Emilio. Eleodoro y Emilio se conocían de la Universidad de Montevideo; Emilio quería a Clorinda, la hermana de su amigo, pero esta un día lo rechaza; ella es coqueta y ambiciosa, no se conforma con el amor de un poeta. Emilio viaja a Valparaíso; tres años después regresa a Paraná, donde se enamora de una actriz: Angélica. Esta, a pesar de amarlo, rechaza al poeta para casarse con Eduardo, brasileño con dinero, quien tiende una trampa al joven despechado y este termina preso. A la salida de la cárcel, enterado del casamiento de Angélica, intenta suicidarse pero lo salvan; no obstante, desengañado de las mujeres y de su patria (por la muerte sin honores de su padre militar), se convierte en asesino; mata incluso a su propia madre. Se reencuentra con Eleodoro, a quien salva de un naufragio y de la mordedura de una víbora. Los amigos se cuentan sus tristes historias. La madre de Eleodoro y Clorinda han viajado a Buenos Aires, pues su tía ha sido apuñalada; cuando confiscan sus bienes, el joven va en su auxilio. Al tiempo la madre también es asesinada por la Mazorca, Clorinda enloquece, pero lo mismo Eleodoro viaja a Concepción del Uruguay por negocios; allí se enamora de Carmen, quien luego ingresa a un convento. A su regreso a Buenos Aires, el joven encuentra que su hermana se ha enamorado de Tristán, un mazorquero; Eleodoro lo mata en un duelo y se fuga. En esa circunstancia se reencuentra con Emilio. En ese ínterin, Angélica –durante el viaje de boda– ha naufragado; ella y su criada Lucía se salvan, se asilan en una casa de prostitución. Posteriormente Angélica se refugia en la casa de campo de su amiga Emilia, hermana de Alberto, coronel argentino que se ha casado con Clorinda. Este debe ejecutar a dos asesinos, que resultan ser Emilio y Eleodoro. Al reconocerlos, Alberto logra salvar a Emilio, pero no a su cuñado, por lo que Clorinda enloquece. Ella es llevada al campo, donde se encuentra con Angélica, quien la mata al enterarse de la muerte de su hermano Tristán a manos de Eleodoro. Finalmente, Alberto N., ahora gobernador de Santa Fe, condena a Angélica por su crimen; el verdugo es Emilio, el hombre a quien ella más había amado.[184]

Título: **Arcanos del destino**.
Autor: Enrique López.
Datos de la publicación: 92 págs. incluidas en *El indicador positivista o La novela enciclopédica: Obra original de Enrique López*; Buenos Aires: Imprenta Española, 1869 [BN]. Esta edición presenta la particularidad de insertar avisos publicitarios entre los párrafos de la novela, además de un apéndice con leyes comerciales, reglamentos y tarifas de servicios de transporte.
Estructura externa: "Al lector" + 23 caps. + "Epílogo".
Tipo de novela y temas predominantes: socializadora; amor por interés vs. amor sincero.
Ubicación espaciotemporal: Lima; primavera de 184...

---

[184] Admitimos que en este resumen hemos tratado de disimular algunas incoherencias de esta confusa trama.

Estructura interna y síntesis argumental: narrador heterodiegético semipersonalizado. Leonardo, quien ha perdido su fortuna en el juego, corteja a Paulina. La joven lo acepta pensando que tiene dinero, a pesar de que ama al poeta Ramiro. Este revela la situación de Leonardo a través de un artículo periodístico. El acusado reta a duelo al acusador; ambos resultan heridos; los cuida Guillermo, amigo de Leonardo, quien también se ha enamorado de Paulina, por lo que trama raptarla. En el intento mata a dos personas. Dado que Guillermo debía estar lejos de Lima, culpan a Leonardo del intento de rapto; este encuentra a su amigo, pelean y ambos mueren. Ramiro también muere por sus viejas heridas. Paulina ingresa en un convento.

Título: **Aurelia**.

Autor: José Víctor Rocha (1840-1898), periodista, novelista.

Datos de la publicación: en la sección "Literatura nacional", de *El Nacional*, de Buenos Aires, entre el 6 y el 11 de agosto de 1857 [BCN].

Estructura externa: 6 caps.

Tipo de novela y temas predominantes: política y prospectivamente histórica, del Ciclo de la tiranía de Rosas; defensa del honor femenino.

Ubicación espaciotemporal: Buenos Aires, 1843.

Estructura interna y síntesis argumental: relato enmarcado. Un narrador homodiegético escucha este "episodio de la tiranía" de boca de Lizandro, quien a su vez cuenta lo que dicen los manuscritos de Andrés, su amigo agonizante. Relato insertado: sus padres han muerto por un ataque mazorquero; su amada Aurelia es raptada por un coronel de Rosas; ella se suicida para no caer en sus manos. Andrés enferma al enterarse de lo ocurrido.

Título: **Aurora y Enrique, o sea La Guerra Civil: Novela histórica original**.
Autor: Toribio Aráuz, escritor.
Datos de la publicación: un vol. de 62 págs.; Buenos Aires: Imprenta de Mayo, 1858 [BN].
Estructura externa: "Introducción" + ocho caps.
Tipo de novela y temas predominantes: política y prospectivamente histórica, del Ciclo de la tiranía de Rosas; las distintas formas físicas y morales de matar durante una tiranía.
Ubicación espaciotemporal: Buenos Aires, con algunas escenas en Paraguay; noviembre de 185..., con retrospectiva hacia 1839-1842.
Estructura interna y síntesis argumental: relato insertado: un narrador homodiegético testigo escucha el relato de Aurora (durante su fiesta de boda con Enrique). Ella cuenta todas las vicisitudes que ha debido padecer a causa de la tiranía de Rosas: muerte del padre por la Revolución del Sud, exilio de ella en el Paraguay, prisión de su novio; también, comenta sus planes de matar a Rosas. Incluye reflexiones filosóficas.

Título: **Aventuras de un centauro de la América meridional**.
Autor: José Joaquín de Vedia (porteño, 1811-1872), militar (mitrista), periodista y escritor.
Datos de la publicación: edición de Santiago R. Pilotto, con dos ilustraciones de Henri Stein. Buenos Aires: Imprenta del Orden, 1868. 223 p. [BAAL].
Estructura externa: "Preliminar" + 3 caps. extensos considerados "cuadros"; el autor promete un cuarto y último cuadro.
Tipo de novela y temas predominantes: socializadora; biografía de un gaucho, denuncia de las persecuciones que padece.

Ubicación espaciotemporal: la pampa argentina, en particular la de Buenos Aires y Santa Fe; entre 1820 y 1825 aproximadamente.

Estructura interna y síntesis argumental: narrador heterodiegético semipersonalizado, quien sitúa su presente en el día 16 de febrero de 1864. Trama central: contratiempos o "travesuras" (5) del gaucho Irene, tras resistirse a ser enrolado; cuatrerismo, negocios con caciques, peleas con la policía, gesto solidario de Santos Páez; amistad con Bruno, idilio y fuga con Clara, reencuentro con la madre y hermanos; fugaz estancia en Buenos Aires, regreso al desierto. Incluye numerosas digresiones reflexivas de tipo metanarrativo, literario, sociológico y político.

Título: **Ayer y hoy**.
Autor: Raymundo J. Arana, periodista.
Datos de la publicación: folletines de *La Voz del Pueblo*, entre el 22 de abril y el 4 de julio de 1860 [BN].
Estructura externa: dos partes. Inconclusa.
Tipo de novela y temas predominantes: socializadora; consecuencias nefastas de las difamaciones y chismes, veleidad femenina, hipocresía social.
Ubicación espaciotemporal: se presume contemporaneidad.
Estructura interna y síntesis argumental: narrador heterodiegético semipersonalizado. (No hemos podido establecer la cantidad de capítulos ni detalles del argumento porque la colección del diario en la Biblioteca Nacional se halla muy incompleta.)

Título: **Camila o La virtud triunfante: Novela original**
Autor: "E. del C.", Estanislao del Campo (porteño, 1834-1880), político, funcionario, militar alsinista; periodista, poeta.

Datos de la publicación: un vol. de 119 págs.; Buenos Aires: Imprenta de La Revista, 1856 [BAAL].
Estructura externa: "A mis lectores" + 9 caps.
Tipo de novela y temas predominantes: política, del Ciclo de la tiranía; triunfo de los virtuosos, fidelidad de los criados.
Ubicación espaciotemporal: Buenos Aires, 1854, con retrospección hacia 1840.
Estructura interna y síntesis argumental: narrador heterodiegético. En el marco de los festejos por la autonomía porteña, Carlos Prado y Blas de Aguilar disputan el amor de Camila. Blas, ex mazorquero, usa la estrategia de dejar en la miseria a la joven y a su tía Marta. El padre Anselmo y su hermana Mercedes ayudan a las mujeres, pero Marta fallece. Carlos, muy celoso, desconfía de Camila, quien enloquece; el novio hiere en un duelo a Blas y luego se aleja de Buenos Aires. Blas organiza su desquite, pero sus supuestos compinches, Jaime y Pedro, lo traicionan para vengar, a su vez, viejas ofensas de Aguilar. Meses después, Carlos regresa y Camila recobra la razón. Finalmente los enamorados se casan.

Título: **Camila O'Gorman: Novela**.
Autor: Felisberto Pélissot (francés, ¿?), educador, novelista.
Datos de la publicación: la 1ª ed. es un vol. de 204 págs. y tiene por subtítulo: *Novela escrita en francés por Felisberto Pélissot, con colaboración de Francisco López; Traducida y dada a luz por Heraclio C. Fajardo*; Buenos Aires: Imprenta Americana, 1856. 2ª ed.: vol. de 251 págs., con el siguiente subtítulo aclaratorio: *Nueva edición aumentada con datos interesantes, notablemente modificada y precedida del folleto histórico del Comercio del Plata*; Buenos Aires: Imprenta de las Artes, 1857. Ediciones posteriores: 1885 (Barcelona),

1933, 1945; esta última lleva el subtítulo: *La tragedia de Santos Lugares* [BN, BNM].

Estructura externa: 1ª ed. "Prólogo del traductor", "Prefacio [del autor]", "Introducción" + 23 caps. + "Epílogo". 2ª ed. 35 caps. + "Epílogo" + "Capricho retrospectivo".

Tipo de novela y temas predominantes: política y prospectivamente histórica, Ciclo de la tiranía; acoso sexual a una doncella, venganza del tirano.

Ubicación espaciotemporal: Buenos Aires y Goya, 1848.

Estructura interna y síntesis argumental: punto de partida: artículo de Valentín Alsina en *Comercio del Plata*, de Montevideo, y dos cartas del mismo autor (caps. I-VII). Narrador homodiegético identificable con el autor en los primeros capítulos (el X incluye el prefacio de la 1° ed.); luego se presenta como testigo sin identificación precisa. La historia de Camila es presentada desde la perspectiva de Lázaro Torrecilla, amigo de la infancia de "La Santa", quien proporciona al narrador y a su amigo un manuscrito autobiográfico de Camila para que lo lean y conozcan la verdad (caps. XII-XXXV). La protagonista recuerda que el tucumano Uladislao Gutiérrez es recibido en la casa de los O'Gorman y que ella se enamora inocentemente. Lázaro es detenido por un supuesto complot; la joven y Uladislao se dirigen a Palermo para conseguir su liberación. Llegan hasta el despacho de Rosas, a quien Camila observa y enfrenta con valentía y dignidad cuando percibe el acoso del tirano. Este finge dejarla ir, pero vuelve a traerla hacia sus aposentos, donde arma representaciones grotescas con su bufón Eusebio. Camila es salvada del mayor ultraje por la llegada providencial de Manuelita y Uladislao. Ya en una casa de campo, Camila y Uladislao se casan, con la bendición del padre de Lázaro. Los esposos huyen hacia Paraná y luego, en Goya, fundan una escuela, mientras Rosas dicta orden de persecución. Un viejo enemigo, Ganon, los descubre y los denuncia; los fugitivos son detenidos y llevados a Santos Lugares. Camila recibe el apoyo de su padre, quien reconoce la virtud de su hija al rechazar al tirano. Lázaro atestigua el desenlace: Uladislao y la joven embarazada son recién muertos por una tercera descarga. A la caída de Rosas, Torrecilla y otro paisano compran el pedazo de tierra donde cayó Camila y en él Lázaro cultiva rosas, jazmines y violetas. En "Capricho retrospectivo", el narrador dice agregar la parte de la historia que falta en las páginas rotas del manuscrito de Camila, sobre los celos de Uladislao por Lázaro, el desinterés de ella por el celibato sacerdotal y las conspiraciones de los emigrados argentinos en Montevideo. Finalmente se incluyen las "filiaciones escritas por la misma mano de Rosas" (1933: 155).

Título: **Carlota o La hija del pescador**.
Autor: Tomás Gutiérrez (porteño, 1839-1881), agrimensor, poeta, novelista.
Datos de la publicación: siete folletines de *La Tribuna*, entre el 20 y 28 de abril de 1858 [BCN].
Estructura externa: 8 caps.
Tipo de novela y temas predominantes: sentimental; amor puro vs. egoísmo, fidelidad conyugal vs. adulterio.
Ubicación espaciotemporal: Buenos Aires; 18...
Estructura interna y síntesis argumental: narrador heterodiegético semipersonalizado. El joven Alberto Castillo naufraga cuando regresa a Buenos Aires desde Colonia del Sacramento. Un pescador lo salva y lo lleva a su modesta casa, donde su hija Carlota desespera por la demora. El anciano no acepta recompensa pecuniaria por tal hecho generoso. Carlota se enamora de Alberto, pero no guarda esperanzas porque sabe que él es rico. El pescador enferma por una pena antigua, historia que el narrador rememora: él ha sido un coronel de infantería que, por pelear por su rey, se aleja mucho tiempo de su hogar; su esposa le es infiel y la situación se hace pública; la mujer escapa

con su hija mayor, dejando a la menor con el padre; este, después de la revolución para restablecer la Constitución española de 1812, se exilia en Buenos Aires. Antes de morir, el pescador encarga el cuidado de su hija a Alberto. El joven cumple su palabra, pero su novia Enriqueta lo cela y le exige que aleje a la huérfana; esta actitud egoísta desilusiona al novio. Al mismo tiempo, Carlota le confiesa que lo ama. Días después, Alberto reconoce que también ama a la hija del pescador; le entrega una carta del padre. Siete meses después, durante su fiesta de cumpleaños, Alberto presenta a su nueva novia y revela su apellido; Enriqueta y su madre descubren que Carlota es la hermana e hija abandonada años atrás.

Título: **Carlota o Una víctima de la mas-horca**.
Autor: Francisco López Torres.
Datos de la publicación: una sola entrega en la sección "Literatura nacional", de *La Tribuna*, el 12-13 de enero de 1857 [BCN].
Estructura externa: sin divisiones.
Tipo de novela y temas predominantes: política y prospectivamente histórica, Ciclo de la tiranía; defensa del honor femenino.
Ubicación espaciotemporal: Buenos Aires, 1842 y 1855-1856.
Estructura interna y síntesis argumental: narrador homodiegético testigo. Un joven ayuda a Carlota, quien estaba escondida, a regresar a su casa donde la esperan su padre enfermo y su madre demente. Dieciocho meses después, durante los cuales el narrador-personaje se enamora de su nueva amiga, él recibe una carta de Carlota en la que le cuenta su triste historia: en 1842 su hermano y su prometido han sido asesinados por la Mazorca y, por la confiscación de sus bienes, el resto de la familia ha quedado en la miseria; Carlota trabaja como costurera pero enferma; un

día salva a otra mujer en problemas con la Mazorca; esta, agradecida y antes de morir, la ayuda económicamente. Tiempo después, Carlota es de nuevo acosada, ahora por un capitán de Urquiza; es entonces cuando se encuentra con el narrador-personaje. Los padres de la joven mueren y ella, al parecer, se suicida para no seguir sufriendo.

Título: **Dayla**.
Autor: Francisco López Torres (porteño, 1839-1871), político y militar (mitrista), periodista, novelista.
Datos de la publicación: folleto de 20 págs., 1ª entrega de la serie Las Violetas: Ensayos literarios; Buenos Aires: Imprenta Americana, 1858 [BAAL].
Estructura externa: 2 caps.
Tipo de novela y temas predominantes: sentimental; celos mutuos, adulterio, remordimientos fatales.
Ubicación espaciotemporal: cementerio de la Recoleta (Buenos Aires); sin precisar, se presume contemporaneidad.
Estructura interna y síntesis argumental: doble narrador testigo. Un anciano cuenta al narrador público la historia de Dayla, según ella misma le ha referido antes de morirse: la joven se ha casado con Alberto V. y ha tenido un hijo. Pero un día ella se ha ido tras un "raptor". Se arrepiente de lo que ha hecho, intenta suicidarse; se queda con su amante, viajan por mar. Cuando descienden en una isla desierta, Dayla descubre los cadáveres de su marido y de su hijo, junto con otros náufragos. Enloquecida, mata al amante. Luego, regresa a Buenos Aires y muere. El narrador principal no ha podido hallar su tumba.

Título: **Dos pensamientos: Narración**.
Autor: Miguel Cané (porteño, 1812-1863), abogado, periodista, novelista.
Datos de la publicación: con la firma "L. M.", en el n° 11 de *El Iniciador* (Montevideo, 15 de setiembre de 1838);

reeditada en *El Nacional*, de Montevideo, 5 de abril de 1859; y en *Museo Literario*, Buenos Aires, 1859. Ed. facsimilar: 1941; ed. crítica: 2000.

Estructura externa: texto principal, sin divisiones + "Epílogo". En la versión del *Museo Literario* lleva la data "Montevideo, setiembre 15 de 1838".

Tipo de novela y temas predominantes: sentimental; amor apasionado pero imposible, casamiento por imposición.

Ubicación espaciotemporal: no se precisan lugar ni tiempo; se presume contemporaneidad y localización en Montevideo.

Estructura interna y síntesis argumental: narrador homodiegético testigo, que cuenta la historia de su amigo Eduardo. Este joven se ha enamorado dos veces, pero sufre porque ninguna de esas mujeres era la adecuada. Se enamora, por tercera vez, de María; ella parece corresponderle; sin embargo, acepta casarse con otro hombre por imposición de su madre agonizante. Eduardo se va a la guerra y perece; María muere de tristeza.

Título: **Dos víctimas de 1840**.
Autor: José Víctor Rocha.
Datos de la publicación: folletín de *La Tribuna*, 20-21 y 22 abr. 1857 [BCN].
Estructura externa: sin divisiones.
Tipo de novela y temas predominantes: política y prospectivamente histórica, Ciclo de la tiranía; defensa del honor femenino, venganza.
Ubicación espaciotemporal: Buenos Aires, 1840.
Estructura interna y síntesis argumental: narrador homodiegético. Matilde cuenta a su amiga Ángela lo que le ha sucedido unos diez años antes, en 1840: un día es acosada por mazorqueros debido a que no lleva la divisa punzó; no obstante, uno de ellos, Cirilo Moreira, la protege a cambio

de que acepte su compañía; Samuel, novio de Matilde, llega providencialmente y la rescata. Moreira enfurece y promete venganza, la que cumple matando a Samuel y al padre de la joven.

Título: **El ángel caído**.

Autor: Juana Manuela Gorriti (salteña, 1818-1892), educadora, periodista, narradora.

Datos de la publicación: primeramente, en los tomos IV y V, 1861-1862, de *La Revista de Lima* [MM, BCN]; luego incluida en el tomo II de *Sueños y realidades: Obras completas de la señora doña Juana Manuela Gorriti; publicada bajo la direccion de Vicente G. Quesada*. Buenos Aires: Imprenta de Mayo de C. Casavalle (Editor), 1865 [BN, BCN y otras]. Ediciones posteriores: 1907, 1909; *Obras completas* (investigación y cuidado de la edición: Alicia Martorell), 1992-1999.

Estructura externa: 15 caps. Datada en "Lima, 1862".

Tipo de novela y temas predominantes: histórica y socializadora; divisiones familiares producidas por las guerras, coquetería y celos femeninos vs. amor sincero.

Ubicación espaciotemporal: Lima, 1824-1825.

Estructura interna y síntesis argumental: narrador heterodiegético personalizado. La coqueta Carmen Montelar seduce a Monteagudo, pero ama a Felipe Salgar. Este, en cambio, ama a Irene de Guzmán; ella le corresponde, a pesar de la oposición de su madre a causa de que, durante la guerra independentista, el padre de Felipe, patriota, ha fusilado al padre de Irene, español. Carmen hace un pacto con Andrés, joven negro criado por los Montelar que se ha vuelto delincuente, a fin de que este rapte a Irene. Felipe consigue rescatar a su amada y, dado que está a punto de partir rumbo a Arica con su batallón, esconde a la joven en un baúl de la bodega de un bergantín, para que ella pueda fugarse de su casa. Carmen, celosa, hace detener a

Felipe y deja encerrada a Irene. Días después, su hermano Gabriel, también militar, descubre el cadáver de la Guzmán, a quien ama en secreto. Andrés cobra su servicio a Carmen raptándola y sometiéndola; cuando finalmente es detenido, se jacta sin remordimientos de todas las muertes que ha ocasionado en torno a su amada Carmen. Esta ingresa a un convento. Tiempo después, cuando agoniza, un sacerdote escucha su confesión: es Gabriel, quien perdona todos sus crímenes.

Título: **El bandido**.
Autor: "X." (sin identificar).
Datos de la publicación: entregas en la sección "Literatura nacional" del diario *La América*, de Buenos Aires, desde el 28 de marzo al 25 de abril de 1866 [BN].
Estructura externa: 20 caps. Algunas notas.
Tipo de novela y temas predominantes: socializadora; la orfandad como causa de la delincuencia, injusticias que padecen los gauchos.
Ubicación espaciotemporal: valle entre Minas y Maldonado (Uruguay), provincia de Rio Grande (Brasil); desde 1830.
Estructura interna y síntesis argumental: narrador heterodiegético semipersonalizado. Jacinto Moras se casa con su vecina María, hija de Pascual y de Juliana. La nueva pareja tiene un hijo. Pascual y Jacinto deben enrolarse a favor del "Viejo", pero el joven deserta más tarde. El Dr. Maza, partidario del republicanismo, lo protege. María muere, Juliana cría a su nieto Amaro; unos hombres le reclaman las tierras ya que ella no tiene papeles que acrediten la propiedad. La abuela muere, Amaro (con doce años) resiste, quema el campo y la casa, huye, enfrenta a un tigre, pero es apresado por una partida de policía; vuelve a escaparse, adquiere la mala fama del bandido. Un día, se reencuentra con su

padre, ya "anciano", que por fin ha podido regresar a sus pagos. Huyen misteriosamente.

Título: **El capitán de Patricios**.

Autor: Juan María Gutiérrez (Buenos Aires, 1809-1878), funcionario, periodista, historiador y crítico literario, escritor.

Datos de la publicación: en 3 entregas del *Correo del Domingo*, Buenos Aires, 3, 10 y 17 de abril de 1864. Luego, en vol. de 64 págs.; Buenos Aires: Imprenta del Siglo, 1864 [BN (versiones impresa y digital), BAAL]. Ediciones posteriores: 1874 (t. IX de la *Revista del Río de la Plata*), 1928.

Estructura externa: "Advertencia" + texto novelesco sin fragmentar.

Tipo de novela y temas predominantes: histórica y socializadora; preponderancia de la patria sobre la amada, casamiento por amor, educación de la mujer.

Ubicación espaciotemporal: Buenos Aires, especialmente San Isidro; verano de 1811.

Estructura interna y síntesis argumental: narrador heterodiegético impersonal. Un joven innominado, capitán del Regimiento de Patricios, conoce a María e inmediatamente se enamora de ella, una mujer muy bella y culta. Apenas declarado el amor mutuo, el militar debe partir con el ejército hacia el Alto Perú. Ella promete no amar más que al Capitán o a Dios; desecha, además, la posibilidad de casarse con algún hombre propietario, de vida más tranquila, como le hubiese gustado a su padre. El Capitán muere en una emboscada en Humahuaca; entonces, María ingresa en un convento.

Título: **El capitán Pablo**.

Autor: Daniel Flores Belfort (¿?-1876), comisario, periodista y escritor.

Datos de la publicación: una entrega en el número 1 de *La Primavera*; Buenos Aires: Imprenta de la Bolsa, 15 oct. 1863 [BN].
Estructura externa: 3 caps.
Tipo de novela y temas predominantes: sentimental; el amigo infame, la mujer fiel.
Ubicación espaciotemporal: Buenos Aires; 1856.
Estructura interna y síntesis argumental: narrador heterodiegético cuasi-impersonal. Pablo, capitán de un barco mercante, se despide de su amada María porque inicia un largo viaje. Pedro Montiel, un antiguo amigo, lo provoca diciéndole que la joven lo engaña. Quince años después, Pedro hace creer a María que Pablo ha muerto en un naufragio y le ofrece su amor. Ella lo rechaza y lo califica de miserable por aprovecharse de la situación. Aparece Pablo. María pide perdón para el infame. Dos meses después los jóvenes se casan.

Título: **El ciego Rafael**.
Autor: Fortunato A. Sánchez (1845-1884).
Datos de la publicación: un vol. de 42 págs., con las iniciales "F. A. S."; Buenos Aires: Imprenta Tipográfica de Pablo E. Coni, 1870 [BAAL].
Estructura externa: "Dedicatoria" + 4 caps.
Tipo de novela y temas predominantes: socializadora; el amor filial como sostén de la sociedad.
Ubicación espaciotemporal: el pueblo de Saladillo (provincia de Buenos Aires); sin precisiones temporales, se presume contemporaneidad.
Estructura interna y síntesis argumental: narrador personalizado testigo, quien "reproduce" la historia según se la ha referido uno de los personajes. La familia Linares acoge en su casa al ciego Rafael, quien les cuenta por qué ha llegado a esa situación miserable de mendicidad: después de haber sido un mal hijo (ha desatendido a su madre

enferma y ha abandonado a su padre), padece el abandono de sus propios hijos, quienes -por haber sido criados de modo liberal- han caído en el vicio y lo han despojado de todos sus bienes al exigirle la herencia de la madre muerta.

Título: **El guante negro**.
Autor: Juana Manuela Gorriti.
Datos de la publicación: una entrega en el tomo 6, año I, de la *Revista del Paraná*, 1861 [BCNBA]; luego incluida en el tomo I de *Sueños y realidades*..., 1865 (ver *El ángel caído*).
Estructura externa: 7 caps. Datada en "Lima, 28 de Abril de 1852" (Gorriti 1861 a: 339).
Tipo de novela y temas predominantes: prospectivamente histórica, Ciclo de la tiranía; divisiones familiares y celos por culpa de las disputas de partido.
Ubicación espaciotemporal: Buenos Aires, 1840.
Estructura interna y síntesis argumental: narrador heterodiegético semipersonalizado. Wenceslao Ramírez ha sido herido por defender a su amiga Manuela Rosas, quien lo visita y olvida su guante negro. Isabel, la amada del joven federal, pertenece a una familia unitaria; cuando desespera de celos al descubrir la prenda de Manuela, coacciona a Wenceslao para que le demuestre su amor uniéndose al ejército de Lavalle. El joven accede; pero su padre intercepta su carta en la que anuncia la deserción de las filas rosistas y decide ejecutar al traidor en secreto. Su esposa Margarita, quien se considera ante todo una madre, mata al marido. Wenceslao, arrepentido de su decisión, se incorpora al ejército de Oribe y muere durante el combate de Quebracho Herrado. Isabel enloquece.

Título: **El Herminio de la Nueva Troya: Novela histórica contemporánea.**
Autor: Laurindo Lapuente (uruguayo, ¿?-1870), abogado, educador, periodista (opositor de Mitre y de Sarmiento), escritor, poeta y novelista.
Datos de la publicación: un vol. en 8° de 104 págs.; Buenos Aires: Imprenta de la Reforma Pacífica, 1857 [BCN]. Se vendió en diez entregas, por el sistema de suscripción (*La Prensa* 1 set. 1857: 3).
Estructura externa: 3 partes, con 10, 9 y 6 caps. respectivamente.
Tipo de novela y temas predominantes: política y prospectivamente histórica, del Ciclo de la tiranía; acción heroica de hombres y mujeres contra los tiranos.
Ubicación espaciotemporal: Montevideo, entre 1838 y 1840, durante el bloqueo francés al Río de la Plata.
Estructura interna y síntesis argumental: narrador heterodiegético. Rosalía viuda de García y su hija Delia se refugian en la casa de Teresa y su hijo Herminio. Los jóvenes se enamoran. Herminio pelea contra Oribe durante el sitio de Montevideo, a las órdenes del general Paz y con Marcelino Sosa, el "Héctor de la Nueva Troya". Delia, para estar cerca de su amado y para defender la causa patriótica, se disfraza de varón y actúa como el soldado Arturo. En la batalla del Cerro, Herminio es herido levemente; más tarde, ascendido a capitán. Los enamorados se reencuentran.

Título: **El hogar en la pampa (Cuento).**
Autor: Santiago Estrada (porteño, 1841-1891), diplomático, periodista, crítico de arte, teatro y música; escritor.
Datos de la publicación: un vol. de 133 págs.; Buenos Aires: Imprenta del Siglo, 1866 [BAAL]. Edición posterior: 1931, con el subtítulo: *Novela*.
Estructura externa: dedicatoria a Héctor Varela + "Advertencia" + 21 caps.

Tipo de novela y temas predominantes: socializadora; la vida reconfortante del campo, el honor viril, sentimiento / materialismo, matrimonio por amor, el valor de la madre.

Ubicación espaciotemporal: la pampa argentina, 1856-1860.

Estructura interna y síntesis argumental: narrador heterodiegético personalizado; secuencia lineal, con algunas digresiones y notas. Por razones políticas, se instalan en la zona rural, por un lado, don Antonio Páez, su esposa doña Lucía y su hija María; y por otro, Luis Rodríguez y su madre doña Marta. Un domingo, a la salida de misa, Luis y María se enamoran a primera vista. Los padres de la joven prefieren como pretendiente a otro joven con fortuna y sospechan que Luis se interesa en el dinero familiar más que en María. Luis, ofendido, se aleja de su amada. Muere doña Marta; el hijo aligera sus dolores en las payadas gauchas. El padre Antonio consuela al huérfano y le hace esperar un futuro mejor. Cuando los Páez deben abandonar la estancia que administraban, Luis les ofrece su casa humilde. Finalmente, don Antonio lo acepta como yerno.

Título: **El isleño: Episodio de la guerra de la Independencia**.

Autor: Manuel Romano (1825-1898).

Datos de la publicación: un vol. de 95 págs.; Buenos Aires: Imprenta Americana, 1857 [BAAL].

Estructura externa: "A nuestros lectores" + 9 caps.

Tipo de novela y temas predominantes: histórica; la valentía en la defensa de lo que se ama, tanto la patria como la amada.

Ubicación espaciotemporal: San Lorenzo (provincia de Santa Fe), a comienzos de 1813.

Estructura interna y síntesis argumental: narrador heterodiegético. El padre de Clara no acepta el idilio de la joven con Julián Corbera, apodado "El Isleño", hasta que un sacerdote del convento de San Lorenzo le cuenta que él ha criado al huérfano y que responde de su honestidad. Mientras tanto, la escuadra española se acerca por el río y el coronel San Martín prepara al ejército patrio, en el que se alista Julián. Después del histórico combate de San Lorenzo, el Isleño se casa con Clara. Incluye un supuesto parte de San Martín.

Título: **El lecho nupcial**.
Autor: Juana Manuela Gorriti.
Datos de la publicación: primero en *El Liberal de Lima*, 1858 (Weyland xxx); luego incluida en el tomo I de *Sueños y realidades...*, 1865 (ver *El ángel caído*).
Estructura externa: 3 caps.
Tipo de novela y temas predominantes: sentimental; coquetería y despecho amoroso.
Ubicación espaciotemporal: Lima; sin precisiones temporales, se presume contemporaneidad.
Estructura interna y síntesis argumental: narrador heterodiegético semipersonalizado. Elisa conquista a Fernando, a quien le pide un lecho nupcial suntuoso; pero planea casarse con Licedo porque es rico. Despechado, Fernando cumple el pedido de Elisa: se arroja junto con ella a un abismo.

Título: **El Lucero del Manantial: Episodio de la dictadura de don Juan Manuel Rosas**.
Autor: Juana Manuela Gorriti.
Datos de la publicación: dos entregas en el tomo II de *La Revista de Lima*, 1860 [MM]; reeditada por *Revista del Paraná* (I.5, 1861) [BCNBA]; luego incluida en el tomo I de *Sueños y realidades...*, 1865 (ver *El ángel caído*).
Estructura externa: 9 caps. Datada en "Lima, Agosto 1860" (Gorriti 1860 a: 256).

Tipo de novela y temas predominantes: prospectivamente histórica, Ciclo de la tiranía; seducción perversa de una doncella, abuso de poder, filicidio.

Ubicación espaciotemporal: la pampa y Buenos Aires, 1820 y 1835.

Estructura interna y síntesis argumental: narrador heterodiegético semipersonalizado. María, apodada el Lucero del Manantial, es hija de un comandante de frontera. Una noche, después de soñar con un hombre irresistible que le arranca el corazón, se encuentra en medio de la pampa con un joven idéntico al soñado. María y Manuel se reúnen amorosamente todas las noches durante una semana, hasta que él desaparece. Dieciséis años después, María regresa de una estada curativa en Córdoba. En Buenos Aires la esperan su hijo adolescente y Alberto, su marido, quien ha adoptado a Enrique como hijo propio. El hombre, amigo de Rosas y Presidente de la Sala de Representantes, vota en contra de otorgarle al gobernador la suma del poder; entonces es asesinado por un grupo de enmascarados. Para vengarse, Enrique atenta contra Rosas pero es detenido. A fin de evitar su ejecución, María busca al gobernante. En el momento en que su hijo es fusilado, ella descubre que Rosas es el Manuel de su sueño, el padre de su hijo. La mujer enloquece.

Título: **El médico de San Luis: Novela original**.

Autor: Eduarda Mansilla de García (porteña, 1834-1892), música, escritora, dramaturga, novelista.

Datos de la publicación: un vol. de 307 págs., con el seudónimo "Daniel"; Buenos Aires: Imprenta de La Paz, 1860 [BAAL]. 2ª ed. con el nombre completo de la autora y el subtítulo: *Novela americana*; prólogos de Miguel Navarro Viola y Rafael Pombo; en el t. XVII, 2° año, de *La Biblioteca Popular de Buenos Aires*, 1879 [BN, BNCh].

Ediciones posteriores en vol. impreso: 1893, 1935, 1962.
Versión digital en <www.biblioteca.clarin.com> y otras.
Estructura externa: epígrafe de Goldsmith + 28 caps.
Tipo de novela y temas predominantes: socializadora; la vida familiar, la justicia social, campo / ciudad, civilización / barbarie.
Ubicación espaciotemporal: en las afueras de San Luis; sin precisiones temporales, se presume contemporaneidad.
Estructura interna y síntesis argumental: narrador homodiegético protagonista, secuencia lineal con una retrospección. El médico inglés James Wilson vive feliz con su esposa María, sus hijos Juan y las mellizas Sara y Lía, y su hermana Jane, quien se ha quedado soltera por esperar el regreso de Carlos Gifford, amigo, colega y compatriota de James. Con ellos residen una criada vieja, tía Marica; un ex esclavo negro, tío Pedro; luego acogen a Águeda, que se queda huérfana. Visitan a la familia Wilson: Ño Miguel, pastor ciego; don Urbano Díaz, pariente de María; y el joven Amancio Ruiz, secretario del juzgado de Robledo, el Tuerto, juez corrupto. Juan, malcriado por la madre, un día se alista en las filas de un caudillo local apodado el Ñato. Llega Jorge Gifford, hijo de Carlos; es bien recibido. Cuento intercalado de Ño Miguel sobre unas minas de plata. El médico intenta convencer a Robledo de que permita la renuncia de Amancio, pero el magistrado no acepta y lo encarcela. En la prisión encuentra a su hijo, muy enfermo, y al gaucho Pascual Benítez, quien cuenta su historia. Carlos recurre a la ayuda de don Mauricio y del Gobernador; consigue una orden de liberación que será usada a favor de Juan. Pascual se escapa y mata al Juez; es apresado y fusilado, luego de recibir la lección religiosa del médico. El Gobernador libera a los demás presos. Jorge se casa con Sara y Amancio, nombrado nuevo juez, con Lía.

Título: **El pirata o La familia de los condes de Osorno: Novela histórica, escrita en la cárcel pública de Buenos Aires (en el calabozo No. 5 en octubre de 1862) por el Coronel de Caballería...**

Autor: Coriolano Márquez (¿?-1868), militar urquicista y "bandido" (Cutolo 1968-1985: IV, 407-408).

Datos de la publicación: 4 t. Buenos Aires: Imprenta de la Bolsa, 1863 [BAAL].

Estructura externa: Dedicatoria "Señora Da. Clara Marquez de Arriola" + t. I (103 pp., 17 caps.) + t. II (95 pp., 5 caps. y "Apéndice al tomo II") + t. III (113 pp., 16 caps. y "Apéndice al tomo tercero") + t. IV (134 pp., 17 caps.).

Tipo de novela y temas predominantes: histórico-sentimental; traición y abusos de un pirata contra tres mujeres, venganza reparadora.

Ubicación espaciotemporal: Buenos Aires, 1797 y 1810.

Estructura interna y síntesis argumental: narrador heterodigético. El conde de Osorno hace un trato con Mariano Crepari para que custodie a su esposa Isabel, su hijita Corina y su hermana Flora, durante una travesía por mar desde España a Valdivia; pero en verdad Mariano es el pirata Migliacharo, quien abusa de las mujeres; Isabel muere envenenada por el pirata mientras que Flora enloquece; Corina crece creyendo ser hija de Mariano. Mario Quernelocz encuentra unos manuscritos del Conde denunciando estos hechos y pidiendo venganza. Cuando la joven tiene quince años, provoca sin saberlo la concupiscencia del pirata, quien le declara su pasión y le confiesa la verdadera historia de la familia; Mariano sufre una apoplejía que salva a Corina de sus asedios. Mientras tanto, en un testamento, Mario deja a su hijo Mario Gonzalvez el pedido de que se vengue del pirata. Gracias a una anciana hipnotizada, descubre quién es el pirata y quiénes sus víctimas. El joven está enamorado de Corina, a quien ha conocido casualmente durante un paseo. Flora, recuperada, se reencuentra con su antiguo enamorado, Plácido Miranda, tutor de Mario. Finalmente, Mariano muere; Mario se casa con Corina y Flora, con Plácido. El autor transcribe, con modificaciones, un manuscrito de Ignacio Pinuer sobre la ubicación de la legendaria Ciudad de los Césares.

Título: **El pozo del Yocci**.
Autor: Juana Manuela Gorriti.
Datos de la publicación: cinco entregas en *La Revista de Buenos Aires* (t. XX a XII, 1869-1870); luego incluida en el tomo I de sus *Panoramas de la vida: Colección de novelas, fantasías, leyendas y descripciones americanas*, con prólogo de Mariano Pelliza; Buenos Aires: Imprenta y Librería de Mayo, 1876. Ediciones posteriores: ver *El ángel caído*. También incluido en varias antologías de relatos de Gorriti.
Estructura externa: dedicatoria + 16 caps.
Tipo de novela y temas predominantes: histórica, con secuencias fantásticas; las consecuencias nefastas de las rivalidades independentistas o fratricidas.
Ubicación espaciotemporal: zona fronteriza entre Jujuy y Bolivia; 1814 y veinticuatro años después.
Estructura interna y síntesis argumental: narrador heterodiegético personalizado. Un joven patricio, conocido tan solo por el nombre de Teodoro –porque su padre, español, ha renegado de él–, mata a un militar realista para vengar la deshonra de su hermana Isabel, a pesar de que ella lo amaba. Veinticuatro años después, en medio de una guerra entre pueblos hermanos, el boliviano Fernando de Castro conoce a Aura, la prometida del Aguilar, un oficial argentino, y se siente atraído hacia ella. La joven no ha podido ayudar a su madre enferma mediante la consulta a un viejo misterioso, en una cueva de Iruya; por el contrario, ella misma vuelve inquieta a causa de una visión funesta. En la agonía de la madre, Aura se casa con Aguilar. Esa misma noche, cuando va en busca de su amada, Fernando

es aprehendido por espía y conspirador. Antes de morir, la anciana deja una carta a su hija en la que le revela el secreto que la ha atormentado por años: Fernando es su hijo, el hijo que Isabel había concebido de aquel realista que mató Teodoro. Aura ayuda a escapar a su hermano, con el auxilio de Juana. Aguilar, muy celoso, asesina a su esposa y arroja el cuerpo al pozo del Yocci, según la visión fantástica de la propia joven en Iruya. El homicida, al enterarse de la verdadera relación que había entre Fernando y Aura, enloquece y se vuelve más violento y sanguinario por todo el país, hasta que una aparición fantástica lo devuelve a Salta y lo arroja al mismo pozo del Yocci. Subtrama: los amoríos de Alejandro Heredia, comandante de las fuerzas de la confederación argentina y esposo de Juana, con Fausta; gracias a esta infidelidad, la mujer despechada puede ayudar a su amiga Aura para liberar a Fernando.

Título: ***El prisionero de Santos Lugares: Historia-novela original contemporánea***.

Autor: Federico Barbará (porteño, 1828-189), militar (mitrista), escritor.

Datos de la publicación: "Tomo único" de 192 págs.; Buenos Aires: Imprenta de Las Artes, 1857 [BMUNC]. Se vende por entregas, según nota en la propia novela (75).

Estructura externa: explicación del autor + "Prólogo" + 20 caps. + "Conclusión" + "Epílogo".

Tipo de novela y temas predominantes: política y prospectivamente histórica, Ciclo de la tiranía; acoso obsesivo por una joven, lealtad de los criados.

Ubicación espaciotemporal: Buenos Aires, 1842.

Estructura interna y síntesis argumental: narrador heterodiegético semipersonalizado. En San Fernando, viven dos familias amigas: por un lado, la viuda de B. y su hija Eloísa, junto a sus dos criados negros: Tomás Patria y Josefa; por otro, Luisa –cuyo marido se halla exiliado en

Montevideo–, su hija Carolina y su sobrino Jorge. Los dos primos se aman, pero un "espía" rosista solicita la mano de la joven. Ante el rechazo, el mazorquero pide ayuda a su amigo José María, quien atrapa a Jorge y a Tomás en una celada y los encierra en la prisión de Santos Lugares; también organiza una requisa y el embargo de la casa de Luisa a fin de presionarla aún más; ante tal atropello la madre se sobrepone pero Carolina enloquece. Don Antonio de Aguilar, amigo de las mujeres; Tomás, que ha podido pasar al Batallón de Restauradores, y el carapacho Manuel organizan la fuga de Jorge, frustrando así la venganza del "espía". Luego de padecer un naufragio, Luisa y Carolina se reúnen con Aguilar, Jorge y Tomás en una isla, donde un caballero francés les da asilo; ya en el pueblo uruguayo de Soriano, los jóvenes contraen matrimonio. Dos meses después, arriban Eloísa y la viuda de B, quien se casa con Aguilar. Diez años después, Jorge y Tomás participan en Caseros. El protagonista perdona la vida al "espía" y ayuda a la viuda del carapachero. Las familias regresan a Buenos Aires. La novela incluye escenas de cruentas ejecuciones y reflexiones sobre los mecanismos de tortura.

Título: **El ramillete de la velada**.
Autor: Juana Manuela Gorriti.
Datos de la publicación: tres entregas en *La Revista de Lima* (t. II, 1860) [MM]; reeditada en *La Revista de Buenos Aires* (t. II, 1863); luego incluida en el tomo II de *Sueños y realidades...*, 1865 (ver *El ángel caído*).
Estructura externa: 8 caps.
Tipo de novela y temas predominantes: sentimental; la coqueta vs. la ingenua, locura por amor.
Ubicación espaciotemporal: región alpina sin precisar, Milán, Sorrento; sin precisar, se presume contemporaneidad.
Estructura interna y síntesis argumental: narrador heterodiegético semipersonalizado. Grizel cuenta al cura

del pueblo el origen de su tristeza: está enamorada de Guillermo, pero tiene miedo de que él no la ame lo suficiente a causa de sus deseos de trascender la zona montañosa de pastores y cazadores donde viven. Vísperas de San Juan, se encuentran con los visitantes de un castillo vecino; entre ellos, Arcelia, famosa y coqueta cantante de ópera, a quien adora y persigue un conde ruso. Esta bella mujer seduce a Guillermo y a su perseguidor para que le traigan un ramillete de rododendro que se halla en lo más alto de un risco peligroso. A través de los sueños de Grizel y de Arcelia, se sabe que esa noche los dos hombres pelean por la flor y que uno cae al abismo. La pastora enloquece y desaparece. Años después, Arcelia, casada con un conde italiano, se distrae recordando su vida, desde su infancia, cuando dejó a su madre súbitamente para seguir a un hombre desconocido que le prometía fama y fortuna como cantante, hasta la lucha de los dos hombres por el ramillete; entonces aparece una mujer enloquecida (Grizel) que la arrastra hacia un acantilado por el que caen juntas.

Título: **El tesoro de los incas: Leyenda histórica**.
Autor: Juana Manuela Gorriti.
Datos de la publicación: tomo I de *Sueños y realidades...*, 1865 (ver *El ángel caído*).
Estructura externa: 11 caps.
Tipo de novela y temas predominantes: histórico-legendaria; sacrilegio femenino por amor, ambición de españoles inescrupulosos, respeto a las creencias ancestrales.
Ubicación espaciotemporal: Cuzco; segunda mitad del siglo XVIII (durante el reinado de Carlos III).
Estructura interna y síntesis argumental: narrador heterodiegético semipersonalizado; inicio de la narración *in media res*. El aragonés Diego de Maldonado ha llegado al Perú en busca de fortuna para poder ganarle a su hermano mayor la mano de Eleonora. Por casualidad escucha

la revelación de que en un convento se halla enterrado un tesoro; visita el lugar y descubre que la novicia Rosalía podrá ser su cómplice. Seduce a la ingenua joven pero finge abandonarla. Rosalía entristece y regresa a su hogar aborigen. Diego pierde en el juego el dinero de los impuestos que ha cobrado; recurre entonces a la enamorada, quien lo conduce a la ciudad subterránea de oro. Andrés, el hermano menor de Rosalía, impide que el español marque la localización del recinto sagrado. El intendente de Cuzco tortura a la familia hasta la muerte, pero no logra que revelen el secreto. Un amigo de Andrés hace desaparecer al español ambicioso.

Título: **Elvira o El temple de alma de una sanjuanina (Novela regional de fondo histórico).**

Autor: Pedro Echagüe (1821-1889), político, educador, dramaturgo, novelista.

Datos de la publicación: 1ª ed., San Juan: 1865 (Lichtblau 1997: 300); la tirada habría sido de 40 ejemplares; 2ª ed. corregida, San Juan: Imprenta de La Unión, 1880 (*Anuario Bibliográfico...*: II, 297-8). Ediciones posteriores: 1924, 1931, con el título *La Rinconada*.

Estructura externa de La Rinconada: dedicatoria + texto novelesco dividido en 16 segmentos.

Tipo de novela y temas predominantes: política y prospectivamente histórica, Ciclo de la tiranía; acoso sexual a doncellas, abuso de poder, arrojo de una mujer.

Ubicación espaciotemporal: San Juan, Mendoza, 1836-1861.

Estructura interna y síntesis argumental: narrador heterodiegético. La acción comienza en enero de 1861, en la ciudad de San Juan. Doña Claudia de Lamar y su hija Elvira son sorprendidas gratamente por la llegada inesperada de Gustavo, el novio de la joven; pero también aparece Félix Veloz, que la madre parece ocultar. Este hombre, ex mazorquero, extorsiona a la mujer a causa de un secreto que la compromete y le exige la mano de Elvira; esta lo rechaza pero sin conmoverlo. Gustavo, que se ha quedado escondido, lo enfrenta y lo hiere; Veloz escapa. Elvira aprovecha su huida para revisar sus papeles, encuentra una carta y la quema. Claudia cuenta a su hija los antecedentes de esa situación: Félix es Marcos Terraza, quien de joven trabajó con su padre en Mendoza; durante un incendio, quiere abusar de la niña, pero es detenido a tiempo; Terraza jura venganza. Claudia se casa con un militar unitario, quien participa en la batalla de Punta del Monte, en San Juan; allí el mazorquero lo captura herido y secuestra a la pequeña Elvira; luego extorsiona a la madre: solo le devolverá a sus seres queridos si se entrega a él. Claudia, mediante una carta, acepta pensando que luego se suicidará, pero previamente se toma un narcótico. Terraza le devuelve a Elvira. Años más tarde, regresa con la intención de casarse con la joven. La madre ha logrado demorar la boda hasta ese enero de 1861. Los sanjuaninos, unitarios, al mando de Aberastain, son derrotados por los federales, puntanos y mendocinos, de Saá en el campo de La Rinconada. Terraza hiere de muerte a Gustavo. Elvira, con mucho coraje, busca a su amado entre los heridos y muertos; lo encuentra pero el joven fallece. En ese momento, Terraza regresa y Elvira lo mata de una puñalada.

Título: ***Emeterio de Leao: Continuación de Una venganza funesta; Novela original.***
Autor: Ángel Julio Blanco (1831-1898), escritor.
Datos de la publicación: dos tomos en 8°, de 179 y 188 págs. respectivamente; Buenos Aires: Imprenta Americana, 1857 [BN]
Estructura externa: del tomo primero, 16 caps.; del tomo segundo, 25 caps.

Tipo de novela y temas predominantes: socializadora; el estafador vs. el fiel empleado, casamiento por conveniencia, fidelidad y confianza matrimonial, los remordimientos y el perdón.

Ubicación espaciotemporal: Buenos Aires, 185...

Estructura interna y síntesis argumental: narrador heterodiegético personalizado; se repiten personajes de *Una venganza funesta*. Primer tomo: Alejandro Nollé se cruza casualmente con una bella mujer y su esposo, pareja nueva en la ciudad, a quienes parece conocer de su vida anterior en Janeiro. Alejandro trabaja como cajero de Patrick Rochart, el ambicioso esposo de Adela; su amigo Julio le pide que ayude con dinero a Adolfo Aguilar, y a este le solicita noticias de Enrique; quiere vengarse de este porque lo cree culpable de la muerte de su cuñado y de la locura de su hermana Elisa. Adolfo ha engañado a Julia, quien queda embarazada, y la abandona; se lleva el dinero que Alejandro le ha prestado imprudentemente. Patrick quiere saber más del matrimonio misterioso: son Enrique y María, llegados del Brasil. El esposo de Adela desconfía porque sabe que ella se ha casado con él por pedido de su madre agonizante, pero que amaba a otro; se entera del suicidio de Carlos. Tomo segundo: Carolina consuela a su hermana Julia; ambas son primas de Enrique; se alegran de su llegada a Buenos Aires. Enrique también se reencuentra con Emeterio de Leao, conocido ahora como Alejandro Nollé, quien aclara a Julio cómo murió el novio de su hermana, porque Enrique es inocente. Rochart perdona a Alejandro la deuda que ha dejado Adolfo. Alejandro mata a un chismoso en un duelo; antes de huir pide la mano de Julia para salvar el honor de esa familia; Julio se casa con Carolina; ambas parejas salen del país. Adela enferma a causa de sus remordimientos; Enrique le entrega la carta de perdón que Carlos le ha dejado antes de suicidarse. El autor promete la continuación con el título *Adolfo de Aguilar*.

Título: ***Emilia o Los efectos del coquetismo***.
Autor: "R. El Mugiense", seudónimo de Ramón Machali, español, escritor.
Datos de la publicación: un vol. de 205 págs.; Buenos Aires: Imprenta de la Bolsa, 1862 [BN, BAAL, BMUNC].
Estructura externa: "Introducción" + 25 caps. + "Epílogo".
Tipo de novela y temas predominantes: socializadora; la coqueta como tipo social, casamiento interesado, problemas de gauchos y de frontera.
Ubicación espaciotemporal: Buenos Aires, la pampa argentina, Bahía Blanca, Galicia; 1853-1855, 1860.
Estructura interna y síntesis argumental: narrador heterodiegético personalizado. Emilia, después de coquetear con Jorge de León, se casa con don Agapito Nolasco, hacendado de cuantiosa fortuna. El joven intenta suicidarse, pero es salvado por su amigo Armindo. El marido cela a la mujer, quien organiza una cita con Jorge para que Agapito confirme que ella le es fiel. No obstante, aburrida de su matrimonio, Emilia regresa a la casa de sus padres. Agapito discute y lastima a su suegro; por eso, es detenido. Jorge se compromete con Delia, hermana de su amigo; Emilia, celosa, lo hace espiar. El abogado Manzano, enamorado de la coqueta, le ofrece matar al marido; contrata a Carancho y Lumk como falsos testigos contra Agapito. Pero este sale libre por ayuda de un "desconocido", Juan, quien le cuenta a Jorge la historia de sus padres. Relato insertado: Elena se casa por despecho, pero luego vuelve con su amante gallego y tiene un hijo; el marido los descubre pero es muerto; el amante va a la cárcel y Elena, al Uruguay, donde fallece; cuando el amante recupera la libertad se reencuentra con su hijo: es Jorge. Manzano es detenido y desterrado a Bahía Blanca; Emilia lo acompaña obligada, pero sin aceptarlo como pareja. Agapito, despechado, deja sus bienes a Jorge y arma a los indígenas de Yanquetruz para que asalten

poblaciones blancas y secuestren a Emilia y Manzano. Chevengo, un blanco entre los indios, mata al abogado pero no puede asesinar a la mujer. Agapito salva a Jorge y su esposa Delia, que estaban en una estancia. Emilia pide perdón y muere. Cinco años después, Juan –acompañado por Jorge, Delia, el hijo de ambos y Agapito– recorre su Galicia natal.

Título: **Emma o La hija de un proscripto: Novela escrita por M. Sasor.**
Autor: Mercedes Rosas de Rivera (1810-1870), novelista.
Datos de la publicación: un vol. de 194 págs.; Buenos Aires: Imprenta de Pablo E. Coni, 1863 [Novela localizada por Mayra Bottaro en el Instituto Nacional de Santiago de Chile].
Estructura externa: "Prólogo" + 41 caps.
Tipo de novela y temas predominantes: histórica y socializadora; casamiento por amor vs. imposiciones paternas, "vicios" femeninos: coquetería y adulterio,
Ubicación espaciotemporal: Irlanda, Londres, Marsella, Roma; 1757-1760.
Estructura interna y síntesis argumental: narrador heterodiegético personalizado. Lord Carlos Thorton se esconde en Londres tras haber sido acusado de traidor, debido a la difamación de su amigo Lord Jorge Monrrose. Los hijos de ambos, Emma y Eduardo, se aman; pero Monrrose arregla el casamiento del joven con Miss Lucila Clarhenydon. Lord Murra ayuda económicamente a Milady Fany Thorton, pero no logra aprovecharse de la situación porque la mujer vende sus joyas y le devuelve todo el dinero. Con el resto de los fondos, Carlos escapa a Francia justo antes de ser atrapado. Eduardo finge interesarse en Lucila mientras espera cumplir la mayoría de edad. Esta joven es coqueta y aspira, por amor propio, a que el prometido la desee. Fany y Emma se trasladan a Londres antes de reunirse con

Carlos en Marsella; en la capital inglesa, la protagonista y su amado se reúnen en secreto. Ya en Francia, los Thorton se hacen llamar Harris y trabaja cada uno según su habilidad: Carlos pinta abanicos y copia música, Fany borda, Emma dibuja. Se hospedan en la casa de los Bidau. Por intermedio de este matrimonio entablan amistad con la condesa Amelia Bonnivent y sus hijos Hortencia y Alfredo. Este joven se enamora de Emma y espera su oportunidad. Eduardo rompe su compromiso con Lucila en el momento de la boda; su padre sufre un ataque de apoplejía y, antes de morir, revela la inocencia de Lord Thorton. Eduardo consigue el perdón real para el proscripto y la devolución de sus bienes confiscados; poco después se reúne con su amada en Marsella, donde se casan. Carlos, Fany y los novios se instalan en Roma; allí Emma da a luz a su primogénito. Mientras tanto, Miss Lucila Clarhenydon se casa por conveniencia con un príncipe ruso. La novela termina con la historia de Cecilia Restori, condesa de Bionvini, adúltera que es asesinada por su propio marido.

Título: ***Episodio de la peste: Cora o La partida de caza***.
Autor: Miguel Cané.
Datos de la publicación: 6 entregas en *Museo Literario: Periódico semanal de literatura en general, teatro y modas*; Buenos Aires: Imprenta de Mayo, 1859 [BCN].
Estructura externa: 5 caps.
Tipo de novela y temas predominantes: sentimental; el amor en tiempos difíciles.
Ubicación espaciotemporal: campo uruguayo, 1857.
Estructura interna y síntesis argumental: narrador heterodiegético personalizado. Durante la epidemia de fiebre amarilla que azota Montevideo, el *yanquee* Plick, su hija Cora, su amigo Enrique, el abogado Teófilo K. y otros se instalan en las afueras de la ciudad, comen un asado a lo gaucho y organizan una cacería de perdices. A mitad de

camino se añade al grupo Conrado, un periodista. En lugar de cazar, Cora y Conrado se declaran mutuamente su amor. Todos se dirigen hacia la propiedad de un veterano francés, J. L. Después de una comida opípara (descrita en sus pormenores gastronómicos), regresan a la casa de la familia Plick y pronto definen la boda de los jóvenes. Cora, su padre y Conrado se trasladan a Buenos Aires para evitar el contagio de la peste.

Título: ***Espinas de un amor: Novela histórica-original***.
Autor: Amancio Mariano Alcorta (1842-1902), jurista, político, funcionario, escritor.
Datos de la publicación: un vol. en 8° de 112 págs.; Buenos Aires: Imprenta de Mayo, 1860 [BN].
Estructura externa: "Advertencia" + 15 caps. + "Epílogo".
Tipo de novela y temas predominantes: política y prospectivamente histórica, Ciclo de la tiranía; vilezas de los rosistas vs. honradez de los antirrosistas.
Ubicación espaciotemporal: Buenos Aires y Montevideo, 1840, 1852 y 1855.
Estructura interna y síntesis argumental: Julián Hernández, su esposa Carlota y su hija Elena, reciben en su casa a su yerno Eduardo Defoix, viudo reciente, y al amigo de este, Carlos Delede. Este joven y Elena se enamoran, se comprometen y preparan la boda. Mientras tanto, Hernández está al borde de la quiebra, pero alguien le proporciona dinero anónimamente. Federico Rodales, "federal acérrimo" (39), se hace pasar por el anónimo salvador y pretende a Elena. Como ella quiere casarse con Carlos, el mazorquero trama la prisión del novio, en tanto manda una falsa carta a la joven según la cual su amado le anuncia su próxima muerte. Elena enferma. Carlos se fuga con la ayuda de un antiguo soldado de Lavalle, a quien los rosistas le han matado mujer e hijo. La casa de los Hernández es requisada y la familia huye

a Montevideo, gracias al auxilio del cónsul francés. En Uruguay Elena y Carlos se reencuentran, pero ella muere. Después de Caseros, Carlos mata a Federico en un duelo; luego revela que él era el anónimo salvador. En julio de 1855, Carlos y Eduardo visitan las tumbas de la familia Hernández.

Título: **Esther: Novela original** (otro subtítulo: *Simple narración*).
Autor: Miguel Cané.
Datos de la publicación: los dos primeros caps. en *La Brisa*, 4 de setiembre de 1852; un fragmento (cap. V) en el folletín de *La Tribuna*, 1 de febrero de 1856, con el título "Fragmento de viaje. V. Esther" y la aclaración: "Pertenecen á una narracion inedita del Dr. Cané, que pronto será publicada en el *Comercio del Plata*" (Curia 1994: 164); texto completo en el t. IV de la Biblioteca America; Buenos Aires: Imprenta de Mayo, 1858 [BFFLBA]. Edición posterior: 1929. Versión digital en www.cervantesvirtual.com y en www.aal.edu.ar

Estructura externa: 7 caps. Datada en "Florencia y mayo de 1851".

Tipo de novela y temas predominantes: socializadora y sentimental; amor imposible, dolor del proscripto.

Ubicación espaciotemporal: Florencia; abril de 1851.

Estructura interna y síntesis argumental: narrador heterodiegético personalizado. Eugenio Segry, proscripto de algún país sudamericano, se enamora de una bella inglesa, Esther, esposa de Lord Wilson y madre de Enrique. Un día él arriesga su vida por salvar a la mujer y al hijo tras el desbocamiento de sus caballos; en agradecimiento ella lo invita a conocer su casa y a su esposo. Juntos recorren centros artísticos florentinos y asisten a reuniones sociales, reflexionan sobre las sociedades italiana y argentina, se expresan su mutuo amor, hasta que Esther muere súbitamente, víctima de una aneurisma.

Título: **Eugenio Segry o El Traviato**.
Autor: Miguel Cané.
Datos de la publicación: trece folletines de *La Tribuna*, del 21 de marzo al 13 de abril de 1858 [BCN]. Edición crítica: 2011.
Estructura externa: 13 caps. + "Epílogo". Datada "Montevideo, Junio de 1857".
Tipo de novela y temas predominantes: socializadora; hipocresía e inconstancia sociales vs. principios éticos; observación de la sociedad francesa.
Ubicación espaciotemporal: París, 1848; Montevideo, mayo 1857.
Estructura interna y síntesis argumental: narrador heterodiegético argentino, irónico y burlón. Eugenio Segry, joven habanero y rico, entabla amistad en la Ópera de París con una familia alemana y se enamora de Clementina S. de H., cuyo marido tiene el vicio de la bebida; ella se ha casado para tratar de salvarlo de su adicción, pero no lo ha conseguido. Otra noche se encuentra con una compatriota, prima de un antiguo amor; la mujer le advertirá sobre los peligros de la parte frívola de la sociedad parisina. Después de una comida decepcionante con los alemanes, Eugenio visita a un amigo porteño, proscripto a causa de un tirano que gobierna en el Plata; en esta fiesta conoce a Teresa Dulaur, una "Loreta" que pronto advierte que puede aprovecharse de él; consigue sacarle dinero para pagar sus deudas. Eugenio se reúne con Clementina en Versailles y se declaran mutuamente su amor. El conde de S... le presenta a una cantante de ópera y a Clarisse, otra "Loreta". Eugenio le confiesa a su amiga habanera que solo está interesado en observar la sociedad europea; por eso la compara continuamente con la americana. El joven,

porque es médico, ayuda al esposo de Clementina; luego los enamorados realizan un paseo por los bosques de París. Durante tres meses, Eugenio vive entre los dos ámbitos: el de la familia alemana y el de las prostitutas. Juan H. fallece, pero su viuda decide renunciar al amor de Eugenio como forma de expiación de su pecado. En el epílogo el narrador cuenta que el habanero llega a Montevideo para ayudar a las víctimas de la epidemia de fiebre amarilla (mayo de 1857). Casualmente encuentra a una pianista, la Jakobson, que ha conocido a Clementina en Berlín, dos años antes; esta seguía siendo bella y viuda. Eugenio se alegra de tener estas noticias.

Título: **Farsa y contrafarsa: Novela original**.

Autor: Alejandro Magariños Cervantes (1825-1893), abogado, político, educador y escritor uruguayo.

Datos de la publicación: 16 entregas de *El Estímulo*, entre el 17 de febrero y el 9 de junio de 1858 [BN]; luego editada en un volumen de 147 págs.; Buenos Aires: Librería Real y Prado, 1865.

Estructura externa: Dedicatoria a Heraclio Fajardo + 16 caps. El último capítulo tiene la estructura de un texto teatral. Datada en "Buenos Aires, Mayo de 1858".

Tipo de novela y temas predominantes: sentimental; modos psicológicos de vencer el esplín.

Ubicación espaciotemporal: Madrid; se presume contemporaneidad.

Estructura interna y síntesis argumental: narrador heterodiegético semipersonalizado. Facundo Valletriste, enfermo de esplín, quiere suicidarse por una pena de amor. El médico Manuel Daelza, homeópata, le juega una apuesta y le aplica el principio *Similia similibus* ("Un clavo saca a otro clavo"): le sugiere casarse con Virginia, a quien el suicida ha conocido en su infancia. Ella recibe una carta provocativa; su hermano Silvestre reta a duelo a Facundo;

pero la carta es de Augusto Riolirios (en verdad, se llama Norberto Guevara), quien ha falsificado la letra de su amigo Facundo y ha estafado a varios en su nombre. Valletriste se bate a duelo con Norberto, pero finalmente le perdona la vida. Guevara le devuelve el dinero que le ha robado, gracias a lo cual Facundo ayuda a su madre, quien ha vendido sus propiedades rurales para pagarle una buena vida a su hijo en Madrid. El médico organiza algunas farsas para que Facundo reconozca que ama a Virginia, que no la pretendía porque él estaba arruinado, que en consecuencia Daelza le ha ganado la apuesta y que no se suicidará.

Título: **Gubi Amaya: Historia de un salteador**.
Autor: Juana Manuela Gorriti.
Datos de la publicación: seis entregas, con los caps. I-VI, en *La Revista de Lima* (t. VI, 1862) [BCN]. Luego incluida en el tomo I de *Sueños y realidades...*, 1865 (ver *El ángel caído*); para esta edición la autora agrega el cap. VII, que sirve de marco a *Un drama en el Adriático*.
Estructura externa: 7 caps. El primero, titulado "Una ojeada a la patria", termina con esta aclaración: "Escrito en 1850".
Tipo de novela y temas predominantes: socializadora; nostalgia por la tierra natal, venganzas por despecho, regeneración del bandido por la acción misericorde de un hombre honrado.
Ubicación espaciotemporal: Salta, época rosista.
Estructura interna y síntesis argumental: narrador homodiegético protagonista. Emma, disfrazada de varón, vuelve a su casa natal, ahora en manos de desconocidos. Visita distintos lugares, en particular el cementerio; recuerda la leyenda del "pacui" y la de las ruinas jesuíticas. Se encuentra con Miguel el Domador, antiguo servidor de su familia. Él, sin reconocerla, le contará su historia de cuando era conocido como Gubi Amaya. "Historia de un

salteador": de joven, descubre que su amada Natalia se ha casado con su mejor amigo por la posición social de este; tras un intento fallido de matar a los recién casados y de un terremoto que destruye todo, decide borrar con crímenes su pasado inocente. Mata a un bandido, adopta su nombre –Gubi Amaya, el Terror de Tucumán– y encabeza su pandilla. Buscado por la policía, es finalmente hallado por un hombre joven que le ofrece ayuda desinteresada si acepta cambiar de vida. Este hombre le cuenta su historia ejemplar: le ha salvado la vida a la persona que había traicionado en su amistad y estafado a su padre. Gubi acepta el trato y se convierte en Miguel el Domador. Emma se da a conocer; más tarde, acompaña a Azucena o Rosalba y a su progenitor, veterano del ejército de San Martín, a las aguas termales de Rosario de la Frontera. El guía, viejo habitante del lugar, les habla de las creencias populares que circulan sobre las ruinas de Esteco. Un paraje le trae a Emma (o Emmanuel) el recuerdo de una aventura infantil, cuando ella y su hermano son salvados por Antolín y su madre; también rememora que su padre, cuando era gobernador de Salta en 1831, tuvo que tomar una medida judicial extrema: ejecutar al Carneador, asesino y rebelde, sin que la madre del reo pudiera interceder por él; el condenado resultó ser Antolín. En los baños de Aguas Calientes, todos los visitantes se preparan a escuchar la historia que contará un incógnito italiano (ver *Un drama en el Adriático*).

Título: **Guerras civiles del Río de la Plata**.
Autor: Juana Paula Manso de Noronha.
Datos de la publicación: texto casi completo (le faltaría el epílogo) en portugués con el título *Mysterios del Plata*, en el periódico *O Jornal das Senhoras*, Río de Janeiro, del 4 de enero al 2 de junio de 1852 (Lewkowicz: 216). Edición incompleta, en castellano, con el título *Guerras civiles del Río de la Plata; Primera parte: Una mujer heroica*, por

Violeta; 1838, en el folletín de *El Inválido Argentino*, Buenos Aires, de 29 de diciembre de 1867 al 16 de marzo de 1868 (versión incluida en Velasco y Arias: 376-419). Hay tres ediciones posteriores con el título *Los misterios del Plata* y modificaciones significativas respecto de la de 1867-8, entre ellas la completitud del cap. XXVIII y el agregado de los capítulos XXIX y XXX: 1) con editor anónimo y el subtítulo *Novela histórica original*; Buenos Aires: Imprenta Los Mellizos, 1899; contiene dos notas más que en las siguientes ediciones [BAAL];[185] 2) prologada y "corregida" por Ricardo Isidro López Muñiz, con el subtítulo *Episodios históricos de la época de Rosas escritos en 1846*; Buenos Aires: Librería y Casa Editora de Jesús Menéndez e Hijo, 1924; 3) Córdoba: Buena Vista Editores, 2006; sigue la versión de López Muñiz, aunque en la portada se informe que la fuente es la "segunda edición" hecha por Imprenta Americana, Buenos Aires, 1855; versión de la que no tenemos más noticias. Varias versiones digitales. Sigue en prensa la edición preparada por Elvira Narvaja de Arnoux y Paul Verdevoye, para la Colección Archivos (Unesco).

Tipo de novela y temas predominantes: política y prospectivamente histórica, Ciclo de la tiranía; la honorabilidad del unitario vs. la hipocresía federal, defensa del gaucho, unidad nacional y patria, fortaleza de la mujer.

Estructura externa de la edición de 1867: "A mis lectores", "Panorama político" + 11 caps.

Ubicación espaciotemporal: la pampa, Montevideo, el río Paraná, Buenos Aires; 1838.

Estructura interna y síntesis argumental: narradora heterodiegética personalizada, que proporciona un panorama

---

[185] El ejemplar que se conserva en la Academia Argentina de Letras posee una sobrecubierta con los siguientes datos: Juana P. Manso de Noronha / *Los misterios del Plata: Novela histórica original escrita en 1846*. N. Tommasi, 1900.

político del Río de la Plata desde 1828. El gaucho Miguel, chasque del Restaurador, entrega a un Juez de Paz, por un lado, un mensaje escrito con la orden de que se corten las barbas en U a los hombres del lugar; y, por otro, la consigna secreta de vigilar el río Paraná en busca de una familia unitaria. La narradora informa los antecedentes (retrospección): el doctor Arévalo (unitario), su esposa Celina (hija de un federal) y su hijo Alberto se trasladan desde el exilio en la isla de Santa Catalina hacia Corrientes, donde serán admitidos por el gobierno. Oribe primero autoriza este traslado, pero luego soborna a Angelo el Catalán para que reemplace a Lostardo, el capitán italiano de la balandra Constitución, y le entregue al abogado. En el café de San Juan, en Montevideo, Angelo provoca a Lostardo y consigue llevarlo hasta el puerto, donde lo golpea fuertemente. Oribe mismo observa la partida del barco con la familia Arévalo y el nuevo capitán corrupto. Miguel, Simón (un viejo veterano de guerra) y otros gauchos los esperan en la costa bonaerense. El Juez de Paz detiene al unitario y dispone su traslado a Buenos Aires. Conmovidos por la situación injusta que padece la familia Arévalo y conscientes de que la Federación no es sinónimo de Patria, Miguel y Simón deciden alejarse hacia Dolores, a la estancia de Castelli. Mientras tanto, en Buenos Aires, Rosas se burla de sus dos mulatos bufones, al tiempo que da órdenes de festejar la detención del unitario. (Según el resumen de la edición brasileña hecha por Lewkowicz, Celina consigue finalmente, y mediante diversos artilugios, rescatar a su marido y huir con él).

Título: **Hojas de mirto: Novela original**.
Autor: Ernesto O. Loiseau (1816-1863).
Datos de la publicación: un vol. en 8°, de 106 págs.; Buenos Aires: Imprenta de la Reforma, 1859 [BAAL].

Estructura externa: "Dedicatoria: a mi querida hermana" + "Introducción" (tres caps.) + "Hojas de mirto" (32 caps.). Tanto la introducción como la sección "Hojas de mirto" están firmadas por "El Mulato".

Tipo de novela y temas predominantes: sentimental; felicidad amorosa contrariada por la autoridad paterna, muerte por amor.

Ubicación espaciotemporal: indeterminada; puede suponerse contemporaneidad.

Estructura interna y síntesis argumental: "Introduccion" a cargo de E***, narrador testigo, quien asiste al velorio de su amigo Raoul, muerto a causa de algún dolor misterioso; incluye carta de Raoul. "Hojas de mirto": transcripción del cuaderno de Raoul (narrador protagonista), en el que aclara su "fatal misterio" (17); se ha enamorado de Delia y por seis meses han sido felices; como su padre quiere casarla con un amigo suyo, los amantes se fugan y luego se casan; finalmente, el padre asesina a la joven para causarle a Raoul el mismo dolor que él ha sentido al irse ella.

Título: **La bella Emilia: Novela histórica de mis tiempos.**

Autor: Enrique Juan Iuglaris, "Dr." y "Profesor", según la portada; "Juglaris", médico español, residente en la Argentina, según Lichtblau [1997: 500].

Datos de la publicación: un vol. de 63 págs.; Buenos Aires: Imprenta de La Tribuna, 1869 [BN].

Estructura externa: Dedicatoria a Domingo de Bortolassi + 9 caps.

Tipo de novela y temas predominantes: socializadora; casamiento por imposición paterna, fidelidad conyugal.

Ubicación espaciotemporal: Venecia; 1854-1857.

Estructura interna y síntesis argumental: narrador homodiegético testigo. El narrador-personaje y su amigo Enrique, estudiantes de la Universidad de Padua, se enamoran de Emilia; ella da esperanzas a Enrique, pero se casa con el conde Alfonso***, por imposición paterna. Enrique lo reta a duelo pero es herido. El casamiento se concreta. Tiempo después, Enrique ayuda al conde, que suele emborracharse y maltratar a su esposa. Alfonso invita a Enrique a su casa de campo; los amantes se esquivan porque ella, embarazada, quiere ser fiel a su marido; él se aleja y participa en la guerra de Crimea. Mientras tanto, el conde muere; Emilia nombra a Enrique tutor de los bienes de su hija. Después del período de luto, los enamorados se casan.

Título: **La familia de Sconner**.
Autor: Miguel Cané.
Datos de la publicación: folletín de *La Tribuna*, Buenos Aires, del 8 de agosto al 3 de setiembre de 1858; reeditada ese mismo año en el t. IV de la Biblioteca Americana, encabezado por *Esther*, del mismo autor [BFFLBA].
Estructura externa: 15 caps. Datada en "Buenos Aires, Agosto 27 de 1858".
Tipo de novela y temas predominantes: socializadora; justicia para los huérfanos, inclinación maternal de toda mujer.
Ubicación espaciotemporal: Estado de Buenos Aires, Londres y Florencia; de 1844 a 1857.
Estructura interna y síntesis argumental: narrador heterodiegético. Pedro Sconner ha hecho una gran fortuna gracias a la crianza de ovejas de calidad en la pampa argentina; un día su esposa y sus dos hijos, Angela y Enrique, viajan a Inglaterra. Allá muere la madre, casi al mismo tiempo que fallece Pedro. De los niños se encarga una parienta, la señora Stoul, quien los cría como hijos propios. De la herencia de Sconner se apodera su sobrino Jorge, mediante falsificaciones de deudas y de ventas, posibles en época de Rosas. Cuando el usurero viaja a Londres para casarse,

Stoul le reclama la dote de la señora Sconner, pero Jorge solo le da una suma moderada. A fin de que ese dinero alcance para la mejor educación de los niños, se instalan en Florencia, ya que Enrique tiene vocación por la pintura. En 1855, a poco de fallecer Stoul, Angela y Enrique reciben la ayuda de Jhon Pitt, un antiguo amigo de su padre, quien los acompaña en su regreso a la Argentina y en el pleito judicial contra Jorge, en reclamo de la herencia usurpada. En el litigio actúan dos abogados, se cumplen todos los pasos legales, incluida una apelación ante tribunal superior, hasta que finalmente los jóvenes Sconner reciben lo que les corresponde. Jorge, a quien Enrique está dispuesto a perdonar y a dejar la mitad del dinero reclamado, enloquece.

Título: ***La familia del Comendador: Novela original***.
Autor: Juana Paula Manso de Noronha
Datos de la publicación: los primeros 9 caps. en *Álbum de Señoritas*, Buenos Aires, del 1 de enero al 17 de febrero de 1854. Versión completa, con modificaciones notables (Lichtblau 1959: 36, n. 30), en un volumen; Buenos Aires: Imprenta de J.A. de Bernheim, 1854. Edición posterior: 2006.

Tipo de novela y temas predominantes: socializadora; casamiento por amor vs. casamiento por conveniencia, la esclavitud de los negros; buenos y malos sacerdotes.

Estructura externa: 22 caps.

Ubicación espaciotemporal: Botafogo, Río de Janeiro; sin precisar, se presume contemporaneidad.

Estructura interna y síntesis argumental: narrador heterodiegético personalizado. María das Neves tiene dos hijos: Gabriel, el Comendador, padre de Pedro, Gabriela y Mariquita; y Juan, demente, padre de dos mestizos: Mauricio y Emilia. La matrona decide casar a Gabriela con Juan para mantener la herencia reunida, con la anuencia del Comendador y de su esposa. La muchacha se opone porque está enamorada de un joven, aunque apenas lo conozca; huye de su casa y se refugia en un convento, donde intentan convencerla, por interés económico, de que tome los hábitos. La madre de Gabriela azota brutalmente a una esclava para que devele su paradero; los gritos de esta despiertan la memoria de Juan, quien recuerda cuando fue azotado de un modo tan impiadoso por su madre que perdió la razón; se recupera gracias a la atención de su hijo, médico. Ernesto de Souza, el amado de Gabriela, trata de ayudarla; de manera infructuosa el padre del novio pide la mano de la joven y enfrenta al capellán del convento; planean entonces la fuga de Gabriela. Mientras tanto, doña María sufre una apoplejía; el padre Antonio la convence de que arregle sus cuentas terrenas: se reconcilia con Juan, reconoce a sus nietos mestizos y reparte la herencia entre los dos hijos. Regresa Pedro, casado con su prima Ana: la imposición familiar esta vez ha devenido en amor verdadero. Después del casamiento de Gabriela con Ernesto, parte de la familia del Comendador viaja a Europa, para que Mariquita y Mauricio puedan vivir su amor sin los prejuicios raciales de la sociedad brasileña.

Título: **La hija del mashorquero: Leyenda histórica**.
Autor: Juana Manuela Gorriti.
Datos de la publicación: cuatro entregas en La Revista de Lima (t. VII, 1863) [BCN]; luego incluida en el tomo I de Sueños y realidades..., 1865 (ver *El ángel caído*).
Estructura externa: 5 caps.
Tipo de novela y temas predominantes: política y prospectivamente histórica, Ciclo de la tiranía; dolores causados por los crímenes mazorqueros, arrepentimiento y redención.
Ubicación espaciotemporal: Buenos Aires, época rosista.
Estructura interna y síntesis argumental: narrador heterodiegético semipersonalizado. Clemencia es hija de Roque

Alma-Negra, el mazorquero más sanguinario y temido. La joven auxilia silenciosamente a todas las víctimas de su padre, sobre todo a las viudas y a los huérfanos. Una noche ayuda a escapar de una muerte segura al unitario Manuel de Puirredon, de quien Clemencia se enamora. El joven está enamorado de Emilia, hija de un federal, que está embarazada y dispuesta a traicionar a su padre por su amado; pero es apresada. Para salvarlos a ella y a Manuel, Clemencia ocupa su lugar en la prisión sin que lo adviertan los guardias, aprovechando su condición de hija del jefe mazorquero. Alma-Negra decide vengar en Emilia su furia por no poder localizar a Puirredon, pero en cambio mata a Clemencia. Por este hecho y por el pedido postrero de su hija, el mazorquero se arrepiente y se regenera.

Título: **La huérfana de Pago Largo: Novela histórica original**.

Autor: Francisco López Torres.

Datos de la publicación: un vol. en 8° de 114 págs.; Buenos Aires: Imprenta del Plata, 1856 [BN, versiones impresa y digitalizada].

Estructura externa: "Dedicatoria" + "Introducción" + 11 caps.

Tipo de novela y temas predominantes: política y prospectivamente histórica; las consecuencias nefastas del odio de un mal sacerdote, aliado de un tirano.

Ubicación espaciotemporal: el Litoral argentino (Corrientes, Chaco), Buenos Aires, España; época rosista.

Estructura interna y síntesis argumental: relato marco, con tres historias insertadas en dos niveles de inclusión. El autor-narrador –después de naufragar en el río Paraná– conoce a una joven, quien le cuenta su historia. "La huérfana de Pago-Largo", narrada por Trinidad Larra: ella es hija de Lisandro Larra y de Julia Cortés, a quien Jorge Urbal, amigo del marido, ha intentado seducir. La familia huye a Corrientes por la persecución rosista en Buenos Aires. Tras el combate de Pago-Largo (1839), Urbal –secuaz de Rosas– mata a Lisandro, se apodera de Julia –quien fallece a los quince días– y entrega la niña como esclava a un soldado. Tiempo después, Trinidad logra escaparse con la ayuda de Augusto. Juntos, se refugian en el Chaco, donde encuentran a la madre del joven. Esta, antes de morir, les entrega un escrito con su historia. "Mis memorias": narración de Elvira. Ella, montevideana, se enamora de Eduardo de Escosuras, quien en Buenos Aires es apresado por orden de Rosas. Octavio Reinel, instigador de esta detención, la lleva engañada hacia la Argentina; en el viaje, abusa de ella engendrando a Octavio. Elvira se escapa y se refugia en la selva, donde nacerá su hijo. Continuación del relato de Trinidad, con algunas interrupciones del narrador principal: Augusto es asesinado por un desconocido que resulta ser su propio padre, conocido como Urbal, Reinel o Zorrilla. Historia del "anciano": siendo muy joven, fue obligado a ordenarse sacerdote en España. Se enamora castamente de Arminda, pero es denunciado por el guardián del convento; después de diez años de prisión, se entera de que la joven se había prostituido y enloquecido, tras haberse entregado al guardián como medio inútil para salvar a su amado Zorrilla. Por su "sed de sangre" y de venganza, se alía con Rosas, pero por la muerte de su hijo se arrepiente de los males cometidos, antes de morir él también.

Título: **La leontina** (Véase **Un año en California**).

Título: **La maldición o El compadrito (Páginas literarias)**.
Autor: Tomás Gutiérrez.
Datos de la publicación: folleto de 35 pág., 3ª entrega de la serie Las Violetas: Ensayos literarios; Buenos Aires: Imprenta Americana, 1859 [BN].

Estructura externa: 7 caps.
Tipo de novela y temas predominantes: socializadora; las consecuencias nefastas del abandono de hijos recién nacidos.
Ubicación espaciotemporal: Buenos Aires, entre agosto de 18... y enero de 183...
Estructura interna y síntesis argumental: Clorinda F. da a luz; su padre maldice a la criatura por miedo a que se cumpla su sueño premonitorio de que la madre morirá pero el hijo se salvará. Salto temporal de veinticinco años. Juan -un compadrito- salva a Margarita de un caballo desbocado; dos días después, borracho, mata a un pulpero. Cuando es ejecutado, se descubre su identidad (anagnórisis gracias a un anillo): Juan es el hijo de Clorinda -por lo tanto, medio hermano de Margarita- al que la madre abandonó recién nacido en la Casa de Expósitos.

Título: **La malilla.**
Autor: Carlos Paz.
Datos de la publicación: una entrega en el número 2 de *La Primavera*; Buenos Aires: Imprenta de la Bolsa, 15 nov. 1863 [BN].
Estructura externa: 4 caps. Datada en "1861".
Tipo de novela y temas predominantes: socializadora; problemas que ocasiona la ignorancia, la superstición y la avaricia.
Ubicación espaciotemporal: Lima; se presume contemporaneidad.
Estructura interna y síntesis argumental: narrador heterodiegético impersonal, tono humorístico. Don Damián, muy tacaño, antes de llegar a la quiebra, vende sus negocios y se dedica a vivir tranquilo, con un único entretenimiento: jugar a la malilla. Desecha la posibilidad de concretar una relación amorosa con Inesilla por no gastar dinero. Jacinto, habitual contador de historias macabras, le informa que

Freites, quien le ha comprado el negocio a Damián, ha aparecido muerto en lo de Inesilla. Damián se asusta muchísimo porque calcula que lo habrían matado una hora antes de su visita a la mujer; regresa a su casa y, cuando se le aparece alguien tratando de esconderse (Inesilla), cree que es el alma de Freites. Damián enloquece.

Título: **La mulata**.

Autor: Carlos Luis Paz (porteño, 1837-1874), jurisconsulto, militar, político, periodista, dramaturgo, novelista.

Datos de la publicación: 5 fragmentos, en *Museo Literario; Periódico semanal de literatura en general, teatro y modas*, Buenos Aires: Imprenta de Mayo, 1859 [BCN].

Estructura externa: "Prólogo" + 3 caps. + "Epílogo".

Tipo de novela y temas predominantes: socializadora; fidelidad a la promesa hecha a una moribunda.

Ubicación espaciotemporal: Tucumán, Lima; diciembre de 1831, 1835-1836.

Estructura interna y síntesis argumental: narrador heterodiegético personalizado. Doña Fermina, antes de morir en Tucumán, le hace prometer a su hija adoptiva que cuatro años más tarde buscará a su hijo Ignacio según los datos que hallará en un cofre; su siervo negro la ayudará. En un colegio de Lima, la directora doña Antonia de Miranda aspira a que su sobrina Lucía (en verdad, su hija Gabriela) resulte la mejor alumna en los exámenes finales; esta compite con Lina, una joven sin familia. Lina abre un cofre con ansias, halla la miniatura de Ignacio y dos cartas, gracias a las cuales se entera de que Ignacio es hijo del falsario Eduardo, que este lo ha abandonado en Barcelona por irse a Lima con Antonia y Gabriela; además, que el negro Mauricio es su padre. A los ocho días, Lina descubre que Lucía se está por casar con su medio hermano; por eso, impide la boda. Lina e Ignacio viajan a Tucumán para que el joven se haga cargo de su herencia materna;

él le declara su amor, ella le confiesa que es mulata, pero Ignacio desestima esa condición y le propone casamiento.

Título: **La novia del hereje o La Inquisición de Lima**.
Autor: Vicente Fidel López.
Datos de la publicación: los cuatro primeros capítulos en *El Observador Político*, Santiago de Chile, del 24 de julio al 16 de agosto de 1843 [BNCh]. Edición completa, 5 entregas en *El Plata Científico y Literario* (t. II-V y VII), Buenos Aires: Imprenta de Mayo, 1854-1855 [BCN]; aparece como un vol. de 301 págs. en mayo de 1856, aunque en la portada figure el año 1854 [BN, AAL]. Edición, con algunas modificaciones, de Carlos Casavalle, 1870. Numerosas ediciones posteriores, impresas y digitales.

Estructura externa: "Carta-prólogo" + 38 caps. + "Conclusión" + "Apéndice".

Tipo de novela y temas predominantes: histórica; el despotismo y el fanatismo como males sociales; el amor libremente elegido, el patriotismo, la fidelidad y la amistad.

Ubicación espaciotemporal: el Perú (Lima, El Callao, Pachacamac), Londres; 1578-1579 y veinte años más tarde.

Estructura interna y síntesis argumental: narrador heterodiegético personalizado, relato con algunas retrospecciones. Francis Drake ataca un galeón español, se apodera de los caudales reales transportados y toma cautiva a la familia de don Felipe Pérez. Su hija María y el pirata Lord Roberto Henderson se enamoran inmediatamente. De nuevo en Lima, el pretendiente de la joven, Antonio Romea, por despecho denuncia ese idilio ante el padre Andrés, jefe de la Inquisición. Este y el fiscal Marcelino Estaca acusan a María de hereje, ya que aspiran a quedarse con la fortuna de los Pérez. Apresan a la enamorada y a la zamba Juana, su amiga y confidente. Para ayudar a la joven, la india Mercedes, por un lado, extorsiona al padre Andrés pues conoce su turbio pasado y el paradero de su hija natural; y, por otro, coacciona al fiscal a través de su esposa Antuquita y mediante los chismes de un "maricón". Por su parte, el virrey don Francisco de Toledo, a fin de frenar el poder de la Inquisición, convence al arzobispo Toribio de Mogrovejo para que convoque al Concilio Provincial Americano, con lo cual se suspende el juicio a María. Mientras tanto, Henderson y Oxenhan, enamorado de Juana, organizan el rescate de sus amadas con la ayuda de Juan Bautista Lentini, un boticario italiano, y del zambo Mateo. Don Felipe solo atina a traspasar sus bienes a un banco español. Antonio se ordena como fraile franciscano cuando ya no puede casarse con alguna joven heredera. Dos venganzas se cumplen: el padre Andrés apuñala a Mercedes, pero fray Antonio lo mata a él. Al mismo tiempo, por un terremoto se desploma el edificio de la Inquisición, oportunidad que aprovechan Henderson y los suyos para rescatar a María. Romea es obligado a casar a María con el inglés. Huyen hasta el istmo de Panamá; allí los encuentra Romea; Oxenhan y Lentini serán apresados y luego, ejecutados; pero los esposos lograrán escapar hacia Europa. Finalmente, Juana se casa con Drake, María y Henderson viven felices en Inglaterra.

Título: **La novia del muerto**.
Autor: Juana Manuela Gorriti.
Datos de la publicación: en el tomo I de *Sueños y realidades...*, 1865 (ver *El ángel caído*).
Estructura externa: 8 caps. Dedicada a Vicente Quesada.
Tipo de novela y temas predominantes: prospectivamente histórica, Ciclo de la tiranía; amor obstaculizado por rivalidades de partido, amor más allá de la muerte, consecuencias negativas de las guerras civiles.
Ubicación espaciotemporal: Tucumán, 1831.
Estructura interna y síntesis argumental: narrador heterodiegético semipersonalizado. Mientras Facundo Quiroga

se acerca con su ejército a la ciudad de Tucumán, dos jóvenes esconden su idilio. Ellos son Horacio Ravelo, el más valiente del ejército unitario, y Vital, la hija de Avendaño, montonero federal. Los enamorados se casan secretamente. De inmediato se produce la batalla en el campo de la Ciudadela y Quiroga, vencedor, entra en la ciudad. Esa noche Vital cree entregarse a su marido, pero al día siguiente descubre su cadáver entre los de los ajusticiados por el Tigre de los Llanos en la víspera. A pesar del clima fantástico creado por el narrador, el lector puede hacer una interpretación racional: quien ha consumado el matrimonio es el sacerdote a quien Ravelo ha entregado, antes de morir, la alianza para su amada; sacerdote que ya ha mostrado un interés lujurioso por Vital. La joven viuda enloquece.

Título: ***La presidencia: Novela escrita en alemán por F. F. L. y traducida al castellano por Falucho***.
Autor: Federico de la Barra (porteño, 1817-1897), periodista, político.
Datos de la publicación: un vol. de 115 págs.; Rosario: Imprenta de E. Carrasco, 1868 [BAAL].
Estructura externa: 7 caps.
Tipo de novela y temas predominantes: político-satírica; negociaciones en torno a la designación de candidatos a la presidencia, soberbia y vanidad de los políticos.
Ubicación espaciotemporal: Entre Ríos (presumiblemente el Palacio San José), Cabeza de Tigre (Córdoba), Buenos Aires; se sobrentienden los años 1867 y 1868.
Estructura interna y síntesis argumental: narrador heterodiegético personalizado, tono satírico predominante. En una mansión, en medio de la pampa, un general viejo [Urquiza] recibe a otro más joven [Mansilla]; este trata de convencer al otro de que no se postule para la presidencia de la nación, y casi lo logra. En una posada de Cabeza de Tigre, se cruzan dos viajeros que tienen en común el ser

mensajeros políticos, que representan a diferentes bandos; uno va hacia el norte y enamora a Catalina, joven del lugar; el otro va hacia el sur y es atrapado por la policía, aunque no le encuentran en su poder papeles comprometedores porque los ha escondido el hermano de Catalina. Cruzando el Atlántico en el vapor Anagnosia, un pasajero muy simpático a quien el narrador denomina "Sarmita" [Sarmiento] se ufana de sus innumerables conocimientos, pretende conducir el timón pero casi hace volcar el buque. Ya en el puerto de una ciudad apodada "la Emperatriz", Sarmita es recibido por su amigo Alcibíades [Mansilla] y por una multitud que lo espera como al futuro presidente salvador. Lo acompaña su amiga Missis Bravo [Juana Manso]. El Presidente [Mitre] y el General hacen raptar a Sarmita, a fin de reunirse con él en secreto; le proponen una "triple alianza" para cogobernar. Baile de máscaras en el Teatro Américo Vespucci; Sarmita, con la cara de Cervantes, adelanta su investidura presidencial ante el delirio de los concurrentes.

Título: **La quena: Leyenda peruana**.
Autor: Juana Manuela Gorriti.
Datos de la publicación: folleto anónimo de 22 págs., editado por la imprenta de *La Época*, La Paz, 1851 (Medina: II, 174); posiblemente haya aparecido primero como folletín de ese mismo diario; luego incluida en el tomo I de *Sueños y realidades...*, 1865 (ver *El ángel caído*).
Estructura externa: 12 caps. + "Conclusión".
Tipo de novela y temas predominantes: histórico-legendaria; el amor más allá de la muerte, la incomprensión española hacia los indígenas, los tesoros escondidos de los incas.
Ubicación espaciotemporal: Lima, Cusco, Madrid, valle de Urubamba; unos veinte años sin precisar, en tiempos de la Colonia.

Estructura interna y síntesis argumental: narrador heterodiegético personalizado. Hernán de Camporreal, hijo de español y de india, está enamorado de Rosa, hija de un oidor, joven pretendida por Ramírez. Hernán se despide de su amada porque debe cumplir la promesa hecha a su madre de salvar a su pueblo. Relato retrospectivo: historia de María, a quien Fernando de Camporreal le sustrae su hijo para llevárselo a España; la madre comete el sacrilegio de robar oro de la ciudad subterránea de los incas, viaja a Europa, se reencuentra con Hernán, le cuenta su secreto y muere. Ramírez, con la complicidad de la esclava negra Francisca, engaña a los enamorados; en consecuencia, Hernán se hace sacerdote y Rosa se casa con el pretendiente. Pero un día los jóvenes se reencuentran; Ramírez organiza una fuga secreta haciendo pasar por muerta a su esposa, pero Hernán roba el cuerpo. Tiempo después, en un valle cordillerano, una mujer canta un romance, que reconstruye veladamente la acción principal. Quien escucha el canto es Ramírez, quien asesina a la mujer: Rosa. Hernán, enajenado, fabrica una quena con el fémur de su amada y toca melodías muy tristes.

Título: **Las rivales.**
Autor: Carlos Augusto Fajardo.
Datos de la publicación: cinco entregas en *El Recuerdo: Semanario de literatura y variedades; Redactado por jóvenes orientales y dedicado al pueblo bonaerense*, n° 8, 12, 16, 17 y 19, del 24 feb. al 11 may. 1856 [BNBA].
Estructura externa: texto sin fragmentar + "Epílogo".
Tipo de novela y temas predominantes: sentimental; rivalidad entre mujeres por el mismo varón, muerte por amor, secretos familiares develados.
Ubicación espaciotemporal: Montevideo, agosto de 1853.

Estructura interna y síntesis argumental: narrador heterodiegético personalizado, quien ha escuchado la historia de boca del protagonista. Lorenzo se hace amigo de Hada, pero está enamorado de Ernestina, cuyo padre no acepta al pretendiente. Ambas jóvenes descubren que las dos aman al mismo hombre, sufren por ello y se enferman gravemente. Lorenzo propone a Ernestina casarse en secreto. En el momento de la ceremonia religiosa, el padre del joven y la madre de la muchacha revelan que los novios son hermanos. Finalmente, Ernestina muere y Lorenzo se casa con Hada, con quien tendrá una hija.

Título: **La virgen de Lima**.
Autor: Francisco López Torres.
Datos de la publicación: folleto de 72 pág., 2ª entrega de la serie Las Violetas: Ensayos literarios; Buenos Aires: Imprenta Americana, 1858. [BN].
Estructura externa: "A mi amigo Juan J. Coquet" + 7 caps. + "Epílogo".
Tipo de novela y temas predominantes: socializadora; las consecuencias nefastas del abandono de hijos y de los malos sacerdotes.
Ubicación espaciotemporal: Perú, enero de 1857.
Estructura interna y síntesis argumental: narrador heterodiegético personalizado, quien usa como fuentes cartas de Alejandro Breard –proscripto francés en América, personaje testigo– y noticias de *El Nacional*, de Buenos Aires, y *La República*, de Lima. Secuencia lineal, con algunas retrospecciones: El "Capitán", un pirata italiano, secuestra a Clotilde Sandoval, a quien ama. Ella es rescatada por un mendigo; este resulta ser Eduardo Eguí, antiguo enamorado de María, madre de Clotilde. La joven se confiesa con el fraile Arvelo, personaje traumado por su origen bastardo; en verdad, es hijo de Eduardo y de María; también es el pirata que viola a Clotilde cuando esta rechaza sus

requerimientos amorosos. Desenlaces trágicos: Eduardo mata a Arvelo sin saber que es su hijo perdido, Sandoval y María mueren infartados, Clotilde enloquece.

Título: **Los guayanases: Leyenda americana o Novela inédita original** *(Fragmento)*.

Autor: Francisco [José Bernardo] Rave (alemán, 1837-1871), ingeniero, geógrafo, fotógrafo, docente, periodista, escritor.

Datos de la publicación: los primeros nueve capítulos, con el subtítulo *Leyenda americana*, son publicados en el tomo II (1868) de la *Revista Argentina* [BN]. Los capítulos VI y VII, reelaborados y con el subtítulo *Novela inédita original* aparecen en los números 4 y 5 (8 y 15 de noviembre de 1868) de *El Alba* [BN].

Estructura externa de lo publicado: "Prólogo" + 9 caps. Con numerosas notas historiográficas. Inconclusa.

Tipo de novela y temas predominantes: histórico-legendaria; las creencias primitivas de América, la evangelización.

Ubicación espaciotemporal: selva sudamericana; período prehispánico.

Estructura interna y síntesis argumental: narrador heterodiegético. Retrospección: El anciano Fupá o Tupá ordena a su pueblo dirigirse desde el país de las llanuras al país de la selva; para mostrar el camino arroja muy lejos una flecha luminosa; donde caiga deberá levantarse un templo; Febereza o Terebezá, joven guayanás, conduce al pueblo; sortean obstáculos hasta llegar al lugar señalado por la flecha; allí el líder fallece; es una selva a orillas del Araguay, donde habitan los curitibanos. Guayaná, joven guerrero, que se denomina a sí mismo el Águila de la Montaña, cruza torrentes y una cascada en busca de la morada de Pablo; dialoga con el anciano blanco sobre sus encuentros con Cristo y sobre el mandato divino que ha recibido de llevar la verdad hasta los confines del mundo. El joven lo consulta acerca de cómo convencer a Manú para que acepte al Dios de Pablo. Este considera que todavía no es el tiempo adecuado. Guayana descubre que Dala lo ha seguido; los jóvenes se aman pero, según adelanta el narrador, no se casarán.

Título: **Lucía: Novela sacada de la historia argentina**.
Autor: Eduarda Mansilla de García.

Datos de la publicación: folletines firmados "por Daniel" en *La Tribuna*, Buenos Aires, del 10 de mayo al 4 de julio de 1860 [BN]. Reeditada en vol.: Buenos Aires: Imprenta de La Tribuna, 1860 [BP]. 2ª ed. con el nombre completo de la autora y el título: *Lucía Miranda: Novela Histórica*; Buenos Aires: Imprenta de Juan A. Alsina, 1882 [BN, BAAL, BNM]. Ediciones posteriores: 1933, 2007 (edición crítica); varias digitales.

Estructura externa de la primera edición: "Explicación" + dos partes (33 caps. y 21 caps., respectivamente). Abundantes epígrafes y notas bibliográficas y léxicas.

Tipo de novela y temas predominantes: histórica y sentimental; el amor maternal, la coquetería, el honor varonil, la educación de la mujer; la conquista española, la fidelidad femenina, el amor conyugal.

Ubicación espaciotemporal: desde 1491 hasta 1530; España (Murcia, Valladolid, Cádiz, otros lugares), Nápoles, Fuerte Espíritu Santo (en la confluencia del río Carcarañá con el Paraná).

Estructura interna y síntesis argumental: narrador heterodiegético semipersonalizado. Primera parte: Alfonso de Miranda ama a Lucía, joven morisca que abandona su hogar por amor; la mujer muere al dar a luz a Lucía Miranda. Alfonso muere en un combate; la niña queda en Murcia a cargo de Mariana y de Pablo, y bajo la protección de Nuño de Lara, amigo del padre. En Nápoles, Lara conoce y se enamora de Nina Barberini. Historia retrospectiva de Nina:

ella es nieta de Marta y del pescador Matteo, quien muere a causa de una tormenta; su hija María Rosa enloquece; en tal estado es abusada por Giuliano Aldobrandini; la joven muere cuando Nina cumple un año; Giulia Aldobrandini se hace cargo de su nieta. Nuño y Nina organizan su casamiento; pero la novia contrae viruela, que afea su rostro; por eso, se refugia en un convento. Nuño regresa a Murcia, junto a Lucía, educada en la lectura por Fray Pablo. Lucía se enamora del sobrino del fraile, Sebastián de Hurtado; este enfrenta el dilema de quedarse con ella o partir hacia Alemania con la comitiva del rey Carlos, para adquirir nombradía viril. Lucía lo insta a cumplir su deber; los enamorados se separan. Segunda parte: Siete años después, Sebastián, su esposa Lucía, Fray Pablo y Nuño de Lara parten desde Cádiz rumbo a América en la expedición de Gaboto; se instalan en el fuerte Espíritu Santo, vecino de los timbúes. Marangoré, hijo del cacique Carripilun, se casa con Lirupé, de la tribu de los gabachos. Muere Fray Pablo, el "santo"; Lucía se encarga de evangelizar y civilizar a los timbúes, especialmente a Anté, enamorada de Alejo. Los hombres organizan una expedición contra los charrúas, en la que sobresalen los españoles. Mientras tanto, Lucía desarma el ardid del brujo Gachemané y, en consecuencia, logra combatir parte de la superstición aborigen. Marangoré se enamora de la española y sufre, aun cuando asume el cacicazgo; su hermano Siripo lo tienta a tomar a Lucía por la fuerza. Mientras Sebastián y otros españoles están de caza, los timbúes atacan el fuerte; Nuño muere y Marangoré es asesinado por otro indio, instigado por Siripo, quien rapta a Lucía. Regresa Sebastián; como los esposos no aceptan la propuesta indigna del nuevo cacique, son ejecutados. Alejo y Anté se refugian en la inmensa pampa.

Título: **Lucía Miranda: Novela histórica**.
Autor: Rosa Guerra

Datos de la publicación: un vol. de 100 págs.; Buenos Aires: Imprenta Americana, 1860. [BN, BCN, BAAL]. Edición posterior: 1956.

Estructura externa: "Advertencia" + carta de Miguel Cané + "Dedicatoria" a Elena Torres + 7 caps. + "Conclusión".

Tipo de novela y temas predominantes: histórica; la conquista española, la fidelidad femenina, el amor conyugal.

Ubicación espaciotemporal: Fuerte Espíritu Santo, 1527.

Estructura interna y síntesis argumental: narrador heterodiegético semipersonalizado. Los españoles, al mando de Nuño de Lara, mantienen buenas relaciones con los timbúes, bajo el cacicazgo de Mangora. Lucía Miranda intenta evangelizarlo; el cacique se enamora de ella y la mujer, para no herir sus sentimientos, le jura que lo ama, pero no le aclara que siente un amor de hermanos. Cuando Mangora se da cuenta del engaño, organiza una trampa para apropiarse de Lucía: aprovecha que Sebastián Hurtado, el esposo de la mujer, ha salido en busca de provisiones y ataca el fuerte; Lara hiere de muerte al cacique; en su agonía pide a Lucía el bautismo y el perdón. Su hermano Siripo se prenda de la mujer y se la lleva. Cuando Sebastián regresa y la busca, el timbú les ofrece la vida a cambio de que no se reúnan como matrimonio. Después de un tiempo y por una treta de Siripo, los esposos se reencuentran, el nuevo cacique los descubre y los condena a muerte. La pareja prefiere morir antes que traicionar los votos conyugales.

Título: **Luis y Estevan: Novela de costumbres**.
Autor: Ángel Julio Blanco.
Datos de la publicación: en 14 entregas en *Museo Literario: Periódico semanal de literatura en general, teatro y modas*; Buenos Aires: Imprenta de Mayo, 1859. [BCN].

Estructura externa: Dedicatoria-prólogo a José Manuel Lafuente + dos partes, de 12 y 9 caps. respectivamente + "Epílogo".

Tipo de novela y temas predominantes: socializadora; la vida licenciosa en que caen algunos jóvenes, el honor como dignidad inalienable, el juego como vicio.

Ubicación espaciotemporal: Buenos Aires, Montevideo; década de 1850.

Estructura interna y síntesis argumental: narrador heterodiegético semipersonalizado. Numerosas retrospecciones, un relato insertado. Antecedentes: en Montevideo, Luis –cuyo verdadero nombre nunca se revela– abandona a su familia para seguir la vida licenciosa del juego. Estevan se interesa por Matilde, pero no puede concretar el noviazgo. Luis, para vengarse de su padre que no le quiere dar dinero, engaña a Matilde, su hermana, para que se encuentre con Estevan. Pocos años más tarde, en Buenos Aires, Matilde –con el nombre de Clara– y su madre reclaman ayuda ante Joaquín de Luca, tío de Estevan; este no quiere cumplir su palabra de casamiento e intenta matar al hijo de ambos. Matilde pide a su amiga Carolina que busque refugio seguro para el niño; siguiendo el consejo del sacerdote M..., lo entregan a una familia muy pobre pero sumamente honrada. Joaquín y el doctor Alejandro le arman una trampa a Estevan para que pierda mucho en el juego; a cambio del dinero que necesita, le proponen el casamiento. Mientras tanto, Luis, también pobre y endeudado, le propone a su compinche un trato: que él se llevará a Clara como su esposa y la mitad de lo que den de dote, en tanto que Estevan podrá irse adonde quiera, con su parte. Este acepta, se casa con Clara, pero la deja en casa de Luis y se fuga por mar. Luis finge ser el marido hasta que descubre que Clara es su hermana Matilde. Luis enloquece. Estevan, durante una tormenta marina, se arrepiente del sinsentido de su vida, regresa y revive su amor por Clara, ya que ella no se ha dado cuenta de la impostura.

Título: **Marcelina: Fantasía** (Véase **Una historia**).

Título: **María de Montiel: Novela contemporánea**.
Autor: Mercedes Rosas de Rivera.
Datos de la publicación: con el acrónimo "M. Sasor", un vol. de 216 págs.; Buenos Aires: Imprenta de La Revista, 1861. Edición crítica y facsimilar: 2010.

Estructura externa: Dedicatoria a José Luis de la Peña + "Prólogo" + 33 caps.

Tipo de novela y temas predominantes: histórica y socializadora; amor supremo por la patria, casamiento por amor.

Ubicación espaciotemporal: Buenos Aires, campamentos del ejército argentino en el Perú, Madrid; de 1812 a 1827.

Estructura interna y síntesis argumental: narrador heterodiegético personalizado, argentino y femenino. María de Montiel es hija de María Teresa Pérez, una mujer que se ha rebelado contra su padre español y ha abandonado a su madre querida por amor a un patricio; separación familiar que le provoca un dolor tan persistente que la conduce a la muerte poco después de dar a luz a María. Mientras la niña crece, su padre –don Miguel Montiel, veterano de la defensa porteña contra los invasores ingleses– entabla amistad con el joven Leoncio de C..., quien en 1812 se incorpora al Ejército Libertador, participa en las batallas de Tucumán, Salta y Chacabuco; con el grado de coronel, en 1824 regresa a Buenos Aires. María y Leoncio se aman inmediatamente y se comprometen antes de que el militar deba volver a su regimiento. Paralelamente, se narra la amistad de los Montiel con la familia Harris y el casamiento de Luis, sobrina de Leoncio, con Eduardo. Jorge Harris ama a María con timidez; por eso, se enferma cuando descubre el amor de ella por Leoncio; viaja a Europa para recuperarse; en Madrid, conoce a Fernanda, condesa de la Estrella, mujer muy inteligente, que se enamora de él. El patriota muere en Ayacucho, María enferma de dolor, Jorge regresa a Buenos Aires y Fernanda ingresa en un convento. Finalmente, Jorge enamora a la joven Montiel, se casan y se radican en Europa.

Título: **Memorias de un botón de rosa**.
Autor: Bartolomé Mitre (1821-1906), político, militar, periodista, historiador, escritor, poeta.
Datos de la publicación: en un volumen titulado *Lenguaje de las flores i colores, con una novela orijinal titulada Memorias de un botón de rosa*, Valparaíso, Imprenta Europea, 1848, 120 págs. en 4°. (según la *Estadística bibliográfica de la literatura chilena*, 1862, de Ramón Briseño, citado por Pagés Larraya 1943 b: 112). Otras ediciones posteriores en Chile: 1850 y 1864. Primera edición argentina: 1907 [BN, BAAL].
Estructura externa: "Introducción" (cap. I) + "Memorias" (11 caps.) + "Epílogo" (cap. XIII). Datada en "Valparaíso, agosto de 1848".
Tipo de novela y temas predominantes: sentimental; la importancia del amor; la pervivencia de los sentimientos bellos.
Ubicación espaciotemporal: alguna casa con jardín de Chile; tiempo indeterminado.
Estructura interna y síntesis argumental: un botón de rosa cuenta su historia: ha sido arrancado por Carlos, prometido de Matilde, como regalo para la novia. Carlos muere en un accidente ecuestre y Matilde enferma de muerte. La rosa muere también y su aura acompaña a la de la joven; también se reúne con el alma-perfume de su madre y de su hermana. Los cuatro espíritus perviven paseando por el cielo o por tierra chilena.

Título: **Misterios de Buenos Aires: Novela original escrita en francés por Felisberto Pélissot, y traducida al castellano para La Tribuna, por uno de sus colaboradores**.
Autor: Felisberto Pélissot.

Datos de la publicación: dos tomos, de 81 y 77 págs. Respectivamente, a doble columna; Buenos Aires: Imprenta de La Tribuna, 1856 [Tomo I: BN; t. II: BCN, BAAL].
Estructura externa: "Prólogo" + 39 capítulos.
Tipo de novela y temas predominantes: política y prospectivamente histórica, Ciclo de la tiranía; la perversidad del tirano, el enmascaramiento como recurso para lograr los fines positivos.
Ubicación espaciotemporal: Madrid, 1827; Buenos Aires, 1841-1842; Entre Ríos, 1847.
Estructura interna y síntesis argumental: narrador heterodiegético. Retrospección: hechos ocurridos "catorce" [¿?] años antes en Madrid: después del suicidio de su esposo, Elena rompe con su amante y decide un viaje con sus dos hijos y Justiniano, sirviente negro; se embarcan para Buenos Aires, ella disfrazada de varón. Se hace llamar sir Edwards Tenessy. 1841: un joven misterioso le ofrece a Rosas sus servicios como espía; para mostrarle de lo que es capaz, el tirano degüella a un joven tonto. Abril de 1842: Rosas, con el espía, se infiltra en una reunión mazorquera y se burla de Cuitiño y de Salomón; Mariño encabeza el "remate" de cadáveres por las calles. El "espía", a veces llamado "general" o "caballero", se incorpora a la Sociedad Popular Restauradora después de superar las tres pruebas de iniciación. Los mazorqueros, incluido el "espía", persiguen a un hombre mayor, quien se refugia en las habitaciones hoteleras de sir Edwards. Para salvar a su ama, Justiniano se hace el muerto; en esas circunstancias escucha la revelación de que hay lingotes de oro escondidos en un pozo; el negro roba el mapa del tesoro. Mientras tanto, el "espía" no puede matar a sir Edwards porque reconoce en él a Elena, a quien él ha estado buscando; Lorenzo, mozo del hotel, lo rescata cuando el hombre misterioso es apresado, a cambio de que lo ayude a descubrir quién mató a su hermanito tonto. Lorenzo, por ser vasco francés, es recibido por el

cónsul Buchet Martigny; ante él, el "espía" descubre su identidad: es Octavio Armando de Abrantes, caballero de Figueroa, madrileño. Dejan Buenos Aires; Justiniano busca el tesoro, Octavio y Lorenzo –planeando cómo vengarse de Rosas– van a Santa Fe, junto con el porteño Angeluci, quien también espera revancha por los azotes recibidos por su madre. 1847. Angeluci y Lorenzo trabajan en la estancia de Urquiza. Hay un naufragio cerca, Angeluci salva a una mujer, Elena, pero quedan varados en una isla. Allí conocen a Olivia, pretendida por el general entrerriano, a quien ella rechaza. Elena se reencuentra con sus hijos y con Justiniano, quien –después de comprarse una estancia con el tesoro que halló– se ha hecho militar. Lorenzo, Angeluci y el negro se unen a Urquiza en la expedición libertadora de Montevideo. Después de Caseros, Figueroa y Angeluci se baten a duelo por Olivia. Finalmente se descubre que Elena y Angeluci son hermanos gemelos, hijos de Figueroa y de Olivia. Elena y su hijo mueren por la misma enfermedad.

Título: **Misterios del Plata** (Véase: **Guerras civiles del Río de la Plata**).

Título: **Nunca es tarde cuando la dicha es buena**.
Autor: Tomás Gutiérrez.
Datos de la publicación: folleto de 30 pág., 2ª entrega de la serie Las Violetas: Ensayos literarios; Buenos Aires: Imprenta Americana, 1858 [BAAL].
Estructura externa: 4 caps. + "Epílogo".
Tipo de novela y temas predominantes: sentimental; coquetería, enfermedad por amor no correspondido.
Ubicación espaciotemporal: Buenos Aires, después de 1852.
Estructura interna y síntesis argumental: narrador heterodiegético semipersonalizado. María sufre porque teme perder a su amado Carlos; él la convence de que no debe

desconfiar *por las dudas*. Poco después, Carlos pasea con Carolina y le confiesa su amor. María percibe el cambio sentimental del joven, se siente morir y se despide mediante una carta. Carlos reacciona y se postra ante María, quien se mejora rápidamente. Carolina muda de festejante porque es una coqueta.

Título: **Pablo o La vida en las pampas**.
Autor: Eduarda Mansilla de García.
Datos de la publicación: 1ª ed. en francés: *Pablo ou La vie dans les Pampas*; por entregas en *L'Artiste* y en volumen: París: E. Lachaud, 1869 [BP]. 2ª ed. en castellano, con traducción de Lucio V. Mansilla y el título *Pablo o la vida en las pampas*, en el folletín de *La Tribuna*, Buenos Aires, del 28-29 de noviembre al 30 de diciembre de 1870 [Mizraje 2007: 13, 55]. Ediciones posteriores: 1999, 2007.
Estructura externa: 16 caps.
Tipo de novela y temas predominantes: socializadora; injusticias que se cometen contra los gauchos, incoherencias del gobierno unitario.
Ubicación espaciotemporal: la pampa argentina, la villa de Rojas, Buenos Aires; década de 1850.
Estructura interna y síntesis argumental: narrador heterodiegético personalizado. Pablo es enrolado a pesar de contar con certificado de exención. La partida unitaria pasa la noche en la estancia del Federal, donde vive Dolores, la enamorada del protagonista. Los jóvenes se aman a escondidas, pero deben separarse. Doña Micaela, la madre de Pablo, lo busca en el pueblo y se enferma cuando se entera de la suerte que ha corrido su hijo; la cuida la familia Pino. Pablo deserta y deambula por la pampa con el Gaucho Malo. Doña Micaela viaja a Buenos Aires con la tropa de Peralta; este le cuenta su historia personal: su esposa, cautiva, ha preferido quedarse con el indígena que la raptó. En la ciudad, la madre interesa a un periodista,

quien publica artículos sobre el tema de los abusos de la autoridad en el campo; pero pronto se desentiende del asunto. Un malón ataca la estancia del Federal y mata a Dolores. Pablo es apresado. El comandante Vidal trata de convencer al coronel Moreira de que no lo fusile, pero este impone su autoridad y hace cumplir su orden. Vidal renuncia y se escapa, mientras que llega Micaela, quien ha conseguido finalmente una nota de perdón del gobernador. La mujer enloquece cuando se entera de la muerte del último hijo que le quedaba.

Título: **Quien escucha su mal oye: Confidencia de una confidencia.**
Autor: Juana Manuela Gorriti.
Datos de la publicación: en el tomo II de *Sueños y realidades...*, 1865 (ver *El ángel caído*).
Estructura externa: [Introducción] + 2 caps. El segundo capítulo, "La alcoba de una excéntrica", ha sido publicado posteriormente en forma autónoma.
Tipo de novela y temas predominantes: sentimental; consecuencias de una curiosidad excesiva de un varón.
Ubicación espaciotemporal: se presume Lima, tiempo contemporáneo.
Estructura interna y síntesis argumental: narradora heterodiegética personalizada. Un joven, amante de las revoluciones, le cuenta a la narradora un episodio de su vida pasada: se ha escondido en casa de un amigo, por cuestiones políticas; allí descubre que en la habitación hay una puerta secreta que comunica con un edificio vecino. Curioso, revisa el aposento contiguo, que es la alcoba de una mujer peculiar; otra vez, espía lo que ella hace: hipnotiza a Samuel para que este le informe dónde se halla su amado y con quién está, información que el hipnotizado le proporciona con detalle. El observador se siente enamorado de su vecina. Interrumpe su relato cuando llega

un tren y la narradora se queda sin conocer el desenlace de esa historia.

Título: **Revelaciones de un manuscrito**.

Autor: Bernabé Demaría (porteño, 1824-1910), político, periodista, pintor, escritor.

Datos de la publicación: en los folletines de *El Nacional*, Buenos Aires, del 5 de julio al 7 de diciembre de 1869. Reeditada en volumen de 339 págs.; Buenos Aires: Imprenta Argentina de El Nacional, 1869. Tercera edición: en *Obras literarias* (1906).

Estructura externa: Especie de epígrafe ("Todo lo que se refiere en esta obra es verídico") + dedicatoria a su prima Joaquina Arana de Torres (datada en "Buenos Aires-1869") + "Prefacio" + dos partes (con 50 caps. cada una). Abundantes epígrafes. Varias notas al pie.

Tipo de novela y temas predominantes: socializadora; aprendizaje de vida; casamiento por conveniencia, mujer-ángel y mujer-demonio, infidelidad, amistad sincera.

Ubicación espaciotemporal: Buenos Aires, Londres, Madrid, Florencia, Delta argentino; 1824-1868.

Estructura interna y síntesis argumental: narrador-editor heterodiegético, que a veces copia fragmentos del manuscrito autobiográfico del protagonista. Contiene retrospecciones sobre los antecedentes de algunos personajes secundarios. El señor Indarte, viudo, lleva a su hijo Florencio y a un "negrito" a una escuela londinense y lo forma en la caridad cristiana. En Madrid, donde estudia abogacía, se enamora de Matilde, una mujer de treinta años, hasta que descubre que es amante de un pintor de Cámara; mientras tanto, ha mantenido relaciones con Elodia, esposa de un diputado, quien lo reta a duelo sin mayores consecuencias. Muere el padre, Florencio se instala primero en París y luego en Italia, con Alfredo, graduado de médico. Gracias a Samuel Scott, conoce a Rosaura, a quien ayudará económicamente; a pesar del afecto que le provoca esta mujer, Florencio arregla el casamiento de ella con un buen joven, aprendiz de escultor. En un baile de máscaras, Alfredo muere por salvar a su amigo de un ataque artero. Samuel enloquece debido a su vida licenciosa. De regreso en Buenos Aires, Florencio se enamora de Adelina, mujer casada con un hombre honrado; mantienen un idilio en la ciudad y en las islas del Delta. Florencio enferma, testa, nombra como su albacea al esposo de Adelina y fallece en soledad. Incluye algunos poemas, algunos de Demaría, y fragmentos de textos históricos.

Título: **¡Santa y mártir de 20 años! Novela original**.
Autor: Carlos Luis Paz.
Datos de la publicación: un vol. de 46 págs., en 8°; Buenos Aires: Imprenta de La Reforma, 1857.
Estructura externa: "Dedicatoria. Sr. D. Angel J. Blanco" + respuesta de Blanco + 6 caps. + "Epílogo".
Tipo de novela y temas predominantes: política y prospectivamente histórica, Ciclo de la tiranía; rescate de las víctimas de la Mazorca.
Ubicación espaciotemporal: Brasil y Buenos Aires, década de 1840.
Estructura interna y síntesis argumental: narrador heterodiegético. Durante el bloqueo francés, Lorenzo Villoslada, español y capitán de caballería, asiste a una joven embarazada, protegida solo por un criado negro. Relato insertado: ella es Isabel de Almeida y Gutiérrez, huérfana de madre, criada por una tía, sufre los celos de su prima Teresita. Su padre reaparece y la lleva a Buenos Aires; la acompaña Joaquín, un negrito fiel. Naufragan en la isla Martín García; en la costa la banda de Dionicio Alvares los asalta; el padre es asesinado y a Isabel la llevan a un centro mazorquero, donde el bandido la pierde en un juego de naipes. Joaquín

mata al "chino" que la ha ganado. Finalmente, Lorenzo se casa con Isabel y adopta al niño como propio.

Título: **Si haces mal no esperes bien**.
Autor: Juana Manuela Gorriti.
Datos de la publicación: dos entregas en *La Revista de Lima* (t. IV, 1861); una entrega en *La Revista de Buenos Aires* (t. I, 1863); luego recogida en el tomo II de *Sueños y realidades...*, 1865 (ver *El ángel caído*).
Estructura externa: 7 caps.
Tipo de novela y temas predominantes: sentimental; consecuencias nefastas de una acción vil: el rapto de una cholita.
Ubicación espaciotemporal: valle del Rímac, Lima; fecha sin precisar, se presume contemporaneidad.
Estructura interna y síntesis argumental: narrador heterodiegético semipersonalizado. Un oficial rapta a Cecilia, una indiecita de cinco años. Unos salteadores roban la recua en la que va la niña y la dejan abandonada. Un naturalista francés la recoge y la lleva a Europa. Doce años después, Matilde, hija de un coronel, se entera de que su hermano Guillermo se ha casado con Amelia, joven parisina huérfana de un sabio viajero. Reunidos todos en Lima, Amelia entristece sin saber por qué; se encuentra con una loca que busca a un "hombre galoneado"; esta mujer descubre en Amelia a Cecilia, su hija perdida. El coronel se suicida, Cecilia-Amelia muere, Guillermo se ordena sacerdote.

Título: **Soledad: Novela original**.
Autor: Bartolomé Mitre.
Datos de la publicación: folletín de *La Época*, La Paz, del 7 al 21 de octubre de 1847 (Vázquez-Machicado y Vázquez-Machicado: IV, 686). Reeditada en vol. de 92 págs.; Paz de Ayacucho: Imprenta de La Época, 1847 [BAAL]. También en el folletín de *El Comercio de Valparaíso*, del 18 de julio

al 1° de agosto de 1848; y en vol. de 49 págs.; Valparaíso: Imprenta Europea, 1848. 1ª ed. en la Argentina: Buenos Aires: Biblioteca de América, 1907. Edición crítica: 1928. Versión digital en <www.aal.edu.ar>.

Estructura externa: "Prólogo. (De la redacción de *La Época*)" + 15 caps.

Tipo de novela y temas predominantes: histórica y sentimental; casamiento por amor, luchas patrióticas.

Ubicación espaciotemporal: estancia al pie de la cordillera boliviana; 1826 y 1827.

Estructura interna y síntesis argumental: narrador heterodiegético semipersonalizado. Soledad está casada con don Ricardo Pérez, mucho mayor que ella, hombre celoso y violento. Unos amigos –el matrimonio Alarcón y su hija Cecilia– les presentan a su pariente Eduardo López. Este se propone conquistar a Soledad, mientras engaña a su prima con falsas promesas; ni siquiera se conmueve por el embarazado de Cecilia. La ingenua Soledad le confiesa su amor, si bien respeta a su marido. La nodriza de esta joven recuerda la historia de la familia: el padre se hace cargo de su sobrino Enrique y lo destina para yerno; pero muere tempranamente. Sus bienes son confiscados a causa de la revolución patriota, por la que ha peleado; su esposa, en la agonía, pide a Soledad que se case con Ricardo, amigo y albacea; la hija, no teniendo noticias de Enrique, acepta. Este joven, patriota como don Pedro, aparece después de seis años de luchar en Junín y Ayacucho. Soledad duda entre el amor apasionado por Eduardo y el amor profundo por Enrique; acepta una cita secreta y riesgosa con el primero. Su primo la intercepta antes de que cometa tal indiscreción; luego es testigo de una discusión entre el infame Eduardo y Cecilia, quien intenta suicidarse; Enrique la salva pero la mujer sufre un aborto. Los dos jóvenes se baten a duelo. Eduardo se casa con Cecilia. Ricardo muere luego de aceptar la futura unión de Soledad y Enrique.

Título: **Traición de un amigo o Un criminal menos**.
Autor: R. R., sin identificar.
Datos de la publicación: 2 entregas en *Museo Literario: Periódico semanal de literatura en general, teatro y modas*; Buenos Aires: Imprenta de Mayo, 1859 [BCN].
Estructura externa: 2 caps.
Tipo de novela y temas predominantes: socializadora; amigo traidor vs. amigo fiel, la recuperación de los delincuentes.
Ubicación espaciotemporal: Barracas (provincia de Buenos Aires); 184....
Estructura interna y síntesis argumental: narrador heterodiegético semipersonalizado. Lisandro A... se refugia en la casa de Eladio M... Recuerdan que en el pasado han matado al jugador P... para robarle sus ganancias. Lisandro acaba de matar al estanciero Oscar, de Dolores, también para robarle su cuantiosa fortuna. Eladio avisa a la policía, mediante su criado Santos Vega, mientras entretiene al fugitivo. Cuando es apresado, Lisandro, quien ha intuido la posibilidad de que su amigo lo traicionase, lo perdona y calla el secreto que los compromete a ambos. Por esta buena acción su alma se redime.

Título: **Tres noches de una historia**.
Autor: Juana Manuela Gorriti.
Datos de la publicación: en el tomo I de *Sueños y realidades...*, 1865 (ver *El ángel caído*).
Estructura externa: 3 caps.
Tipo de novela y temas predominantes: sentimental; perfidia de un hombre en perjuicio de su amada y de su hija; venganza de la mujer.
Ubicación espaciotemporal: un camino arbolado, París, una colina; tres días, sin precisar año.
Estructura interna y síntesis argumental: narrador heterodiegético semipersonalizado. Primera noche: Una mujer,

embarazada y adúltera, se despide de su amado, sin darse cuenta de la burla de él. Segunda noche: en un baile de carnaval parisino, una mujer disfrazada de dominó negro escucha los chismes de dos criados; así se entera de cómo el conde Armando y la marquesa se ríen de una española enamorada del joven; el dominó mata a la marquesa y deja indicios sobre la existencia de una niña. Tercera noche: un hombre regresa a unas colinas donde alguna vez amó; allí halla las tumbas de Matilde (el dominó) y de su hija Irene.

Título: **Un ángel y un demonio, o El valor de un juramento: Novela original de la señorita argentina...**
Autor: Margarita Rufina Ochagavía, miembro del Ateneo del Plata.
Datos de la publicación: un vol. de 104 págs.; Buenos Aires: Imprenta de Mayo, 1857 [BAAL].
Estructura externa: [Prólogo] + 28 caps. + "Epílogo".
Tipo de novela y temas predominantes: socializadora; denuncia de las veleidades de los hombres, matrimonio por amor.
Ubicación espaciotemporal: Buenos Aires; se presume contemporaneidad.
Estructura interna y síntesis argumental: narrador personalizado heterodiegético; secuencia lineal, con algunas retrospecciones y digresiones reflexivas acerca de los preconceptos sociales diferentes respecto de hombres y mujeres. Octavio es un donjuán: conquista engañosamente a Alicia, hermana de su amigo Alfredo, mientras se aprovecha de Clemencia, una anciana de quien recibe dinero. Otro joven, Telémaco, se enamora de Alicia pero ha jurado casarse con Ismene. Alicia enferma al enterarse de los engaños de Octavio, aunque luego lo aceptará otra vez. Alfredo se enamora de Erlinda; la joven debe elegir entre él y Diocleciano, recién llegado de Europa. Ismene libera a Telémaco de su juramento; más tarde, se casará

enamorada con su primo Etéocle. Clemencia descubre las picardías de Octavio y lo echa violentamente (escena cómica). Alicia también desenmascara al donjuán; acepta, luego, el amor de Telémaco. Alfredo se casa con Erlinda; en cambio, Minerva, hermana de esta, prefiere quedarse soltera, dedicada a la literatura.

Título: **Un año en California**.
Autor: Juana Manuela Gorriti.
Datos de la publicación: aparece por primera vez en tres entregas de *La Revista de Buenos Aires* (t. XVIII, 1869); es reeditada con el título *La leontina* en la *Revista del Río de la Plata* (t. VI, 1873); y como *Un viaje al país del oro* en el tomo II de *Panoramas de la vida* (1876) (ver *El pozo del Yocci*).
Estructura externa: sin divisiones.
Tipo de novela y temas predominantes: sentimental; amor inocente entre dos amigos, lascivia de un delincuente.
Ubicación espaciotemporal: camino entre La Paz y Tacna, Arequipa, Valparaíso, Panamá, bahía de San Francisco, Sacramento; alrededor de 1853.
Estructura interna y síntesis argumental: narradora testigo, reproduce la historia de una leontina que le cuenta su protagonista. Andrés, siendo niño y por la pobreza de su madre viuda, deja la escuela y se emplea con Samuel Tradi, comerciante judío de alhajas. Un día patrón y empleado se trasladan a Valparaíso; allí aquel se asocia con un viejo conocido: David Isacar. Juntos embarcan hacia California, en busca de oro; de paso por Lima recogen a Alejandro S. y su hermana Estela, de quien Andrés se hace amigo y guardián. En Panamá, la mirada obsesiva de un hombre de tez cobriza atemoriza a la joven. Vuelven a encontrarlo en San Francisco, donde aquel incendia el lugar en el que se hospeda Estela, y en el barco que los traslada a Sacramento; descubren entonces que es conocido por diversos nombres:

Falkand el filibustero, Murder ojo de azor y Tobahoa el de las mil cabelleras. Sobre las márgenes del río Americano se han instalado los buscadores de oro: americanos y chilenos que se pelean continuamente. Samuel explota a Andrés y a los niños chilenos que ha llevado hasta allí. En época de inundaciones, se mueren de hambre, los niños huyen. Un domingo, día en que podía guardarse para sí todo lo que hallara, Andrés encuentra un bolsón de oro; a pesar de un alud, logra guardarse una cantidad considerable. Samuel muere fulminado por un ataque cuando se entera de que su socio, antiguo compañero de una banda de ladrones, lo ha estafado. De regreso en Sacramento, Andrés se encuentra con Estela: ella está huyendo despavorida del hombre de tez cobriza, que ha matado a Alejandro y a su esposa. Logran embarcarse y llegar al Callao. En Lima, Estela toma los hábitos en el convento donde transcurrió su infancia. En Arequipa, Andrés se entera de la reciente muerte de su madre: ella le ha dejado la leontina con las pepitas de oro que el hijo le había mandado. Otro testigo cuenta a la narradora el final del delincuente: ha sido ejecutado por el suegro de Alejandro. Después de un terremoto, la narradora halla a Andrés en el convento, escuchando al coro para poder oír la voz de Estela.

Título: **Un desenlace.**
Autor: Carlos Luis Paz.
Datos de la publicación: 4 entregas en *Museo Literario: Periódico semanal de literatura en general, teatro y modas*; Buenos Aires: Imprenta de Mayo, 1859 [BCN].
Estructura externa: 5 caps.
Tipo de novela y temas predominantes: sentimental; ambigüedad sentimental de un hombre, mujer tierna vs. mujer apasionada.
Ubicación espaciotemporal: Buenos Aires, Montevideo; se presume contemporaneidad.

Estructura interna y síntesis argumental: narrador heterodiegético semipersonalizado. El narrador-autor repite un pasaje de una novela anteriormente publicada (suponemos que *El destino o La venganza de una mujer*, de 1857), que se continúa en la presente: Adelina ama a Pablo con una entrega incondicional; pero un día recibe una carta de él despidiéndose y, aparte, una bebé hija de su amado. Retrospectiva: Pablo ha amado también a Teresa, con un amor distinto del que siente por Adelina; Teresa ha muerto al dar a luz; su padre ha dejado una carta de la mujer agonizante a Pablo, y la niña a Adelina; por eso, el joven ha renunciado a su amada. Dos años después, en un teatro de Montevideo, durante un baile de máscaras, Adelina se encuentra con Pablo y, al parecer, organiza una escena representativa de este con su hija, para que el joven reaccione; Adelina lo perdona. Al día siguiente, como Pablo mantiene sus remordimientos por la muerte de Teresa, Adelina le muestra una partida de casamiento de la ahora difunta con un francés, con la que se salvaría el honor de Teresa. Pablo decide casarse con Adelina; juntos criarán a la niña.

Título: **Un drama en el Adriático**.
Autor: Juana Manuela Gorriti.
Datos de la publicación: Aparece en el tomo I de *Sueños y realidades...*, 1865, enlazada con *Gubi Amaya: Historia de un salteador* (ver *El ángel caído*).
Estructura externa: relato enmarcado, 6 caps.
Tipo de novela y temas predominantes: histórica; el patriotismo, la libertad, la traición femenina por amor.
Ubicación espaciotemporal: Venecia, durante su anexión al imperio austríaco (entre 1815 y 1848).
Estructura interna y síntesis argumental: narrador privado, homodiegético y personalizado. Un italiano, obligado a contar una historia, relata lo que aparentemente le ha

sucedido a él mismo: los jóvenes venecianos organizan una revolución contra los austríacos. Blanca, enamorada de un espía, descubre el plan y por salvar a su amado condena a muerte a su propio hermano. Para ello, ha tenido que encerrar a su amigo Mario, cuando este se ha enterado de sus planes. Mario no alcanza a salvar a sus compatriotas; jura entonces morir peleando por la libertad, pero no ha podido cumplir su juramento y deambula por países lejanos, más precisamente por Salta, donde cuenta esta trágica historia.

Título: **Un drama en la vida: Novela original**.
Autor: José Víctor Rocha.
Datos de la publicación: un vol. de 103 págs.; Buenos Aires: Imprenta de Mayo, 1857 [BAAL].
Estructura externa: "Advertencia" + 10 caps. + "Epílogo".
Tipo de novela y temas predominantes: sentimental; el enfrentamiento entre personas virtuosas y viciosos.
Ubicación espaciotemporal: Buenos Aires, durante los primeros años de la década de 1850.
Estructura interna y síntesis argumental: narrador heterodiegético. Lucio Terrero no acepta el noviazgo de su hermana Elvira con Enrique porque este joven no quiere casarse con ella de modo inmediato. Enrique lo reta a duelo, pero organiza una trampa con Julio, quien –a su vez– planea con Antonio asaltar a su tía enferma. La tía muere antes del robo, Antonio atraca y mata a Lucio, quien en previsión ha dejado su testamento a Nicolás; Julio asesina a Antonio pero es apresado por la policía, Enrique escapa (el autor promete seguir su historia en la continuación de la novela). Durante el ataque del general Lagos a Buenos Aires (1853), Elvira conoce casualmente a Nicolás, herido en la lucha; estos jóvenes se enamoran.

Título: **Un viaje al país del oro** (Véase **Un año en California**).

Título: **Una historia** o **Marcelina: Fantasía**.
Autor: Miguel Cané.
Datos de la publicación: con la firma "C. M." y el título *Una historia*, en el n° 1 del t. II de *El Iniciador*, Montevideo, 15 de octubre de 1838; reeditada con el título *Marcelina: Fantasía*, en el folletín de *La Tribuna*, del lunes 3 al jueves 6 de mayo de 1858. Edición crítica: 1996.
Estructura externa: sin divisiones. La segunda versión está datada en "Montevideo, Abril de 1840".
Tipo de novela y temas predominantes: histórica; la opción amada o patria para el joven militar, la opción deber o amor para la mujer huérfana.
Ubicación espaciotemporal: Río de la Plata, 1826, durante el bloqueo marítimo brasileño a Buenos Aires.
Estructura interna y síntesis argumental: narrador heterodiegético semipersonalizado. Marcelina queda huérfana. Don Roque Ferreira, amigo de la familia, viudo y mayor, le ofrece protegerla. Ella ama Enrique, un corsario argentino, que se mantiene ausente por la guerra contra el Imperio del Brasil. Cuando el joven regresa, Marcelina le informa que se ha tenido que comprometer en matrimonio con Roque, pero que prefiere irse con él al mar antes que casarse. Enrique la rapta y esa noche ella se mantiene a su lado aun durante una escaramuza marítima. La mujer desea que él deje la carrera de las armas, pero el marino le cuenta la última conversación que ha tenido con su padre, quien ha ofrecido su vida por la patria. Marcelina entiende que Enrique debe seguir sus ideales. Por el peligro que ha corrido su amada y por la segura pérdida de honor ante la sociedad, el corsario la devuelve. Roque entiende la situación y bendice la boda de los jóvenes.

Título: **Una hora de coquetería**.
Autor: Juana Manuela Gorriti.

Datos de la publicación: una entrega en *La Revista de Buenos Aires* (t. III, 1863); luego incluida en el tomo II de *Sueños y realidades...*, 1865 (ver *El ángel caído*). Reeditada en el diario *La América* I.4, 6 feb. 1866: 3.

Estructura externa: 4 caps.

Tipo de novela y temas predominantes: sentimental; la penitencia por un gesto de coquetería.

Ubicación espaciotemporal: se presume Lima, tiempo contemporáneo.

Estructura interna y síntesis argumental: narrador heterodiegético personalizado. La narradora cuenta a la dedicataria la historia de Amalia: esta joven, por adoptar las actitudes de una coqueta y dar celos a su amado Luis, ha generado que el joven parta hacia Europa. Amalia, para lograr su retorno, promete ingresar a un convento como hermana de caridad por cinco años. Luis, quien ha interrumpido su viaje en Panamá, regresa y sorprende a la novia. Finalmente, los jóvenes deciden casarse; luego ella cumplirá su voto y él completará su misión en Europa.

Título: **Una noche de agonía: Episodio de la guerra civil argentina en 1841.**

Autor: Juana Manuela Gorriti.

Datos de la publicación: en el tomo I de *Sueños y realidades...*, 1865 (ver *El ángel caído*).

Tipo de novela y temas predominantes: prospectivamente histórica; las ansias de vivir, la caridad de una mujer de campo, esposa de un federal.

Estructura externa: sin divisiones. Datada en "Lima, 1862".

Ubicación espaciotemporal: cumbres de Ambato, en Catamarca; 1841.

Estructura interna y síntesis argumental: narrador homodiegético testigo. Una mujer, identificable con la autora, escucha el relato del marido de su amiga referido a una circunstancia pasada, cuando estuvo a punto de morir. Relato enmarcado, narrador homodiegético protagonista: siendo militar porteño al mando del general Acha y tras sufrir una derrota, con sus compañeros de armas tratan de escapar pero son apresados por las fuerzas federales de Maza. Mientras espera el amanecer cuando será ajusticiado, el joven frena el robo de su anillo, que un soldado enemigo destinaba a su esposa Pascualita. El preso, recordando a su amada Antonina, toma coraje y se escapa. Una mujer lo ayuda a esconderse primero y luego le provee un caballo para completar la fuga. Él descubre que ella es Pascualita; le deja entonces su anillo como recompensa.

Título: **Una noche de boda**.
Autor: Miguel Cané.
Datos de la publicación: una entrega en el t. II de *El Plata Científico y Literario*, Buenos Aires, setiembre de 1854; reeditado en *El Imparcial*, Córdoba, del 10 al 18 de setiembre de 1857. Folletín de *La Tribuna*, Buenos Aires, del 14 al 18 de abril de 1858. Incluida también en el t. III de la Biblioteca Americana (1858).
Estructura externa: 9 capítulos.
Tipo de novela y temas predominantes: histórica; disputas entre españoles y americanos, la libertad de los pueblos y de los sentimientos, casamiento por amor.
Ubicación espaciotemporal: Buenos Aires, a fines de la década de 1810 o comienzos de la del 20 (durante la gesta sanmartiniana en el Perú).
Estructura interna y síntesis argumental: narrador heterodiegético impersonal. Conrado, valiente y agresivo granadero de las huestes de San Martín, regresa en Buenos Aires por asuntos económicos familiares. Un día se entera de que su novia, Atilia, está por casarse con un español. Muy enojado y sin aceptar los consejos de su amigo Carlos, arregla una última entrevista con la joven la noche de

bodas. Ella también sufre pues se casa obligada por los padres. Finalmente, el encuentro entre los amantes se lleva a cabo después de la ceremonia, pero el esposo interrumpe la escena y mata a Atilia; Conrado, por su parte, mata al asesino y luego se suicida.

Título: **Una venganza funesta: Novela original**.
Autor: Ángel Julio Blanco.
Datos de la publicación: dos tomos, de 134 y 168 págs. respectivamente; Buenos Aires: Imprenta Americana, 1856. [BN].

Estructura externa: del t. I: "Introducción" + 9 caps.; del t. II: 11 caps. Algunas notas.

Tipo de novela y temas predominantes: socializadora; la venganza por una ofensa privada, la marginación social como causa de delincuencia, la regeneración del bandido, el reconocimiento popular hacia la buena persona, la inconstancia femenina, el suicidio.

Ubicación espaciotemporal: Buenos Aires, Río de Janeiro y villa del Carmen (Amazonas, Brasil); 185...

Estructura interna y síntesis argumental: narrador heterodiegético semipersonalizado; secuencia con numerosas retrospecciones. Tomo primero: Carlos Castro se separa de su novia Adela para viajar a Brasil; en Janeiro atiende los negocios de Amaro Laró, para quien trabaja su padre Alberto; este no quiere que su hijo se case con Adela porque el padre de la joven lo ha ofendido anteriormente (se han disputado el cariño de una francesita). En el Amazonas, Tía Maruca y don Ginés, alias don Caifás, por orden del Barón de Itatí, planean el secuestro de María, la hija de Laró. Carlos casi muere en el incendio de un barco, en el cual se transportan bienes de su patrón; por su permanencia en Brasil y por su padre, el joven rompe su compromiso con Adela. Enrique Valet, enviado por Carlos con las malas nuevas a la villa del Carmen, se enamora de María. Tomo segundo: Emeterio de Leao, prefecto del lugar, quiere impedir el secuestro mediante unos papeles que comprometen a Caifás; también compra el alejamiento del Barón: con esta buena acción quiere regenerar su vida viciosa. María corresponde al amor de Enrique. Laró trata de convencer a Alberto de que desista de la venganza contra el padre de Adela; luego, es nombrado gobernador. Carlos regresa a Buenos Aires; allí, al enterarse de que Adela se ha casado con R..., se suicida.

Título: **Vengador y suicida: Novela original**.
Autor: Tomás N. Giráldez (porteño, 1824-1871), periodista y poeta.
Datos de la publicación: un vol. de 109 págs.; Buenos Aires: Imprenta de Pedro Gautier, 1860 [BN].
Estructura externa: "Dos palabras" + "Dedicatoria" + 10 caps. + "Epílogo"; epígrafes de diversos autores.
Tipo de novela y temas predominantes: socializadora; las consecuencias nefastas de las veleidades de un donjuán.
Ubicación espaciotemporal: Buenos Aires, en la década de 1840.
Estructura interna y síntesis argumental: narrador heterodiegético personalizado. Alfredo Márquez seduce a Emma Tagle pero luego se casa con Teolmira Rodríguez, joven coqueta que termina siendo esposa y madre responsable. Emma muere de dolor. Años después, a su regreso de la emigración forzosa, Anselmo Llanos, primo y enamorado de Emma, reta a duelo a Alfredo, lo mata y luego se suicida.

Título: **Virtud y amor hasta la tumba: Novela original**.
Autor: Laurindo Lapuente.
Datos de la publicación: un vol. de 145 págs., hojas recuadradas; Buenos Aires: Imprenta de la Reforma, 1858 [BN, BNM].

Estructura externa: "Prólogo" + tres partes (de 5 caps. cada una) + "Conclusión".

Tipo de novela y temas predominantes: prospectivamente histórica y sentimental; la fidelidad a los amados y a los amigos, la muerte por amor.

Ubicación espaciotemporal: el sitio a Montevideo en 1844.

Estructura interna y síntesis argumental: Lauro, narrador protagonista, se enamora de Elvira, a quien había conquistado y abandonado tiempo atrás; en ese ínterin, la joven se ha enamorado de Rodolfo, militar amigo de Lauro. Relato secundario de Teresa, la sirviente de Lauro, sobre sus amores con Eduardo, ausente por la guerra. Mientras su novio participa en las luchas civiles, Elvira soporta el asedio pasional de su tío Blas, quien se ha apoderado de todos los bienes familiares. Lauro promete a Rodolfo cuidar de la joven, a pesar del amor que siente por ella. Rodolfo muere en el campo de batalla y Elvira muere de pena, no sin antes perdonar a Blas. Lauro queda sumido en la tristeza.

Apéndice III: Peritextos interesantes

Aclaración: se ordenan alfabéticamente por autor.

- Toribio ARÁUZ. "Introducción" de *Aurora y Enrique* (3).

La utilidad de las novelas históricas es demasiado reconocida, para recomedarla al ilustrado público Bonaerense. Mi obra carece quizás de los preceptos del arte de escribir, conozco los errores de que necesariamente ha de adolecer, pero tambien sé que esta sociedad es bastante induljente y benévola con los jòvenes, que sin otras pretensiones que la de la cultura del corazon y del espìritu, se consagran esclusivamente á los trabajos intelectuales y al fomento de la *Literatura Nacional*.

La induljencia, que yo exijo del público, es harto razonable; tanto porque apenas cuento año y meses de estudio, cuanto porque he tenido que superar inmensos obstaculos en el curso de mis primeros estudios; y tal vez, otras almas dotadas de distinto temple, habrian abandonado tan árida como escabrosa carrera.

La necesidad de romances històricos, y la ficcion que se enlaza indudablemente con la historia antigua ò contemporánea, es en mi concepto, lo que constituye una obra selecta, de instruccion, moralidad y placer.

Si en todo caso no cumpliese con la mision que me ha impuesto, al menos habré satisfecho mis convicciones ayudadas de la razon, fortificadas por la justicia y robustecidas por la moral. Por tanto, espero con confianza la indulgencia que suplico.

- Estanislao DEL CAMPO. "A mis lectores", de *Camila* (3).
Aquí teneis, amados carísimos lectores,
La obrita que mi mente pobrísima forjó;
Disimulad los muchos, crasísimos errores
De que mi débil pluma sus páginas sembró–

No hay bellos pensamientos, magnificas creaciones.
Destellos de elocuencia, celeste inspiracion,
No encierra del talento las ricas concepciones,
Mi insulsa, nula, pobre y humilde produccion.

Vosotras bellas niñas, frenéticas amantes
De Dumas, Ayguals de Izco, de Mery y Pablo Kook,
Del afamado Sué, del inmortal Cervantes,
Martinez de la Rosa y el ilustrado Scott,

Lanzad á mi *Camila*, tan solo una mirada,
Que es hija desvalida de mi imaginacion.
¡Miradla á vuestras plantas!... La pobre arrodillada
Vuestra indulgencia implora y os pide proteccion.
EL AUTOR

- Tomás N. GIRÁLDEZ. *Vengador y suicida* (iii-ix).
"Dos palabras"
I.
Al detenernos un instante para hablar con nuestros lectores, vamos á ser francos, porque de paso confesarémos, que siempre ha sido nuestro norte la franqueza, y al poner en nuestro libro este artículo titulado *Dos palabras*, la hacemos impulsados por el noble sentimiento de favorecer el arte topográfico, como dice el Dr. Magariños Cervantes, lo que estámos ciertos no causará indigestion en

el estómago del impresor que especula, gracias al ingenio de Guttemberg, de ese gran hombre, que por su invencion nos hace comunicar con los moradores del viejo continente.

Ahora bien!

A fuerza de tanto estrujar nuestro pobre caletre hemos logrado formar un libro.

Un libro?

Si Señor, un libro!

Y al escribir esas páginas no lo hemos hecho con la intencion de insultar al ministro del Hombre-Dios, que derramó su sangre en el calvario por redimir esta triste humanidad; no! nada de deshonesto é impropio campean en ellos, lejos de eso [y creemos no faltar en lo mas mínimo la verdad] en cada renglon encontrará el que nos lea, *decencia, circunspeccion y moralidad!*

Tampoco defendemos el fanatismo!

Aborrecemos los *escrúpulos de beatas.*

Odiamos la *pedantería.*

No somos apadrinadores de las malas costumbres.

Pero no insultamos á nadie.

Criticámos, y la crítica no es insulto; la crítica moderada es permitida.

Si algun viejo ó vieja, mozo ó moza, se creyeran aludidos, que con su pan se lo coman, el mal ya no tiene remedio les contestarémos, *si es su retrato que se corrijan, le presentaron á mi humilde pluma el mas acabado bosquejo, y ella no ha hecho mas que ponerlo en el papel.*

Esa es mi primera palabra.

Vemos la segunda!

II.

¿Quiére saber mi lector cómo ha llegado á mis oidos la historia que verá mas adelante?

La casualidad quizo hacerme amigo de un viejo de ochenta años.

Desde el primer dia que nos conocimos, él gustó de mi, y yo de él.

Rara coincidencia!

Yo en aquel entonces era mui niño, asi es que las pocas veces que lograba escaparme del lado de mis padres, me iva á lo del viejo, para llevarle algunos reales, que recibiera de manos de aquellos, con eso se proporcionaba pan y carne para comer.

Era tan pobre! que a pesar de ser nosotros, cuando somos pequeños, afectos á los dulces y confites, sin embargo me privaba de ellos para darle al viejo que comer.

Sus vestidos andrajosos, su cabeza calva, su barba blanca como el algodón, las arrugas de su ancha frente, y la bondad de su alma, me hacian tenerle en opinion de santo.

Cuantas veces hablaba de él à mi madre con profundo respecto!

En sueños le veia estirando su mano seca para recibirme los cobres, mi sombra me hacia recordar al viejo, y á cada instante retumbaba en mis oidos el éco áspero de su voz hueca.

Su recuerdo me acompañaba á todas partes, en los paseos creia verlo pidiendo una limosna, invocando el nombre de la Reyna de los cielos, y en los templos de rodillas al lado de la pira elevando sus preces al altísimo, ó á la puerta sentado, estirada su mano huesosa, en señal de un socorro para hacer su existencia menos ruda.

No sabia él su nombre.

Ignoraba quienes lo enjendraron.

Todos los que lo conocian le llamaban *tio*, y yo lo habia bautizado con el nombre de tio Pancho.

....

Llegué á los quince años, á la edad en que uno ya es mas libre, y que puede salir solo á todas partes, sin andar con ruegos de ninguna especie.

Era la tarde del 24 de Julio de 185....

Reynaba un frio que helaba hasta la medula de los huesos.

Serian las cuatro.

Salí de mi casa, y dirijí mis pasos hacia los suburbios de la ciudad; hacia poco que andaba, cuando ví elevarse por entre los árboles la cruz de la Yglesia de la Recoleta, como el pino alza su copa erguido en medio de los arbustos y encinas que lo rodean en el bosque.

El recuerdo de mis antepasados cruzó por mi mente, rápido como una flecha disparada con velocidad; quise visitar el mármol que los guardan; las cuerdas del dolor de mi corazon vibraron, el génio de la tristeza descendió á mi alma, y una lágrima ardiente surcó por mis mejillas de fuego; Pobre mis abuelos! me dije, y tomé la direccion hacia la morada *de los que fueron*.

A los dos minutos mi planta pisó los umbrales del recinto *de los que subieron del polvo, y que al polvo han vuelto*.

Me estremecí; lo confieso.

Mi pié estaba tremulo, un sudor frio corria por mi frente; temblaba!

Al fin tuve fuerzas y entré.

Alli reynaba la paz de los sepulcros, interrumpida solamente por el rumor de la brisa al deslisarse por entre las hojas de los cipreces, y las ramas melancólicas del sauce, veladores eternos de la humanidad pasada; vagaba por aquellas soledades, ora admirando la magnificencia de algunos sepulcros, ora fijando mis ojos en las letras doradas que avisan al viagero, quien duerme adentro para siempre, favorecido por el silencio y la oscuridad de las tumbas, cuando derrepente sentí en mis oidos el murmullo de una voz salida de entre aquel gru-grupo [sic] de lozas y mausoleos.

La sangre se me habia paralizado en las venas.

Me quede helado como un paramo, y mi corazon saltaba fuertemente como queriendo salirse de su lugar.

En vano me afanaba buscando el oríjen de aquel ruido, nada!

Anduve, y mis ojos divisaron como á cincuenta pasos de distancia, un anciano que con la cabeza apollada en las rodillas, parecia entregado á profundas meditaciones; caminé sobre las puntas de mis piés hasta ponerme á corto trecho.

Tio Pancho, le dije, ¿qué hace aquí con este frio?

Cumpliendo un deber, amigo mio, si un deber, y me alargó su mano cubierta de callos.

¿Y qué deber es ese tio Pancho?

¿Veis aquellas dos cruces negras, sobre una de las cuales, los pájaros han levantado sy casita?

Si!

Pues esas dos cruces encierran una historia, una historia bien triste.

Quiére confiarmela!

Está bien! pero no aqui, porque ya es mui tarde, vamos y en casa os la contaré.

Vamos!

Se levantó tio Pancho, y empezó á andar, apoyando su cuerpo en su baston tosco, y cubierto de nudos, mientras yo seguia detràs.

Cuando salimos de aquellos *lugares de melancolía*, y que traen á nuestra mente tantos recuerdos, era ya cerca del toque de oraciones!

La tierra poco á poco iva envolviéndose en las sombras de la noche, y el frio continuaba cada vez mas crudo.

....
....

Acababa tio Pancho de contarme la historia de las dos cruces negras, cuando las campanas de las Iglesias con lugubres tañidos empezaron á tocar ánimas.

Rezemos por el alma de Alejandro y Alfredo, me dijo, y ambos á un mismo tiempo caimos al suelo de rodillas.

Todo quedó en silencio en el rancho de tio Pancho, oyéndose únicamente el *chisporroteo* de la leña que ardia en el fogon.

....
....

Al otro dia me levanté despues de haber pensado toda la noche, en las peripecias de la vida, y sentándome en mi *necessaire*, escribí la historia que va mas adelante, y que oí de boca de tio Pancho el mendigo.

TOMAS N. GIRALDEZ

Buenos Aires, Diciembre 10 de 1859.

DEDICATORIA
A mi amigo D. Tomás Pauleti.
Querido Tomás.– Os dedico mi primer trabajo literario, y al hacerlo no me acompaña mas titulo que un amor decidido á la carrera que elevó en alas de la inmortalidad los nombres de Dumas, Sué, Lamartine, Victor Hugo, y tantos otros, cuyas producciones recoje admirado el mundo entero.

Aceptad pues mi *Vengador y Suicida*, ofrenda de tu amigo que te quiere,

Tomas N. Giraldez

- Laurindo LAPUENTE. "Prólogo" de *Virtud y amor hasta la tumba* (iii-viii).

El sol estaba á mitad de su carrera, en uno de los dias del ardiente Enero, y el escesivo calor que se sentía, me obligó á dirigir mis pasos hacia mi casa, donde apenas llegué, me puse un trage cómodo, y me senté en mi mesa de estudio. Mas era tal mi pereza, que ni el cariño á los libros me daba ánimo para tomar uno en mis manos, ni la mania de practicar antes de tiempo, me hacia tomar la pluma, para trazar algunos de mis acostumbrados disparates. Pero al fin hice un esfuerzo, estiré el brazo y tomando el DON QUIJOTE del inmortal Cervantes, me dije: –¡cuántos Quijotes hay hoy y cuan pocos Cervantes!– En seguida miré las obras de LORD BYRON, y recordé en ese momento aquella plaga de críticos que pretendieron anonadarlo, y el triunfo que obtuvo el bardo inglés sobre ellos. Presentóseme luego á la mano la HISTORIA DE LA CIVILIZACION por el sábio Guizot, esa gran obra que enseña á analizar las sociedades! Y así fojeando estas y otras tantas, admiraba á sus autores, á la vez que lamentaba no poder yo imitar á ninguno de ellos!

El deseo, las dificultades y mis desgracias todas, me pusieron en tal desesperacion, que desordenando distraido mis cabellos, y levantándome de mi asiento con precipitacion, comenzé á pasearme. A ese tiempo llegó á mi puerta Lauro, amigo mio, muy querido y jóven de esperanzas.

–Adelante, le dije, al ver que sorprendido por mi estado de desórden, no osaba entrar.

–¿Qué hay de nuevo? Preguntó con interés.

–Nada de particular, sino la desazon que me causa siempre, imaginar la inmensa altura, á la que es preciso subir para coronarse de gloria!

–Paciencia, amigo mio, y adelante, que tú ya te encaminas.....

–Al abismo que me abre mi ignorancia!

–Amigo: eres muy modesto.... Pero hablemos de otra cosa, ¿qué escribes ahora?

–Qué he de escribir? Nada.

–Y qué, ¿te falta asunto?

–Que importa que tenga de que hablar, si mi lengua enmudece? ¿De que me sirve contemplar las obras de la naturaleza, si no puedo imitarlas? ¿Qué hago con ver la sociedad llena de *vicios*, si no sé criticarlos? De qué vale que observe mil virtudes, si no me atrevo á elojiarlas!

–Calla! eso es apocarse demasiado, y....

—No es todavia suficiente.

—Amigo, el que hace *diez* luchando con mil inconvenientes, y principalmente con la pobreza; vale como el que hace *ciento*, teniendo lo necesario para su adelanto, y sin hallar ningun tropiezo; y si el *malo* ó *ignorante*, no hace justicia y oscurece el mérito, hay quien lo ponga de relieve. Tú necesitas distraerte, para desechar la pena que te aflije, por no poder marchar como á vapor en la carrera literaria.

—De qué modo?

—Escribiendo algo entretenido, por ejemplo, una *novela*.

—Para eso se necesita una imaginacion de *Poeta*, rica y exaltada.

—Sí tú quieres puedes escribirla, porque *querer es poder*.

—Querer es poder! y como yo no puedo, nada de lo que quiero?

—Porque querrás las escepciones, y *las escepciones son los imposibles*.

—Lauro! eres muy bueno, pues te esfuerzas por mi bien, y me alientas cuanto puedes.

—Es mi deber, pero ¿te animas á escribir la novela?

—Sí me das tus ideas, al momento.

—Bien, voy á contarte una historia, que quiero que publiques, como para predicar una memoria á la muger mas bella y mas virtuosa.

—¿Y qué título le pondremos?

Virtud y Amor, hasta la Tumba.

—¿Y el prólogo cual será?

—Nuestro diálogo del momento.

—Estás listo?

—Sí.

Al oir su contestacion, me senté en mi mesa, tomé papel, pluma y tinta, y y comenzé á escribir la historia que va á leerse, dictada por Lauro.

- Francisco LÓPEZ TORRES. Dedicatoria de *La huérfana de Pago-Largo* (3).

  Al Sr. Dr. D. Manuel G. Argerich.

  Dignaos, amigo, recibir la dedicatoria de este libro como una espresion de mi gratitud–Me habeis alentado el corazon con las esperanzas de un deseado porvenir. Cuando creia mi nombre perdido para siempre en la noche de la vida, cuando solo ambicionaba el reposo y tranquilidad de un oscuro ciudadano, la suerte me hizo conocer y encontrar en vos un amor sublíme á nuestro pais, y una inteligencia tan noble como luminosa. Me hicisteis aspirar á una carrera que bien puede hallarse mas arriba de mis fuerzas. Me abristeis una senda para llegar á ella; hé aquí la primera humilde flor que he podido arrancar del prado en que me encuentro.

  A falta de un esquisito perfume, la hallareis al menos medicinal.

  Todo vuestro–

  FRANCISCO LOPEZ TORRES.

  Buenos Aires, Setiembre 22 de 1856.

- Margarita Rufina OCHAGAVÍA. Prólogo de *Un ángel y un demonio* (3-4).

  La casa-quinta existe á inmediaciones de Palermo.

  Alli veremos las primeras escenas.

  Su dueña es una mujer mala y viciosa.

  El marido es casi una momia.

  La señora Herminia pertenece á una de las principales familias del pais. Es viuda: por desgracia no conoceremos á su marido. Pero à ella sí y à sus bellas hijas.

  La señora Evanjelina tambien pertenece á la alta clase de la sociedad. Es simpática y de una selecta educacion.

Ha perdido su esposo. Mucho lo ha llorado: dejémosla deplorar su desdicha. Sentimos no poderlo volver à la vida. No es culpa nuestra, ¿qué hacer?

Pero sí vereis á sus perfectas y amables hijas.

A Octavio muy pronto lo conoceremos.

Y á Telémaco.... dejadlo á su cuidado, él nos harà saber su vida y la de la niña Ismene y demàs.

Paciencia! Ya encontraremos á Eteocle.

Ved ahí á grandes rasgos anotados los principales personajes que deben figurar en estos mal diseñados cuadros, que vá á bosquejar mi jóven é imperfecta pluma.

Pequeño é insignificante trabajo que ofrezco á la sociedad, como mi primer ensayo.

No estrañeis el gran acopio de errores de que esté poblado.

Acabo de cumplir diez y siete años, y no he tenido tiempo suficiente para estudiar la sociedad en todas sus faces.

Solo la entreveo. Asi es que debeis tener indulgencia en sumo grado.

En cuanto á mis estudios, son ningunos; pues he sido criada en la emigración, que no es muy á propòsito para estudiar, sino para aprender á sufrir.

Cred que mi objeto es únicamente ofrecer algo aunque de ningun valor á mi pais y à la sociedad.

Direis que es mucho mi atrevimiento y franqueza al lanzarme à escribir sin contar con los medios necesarios.

Pero qué quereis? eso es inherente en mi; no hay mas remedio. Aunque me esponga, sufriré hasta donde llegue la paciencia.

Margarita Rufina Ochagavia.

Bibliografía

Advertencias:
- De las publicaciones periódicas se consigna lugar solo cuando este no corresponde a Buenos Aires o no se infiere del título.
- Para no repetir datos, se usa el sistema de referencia cruzada.

1. Fuentes inéditas

Colección de los López. Archivo General de la Nación, Buenos Aires.
-Doc. 2324. Carta de Vicente López a Vicente Fidel López. Buenos Aires, 1 mar. 1847.
-Doc. 2344. Carta de Vicente López a Vicente Fidel López. Buenos Aires, 16 ago. 1848.
-Doc. 2437. Carta de Vicente López a Vicente Fidel López. Buenos Aires, 23 set. 1854.
-Doc. 2440. Carta de Vicente López a Vicente Fidel López. Buenos Aires, 7 oct. 1854.
-Doc. 2449. Carta de Vicente López a Vicente Fidel López. Buenos Aires, 23 dic. 1854.
-Doc. 2452. Carta de Vicente López a Vicente Fidel López. Buenos Aires, 22 ene. 1855.
-Doc. 2453. Carta de Vicente López a Vicente Fidel López. Buenos Aires, 27 ene. 1855.

- Doc. 2459. Carta de Vicente López a Vicente Fidel López. Buenos Aires, 21 feb. 1855.
- Doc. 2460. Carta de Vicente López a Vicente Fidel López. Buenos Aires, 26 feb. 1855.
- Doc. 2462. Carta de Vicente López a Vicente Fidel López. Buenos Aires, 7 mar. 1855.
- Doc. 2465. Carta de Vicente López a Vicente Fidel López. Buenos Aires, 24 mar. 1855.
- Doc. 2467. Carta de Vicente López a Vicente Fidel López. Buenos Aires, 31 mar. 1855.
- Doc. 2472. Carta de Vicente López a Vicente Fidel López. Buenos Aires, 21 abr. 1855.
- Doc. 2481. Carta de Vicente López a Vicente Fidel López. Buenos Aires, 9 jun. 1855.
- Doc. 2501. Carta de Vicente López a Vicente Fidel López. Buenos Aires, 22 set. 1855.
- Doc. 2507. Carta de Vicente López a Vicente Fidel López. Buenos Aires, 24 oct. 1855.
- Doc. 2511. Carta de Vicente López a Vicente Fidel López. Buenos Aires, 10 nov. 1855.
- Doc. 2512. Carta de Vicente López a Vicente Fidel López. Buenos Aires, 15 nov. 1855.
- Doc. 2513. Carta de Vicente López a Vicente Fidel López. Buenos Aires, 23 nov. 1855.
- Doc. 2516. Carta de Vicente López a Vicente Fidel López. Buenos Aires, 17 dic. 1855.
- Doc. 2517. Carta de Vicente López a Vicente Fidel López. Buenos Aires, 20 dic. 1855.
- Doc. 2542. Carta de Vicente López a Vicente Fidel López. Buenos Aires, 7 may. 1856.
- Doc. 3920. Libro de cuentas de Vicente López.
- Doc. 3963. Carta de Vicente Fidel López a Vicente López. Santiago de Chile, 22 jul. 1843.
- Doc. 3965. Carta de Vicente Fidel López a Vicente López. Santiago de Chile, 9 ago. 1843.

- Doc. 3972. Carta de Vicente Fidel López a Vicente López. Santiago de Chile, 6 dic. 1844.
- Doc. 3977. Carta de Vicente Fidel López a Vicente López. Montevideo, may. 1846.
- Doc. 3979. Carta de Vicente Fidel López a Vicente López. Montevideo, 24 jul. 1846.
- Doc. 3983. Carta de Vicente Fidel López a Vicente López. Montevideo, 3 dic. 1846.
- Doc. 4106. Carta de Vicente Fidel López a Vicente López. Montevideo, 7 set. 1854.
- Doc. 4304. Carta de Vicente Fidel López a Félix Frías. Montevideo, 28 ene. 1856.
- Doc. 4305. Carta de Vicente Fidel López a Félix Frías. Montevideo, 13 feb. 1856.
- Doc. 4408. Carta de Eduarda Mansilla de García a Vicente Fidel López. Buenos Aires, 17 oct. [1859].
- Doc. 4409. Carta de Miguel Navarro Viola a Vicente Fidel López. Buenos Aires, 7 nov. [1854].
- Doc. 4410. Carta de Eduarda Mansilla de García a Vicente Fidel López. Buenos Aires, 26 nov. [1859].
- Doc. 4507. Carta de Miguel Navarro Viola a Vicente Fidel López. Buenos Aires, 12 feb. 1854[E por 1855].
- Doc 4513. Carta de Miguel Navarro Viola a Vicente Fidel López. Buenos Aires, 16 set. 1854.
- Doc 4514. Carta de Miguel Navarro Viola a Vicente Fidel López. Buenos Aires, 23 set. 1854.
- Doc. 4519. Carta de Miguel Navarro Viola a Vicente Fidel López. [Montevideo], 5 ene. 1855.
- Doc. 4520. Carta de Miguel Navarro Viola a Vicente Fidel López. Buenos Aires, 17 ene. 1855.
- Doc. 4733. Carta de Miguel Navarro Viola a Vicente Fidel López. Buenos Aires, 25 may. 1860.
- Doc. 5253. López, Vicente Fidel. "Capitán Vargas".
- Doc. 5451. Cuaderno de apuntes de Vicente Fidel López.
- Doc. 6884. López, Vicente Fidel. "Capitán Vargas".

2. Fuentes editadas

- En el caso de los textos reeditados en ediciones críticas se consignan por el autor en "Fuentes" y por el editor en "Bibliografía general y especializada". No se registran todas las ediciones modernas de las novelas más famosas, sino solo las consultadas.
- Figuran por su nombre verdadero los autores que han usado seudónimo (entre comillas).
- Los artículos anónimos se ingresan por el título del periódico.
- Se detallan las fechas de los folletines cuando estos son menos de diez.

Alberdi, Juan Bautista. 1930. *Tobías o La cárcel a la vela; Producción americana escrita en los mares del sud (1851)*. Pról. Ricardo Rojas. Publicaciones del Instituto de Literatura Argentina, Sección de Documentos, serie 4ª - Novela, I.11. Buenos Aires: Universidad de Buenos Aires, Facultad de Filosofía y Letras. 485-530.

——1938. "Al anónimo del Diario de la Tarde". *La Moda* [8, 6 ene. 1838: 3-4]. 117-118.

——1941. "Del arte socialista. (Fragmento)" por "N.". *El Iniciador* [I.5, 15 jun. 1838: 97-8]. 181-182.

——S.f. *Peregrinación de luz del día ó Viaje y aventuras de la verdad en el nuevo mundo*. Buenos Aires: Carlos Casavalle Editor.

Álbum de Señoritas: Periódico de literatura, modas, bellas artes y teatros, 1-8. [Juana Manso de Noronha, dir.]. Buenos Aires, 1° ene.-17 feb. 1854.

Alcorta, Amancio M. *Espinas de un amor: Novela histórica - original*. Buenos Aires: Imprenta de Mayo, 1860.

Alcorta, Diego. "Curso de Filosofía". *Anales de la Biblioteca*, II (1902): 1-180.

Anuario Bibliográfico de la República Argentina. Alberto Navarro Viola, dir. Buenos Aires: Imprenta del Mercurio.

I, 1879; II, 1880. Versión digital en <www.cervantesvirtual.com> y en <www.aal.edu.ar>.
Arana, Raimundo J. "Ayer y hoy". *La Voz del Pueblo*, 22 abr.-4 jul. 1860 (inconclusa): 1, folletín.
Aráuz, Toribio. *Aurora y Enrique, o sea La Guerra Civil: Novela histórica original*. Buenos Aires: Imprenta de Mayo, 1858.
Bacon, Francis. *Del adelanto y progreso de la ciencia divina y humana*. Jorge Castilla, trad., pról. y notas. Textos Fundamentales, 9. Buenos Aires: Lautaro, 1947.
Barbará, Federico. *El prisionero de Santos Lugares: Historia-novela original contemporánea*. Buenos Aires: Imprenta de Las Artes, 1857.
Barra, Federico de la. *La presidencia: Novela escrita en alemán por F. F. L. y traducida al castellano por Falucho*. Rosario: Imprenta de E. Carrasco, 1868.
Barros Pazos, José. "Literatura". *Museo Literario*. 13.
Bartrina, J. M. "Novelas". *El Alba*, 1.12, 3 ene. 1869: 90-91.
Bermejo, Ildefonso. *Estudios recreativos, históricos y morales*. Buenos Aires: Imprenta Americana, 1855.
Bilbao, Francisco. 1857 a. "Boletín de la Revista: Bibliografia". *La Revista del Nuevo Mundo*. 382-384.
——1857 b. "Literatura. Un Angel y un Demonio, por la señorita Da. Margarita Rufina Ochagavía". *La Revista del Nuevo Mundo*, 1-2: 331-336.
——1857 c. "Nacionalidad. Polémica. – (Al *Nacional* y *los Debates*)". *La Revista del Nuevo Mundo*, 1-2: 273-285.
Blair, Hugh. *Lectures on Rhetoric and Belles Lettres*. Nueva ed. Lionel Thomas Berguer, ed. y pról. London: T. Allman, 1830.
Blanco, Ángel Julio. 1856. *Una venganza funesta: Novela orijinal*. 2 vols. Buenos Aires: Imprenta Americana.
——1857. *Emeterio de Leao, Continuacion de Una venganza funesta: Novela original*. 2 vols. Buenos Aires: Imprenta Americana.

——1859 a. "Esplicacion". *Museo Literario*. 114.

——1859 b. "Luis y Estevan: Novela de costumbres". *Museo Literario*. 9-10, 24, 26-28, 44-46, 61-63, 74-76, 89-90, 98-99, 109-110, 125-126, 136-137, 146-147, 159-160, 169-179, 181-186.

Bonald, M. de. "Du style et de la littérature". *Œuvres complètes*. Abbé Migne, ed. Paris: J.-P. Migne Éditeurs, 1859. III, columnas 976-1016. En línea: <books.google.com.ar>.

Cabot, Acisclo M. (h.). *Bibliografía de 1866*. Buenos Aires: Imprenta Española, 1867.

Campo, Estanislao del, "E. del C.". *Camila ó La virtud triunfante: Novela original*. Buenos Aires: Imprenta de la Revista, 1856.

Cané, Miguel (p). 1854. "Una noche de boda". *El Plata Científico y Literario*, II, set.: 105-122.

——1855. "La novia del hereje, ó la inquisicion de Lima, Por el Dr. D. Vicente F. Lopez". *La Tribuna*, 15 dic.: 1-2.

——1857. "Una noche de boda". *El Imparcial*, Córdoba, III.417, 10 set.: 3-4; 418, 11 set.: 3-4; 419, 12 set.: 3-4; 420, 13 set.: 3-4; 421, 15 set.: 3-4; 422, 16 set.: 3-4; 423, 17 set.: 3-4; 424, 18 set.: 3-4.

——1858 a. *Esther: Novela original*. Biblioteca Americana, IV. Buenos Aires: Imprenta de Mayo. Versión digitalizada en <www.cervantesvirtual.com> y en <www.aal.edu.ar>. Este volumen incluye: "Esther: Simple narración" (25-195), "La familia de Sconner" (106-219), "Fantasia" (220-229) y "En el tren" (230-235).

——1858 b. "Eujenio Segry o El Traviato". *La Tribuna*, 21 mar.-13 abr.: 1, folletín.

——1858 c. *Primera leccion de prosa pronunciada en el Ateneo del Plata, en la noche del 20 de octubre*. Buenos Aires: Imprenta de la Tribuna.

——1858 d. "Una noche de boda". *La Tribuna*, 14, 15, 16, 17 y 18 abr.: 1, folletín.

——1858 e. "Una noche de boda: Novela original". Magariños Cervantes 1858 b. 215-256.

——1859. "Episodio de la peste: Á la señorita Da. Corina Madero; Cora o La partida de caza". *Museo Literario*. 2-3, 14-16, 31-32, 39-41, 53-54, 65-67.

——1863. "*La Novia del Hereje ó la Inquisicion de Lima* Por el Dr. D. Vicente F. Lopez. (Juicio Crítico)". *La Revista de Buenos Aires*: II, 1863: 624-632.

——1929. *Esther*. Pról. Ricardo Rojas. Publicaciones del Instituto de Literatura Argentina, Sección de Documentos, serie 4ª - Novela, I.7. Buenos Aires: Universidad de Buenos Aires, Facultad de Filosofía y Letras. 269-322.

——1930. *La familia de Sconner*. Pról. N[arciso] B[inayán]. Publicaciones del Instituto de Literatura Argentina, Sección de Documentos, serie 4ª - Novela, I.10. Buenos Aires: Universidad de Buenos Aires, Facultad de Filosofía y Letras. 409-483.

——1941 a. "Dos pensamientos: Narracion" por "L. M.". *El Iniciador* [I.11, 15 ago. 1838: 230-3]. 314-317.

——1941 b. "Literatura" por "N.". *El Iniciador* [I.3, 15 may. 1838: 49-52]. 133-136.

——1941 c. "Una historia" por "C. M.". *El Iniciador* [II.1, 15 oct. 1838: 1-6]. 357-362.

——1996. "Marcelina". *El Cané desconocido: Marcelina*. Beatriz Curia, ed. crítica, estudio y notas. ECTLA, Ediciones Artesanales, 2. Buenos Aires: Centro de Integración Cultural de la Sociedad Científica Argentina. 27-57.

——2000. *Dos pensamientos: Narración*. Beatriz Curia, ed. crítica, estudio y notas. Buenos Aires: Universidad de Buenos Aires, Facultad de Filosofía y Letras, Instituto de Literatura Argentina Ricardo Rojas.

Círculo Literario. "Primera conferencia". *Revista de Ciencias y Letras del Círculo Literario de Buenos Aires*: 1.1., 1864:

32-61. Incluida en la sección "Círculo literario" del tomo V de *La Revista de Buenos Aires*, 1864: 287-313.

"Círculo literario". *La Revista de Buenos Aires*: V, 1864: 257-343, 615-642.

Constant, Benjamin. "Mélanges de littérature et de politique". 1829. *Œuvres*. Alfred Roulin, ed. Bibliothèque de la Pléiade, 123. [Paris]: Librairie Gallimard, 1957. 833-931.

Correo del Domingo: Periódico literario ilustrado, primera época, I. Buenos Aires: Imprenta del Siglo. José María Cantilo (p.), dir. 1864.

Cousin, Victor. *De lo verdadero, lo bello y lo bueno: Curso de filosofía sobre el fundamento de dichas ideas absolutas.* [1815-1821]. Manuel Mata y Sanchis, trad. Valencia: Librería de Pascual Aguilar, 1873.

D'Alembert. *Discurso preliminar de la Enciclopedia.* Consuelo Berges, trad. Biblioteca de Iniciación Filosófica. Buenos Aires: Aguilar, 1953.

Daniel. Véase: Mansilla de García, Eduarda.

De Angelis, Pedro. *Derroteros y viajes a la Ciudad Encantada, ó de los Césares, que se creía existiese en la cordillera, al sud de Valdivia.* Colección de Obras y Documentos Relativos a la Historia Antigua y Moderna de las Provincias del Río de la Plata, II. Buenos Aires: Imprenta del Estado, 1836. Versión digital en <www.cervantesvirtual.com>

Demaría, Bernabé. 1869 a. "Revelaciones de un manuscrito, por Bernabé Demaría. (Todo lo que se refiere en esta obra es verídico)". *El Nacional*, 5 jul.-7 dic.: 1, folletín.

——1869 b. *Revelaciones de un manuscrito*. Buenos Aires: Imprenta Argentina de El Nacional.

——1906. *Obras literarias*. Buenos Aires: Imprenta Europea de M. A. Rosas.

Dumas, Alejandro. *La Nueva Troya: La guerra privada de Dumas contra Rosas*. Alejandro Waksman, trad. y post-scriptum. Pról. Daniel Balmaceda. Náfragos, 5. Buenos Aires: Marea, 2005.

Echagüe, Pedro. 1931. *La Rinconada*. Publicaciones del Instituto de Literatura Argentina, Sección de Documentos, serie 4ª - Novela, I.12. Buenos Aires: Universidad de Buenos Aires, Facultad de Filosofía y Letras. 529-576.

——S.f. *Dos novelas regionales*. Pról. Margarita Mugnos de Escudero. Grandes Escritores Argentinos, 42. Buenos Aires: W.M. Jackson Editores. Incluye: "La Rinconada" (1-67) y "La Chapanay" (69-193).

Echeverría, Esteban. *Obras completas*. Compilación y biografía de Juan María Gutiérrez. 2ª ed. Buenos Aires: Ediciones Antonio Zamora, 1972.

E. del C. Véase: Campo, Estanislao del.

El Alba: Revista semanal de literatura, modas y teatros; dedicada a las hijas de Eva, 1-13. Casimiro Prieto Valdés y Eduardo Vila, dirs. 18 oct. 1868-10 ene. 1869.

El Estímulo: Periódico literario: 1-26. Heraclio C. Fajardo, dir. 9 feb.-6 ago. 1858.

El Imparcial: Diario del Pueblo y para el Pueblo. Córdoba. 1857.

El Iniciador. Ed. facsimilar. Est. preliminar de Mariano de Vedia y Mitre. Buenos Aires: Kraft, 1941.

——[Esteban Echevería]. "Código, ó declaracion de los principios que constituyen la creencia social de la República Argentina; Introduccion: Palabras Simbólicas de la fe de la Joven Generacion Argentina" [II.4, 1º ene. 1839: 65-85]: 421-441.

El Mulato. Véase: Loiseau, Ernesto O.

El Nacional: Órgano de la política, comercio y literatura de la República Argentina. Dalmasio Vélez Sársfield, dir. Buenos Aires, 1852-1893.

——"Exterior: Fuero eclesiástico". 24 abr. 1857: 1.

El Nacional Argentino. Paraná. Consultados: 1-37, 3 oct. 1852- 14 jun. 1854.

El Orden. Buenos Aires. Luis L. Domínguez y Félix Frías, dirs.

—— "De la decadencia del arte (*La América*)". 4-5 ene. 1858: 1-2.

—— "El folletín". 10-11 set. 1855: 2.

—— "El honor del escritor". 11 nov. 1855: 2.

—— "Folletin". 29 set. 1855: 3.

—— "[La novela en 1855]". 17 nov. 1855: 3.

—— "Lecturas serias". 8 dic. 1855: 2.

—— "Folletín: La estrella de Vandalia". 9 abr.-6 may. 1858.

El Plata Científico y Literario: Revista de los Estados del Plata sobre legislacion, jurisprudencia, economía-política, ciencias naturales y literatura. 7 t. Miguel Navarro Viola, dir. Buenos Aires: Imprenta de Mayo, 1854-1855. Digitalizado en <books.google.com.ar>.

El Plata Ilustrado: Semanario de literatura, artes, modas y ciencias, I-II. Buenos Aires. Gustavo Kordgien, dir. y ed. Carlos Jansen, redactor en jefe. 1871-1872.

El Recuerdo: Semanario de literatura y variedades; Redactado por jóvenes orientales y dedicado al pueblo bonaerense, 1-24. Heraclio Fajardo, dir. Buenos Aires: Imprenta Americana, 6 ene.-15 jun. 1856.

Estrada, Santiago. 1866. *El hogar en la pampa (Cuento)*. Buenos Aires: Imprenta del Siglo.

——1931. *El hogar en la pampa (Novela)*. Pról. Narciso Binayán. Publicaciones del Instituto de Literatura Argentina, Sección de documentos, serie 4° - Novela, II.1. Buenos Aires: Imprenta de la Universidad. 2-83.

Fajardo, Carlos Augusto. "Las rivales". *El Recuerdo*, 8, 24 feb. 1856: 61-63; 12, 21 mar.: 95-96; 16, 20 abr.: 127-128; 17, 27 abr.: 134-135; 19, 11 may. 1856: 149-150.

Fajardo, Heraclio C. 1856. "Prologo del traductor". Pélissot 1856 a. iii-iv.

——1858. "Literatura del Plata". *El Estímulo*, 9 feb.: 2.

——1860. "*Lucía Miranda*. Señorita Da. Rosa Guerra". *La Tribuna*, 25-26 jun.: 2.

——1865. "*Laurindas*. (Poesias de L. Lapuente)". *La Tribuna*, 24 jun.

Falucho. Véase: Barra, Federico de la.

F. A. S. Véase: Sánchez, Fortunato A.

F. F. L. Véase: Barra, Federico de la.

Flores Belfort, Daniel. "El capitán Pablo". *La Primavera*, 1.1, 15 oct. 1863: 1-5.

Gálvez, Víctor. Véase Quesada, Vicente G.

Gil de Zárate, Antonio. *Manual de literatura: Principios generales de poética y retórica y resumen histórico de la literatura española*. 12ª ed. Paris: Garnier Hermanos, [s.f.].

Giráldez, Tomás N. *Vengador y suicida: Novela original*. Buenos Aires: Imprenta de Pedro Gautier, 1860.

Gómez, Eusebio F. *Angélica ó Una víctima de sus amores: Novela original*. Paraná: Imprenta de El Nacional Argentino, 1859.

Gómez Hermosilla, José Mamerto. *Arte de hablar en prosa y verso*. Madrid: Imprenta Real, 1826.

Gorriti, Juana Manuela. 1860 a. "El Lucero del Manantial; Episodio de la Dictadura de D. Juan Manuel Rosas". *La Revista de Lima*, II, segundo semestre: 191-7, 251-256.

——1860 b. "El ramillete de la velada". *La Revista de Lima* [I, primer semestre]: 697-700, 733-740, 795-802.

——1861 a. "El guante negro". *Revista del Paraná*, 6, 31 jul.: 330-339.

——1861 b. "El lucero del manantial: Episodio de la dictadura de don Juan Manuel Rosas". *Revista del Paraná*, 5, 39 jun.: 269-274.

——1861 c. "Si haces mal no esperes bien". *La Revista de Lima*, IV, segundo semestre: 111-7, 147-159.

——1862 a. "El Angel caido". *La Revista de Lima*, V, primer semestre: 742-749, 787-792, 827-832, 864-871, 899-903, 939-944, 979-¿?; VI, 23-32, 107-110.

——1862 b. "Gubi Amaya: Historia de un salteador". *La Revista de Lima*, VI: 179-184, 221-225, 264-268, 307-311, 344-352, 380-392.

——1863 a. "El ramillete de la velada". *La Revista de Buenos Aires*, II: 515-535.

——1863 b. "La hija del mashorquero: Leyenda histórica". *La Revista de Lima*, VII: 305-308, 343-349, 374-377, 395-400.

——1863 c. "Si haces mal no esperes bien". *La Revista de Buenos Aires*, I: 86-102.

——1863 d. "Una hora de coquetería". *La Revista de Buenos Aires*, III: 495-499.

——1865. *Sueños y realidades: Obras completas de la señora doña Juana Manuela Gorriti*. Vicente G. Quesada, ed. Pról. J. M. Torres Caicedo. 2 vols. Buenos Aires: Imprenta de Mayo de C. Casavalle.

——1866. "Una hora de coquetería". *La América*, 4, 6 feb.: 3.

——1869. "Un año en California". *La Revista de Buenos Aires*, XVIII: 106-116, 228-241, 356-398.

——1869-1870. "El pozo de Yocci". *La Revista de Buenos Aires*, XX: 349-356, 464-481; XXI: 47-64, 319-333; XXII: 112-120.

——1871. "El Lucero del manantial: Episodio de la dictadura de don Juan Manuel Rosas". *La Nación*, 7 dic.: 2.

——1873. "La leontina". *Revista del Río de la Plata*, VI: 499-580.

——1876. "El pozo del Yocci". *Panoramas de la vida: Colección de novelas, fantasías, leyendas y descripciones americanas*. Pról. Mariano Pelliza. Vol. I. Buenos Aires: Imprenta y Librerías de Mayo. 349-450.

——1907. *Sueños y realidades*. Pról. J. M. Torres Caicedo. 2 vols. Buenos Aires: Biblioteca de La Nación. Hay reedición de 1909.
——1929 a. *El pozo del Yocci: Novela*. Pról. A. Giménez Pastor. Publicaciones del Instituto de Literatura Argentina, Sección de Documentos, serie 4ª - Novela, I.5. Buenos Aires: Universidad de Buenos Aires, Facultad de Filosofía y Letras. 169-236.
——1929 b. *El tesoro de los incas (Leyenda histórica)*. Pról. José María Monner Sans. Publicaciones del Instituto de Literatura Argentina, Sección de Documentos, serie 4ª - Novela, I.6. Buenos Aires: Universidad de Buenos Aires, Facultad de Filosofía y Letras. 237-268.
——1992-1995. *Obras completas*. Alicia Martorell, invest. y ed. 4 vols. Salta: Fundación del Banco del Noroeste.
Groussac, Paul. "Noticia biográfica del doctor don Diego Alcorta y examen crítico de su obra". Prólogo. "Curso de Filosofía". Por Diego Alcorta. i-cxvii.
Guerra, Rosa. 1860. *Lucía Miranda: Novela histórica*. Buenos Aires: Imprenta Americana.
——1863. *Julia ó La educación: Libro de lectura para las niñas*. Buenos Aires: Imprenta de El Mercurio.
——1956. *Lucía Miranda*. Noticia de José María Monner Sans. Orígenes de la Novela, 14. Buenos Aires: Universidad de Buenos Aires, Departamento Editorial.
Gutiérrez, José María. "Memorias de un condenado: Leyenda fantástica". *La Ilustración Argentina*, 2-10, 18 y 25 set., 9, 16 y 23 oct., 6 y 13 nov. 1853: diversas páginas.
Gutiérrez, Juan María. 1864 a. "El capitan de Patricios". *Correo del Domingo*, I.14, 3 abr.: 220-224; 15, 10 abr.: 235-240; 16, 17 abr.: 242-247.
——1864 b. *El capitan de Patricios*. Buenos Aires: Imprenta del Siglo. Versión digitalizada en <www.bibnal.edu.ar/webpub/digital.asp>

——1874. "El capitan de Patricios". *Revista del Río de la Plata*, IX: 3-60.

——1915. "Catálogo de los libros didácticos que se han publicado o escrito en Buenos Aires desde el año 1790 hasta el año 1867 inclusive". *Origen y desarrollo de la Enseñanza Pública Superior en Buenos Aires: Noticias históricas desde la época de la extinción de la Compañía de Jesús en el año 1757, hasta poco después de fundada la Universidad en 1821*. 2ª ed. Buenos Aires: La Cultura Argentina. 385-418.

Gutiérrez, Tomás. 1858 a. "Carlota ó La hija del pescador". *La Tribuna*, 19-20, 21, 23, 24, 25, 26-27 y 28 abr.: 1, folletín.

——1858 b. *Nunca es tarde cuando la dicha es buena*. Las Violetas: Ensayos Literarios, 2ª entrega. Buenos Aires: Imprenta Americana.

——1859. *La maldicion, ó El compadrito (Páginas literarias)*. Las Violetas: Ensayos Literarios, 3ª entrega. Buenos Aires: Imprenta Americana.

Hermosilla-Salvá. *Arte de hablar en prosa y verso*. Buenos Aires: Glem, 1943.

Herrera, José Aurelio, "Teseo". *Defensa del celebérimo escritor Veterano Aforismos, hecha en última instancia por el no menos célebre abogado del foro de Mar-Chiquita, Don José Aurelio Herrera (Alias Teseo)*. Buenos Aires: Imprenta de Jorge E. Cook, 1872.

Iuglaris, Enrique Juan. *La bella Emilia: Novela histórica de mis tiempos*. Buenos Aires: Imprenta de La Tribuna, 1869.

Jansen, Carlos. "La hija de la gitana". *El Plata Ilustrado*, I-II, oct. 1871-oct. 1872. Inconclusa.

J. de S. y Q. "Lectura de mujeres". *El Estímulo*, 15, 19 may. 1858: 19-20.

La América. Buenos Aires. Agustín de Vedia, redactor principal y dir. Consultado: primer semestre de 1866.

Labougle, Juan Eugenio. *Ensayo sobre la literatura de los principales pueblos y en especial del Río de la Plata.* Buenos Aires: J. A. Bernheim, 1856.

La Época: Diario comercial, político y literario. La Paz. Año consultado: 1845.

La Flor del Aire: Periódico literario ilustrado; Dedicado al bello secso. Literatura. Sátira decorosa. Teatros. Modas. Variedades, 1-5. Lope del Río, dir. Buenos Aires, 3 mar.-10 jun. 1864.

La Ilustracion Argentina: Semanario crítico y literario, 1-13. Angel J. Blanco y Carlos F. Terrada, dirs. Buenos Aires, 11 nov. 1853-4 dic. 1853.

La Ilustracion Argentina: Museo de familias. 2ª época, 1-17. Benito Hortelano-José María Buter, dirs. 11 dic. 1853-2 abr. 1854.

La Justicia: Periódico semanal crítico, satírico y literario, 1-6. Buenos Aires, 17 ene. 1869-1 mar. 1869.

La Moda: Gacetín semanal de música, de poesía, de literatura, de costumbres; 1838. Ed. facsimilar. José A. Oría, pról. y notas. Buenos Aires: Academia Nacional de la Historia, 1938.

La Prensa. Buenos Aires. Juan Francisco Monguillot, dir. Consultado: 1857-1858.

La Primavera: Periódico mensual de literatura, 1-2. Tomás Giraldéz, dir. Buenos Aires, 15 oct. 1863-15 nov. 1863.

Lapuente, Laurindo R. 1856. *La aerostática en Buenos Aires: Capricho crítico, histórico y novelesco.* Buenos Aires: Imprenta de El Eco.

——1857. *El Herminio de la Nueva Troya.* Buenos Aires: Imprenta de la Reforma Pacífica.

——1858. *Virtud y amor hasta la tumba: Novela original.* Buenos Aires: Imprenta de la Reforma.

La Revista de Buenos Aires: Historia americana, literatura y derecho; Periódico dedicado á la República Argentina, la Oriental del Uruguay y la del Paraguay, 1-25. Miguel

Navarro Viola y Vicente G. Quesada, dirs. Buenos Aires, 1863-1871. Ed. facsimilar: Buenos Aires: Lino Tipografía, 1911.
La Revista de Lima, 1-7. Lima, 1859-1863.
La Revista del Nuevo Mundo, 1-2. Francisco Bilbao, dir. 1857.
La Revista Independiente: Periódico científico y literario, 1-7. Manuel Bilbao, redactor en jefe. Lima, 15 dic. 1853-28 ene. 1854.
Las aventuras de Learte. P. Grenón S.J., ed. Archivo de Gobierno, Documentos Históricos, Sección Literatura, IV. Córdoba: Talleres Gráficos de la Penitenciaría, 1925.
La Siempre-viva: Periódico literario ilustrado, dedicado al bello sexo argentino, escrito por señoras, 1-4. Juana Manso, dir. Buenos Aires, 16 jun. 1864-9 jul. 1864.
La Tribuna. Buenos Aires. Héctor y Mariano Varela, dirs. Saturnino Córdova, ed. responsable.
——"Bellas Letras". 25 set. 1853: 3.
——"Excomunion á la 'Amalia'". 4 oct. 1855: 2.
——"Novelas". 2 jun. 1860: 2.
La Voz del Pueblo: Diario político, literario y comercial. Buenos Aires. Consultado: 1-63, 15 abr. 1860-4 jul. 1860.
L. M. S. *Cuestión penal ó sea Ensayo crítico sobre el folleto titulado: Alma de Jesús Pérez ó La justicia del terror de N. L*. Buenos Aires: Imprenta de La Caridad, 1871.
Loiseau, Ernesto O. ["El Mulato"]. *Hojas de mirto: Novela original*. Buenos Aires: Imprenta de La Reforma, 1859.
López, Enrique. *El indicador positivista, ó La novela enciclopédica: Obra original*. Buenos Aires: Imprenta Española, 1869. Incluye la novela "Arcanos del destino" (3-94).
López, José Francisco. *Literatura y política nacional: Señora doña Eduarda M. de García, Buenos Aires; julio 1° de 1870*. Buenos Aires: Imprenta de la Discusión, 1870.

López, Vicente Fidel. 1843 a. "Ali-Baja". *El Progreso*, Santiago de Chile, 21 mar.: 1-2; 22 mar.: 1-2; 23 mar.: 1-2; 24 mar.: 1; 27 mar.: 1; 28 mar.: 1; 29 mar.: 1-2.

——1843 b. "La novia del hereje, o la Inquisicion de Lima". *El Observador Político*, Santiago de Chile, 24 jul., [¿?], 16 ago.

——1845. *Curso de Bellas Letras*. Santiago de Chile: Imprenta del Siglo.

——1854 a. "La novia del hereje, o la Inquisicion de Lima". *El Plata Científico y Literario*, II, set. 1854: 147-197; III, nov. 1854: 89-162; IV, ene. 1855: 98-155; V, mar. 1955: 101-125; VII, jul. 1855: 21-127.

——1854 b. *La novia del hereje o La Inquisicion de Lima*. Buenos Aires: Imprenta de Mayo.

——1858. "Carta a Miguel Cané. Montevideo, 31 de julio de 1854". Cané 1858 a. 268-271.

——1896. "Autobiografía". *La Biblioteca*, Buenos Aires, I.I.3: 325-355.

——1938. "Importancia del trabajo intelectual". *La Moda*. 186-8, 189-190.

——1943. *Memoria sobre los resultados generales con que los pueblos antiguos han contribuído a la civilización de la humanidad; con el capítulo del Curso de Bellas Letras "De las diversas escuelas de Historia Social"*. Est. prel. José Luis Romero. Buenos Aires: Nova.

——1951. "A Félix Frías". Santiago de Chile, 8 setiembre 1842. Carta 197. "Archivo de Félix Frías: Documentos referentes a los refugiados argentinos y sus actividades revolucionarias posteriores a la campaña del general Juan Lavalle". *Revista de la Biblioteca Nacional*, Buenos Aires, XXIV.58, 2º semestre: 491-509.

——2004. "Clasicismo y Romanticismo"; "Consideraciones sobre el Romanticismo I"; "Consideraciones sobre el Romanticismo II"; "Consideraciones sobre el Romanticismo III"; "Consideraciones sobre el Romanticismo IV"; "Consideraciones sobre el Romanticismo V"; "Consideraciones sobre el Romanticismo VI". Figueroa. 313-333, 453-458, 459-462, 468-473, 474-478, 479-482, 483-486. También en Pinilla 1943 b.

López Torres, Francisco. 1856. *La huérfana de Pago-Largo: Novela histórica original*. Buenos Aires: Imprenta del Plata.

——1857. "Carlota ó Una víctima de la mas-horca". *La Tribuna*, 12-13 ene.: 1.

——1858 a. *Dayla*. Las Violetas: Ensayos Literarios, 1ª entrega. Buenos Aires: Imprenta Americana.

——1858 b. *La virgen de Lima*. Las Violetas: Ensayos Literarios, 2ª entrega. Buenos Aires: Imprenta Americana.

——1859 a. "Clotilde". *Museo Literario*. 5-6, 29-30.

——1859 b. "Mis pensamientos (Noche primera)" y "Mis pensamientos (Noche segunda)". *Museo Literario*. 42-44. 82-83, 91.

Los Debates, 1-63. Buenos Aires. Bartolomé Mitre, dir. 1 abr. 1852-25 jun. 1852.

——"Folletin". 1 abr 1852: 2.

Magariños Cervantes, Alejandro. 1858 a. "Farsa y contrafarsa: Novela original". *El Estímulo*, 2-18, 17 feb.-9 jun.

——1858 b. *No hay mal que por bien no venga: Novela original*. Biblioteca Americana, Obras del Dr. D. Alejandro Magariños Cervantes, III. Buenos Aires: Imprenta de Mayo.

Machali, Ramón, "R. el Mugiense". *Emilia, ó los efectos del coquetismo*. Buenos Aires: Imprenta de la Bolsa, 1862.

Machali Cazón, Ramón. *Estudio de literatura argentina*. Buenos Aires: Imprenta Europea, 1889.

Mansilla, Lucio Victorio. 1863 a. "Ensayo sobre la novela en la Democracia, ó Juicio crítico sobre la Emilia de R. el Mujiense". *La Tribuna*, 23-24, 25, 27 y 28 nov.: 1.

——1863 b. "La literatura argentina en Alemania". *La Revista de Buenos Aires*: I: 142-143.
——1863 c. "Más sobre la literatura argentina en Alemania". *La Revista de Buenos Aires*: I: 265-268.
——1864. "Bibliografía y juicio crítico". *Revista de Ciencias y Letras del Círculo Literario de Buenos Aires*: I.1: 62-87. También en *La Revista de Buenos Aires*, V, 1864: 314-336.
Mansilla de García, Eduarda. 1860 a. "Daniel". *El médico de San Luis*. Buenos Aires: Imprenta de la Paz.
——1860 b. "Daniel". "Lucía: Novela sacada de la historia argentina". *La Tribuna*, 10 may.-4 jul.: 1, folletín.
——1860 c. "Daniel". *Lucía: Novela sacada de la historia argentina*. Buenos Aires: Imprenta de La Tribuna.
——1869. *Pablo ou La vie dans les Pampas*. Pról. E. Laboulaye. Paris: E. Lachaud Libraire-Éditeur.
——1879. "El médico de San Luis: Novela americana de Eduarda M. de Garcia; Precedida de apuntes por M.N.V. [Miguel Navarro Viola] y de un estudio sobre la autora por Rafael Pombo". *La Biblioteca Popular de Buenos Aires*, II.XVII, Buenos Aires: Librería Editora de Enrique Navarro Viola: 3-127. Versión digitalizada en <www.biblioteca.clarin.com>.
——1882. *Lucía Miranda: Novela histórica*. Buenos Aires: Imprenta de Juan A. Alsina.
——1962. *El médico de San Luis*. Pról. Antonio Pagés Larraya. Serie del Siglo y Medio, 37. Buenos Aires: Eudeba.
——2007 a. *Lucía Miranda (1860)*. María Rosa Lojo, dir.; Marina Guidotti, asistente de dirección; Hebe Molina, Claudia Pelossi, Laura Pérez Gras y Silvia Vallejo, colabs., edic., introd. y notas. T.e.c.i., 14. Madrid: Iberoamericana – Frankfurt am Main: Vervuert.

——2007 b. *Pablo o la vida en las pampas*. Lucio V. Mansilla, trad. María Gabriela Mizraje, est. prel. y ed. crítica. Los Raros, 13. Buenos Aires: Biblioteca Nacional – Colihue.

Manso de Noronha, Juana Paula. 1854 a. "La familia del Comendador: Novela original". *Álbum de Señoritas*, 1, 1° ene. 1854: 6-7; 2, 8 ene.: 13-16; 3, 15 ene.: 19-21; 4, 22 ene.: 30-32; 5, 29 ene.: 36-38; 6, 5 feb.: 45-48; 7, 12 feb.: 51-53; 8, 17 feb. 1854: 61-64.

——1924. *Los misterios del Plata: Episodios históricos de la época de Rosas, escritos en 1846*. Pról. y ed. corregida por Ricardo Isidro López Muñiz. Buenos Aires: Librería y Casa Editora de Jesús Menéndez e Hijo.

——1937. "Guerras civiles del Río de la Plata; Primera parte: Una mujer heroica; Por Violeta". Velasco y Arias. 376-419.

——2006. *La familia del Comendador y otros textos*. Est. prel. Lidia F. Lewkowicz. Los Raros, 12. Buenos Aires: Biblioteca Nacional – Colihue.

Mármol, José. 1851. *Amalia*. Montevideo: Imprenta Uruguayana.

——1855. *Amalia*. "2ª ed.". Buenos Aires: Imprenta Americana.

——1984. *Amalia*. Teodosio Fdz. Rodríguez, ed. Biblioteca de la Literatura y el Pensamiento Hispánicos, 65. Madrid: Editora Nacional.

——1990. *Amalia: 1*. Beatriz Curia y otras, ed. crítica y anotada. Mendoza: UN. Cuyo – Centro de Edición y Crítica Textual Literatura Argentina.

——1999. *El señor Anrumarrieta y otros escritos satíricos*. Beatriz Curia y colaboradoras, ed. crítica y notas. Anejo 1 de *Gramma*. Buenos Aires: Universidad del Salvador, Facultad de Historia y Letras.

Márquez, Coriolano. *El pirata, ó La familia de los condes de Osorno: Novela histórica, escrita en la cárcel pública de*

Buenos Aires (en el calabozo N°. 5 en octubre de 1862).
4 vols. Buenos Aires: Imprenta de la Bolsa, 1863.
Mitre, Bartolomé. 1847. *Soledad: Novela original.* Paz de Ayacucho: Imprenta de La Época. Versión digitalizada en <www.cervantesvirtual.com> y <www.aal.edu.ar>.
——1868. "Ensayos críticos sobre algunos poetas de la nueva generacion literaria argentina". *El Alba*, 3, 1° nov. 1868: 20.
——1907. *Memorias de un botón de rosa; Soledad: Novelas americanas.* Pról. Pedro Pablo Figueroa. Biblioteca de América: Dos Perlas Literarias Americanas. Buenos Aires: s.e.
——1928. *Soledad: Novela original.* Pról. Juan Millé y Giménez. Publicaciones del Instituto de Literatura Argentina, Sección de documentos, serie 4ª - Novela, I.4. Buenos Aires: Universidad de Buenos Aires, Facultad de Filosofía y Letras. 89-168.
——1930. *Memorias de un botón de rosa.* Pról. N[arciso]. B[inayán]. Publicaciones del Instituto de Literatura Argentina, Sección de documentos, serie 4ª - Novela, I.9. Buenos Aires: Universidad de Buenos Aires, Facultad de Filosofía y Letras. 387-405.
——1936. *El diario de la juventud de Mitre (1843-1846).* Buenos Aires: Institución Mitre-Coni.
Mosaico Literario. Juan Antonino Wilde y Miguel Navarro Viola, redactores. Buenos Aires, 1848.
Munárriz y S., José Luis. *Compendio de las Lecciones sobre la Retórica y Bellas Letras de Hugo Blair.* Madrid: Imprenta de Sancha, 1823.
Museo Literario: Periódico semanal de literatura en general, teatro y modas. Carlos L. Paz y Lisandro Paganini, eds. Buenos Aires: Imprenta de Mayo, 1859.
Ochagavía, Margarita Rufina. *Un ángel y un demonio, o El valor de un juramento: Novela original.* Buenos Aires: Imprenta de Mayo, 1857.

Palma, Ricardo. "La bohemia de mi tiempo". *Tradiciones peruanas completas*. Edith Palma, ed. y pról. 3° ed. Madrid: Aguilar, 1957. 1293-1321.

Paz, Carlos L[uis]. 1857. *Santa y mártir de 20 años: Novela original*. Buenos Aires: Imprenta de La Reforma.

—— 1859 a. "Biblioteca Americana". *Museo Literario*. 116.

—— 1859 b. "La mulata". *Museo Literario*. 130-132, 133-134, 145-146, 179-180, 186-187.

—— 1859 c. "Un desenlace". *Museo Literario*. 19-22, 32-33, 57-58, 92-93.

—— 1863. "La malilla". *La Primavera*, 1.2, 15 nov.: 33-36.

Pélissot, Felisberto. 1856 a. *Camila O'Gorman: Novela escrita en frances por Felisberto Pelissot, con colaboración de Francisco Lopez*. Heraclio C. Fajardo, trad. y ed. Buenos Aires: Imprenta Americana.

—— 1856 b. *Misterios de Buenos Aires: Novela original escrita en frances por Felisberto Pelissot, y traducida al castellano para La Tribuna por uno de sus colaboradores*. 2 vols. Buenos Aires: Imprenta de La Tribuna.

—— 1857. *Camila O'Gorman: Novela; Nueva edicion aumentada con datos interesantes, notablemente modificada y precedida del folleto histórico del Comercio del Plata*. Buenos Aires: Imprenta de las Artes.

—— 1933. *Camila O'Gorman*. Biblioteca La Tradición Argentina, XXVI. Buenos Aires: J. C. Rovira Editor, 1933.

Pigault-Lebrun, [Charles Antoine Guillaume]. *El hijo del carnaval: Historia notable, y sobre todo verídica*. Barcelona: Imprenta de Oliva, 1836. Versión digitalizada en <books.google.com.ar>

Quesada, Vicente G. 1863. "Lejos del hogar: A la señora Doña Juana Manuela Gorriti". *La Revista de Buenos Aires*, I: 81-85. Reeditado en Gorriti 1865: II, 307-311.

—— 1864. "Sueños y realidades; Edicion completa de las obras de la Sra. doña Juana Manuela Gorriti". *La Revista*

de Buenos Aires, IV: 407-416. Reeditado en Gorriti 1865: II, 312-331.
—— 1865 a. "A los lectores". Gorriti 1865: II, 305-306.
—— 1865 b. *Crimen y expiacion (Crónica de la Villa Imperial de Potosí)*. Buenos Aires: Imprenta de Mayo.
—— 1911. *La vida intelectual en las provincias argentinas (1861)*. Buenos Aires: Imprenta y Casa Editora de Coni Hermanos.
—— 1990. "Víctor Gálvez". *Memorias de un viejo: Escenas de costumbres de la República Argentina*. Antonio Pagés Larraya, est. prel. Buenos Aires: Academia Argentina de Letras.
R. el Mugiense. Véase: Machali, Ramón.
Rave, Francisco. 1868 a. "Los guayanases (Leyenda americana)". *Revista Argentina*, II: 144-149, 263-270, 341-347, 419-426. Digitalizado en <books.google.com.ar> Inconclusa.
—— 1868 b. "Los guayanases: Novela inédita original (Fragmento)". *El Alba*, 4, 8 nov.: 28-29; 5, 15 nov.: 37. Reedición de algunos capítulos de 1868 a.
Revista Arjentina, I-VI. José Manuel Estrada y Pedro Goyena, dirs. Buenos Aires, 1868-1870. Digitalizada en <books.google.com.ar>
Revista de Ciencias y Letras del Círculo Literario de Buenos Aires, 1-3. Buenos Aires: Imprenta de Mayo, 1864-1865. Separata de *La Revista de Buenos Aires*, 1864-1865.
Revista del Nuevo Mundo. Buenos Aires. Francisco Bilbao, dir.
Revista del Paraná: Historia, literatura, lejislacion, economia política, 2-6. Vicente G. Quesada, dir. Paraná, 1861.
Rocha, José Víctor. 1857 a. "Aurelia". *El Nacional* 6, 7, 8 y 11 ago.: 1.
—— 1857 b. "Dos víctimas de 1840". *La Tribuna*, 20-21 y 22 abr.: 1, folletín.

——1857 c. *Un drama en la vida: Novela original*. Buenos Aires: Imprenta de Mayo.
Romano, Manuel. *El isleño: Episodio de la guerra de la independencia*. Buenos Aires: Imprenta Americana, 1857.
Rosas de Rivera, Mercedes, "M. Sasor". 1861. *María de Montiel, novela contemporánea*. Buenos Aires: Imprenta de La Revista.
——1863. *Emma ó La hija de un proscripto: Novela escrita por M. Sasor*. Buenos Aires: Imprenta de Pablo E. Coni.
——2010. *María de Montiel: Novela contemporánea (1861)*. Beatriz Curia, dir.; Hebe Beatriz Molina, Mayra Bottaro, Cynthia Dackow y Nuria Gómez Belart, ed. crítica, ed. facsimilar, estudio y notas. Buenos Aires: Teseo.
"R. R.". "La traicion de un amigo ó Un criminal menos". *Museo Literario*. 162-164, 188-190.
Sánchez, Fortunato A., "F. A. S.". *El ciego Rafael*. Buenos Aires: Imprenta tipográfica de Pablo E. Coni, 1870.
Sanfuentes, Salvador. "Romanticismo"; "Una advertencia a la Gaceta". Figueroa. 409-414, 487-488.
Sarmiento, Domingo Faustino. 1948-1853. *Obras completas*. Buenos Aires: Luz del Día.
——En particular: "Los suscritores" [*El Progreso*, 11 nov. 1842]: II, 5-9; "Nuestro pecado de los folletines" [*El Progreso*, 30 ago. 1845]: II, 320-323; "Las novelas" [*El Nacional*, 14 abr. 1856]: XLVI, 150-154.
——2004. "Concluye el analisis del articulo *Romanticismo*", "El Romanticismo según 'El Semanario'"; "Continua el analisis del articulo *Romanticismo*"; "Parentesis formado por una correspondencia imparcial"; "Continua el examen del articulo *Romanticismo*"; "Las intenciones del *Semanario*"; "Volvamos todos a la moderacion". Figueroa. 401-407, 421-426, 427-432, 433-437, 439-445, 463-464, 465-467.
Sastre, Marcos. *Cartas á Genuaria*. Buenos Aires: s.e., 1840.

Seguí, Juan Francisco. "Lucía Miranda". *La Tribuna*, 12 ago. 1860: 1.

Staël, Anna-Louise-Germaine Necker de, "Madame de". 1838. "Essai sur les fictions". *Œuvres complètes*. Paris: Firmin Didot Frères. 62-72.

——S.f. *De la littérature: Considérée dans ses rapports avec les institutions sociales*. 2ª ed. Paris: Bibliothèque-Charpentier.

Torres Caicedo, José María. "La señora doña Juana Manuela Gorriti". *La Revista de Buenos Aires*, III, 1863: 100-113. Reeditado en Gorriti 1865: I, i-xv.

Varela, Héctor Florencio, "Orión". 1870 a. *Almanaque de Orión: Cuentos, poesías, historias y novelas*. Buenos Aires: Imprenta de La Tribuna.

——1870 b. *Elisa Lynch*. Pról. Emilio Castelar. Buenos Aires: Imprenta de La Tribuna.

Vedia, José Joaquín de. *Aventuras de un centauro de la América meridional*. H. Stein Del, ilustr. Santiago R. Pilotto, ed. Buenos Aires: Imprenta del Orden, 1868.

Villemain, Abel-François. *Cours de Littérature Française*. 3ª ed. Paris: Didier, 1841.

"X". "El bandido". *La América* I. 45-67, 28 mar.-25 abr. 1866: páginas diversas.

3. Bibliografía general y especializada

Abad de Santillán, Diego. *Gran enciclopedia argentina*. Buenos Aires: Ediar, 1956-1964.

Abrams, M[eyer]. H[oward]. 1962. *El espejo y la lámpara: Teoría romántica y tradición crítica acerca del hecho literario*. Gregorio Aráoz, trad. Arte y Ciencia de la Expresión. Buenos Aires: Nova.

——1992. *El Romanticismo: tradición y revolución*. Tomás Segovia, trad. Literatura y Debate Crítico, 13. Madrid: Visor.

Alonso, Amado. *Ensayo sobre la novela histórica: El modernismo en "La gloria de don Ramiro"*. Buenos Aires: Universidad de Buenos Aires, Facultad de Filosofía y Letras, Instituto de Filología, 1942.

Altamirano, Carlos, dir. *Historia de los intelectuales en América Latina; I. La ciudad letrada, de la conquista al modernismo*. Jorge Myers, ed. del vol. Buenos Aires: Katz, 2008.

Álvarez Barrientos, J. "Del pasado al presente: Sobre el cambio del concepto de imitación en el siglo XVIII español". *Nueva Revista de Filología Hispánica*, XXXVIII.1, 1990: 219-245.

Anderson Imbert, Enrique. "Notas sobre la novela histórica en el siglo XIX". *Estudios sobre escritores de América*. Buenos Aires: Raigal, 1954. 26-46.

Arango L., Manuel Antonio. *Origen y evolución de la novela hispanoamericana*. 3ª ed. Crítica Literaria. Bogotá: Tercer Mundo Editores, 1991.

Archivo General de la Nación. *Archivo y colección "Los López": Vicente López y Planes, Vicente Fidel López, Lucio Vicente López*. Referencia, serie Descriptores, 13. Buenos Aires: Ediciones A.G.N., 1999.

Area, Lelia. *Una biblioteca para leer la Nación: Lecturas de la figura Juan Manuel de Rosas*. Tesis / Ensayo, 54. Rosario: Beatriz Viterbo Editora, 2006.

Arizpe, Víctor. "El romance como ficción en prosa en España". *Revista Chilena de Literatura*, 32, nov., 1988: 131-139.

Arrieta, Rafael Alberto. 1955. *La ciudad y los libros: Excursión bibliográfica al pasado argentino*. Buenos Aires: Librería del Colegio.

——1957. *La literatura argentina y sus vínculos con España*. Buenos Aires: Institución Cultural Española, 1948. Buenos Aires: Librería y Editorial Uruguay.
——dir. *Historia de la literatura argentina*. Buenos Aires: Peuser, 1958-1960.
Auza, Néstor Tomás. 1968. *Estudio e índice general de "El Plata Científico y Literario", 1854-1855, y "Atlántida", 1911-1913*. Índices y Bibliografías, III. Buenos Aires: U. del Salvador, Facultad de Historia y Letras, Instituto de Historia Argentina y Americana.
——1978. *El periodismo de la Confederación: 1852-1861*. Buenos Aires: Eudeba.
——1980. *Correo del Domingo (1864-1868)(1879-1880): Estudio e índice general*. Separata de *Revista Histórica*, 5. Buenos Aires: Instituto Histórico de la Organización Nacional.
——1988. *Periodismo y feminismo en la Argentina: 1830-1930*. Buenos Aires: Emecé.
——1999. *La literatura periodística porteña del siglo XIX: De Caseros a la Organización Nacional*. Buenos Aires: Confluencia.
Barcia, Pedro Luis. *Historia de la historiografía literaria argentina: Desde sus orígenes hasta 1917*. Buenos Aires: Ediciones Pasco, 1999.
Batticuore, Graciela. 2003. "Fervores patrios: Juana Manuela Gorriti". Schvartzman. 589-612.
——2005. *La mujer romántica: Lectoras, autoras y escritores en la Argentina; 1830-1870*. Buenos Aires: Edhasa.
——, Klaus Gallo, y Jorge Myers, comps. *Resonancias románticas: Ensayos sobre historia de la cultura argentina (1820-1890)*. Buenos Aires: Eudeba, 2005.
Blomberg, Héctor Pedro. "Las novelas de la tiranía de Rosas". *La Nación* [Buenos Aires] 10 jul. 1927: Letras-artes 3.
Bocco, Andrea. *Literatura y periodismo 1830-1861: Tensiones e interpenetraciones en la conformación*

de la literatura argentina. Tesis de Posgrado, Letras, 4. Córdoba: Universitas-Facultad de Filosofía y Humanidades (UNC), 2004.

Bonaudo, Marta, dir. *Liberalismo, Estado y orden burgués.* Vol. IV de *Nueva historia argentina.* 2ª ed. Buenos Aires: Sudamericana, 2007.

Bonaudo, Marta, y Élida Sonzogni. "Los grupos dominantes entre la legitimidad y el control". Bonaudo, dir. 27-96.

Bruno, Paula. "La vida letrada porteña entre 1860 y el fin-de-siglo: Coordenadas para un mapa de la elite intelectual". *Anuario del IEHS,* 24, 2009: 339-368.

Buoconore, Domingo. *Libreros, editores e impresores de Buenos Aires: Esbozo para una historia del libro argentino.* Buenos Aires: Bowker Editores, 1874.

B[urlando] de Meyer, Elvira. "El nacimiento de la novela: José Mármol". *Historia de la literatura argentina.* Buenos Aires: Centro Editor de América Latina, 1968-1976. I, 217-240.

Carilla, Emilio. 1967. *El Romanticismo en la América Hispánica.* 2ª ed. Buenos Aires: Gredos.

——1979. *Autores, libros y lectores en la literatura argentina.* Cuadernos de Humanitas, 51. Tucumán: Universidad Nacional de Tucumán, Facultad de Filosofía y Letras.

Castagnino, Raúl H. "Una olvidada novela porteña de 1860". *Historias menores del pasado literario argentino (Siglo XIX).* Buenos Aires: Huemul, 1976. 39-57.

Catálogo metódico de la Biblioteca Nacional, seguido de una tabla alfabética de autores; Tomo tercero: Literatura. Buenos Aires: Taller Tipográfico de la Biblioteca Nacional, 1911.

Catálogo metódico de la Biblioteca Nacional, seguido de una tabla alfabética de autores; VII: Literatura (Tomo 2º). Buenos Aires: Taller Tipográfico de la Biblioteca Nacional, 1931.

Catelli, Nora. *Testimonios tangibles: Pasión y extinción de la lectura en la narrativa moderna*. Barcelona: Anagrama, 2001.

Chaca, Dionisio. *Historia de Juana Manuela Gorriti*. Buenos Aires: El Centenario, 1940.

Chiaramonte, José Carlos. 1982. *La crítica ilustrada de la realidad: Economía y sociedad en el pensamiento argentino e iberoamericano del siglo XVIII*. Capítulo: Biblioteca Argentina Fundamental; Serie complementaria: Sociedad y cultura, 14. Buenos Aires: Centro Editor de América Latina.

——1989. *La Ilustración en el Río de la Plata: Cultura eclesiástica y cultura laica durante el Virreinato*. La Ideología Argentina. Buenos Aires: Puntosur.

Chouciño Fernández, Ana. "Sobre el tema de la sensibilidad en algunas novelas románticas hispanoramericanas". *La literatura iberoamericana en el 2000: Balances, perspectivas y prospectivas*. Carmen Ruiz Barrionuevo, et al., eds. CD ROM. Salamanca: Ediciones Universidad de Salamanca, 2003. 574-580.

Cobos Castro, Esperanza. "Narrativa y traducción: La novela popular francesa traducida al español en la 2° mitad del siglo XIX". *Estudios de Investigación Franco-española*, 10, 1994: 185-216.

Congreso de Literatura e Historia: En tiempos de Eduarda y Lucio V. Mansilla; Córdoba, 1 y 2 de julio de 2005. Córdoba: Junta Provincial de Historia de Córdoba, 2005.

Corona Martínez, Cecilia. "'Pablo o la vida en las pampas' de Eduarda Mansilla de García. Una didáctica frustrada". *Congreso de Literatura e Historia*.... 420-432.

Cosmelli Ibáñez, José Luis. *Historia de la cultura argentina*. Buenos Aires: El Ateneo, 1992.

Curia, Beatriz Elena. 1982. "Problemas textuales de *Amalia* de José Mármol". *Incipit*, II: 61-83.

——1983. "*Amalia*, novela histórica". *Revista de Literaturas Modernas*, 16: 71-81.

——1984 a. "José Mármol, *Amalia*, Montevideo, Imprenta Uruguayana, 1851; Edición crítica del capítulo IX de la Primera Parte". *Incipit*, IV: 157-174.

——1984 b. "Las enaguas de Doña Marcelina y otras nimiedades: Acerca de la vida cotidiana en *Amalia* de José Mármol". *Revistas de Literaturas Modernas*, 17: 37-50.

——1985. "Autor, narrador, lector en *Amalia*: Algunas precisiones". *Revista de Literaturas Modernas*, 18: 115-133.

——1986. "Sobre la organización de *Amalia* de José Mármol: Dos aspectos estructurales". *Revista de Literaturas Modernas*, 19: 97-112.

——1990. Introducción. *Amalia: 1*. Por José Mármol. 5-47.

——1994. "Perspectivas sobre la estética de Miguel Cané (padre)". *Revista de Literaturas Modernas*, 27: 163-191.

——1996. "El Cané desconocido: Estudio preliminar". *El Cané desconocido: Marcelina*. Por Cané. 9-25.

——1997. "José Mármol y el espacio soñado". *Palabra y Persona*, 1.2: *Una generación memorable: Los propulsores de la Asociación de Mayo*, oct.: 37-48.

——1999. Prefacio. *El señor Anrumarrieta y otros escritos satíricos*. Por Mármol. 5-8.

——2000. Estudio preliminar. *Dos pensamientos: Narración*. Por Cané. 7-28.

——2001 a. "Aproximaciones al humor político de José Mármol". *Homenaje a Carlos Orlando Nállim*. Mendoza: Universidad Nacional de Cuyo, Facultad de Filosofía y Letras, Departamento de Letras-Consulado General de España en Mendoza. 209-227.

——2001 b. "El narrador fidedigno y el encuentro de culturas en *Eugenio Segry o El Traviato*, de Miguel Cané (p.)". *Segundo Simposio Internacional del Centro de Estudios de Narratología: "Nuevas tendencias y perspectivas contemporáneas en la narrativa"* (Buenos Aires, 13 al 15 de junio de 2001); *Actas.* CD ROM.

——2001 c. "Eugenio Segry o El Traviato, de Miguel Cané padre y la novela moderna". *Río de la Plata. Culturas,* 23-24, *Los múltiples desafíos de la modernidad en el Río de la Plata*: 151-159.

——estudio, ed. y notas. 2004 a. *Cané inédito: 'Roma: Apuntes de viaje' de Miguel Cané (p.).* Buenos Aires: Ediciones Laurel del Sur.

——2004 b. "El espacio narrativo en *Revelaciones de un manuscrito,* de Bernabé Demaría". *Revista de Literaturas Modernas,* 34: 83-108.

——2004 c. "*Revelaciones de un manuscrito* (1869), de Bernabé Demaría: Algunos aspectos narratológicos". Daniel Altamiranda y Esther Smith, eds. *Perspectivas de la ficcionalidad.* Buenos Aires: Docencia. I, 367-375.

——2006. "Nosotros y los *de extranjis*: La identidad como programa; Homenaje a Esteban Echeverría en el bicentenario de su nacimiento (1805-2005)". *Revista de Literaturas Modernas,* 36: 79-99.

——2007. "Miguel Cané, (1812-1863), primer novelista argentino". *Decimonónica,* 4.1 (invierno). En línea: <http://www.decimonica.org>.

——2008. "Para una refutación del fundamentalismo machista: *María de Montiel,* de Mercedes Rosas de Rivera". *Palabra y Persona,* segunda época, III.4, abr.: 75-86.

--- y Hebe Beatriz Molina. 2009. "Cruces del ensayo con la novela decimonónica argentina: *Revelaciones de un manuscrito* (1869), de Bernabé Demaría". *Actas del Simposio Internacional: El ensayo, Hacia el bicentenario de su aparición en Hispanoamérica.* Anejo de *Cuadernos del CILHA,* 11. CD ROM. Mendoza. 70-73.

——2010. Introducción. *María de Montiel...* Por Rosas de Rivera. 11-49.

Cutolo, Vicente Osvaldo. 1962. *Diccionario de alfónimos y seudónimos de la Argentina (1800-1930)*. Buenos Aires: Elche.

——1968-1985. *Nuevo diccionario biográfico argentino (1750-1930)*. Buenos Aires: Elche.

Cvitanovic, Dinko; Alzola de Cvitanovic, Nilsa M. "Narración histórica, didactismo y expresión literaria en *La novia del hereje*". *Revista Interamericana de Bibliografía*, XXXVI.2, 1986: 145-150.

De Marco, Miguel Ángel. *Historia del periodismo argentino: Desde los orígenes hasta el Centenario de Mayo*. Buenos Aires: Educa, 2006.

Echagüe, Juan Pablo. Noticia. Echagüe, Pedro. 1931. 531-533.

Eduarda Mansilla <jornadaeduardamansilla.blogspot.com> (abr.-jun. 2009).

Epple, Juan A. "Notas sobre la estructura del folletín". *Cuadernos Hispanoamericanos*, 358, abr. 1980: 147-156.

El nacimiento de un lenguaje nacional: Fragmentos de literatura argentina. Noé Jitrik, comp. y pról. Buenos Aires: Estudio Entelman, 1974.

"Escritoras argentinas del siglo XIX". Dossier de *Cuadernos Hispanoamericanos*, 639, Madrid, set. 2003. 5-59.

Espasa-Calpe. *Enciclopedia universal ilustrada europeoamericana*. Madrid: Espasa-Calpe, 1958-1966.

Even-Zohar, Itamar. "Factores y dependencias en la cultura: Una revisión de la teoría de los polisistemas". *Teoría de los polisistemas*. 23-52.

Fernández, Gabriela. "Una novela histórica en la Argentina: Walter Scott y *La novia del hereje* de Vicente Fidel López". *Welliteratur: Cuadernos de Literatura Comparada*, I.1, 1994: 69-79.

Fernández Prieto, Celia. *Historia y novela: Poética de la novela histórica*. Anejos de RILCE, 23. Pamplona: EUNSA, 1998.

Ferreras, Juan Ignacio. 1973 a. *Introducción a una sociología de la novela española del siglo XIX*. Madrid: Editorial Cuadernos para el Diálogo.

——1973 b. *Los orígenes de la novela decimonónica: 1800-1830*. Persiles, 65. Madrid: Taurus.

——1979. *Catálogo de novelas y novelistas españoles del siglo XIX*. Madrid: Cátedra.

——1987. *La novela española en el siglo XIX (hasta 1868)*. Madrid: Taurus.

Figueroa, Ana. *Ensayistas del Movimiento Literario de 1842*. Santiago: Editorial de la Universidad de Santiago de Chile, 2004.

Fletcher, Lea, comp. *Mujeres y cultura en la Argentina del siglo XIX*. Buenos Aires: Feminaria, 1994.

Floria, Carlos Alberto, y César A. García Belsunce. *Historia de los argentinos*. Buenos Aires: Larousse, 1992.

Foresti, Carlos; Eva Löfquist, y Álvaro Foresti. *La narrativa chilena: Desde la Independencia hasta la Guerra del Pacífico*. Santiago de Chile: Andrés Bello, 1999.

Gálvez, Marina. *La novela hispanoamericana (hasta 1940)*. Historia Crítica de la Literatura Hispánica. Madrid: Altea-Taurus-Alfaguara, 1990.

García, Germán. *La novela argentina: Un itinerario*. Buenos Aires: Editorial Sudamericana, 1952.

García y García, Elvira. *La mujer peruana al través de los siglos*. Lima: Imprenta Americana, 1924.

Gasparini, Sandra. "En la vereda de enfrente: *Amalia*". Schvartzman. 85-104.

Ghiano, Juan Carlos. *Testimonio de la novela argentina*. Buenos Aires: Leviatán, 1956.

Giannageli, Liliana. *Contribución a la bibliografía de José Mármol*. La Plata: Universidad Nacional de La Plata, Facultad de Humanidades y Ciencias de la Educación, Departamento de Letras, 1972.

Giménez Pastor, Arturo. 1922. *Estudios de literatura argentina: El Romanticismo bajo la tiranía*. Buenos Aires: s.e.
——1945. *Historia de la literatura argentina*. Labor, sección III, Ciencias literarias, 420-421. Buenos Aires-Montevideo: Labor.
Giusti, Roberto F. "La prosa de 1852 a 1900". Arrieta, dir. III, 359-438.
Głowiński, Michał. "Theoretical Foundations of Historial Poetics". Bruno Braunrot, trad. *New Literary History*, 7.2, winter 1976: 237-245.
Goldman, Noemí, dir. *Revolución, república, confederación (1806-1852)*. Vol. III de *Nueva historia argentina*. 2ª ed. Buenos Aires: Editorial Sudamericana, 2005.
Gomes, Miguel. *Los géneros literarios en Hispanoamérica: Teoría e historia*. Anejos de RILCE, 24. Pamplona: EUNSA, 1999.
González Acosta, Alejandro. "Memoria y ficción: Orígenes teóricos de la novela histórica en Hispanoamérica". *Boletín del Instituto de Investigaciones Bibliográficas*, V.1-2, 2000: 39-57.
González Alcázar, Felipe. 2003-2004. "Sistematización y utilidad pedagógica de los géneros literarios: la asimilación de la tríada hegeliana en la preceptiva española del siglo XIX". *Castilla*, 28-9: 111-130.
——2005. "Teorías sobre la novela en los preceptistas españoles del siglo XIX". *Dicenda: Cuadernos de Filología Hispánica*, 23: 109-124.
González Arrili, Bernardo. *Tiempo pasado: Semblanzas de escritores argentinos*. Biblioteca de la AAL; serie Estudios Académicos, XIX. Buenos Aires: Academia Argentina de Letras, 1974. Interesan especialmente los caps. "Federico de la Barra" (51-60) y "Estanislao del Campo" (71-75).
González-Stephan, Beatriz. *Fundaciones: canon, historia y cultura nacional; La historiografía literaria del*

liberalismo hispanoamericano del siglo XIX. Nexos y diferencias, 1. Madrid: Iberoamericana – Frankfurt am Main: Vervuert, 2002.

Halperín Donghi, Tulio. "Vicente Fidel López, historiador". *Revista de la Universidad de Buenos Aires*, 5° época I.III, jul.-set. 1956: 365-374.

Historia de la literatura argentina. 1968-1976. 2ª ed. Buenos Aires: Centro Editor de América Latina, 1980-1982.

Hohlfeldt, Antônio. *Deus escreve direito por linhas tortas: O romance-folhetim dos jornais de Porto Alegre entre 1850 e 1900*. Memória das Letras, 12. Porto Alegre: Edipucrs, 2003. Versión digitalizada en <books.google.com>.

Hualde de Pérez Guilhou, Margarita. "Vicente Fidel López – Político e historiador (1815-1903)". *Revista de Historia Americana y Argentina*, VI.11-12, 1966-1967: 85-149.

Ianes, Raúl. 1999 a. "Arquetipo narrativo, costumbrismo histórico y discurso nacionalizador en *La novia del hereje*". *Hispanic Review*, 67.2, Spring: 153-173.

——1999 b. *De Cortés a la huérfana enclaustrada: La novela histórica del Romanticismo hispanoamericano*. Currents in Comparative Romance Languages and Literatures. New York: Peter Lang.

Iglesia, Cristina, comp. *El ajuar de la Patria: Ensayos críticos sobre Juana Manuela Gorriti*. Buenos Aires: Feminaria Editora, 1993.

Jitrik, Noé. *Historia e imaginación literaria: Las posibilidades de un género*. Buenos Aires: Biblos, 1995.

Kisnerman, Natalio. *Camila O'Gorman: El hecho histórico y su proyección literaria*. Documentos para la Historia del Teatro Nacional, 7. Buenos Aires: Universidad de Buenos Aires, Facultad de Filosofía y Letras, Instituto de Literatura Argentina, 1973.

Laera, Alejandra. "Géneros, tradiciones e ideologías literarias en la Organización Nacional". Schvartzman. 407-437.

Letras y divisas: Ensayos de literatura y rosismo. Cristina Iglesia, ed. Instrumentos. Buenos Aires: Santiago Arcos Editor, 2004.

Lettieri, Alberto Rodolfo. 1997. "«La República de la Opinión». Poder político y sociedad civil de Buenos Aires entre 1852 y 1861". *Revista de Indias*, LVII.210: 475-510.

——2006. *La construcción de la República de la Opinión: Buenos Aires frente al interior en la década de 1850*. Buenos Aires: Prometeo Libros.

——2008. *La República de las Instituciones: Proyecto, desarrollo y crisis del régimen político liberal en la Argentina en tiempos de la organización nacional (1852-1880)*. Buenos Aires: Prometeo Libros.

Lewkowicz, Lidia. *Juana Paula Manso (1819-1875): Una mujer del siglo XIX*. Buenos Aires: Corregidor, 2000.

Lichtblau, Myron I. 1959. *The Argentine Novel in the Nineteenth Century*. New York: Hispanic Institute in the United States.

——1997. *The Argentine Novel: An annotated bibliography*. Lanham, Md. & London: The Scarecrow Press Inc.

Lojo, María Rosa. 1994. *La "barbarie" en la narrativa argentina (Siglo XIX)*. Buenos Aires: Corregidor.

——1999. "El imaginario de las Pampas en francés: de Eduarda Mansilla a Guillemette Marrier". *La función narrativa y sus nuevas dimensiones*. Buenos Aires: Universidad de Buenos Aires, Centro de Estudios de Narratología. 339-347.

——2000. "El 'género mujer' y la construcción de mitos nacionales: El caso argentino rioplatense". *La mujer en la literatura del mundo hispánico*. Juana A. Arancibia, Yolanda Rosas y Edith Dimo, eds. La Mujer en la Literatura Hispánica, V. California: Instituto Literario y Cultural Hispánico. 7-31.

——2002. "Naturaleza y ciudad en la novelística de Eduarda Mansilla". Navascués, Javier de, ed. *De Arcadia a Babel: Naturaleza y ciudad en la literatura hispanoamericana*. Madrid: Iberoamericana - Frankfurt: Vervuert. 225-258.
——2003. "Eduarda Mansilla". *Cuadernos Hispanoamericanos*, 639: 47-54.
——2004 a. "Los aborígenes en la construcción de la imagen identitaria nacional en la Argentina". *Alba de América*, XXIII. 43-44: 131-150.
——2004 b. "Los hermanos Mansilla: Género, nación, 'barbaries'". *Pasajes - Passages - Passagen: Homenaje a / Mélanges offerts à / Festschrift für Christian Wentzlaff-Eggebert*. Susanne Grunwald, Claudia Hammerschmidt, Valérie Heinen, Gunnar Nilsson, eds. Sevilla: Universität zu Köln - U. de Sevilla - Universidad de Cádiz. 527-537.
——2005 a. "Escritoras argentinas (siglo XIX) y etnias aborígenes del Cono Sur". *La mujer en la literatura del mundo hispánico*. Juana Arancibia, ed. La Mujer en la Literatura Hispánica, VI. California: Instituto Literario y Cultural Hispánico. 43-63.
——2005 b. "Lucía Miranda manuscrita y reescrita: Eduarda Mansilla". *El humanismo indiano: Letras coloniales hispanoamericanas del Cono Sur; Actas de las Jornadas de Literatura Colonial del Cono Sur, UCA, 2001*. Buenos Aires: Universidad Católica Argentina. 399-412.
——2007 a. "Cautivas, inmigrantes, viajeros, en la narrativa de Eduarda Mansilla". *Taller de Letras*, 41: 143-160.
——2007 b. "Introducción". *Lucía Miranda (1860)*. Edic., introd. y notas de María Rosa Lojo, con la colaboración de Marina Guidotti (asistente de dirección), Hebe Molina, Claudia Pelossi, Laura Pérez Gras y Silvia Vallejo. Madrid: Iberoamericana - Frankfurt am Main: Vervuert. 11-87.
——www.mariarosalojo.com.ar

López Rosas, José Rafael. "Viejos periódicos santafesinos". En línea: <www.patrimoniosf.gov.ar/ver/0-527/>.

Madero, Roberto. *La historiografía entre la república y la nación: El caso de Vicente Fidel López*. Buenos Aires: Catálogos, 2005.

Maigron, Louis. *Le roman historique à l'epoque romantique: Essai sur l'influence de Walter Scott*. Nueva ed. Paris: Librairie Ancienne Honoré Champion, 1912.

Malvicini, Sara E. "Una novela histórica argentina: *La novia del hereje*". *Revista de Literaturas Modernas*, 11, 1972: 75-95.

Martínez, Carlos Dámaso. "El nacimiento de la novela: José Mármol". *Capítulo: La historia de la literatura argentina*. 2ª ed. Buenos Aires: Centro Editor de América Latina, 1979. I, 265-288.

Masiello, Francine. *Entre civilización y barbarie: Mujeres, Nación y Cultura literaria en la Argentina Moderna*. Buenos Aires: Beatriz Viterbo, 1997.

Mata Induráin, Carlos. "Estructuras y técnicas narrativas de la novela histórica romántica española (1830-1870)". Spang, Arellano y Mata. 113-151.

Mayo, Carlos A. *Porque la quiero tanto: Historia del amor en la sociedad rioplatense (1750-1860)*. Buenos Aires: Biblos, 2004.

Medina, José Toribio. *Diccionario de anónimos y seudónimos hispanoamericanos*. Publicaciones del Instituto de Investigaciones Históricas, XXVI. Buenos Aires: Imprenta de la Universidad, 1925.

Menéndez Pelayo, Marcelino. *Obras completas: Historia de las ideas estéticas en España*. Buenos Aires: Espasa-Calpe Argentina, 1943.

Minellono, María. "Entre el folletín (Dumas, Aimard, Sue) y la novela histórica (Walter Scott): El problema del género en *Amalia*, de José Mármol". *Diálogos, ecos, pasajes: Actas de las V Jornadas Nacionales de Literaturas*

Comparadas. Ana María Llurba, coord. Buenos Aires: s.e., 2003.

Mizraje, María Gabriela. 1999 a. *Argentinas de Rosas a Perón*. Biblioteca de las Mujeres, 9. Buenos Aires: Biblos.

—— 1999 b. "Eduarda, la Rosa(s) de Mansilla". *Relecturas, reescrituras: Articulaciones discursivas*. Daniel Altamiranda, ed. Buenos Aires: U. de Buenos Aires, Programa L.A.C. 334-340.

—— 2007. "Eduarda Mansilla o la pampa ilustrada", "E.M.G. y la representación cultural". Estudio preliminar. *Pablo o la vida en las pampas*. Por Eduarda Mansilla de García. 11-9, 21-80.

Molina, Eugenia. 2005. "Civilizar la sociabilidad en los proyectos editoriales del grupo romántico al comienzo de su trayectoria (1837-1839)". *Resonancias románticas...* 151-165.

—— 2009. *El poder de la opinión pública: Trayectos y avatares de una nueva cultura política en el Río de la Plata, 1800-1852*. Itinerarios, Estudios Sociales. Santa Fe: U. N. del Litoral.

Molina, Hebe Beatriz. 1986. "Algunas precisiones sobre la elaboración de *La novia del hereje*: Los folletines de 1843". *Revista de Literaturas Modernas*, 19: 273-279.

—— 1987. "Algunas precisiones sobre la elaboración de *La novia del hereje*: El texto definitivo". *Revista de Literaturas Modernas*, 20: 201-207.

—— 1989. "Comicidad y buen humor en *La novia del hereje*". *Revista de Literaturas Modernas*, 22: 175-193.

—— 1993 a. "*El médico de San Luis*, de Eduarda Mansilla". *Revista de Literaturas Modernas*, 26: 79-100.

—— 1993 b. "El «recuerdo de los viejos tiempos» en *La novia del hereje*". *VI Congreso Nacional de Literatura Argentina; Actas; 2 al 5 de octubre de 1991*. Córdoba: Universidad Nacional de Córdoba. 303-311.

——1993 c. "Los españoles en las *Lucía Miranda* (1860)". *Actas del III Congreso Argentino de Hispanistas: España en América y América en España*. Luis Martínez Cuitiño y Élida Lois, eds. Buenos Aires: Universidad de Buenos Aires, 1993. II, 694-701.

——1995. "Las mujeres escritoras en *La Revista de Buenos Aires*". *Erase una vez la mujer...; La mujer argentina de los siglos XIX y XX según fuentes históricas y literarias*. Martha Susana Páramo, comp. Mendoza: Universidad Nacional de Cuyo, Facultad de Filosofía y Letras. 111-131.

——1998. "Tradición y censura en los relatos de Juana Manuela Gorriti". *Literatura: Espacio de contactos culturales; IV Jornadas Nacionales de Literatura Comparada*. Tucumán: Asociación Argentina de Literatura Comparada. III, 1147-1157.

——1999. *La narrativa dialógica de Juana Manuela Gorriti*. Mendoza: Editorial de la Facultad de Filosofía y Letras.

——2001. "El género del *Facundo* a la luz de las retóricas decimonónicas". *Homenaje a Carlos Orlando Nállim*. Mendoza: Universidad Nacional de Cuyo, Facultad de Filosofía y Letras-Consulado General de España en Mendoza. 247-264.

——2005 a. "Femenino / masculino en *Lucía* (1860) de Eduarda Mansilla". *Alba de América*, 24.45-6: 373-391.

——2005 b. "La novela histórica o esa pasión argentina por la verdad". *Actas de las Primeras Jornadas "Literatura / crítica / medios: Perspectivas 2003"*. Mª. Amelia Arancet Ruda et al., eds. CD ROM. Buenos Aires: Universidad Católica Argentina. 285-289.

——2005 c. "Poética de la novela según los metatextos del siglo XIX". XIII Congreso Nacional de Literatura Argentina. Universidad Nacional de Tucumán, Facultad de Filosofía y Letras, San Miguel de Tucumán, 15-17 ago.

——2005 d. "Unitarios, federales y el problema de la legalidad según Juana Manuela Gorriti y Eduarda Mansilla". Altamiranda, Daniel, y Esther Smith, eds. *Perspectivas narratológicas de la ficcionalidad*. Buenos Aires: Docencia. II, 599-606.

——2006 a. "Hacia la configuración de una teoría de la novela hispanoamericana: Aportes de la Generación argentina del 37/53". XXVII Simposio Internacional de Literatura: "Literatura y globalización". Instituto Literario y Cultural Hispánico, Biblioteca Nacional de Montevideo, Montevideo, 7-12 ago.

——2006 b. "La generación argentina de 1837 y sus ensayos sobre 'literatura socialista'". MLA's Annual Convention. Philadelphia, 27-30 dic.

——2006 c. "Un desafío fundacional: Crear la novela argentina". I Jornadas de Literatura Argentina: "Identidad cultural y memoria histórica". Universidad del Salvador, Buenos Aires, 27-29 set.

——2006 d. "Un nacimiento acomplejado: Justificación de la novela en el contexto decimonónico argentino". *Alba de América*, 25.47-8: 457-466.

——2007 a. "*El matadero*: entre el artículo de costumbres y la tradición". *XIV Congreso Nacional de Literatura Argentina (En vísperas del Bicentenario; Balance y perspectivas de la literatura argentina); Universidad Nacional de Cuyo, Facultad de Filosofía y Letras, 26 al 28 de julio de 2007, Mendoza, Argentina*. Marta Elena Castellino, comp. CD ROM. Mendoza, U. N. de Cuyo, Facultad de Filosofía y Letras. Digitalizado para la biblioteca de autor Esteban Echeverría: <bib.cervantesvirtual.com>.

——2007 b. "Las novelas prospectivamente históricas (en la década de 1850)". III Congreso Interoceánico de Estudios Latinoamericanos. U. N. de Cuyo, Facultad de Filosofía y Letras, Mendoza, 3-5 oct.

——2007 c. "Vicente Fidel López y la novela para hacer historia". *Pioneros, precursores y hacedores de nuestra cultura: Programa, resúmenes, ponencias y conferencias*. Andrea Greco, comp. CD ROM. San Rafael, U. N. de Cuyo, Facultad de Filosofía y Letras.

——2008 a. "Política e historia sudamericana en dos novelas de Vicente Fidel López". *VIII Jornadas Andinas de Literatura Latinoamericana (JALLA 2008): "Latinoamericanismo y globalización"*. CD ROM. [Santiago]: U. de Chile, Centro de Estudios Culturales Latinoamericanos.

——2008 b. "Una poética argentina de la novela: Vicente Fidel López (1845)". *Hofstra Hispanic Review*, 8/9, Summer/verano, Fall/otoño: 18-32.

——2008 c. "Vaivenes de la novela argentina: Entre la teoría, la escritura y la recepción (1838-1872)". *Decimonónica*, 5.2, verano: 33-48. En línea: <www.decimononica.org>

——2009 a. "El efecto del espejo cóncavo en la teoría argentina de la novela (hacia 1850)". *III Congreso Internacional CELEHIS de Literatura: Literatura española, latinoamericana y argentina*. CD ROM. Mar del Plata, U. N. de Mar del Plata, Facultad de Humanidades, Centro de Letras Hispanoamericanas.

——2009 b. "Fronteras textuales engañosas: Las notas a pie de página en *La novia del hereje*". *Boletín de Literaturas Comparadas*, XXXIV, N° especial "Actas de las VIII Jornadas Nacionales de Literatura Comparada", Mendoza: I, 133-149.

——2009 c. "Los suburbios de la ciudad letrada o Historia de las novelitas marginadas (1838-1872)". *XV Congreso Nacional de Literatura Argentina; 1810-2010: Literatura y política; En torno a la revolución y las revoluciones en Argentina y América Latina*. CD ROM. Córdoba, U. N. de Córdoba, Escuela de Letras.

——2009 d. "Novelas españolas en la Argentina de 1850". *Unidad y multiplicidad: Tramas del hispanismo actual: VIII Congreso Argentino de Hispanistas*. Mariana Genoud de Fourcade y Gladys Granata de Egües, eds.; Carolina Cruz, colab. Mendoza: Asociación Argentina de Hispanistas-U. N. de Cuyo. II, 500-505.

——2010 a. "De la nación soñada a la sociedad real según las novelas argentinas de 1860". *Palabra y Persona*, 2° época, V.8-9: *Capítulos de dos siglos, 1810- 2010*, abr.: 187-208. Disponible también en <www.editorialteseo.com/archives/2665>.

——2010 b. "Entre la patria y la mujer: Los patricios en la novelística romántica argentina". *La travesía de la libertad ante el Bicentenario: IV Congreso Interoceánico de Estudios Latinoamericanos; 10, 11 y 12 de marzo de 2010; Mendoza, República Argentina*. CD ROM. Mendoza: Universidad Nacional de Cuyo.

——2010 c. "Novelas socializadoras para educar al soberano". *Revista de Literatura, História e Memória*, 6.8, Cascavel, Brasil, U. Estadual del Oeste de Paraná: 123-138.

——2011 a. "Apuntes sobre el entramado narratológico de la novela histórica". *Revista de Literatura, História e Memória* 9. En prensa.

——2011 b. "Con la voz de Ramá: Juana Manuela Gorriti contra Rosas". *Visiones sobre Rosas*. Buenos Aires: U. Católica Argentina (en prensa).

——2011 c. Introducción. *Cuentos (1880)*. Por Eduarda Mansilla de García. Hebe Beatriz Molina, ed., introd. y notas. EALA, Siglos XIX y XX, 1. Buenos Aires: Corregidor. 9-88.

——2011 d. "Las luchas de la Independencia en la novelística romántica argentina". *Latinoamérica*, México, UNAM (en prensa).

——2011 e. "Lectoras y escritoras en la Argentina de 1860: Margarita Rufina Ochagavía y M. Sasor". *Anclajes*, U. N. de La Pampa (en prensa).
Montesinos, José F. *Introducción a una historia de la novela en España, en el siglo XIX: Seguida del esbozo de una bibliografía española de traducciones de novelas (1800-1850)*. 2ª ed. Madrid: Castalia, 1966.
Moya, Ismael. *Orígenes del teatro y de la novela argentina: La obra de Pedro Echagüe*. Buenos Aires: Denuble, s.f.
Mujica Lainez, Manuel. 1942. *Miguel Cané (padre): Un romántico porteño*. Buenos Aires: C.E.P.A.
——1966. *Vidas del Gallo y el Pollo*. Serie del Encuentro, 7. Buenos Aires: Centro Editor de América Latina.
Muzzio, Julio A. *Diccionario histórico y biográfico de la República Argentina*. Buenos Aires: Librería La Facultad, 1920.
Myers, Jorge. 1999. "Una revolución en las costumbres: Las nuevas formas de sociabilidad de la elite porteña, 1800-1860". *Historia de la vida privada en la Argentina*. Fernando Devoto y Marta Madero, dirs. Gabriela Braccio, coord. iconográfica. Buenos Aires: Taurus. I, 111-145.
——2003. "'Aquí nadie vive de las bellas letras': Literatura e ideas desde el Salón Literario a la Organización Nacional". Schvartzman. 305-333.
——2005. "Los universales culturales del Romanticismo: Reflexiones en torno a un objeto oscuro". *Resonancias románticas...* 15-46.
Narvaja de Arnoux, Elvira. *Los discursos sobre la nación y el lenguaje en la formación del Estado (Chile, 1842-1862): Estudio glotopolítico*. Sema. Buenos Aires: Santiago Arcos Editor, 2008.
Orgaz, Raúl A. "Vicente F. López y la historia de la historia". *Obras completas; II. Sociología argentina*. Semblanza

prel. Arturo Capdevila. Córdoba: Assandri, 1950. 213-264.
Pagés Larraya, Antonio. 1943 a. *La iniciación intelectual de Mitre: Trabajos literarios de 1837*. Buenos Aires: Universidad de Buenos Aires, Facultad de Filosofía y Letras, Instituto de Literatura Argentina.
—— 1943 b. "Las ediciones de *Soledad*". *Logos*, 2.3: 110-114.
—— 1958. "Tendencias de la novela romántica argentina". *Atenea*, XXXV.CXXX. 379 (ene.-feb.-mar.): 208-220.
—— 1959. "Tres olvidadas novelas sobre la tiranía". *La Nación*, Buenos Aires, 4 ene.: 2, 2.
—— 1982. "El compadrito en un relato centenario". *Sala Groussac*. 1965. Capítulo: Biblioteca Argentina Fundamental; Serie Complementaria: Sociedad y cultura, 16. Buenos Aires: Centro Editor de América Latina. 19-36.
Palabra y Persona, I.2: *Una generación memorable: Los propulsores de la Asociación de Mayo*, oct. 1997.
—— 2ª época.V.8-9: *Capítulos de dos siglos: 1810-2010*, oct. 2010.
Palau y Dulcet, Antonio. *Manual del librero hispanoamericano: Bibliografía general española e hispanoamericana desde la invención de la imprenta hasta nuestros tiempos con el valor comercial de los impresos descritos*. 2ª ed. Barcelona: Palau, 1948-1977.
Palermo, Zulma. "Juana Manuela Gorriti: Escritura y legado patrimonial". Royo, comp. 111-149.
Parada, Alejandro E. 1998. *El mundo del libro y de la lectura durante la época de Rivadavia: Una aproximación a través de los avisos de La Gaceta Mercantil (1823-1828)*. Cuadernos de Bibliotecología, 17. Buenos Aires: Universidad de Buenos Aires, Facultad de Filosofía y Letras, Instituto de Investigaciones Bibliotecológicas.
—— 2005. *El orden y la memoria en la Librería de Duportail Hermanos: Un catálogo porteño de 1829*. Buenos Aires:

Universidad de Buenos Aires, Facultad de Filosofía y Letras, Instituto de Investigaciones Bibliotecológicas.
——2007. "Rescate de náufragos: Los itinerarios lectores de un librero cultural; El *Catálogo* de la librería argentina de Marcos Sastre (1835)". *Boletín de la Academia Argentina de Letras*, LXXII.289-290, ene.-abr.: 215-271.
Paz, Carlos. *Efemérides literarias argentinas*. Buenos Aires: Biblioteca Nacional-S.A.D.E., 1997.
Pelliza, Mariano. Prólogo. Gorriti. *Panoramas de la vida*. I, 9-16.
Penas, Ermitas. "Sobre la poética de la novela histórica romántica". *Revista de Literatura*, LVIII.116, 1996: 373-385.
Pérez, Alberto Julián. *Los dilemas políticos de la cultura letrada (Argentina – Siglo XIX)*. Buenos Aires: Corregidor, 2002.
Pérez Perdomo, Rogelio. "Los juristas como intelectuales y el nacimiento de los estados nacionales en América Latina". Altamirano, dir. 168-183.
Picard, Roger. *El Romanticismo social*. Blanca Chacel, trad. México-Buenos Aires: Fondo de Cultura Económica, 1947.
Piccirilli, Ricardo. *Los López: Una dinastía intelectual; Ensayo histórico literario, 1810-1852*. Buenos Aires: Estrada, 1972.
——, Francisco L. Romay, y Leoncio Gianello, dirs. *Diccionario histórico argentino*. Buenos Aires: Ediciones Históricas Argentinas, 1953-1954.
Pinilla, Norberto. 1943 a. *La generación chilena de 1842*. Santiago: Ediciones de la Universidad de Chile.
——1943 b. *La polémica del Romanticismo en 1842: V. F. López, D. F. Sarmiento, S. Sanfuentes*. Tiempo de América. Buenos Aires: Americalee.
Prieto, Adolfo. *Sociología del público argentino*. Buenos Aires: Leviatán, 1956.

———dir. *Proyección del rosismo en la literatura argentina: Seminario del Instituto de Letras*. Rosario: U. N. del Litoral, Facultad de Filosofía y Letras, 1959.

Pro, Diego F. 1965. "Periodización del pensamiento argentino". *Cuyo: Anuario de Historia del Pensamiento Argentino*, 1: 7-42.

———1977. "La cultura filosófica de Vicente Fidel López". *Revista de la Universidad Nacional del Centro de la Provincia de Buenos Aires*, 1, ene.-abr.: 23-46; 2, may.-ago.: 81-102.

Resonancias románticas: Ensayos sobre historia de la cultura argentina (1820-1890). Graciela Batticuore, Klaus Gallo y Jorge Myers, comps. Ensayos. Buenos Aires: Eudeba, 2005.

Rípodas Ardanaz, Daisy. 1962-1963. "Vicente Fidel López y la novela histórica: Un ensayo inicial desconocido". *Revista de Historia Americana y Argentina*, IV.7-8: 133-175.

———1965. "*Soledad*, la novela de un historiador". *Trabajos y Comunicaciones*, 13: 187-204.

Rodríguez, Rodney T. "El discurso narrativo moral y su recepción en la España de Fernando VII". *Actas del X Congreso de la Asociación Internacional de Hispanistas*. Antonio Vilanova, ed. Barcelona: Promociones y Publicaciones Universitarias, 1992. II, 1431-1438.

Rodríguez Sánchez de León, M. J. "Los *Principios de retórica y poética* de Francisco Sánchez Barbero (1764-1819) en el contexto de la preceptiva de su época". *Actas del X Congreso de la Asociación Internacional de Hispanistas*. Antonio Vilanova, ed. Barcelona: Promociones y Publicaciones Universitarias, 1992. II, 1439-1450.

Rojas, Ricardo. *Historia de la literatura argentina; Ensayo filosófico sobre la evolución de la cultura en el Plata*. 1917-1922. 9 vols. Buenos Aires: Guillermo Kraft, 1960.

Rotker, Susana. "*Lucía Miranda*: Negación y violencia de origen". *Revista Iberoamericana* LXIII. 178-179, ene.-jun. 1997: 115-127.

Royo, Amelia. 1999. "Juana M. Gorriti: Una perspectiva de la tiranía de Rosas". Royo, comp. 153-187.

——2001. "La textualización de Camila O'Gorman en la escritura de Juana M. Gorriti". *Cuadernos: Revista de la Facultad de Humanidades y Ciencias Sociales*, 16: 159-167.

——comp. 1999. *Juanamanuela, mucho papel: Algunas lecturas críticas de textos de Juana Manuela Gorriti*. Salta: Ediciones del Robledal.

Ruiz, Bladimir. "La ciudad letrada y la creación de la cultura nacional: costumbrismo, prensa y nación". *Chasqui*, 33.2, nov. 2004: 75-89.

Sagarna, Antonio. "Don Vicente Fidel López y la Organización Nacional". *Boletín de la Academia Nacional de la Historia*, XIII, 1940: 281-310.

Sánchez García, María del Carmen. "Contextualización de la preceptiva: La moralidad en la novela del siglo XVIII". *Dicenda: Cuadernos de Filología Hispánica*, 16, 1998: 185-201.

Schvartzman, Julio, dir. *La lucha de los lenguajes*. Vol. 2 de *Historia crítica de la literatura argentina*. Noé Jitrik, dir. Buenos Aires: Emecé, 2003.

Sheffy, Rakefet. "Estrategias de canonización: La idea de la novela y de campo literario en la cultura alemana del siglo XVIII". *Teoría de los polisistemas*. 125-146.

Silva Castro, Raúl. *Prensa y periodismo en Chile (1812-1956)*. Santiago: Ediciones de la Universidad de Chile, 1958.

Sola González, Alfonso. *Capítulos de la novela argentina*. Cuadernos de Versión. Mendoza: Biblioteca San Martín Ediciones, 1959.

Sommer, Doris. *Ficciones fundacionales: Las novelas nacionales de América Latina*. José Leandro Urbina y Ángela Pérez, trads. Bogotá: F.C.E., 2004.
Sosa de Newton, Lily. 1986. *Diccionario biográfico de mujeres argentinas*. 3° ed. Buenos Aires: Plus Ultra.
——1995. *Narradoras argentinas: 1852-1932*. Buenos Aires: Plus Ultra.
Spang, Kurt. "Apuntes para una definición de la novela histórica". Spang, Arellano y Mata. 51-87.
Spang, Kurt; Ignacio Arellano y Carlos Mata, eds. *La novela histórica; Teoría y comentarios*. 2ª ed. Pamplona: EUNSA, 1998.
Teoría de los polisistemas. Montserrat Iglesias Santos, estudio introd., comp. y bibliografía. Madrid: Arco / Libros, 1999.
Torre Revello, José. *El libro, la imprenta y el periodismo en América durante la dominación española*. Buenos Aires: Casa Jacobo Peuser, 1940.
Udaondo, Enrique. *Diccionario biográfico argentino*. Buenos Aires: Institución Mitre-Coni, 1938.
Unzueta, Fernando. 1996. *La imaginación histórica y el romance nacional en Hispanoamérica*. Lima - Berkeley: Latinoamericana Editores.
——2000. "Periódicos y formación nacional: Bolivia en sus primeros años". *Latin American Research Review*, 35.2: 35-72.
——2006. "*Soledad* o el romance nacional como folletín: Proyectos nacionales y relaciones intertextuales". *Revista Iberoamericana: Cambio cultural y lectura en periódicos en el siglo XIX en América Latina*, LXXII.214, ene.-mar.: 243-254.
Urquiza Almandoz, Oscar F. *La cultura de Buenos Aires a través de su prensa periódica, desde 1810 hasta 1820*. Buenos Aires: Eudeba, 1972.

Valcárcel, Eva. "El Romanticismo y la teoría de la novela en Hispanoamérica: Notas para una poética". *Anales de la Literatura Hispanoamericana*, 25, 1996: 63-75.
Van Tieghem, Paul. *La era romántica: El Romanticismo en la literatura europea*. José Almoina, trad. y notas. México: UTEHA, 1958.
Van Tieghem, Philippe. *Pequeña historia de las grandes doctrinas literarias en Francia*. Jean Catrysse, trad. Caracas: Universidad Central de Venezuela, 1963.
Varela, Fabiana Inés. *Sencillo y de poco aparato: Literatura y costumbres mendocinas (1852-1884)*. Mendoza: Universidad Nacional de Cuyo, Facultad de Filosofía y Letras, Centro de Estudios de Literatura de Mendoza, 2004.
Vázquez-Machicado, Humberto, y José Vázquez-Machicado. "Bartolomé Mitre y la cultura boliviana". *Obras completas*. La Paz: Don Bosco, 1988. IV, 663-692.
Velasco y Arias, María. *Juana Paula Manso: Vida y acción*. Buenos Aires: Talleres Gráficos de Porter Hnos., 1937.
Verdevoye, Paul. *Literatura argentina e idiosincrasia*. José Isaacson y Beatriz Curia, ed. y pról. Buenos Aires: Corregidor, 2002.
Villegas, Juan. *Teoría de historia literaria y poesía lírica*. Canadá: Girol Books, 1984.
Wasserman, Fabio. "La libertad de prensa y sus límites: Prensa y poder político en el Estado de Buenos Aires durante la década de 1850". *Almanak Braziliense*, 10, nov. 2009: 130-146. En línea: <www.revistasusp.sibi.usp.br/...>
Weinberg, Félix. 1961. *La literatura argentina vista por un crítico brasileño en 1844*. Rosario: Universidad Nacional del Litoral, Facultad de Filosofía y Letras, Instituto de Letras.

——1977. *El Salón Literario de 1837: Con escritos de M. Sastre – J. B. Alberdi – J. M. Gutiérrez – E. Echeverría*. 2ª ed. Buenos Aires: Librería Hachette.
——1982. "El segundo grupo romántico en Buenos Aires: 1844-1852". *VI Congreso Internacional de Historia de América*. Buenos Aires: Academia Nacional de la Historia. VI, 479-497.
——1984. "Los comienzos de la novela romántica en el Río de la Plata: Alejandro Magariños Cervantes". *Cuadernos del Sur*, 17, ene.-dic.: 31-55.
——2006. *Esteban Echeverría: Ideólogo de la segunda revolución*. Buenos Aires: Aguilar, Altea, Taurus, Alfaguara.
Weyland, W.C., "Silverio Boj". Introducción. *Narraciones*. Por Gorriti, Juana Manuela. Buenos Aires: Estrada, 1946. vii-lx.
<www.eduardamansilla.com>
Yahalom, Shelley. "De lo no-literario a lo literario. Sobre la elaboración de un modelo novelístico en el siglo XVIII". *Teoría de los polisistemas*. 99-124.
Zanetti, Susana. *La dorada garra de la lectura: Lectoras y lectores de novela en América Latina*. Ensayos Críticos. Rosario: Beatriz Viterbo, 2002.
Zó, Ramiro. "Funciones de la novela sentimental hispanoamericana durante el siglo XIX". *Cuadernos del CILHA*, 8.9, 2007: 79-97.